高等职业教育经济与管理类专业系列教材

河南省"十二五"普通高等教育规划教材

商务谈判

(第二版)

主　编　王景山　艾青益
副主编　李先鹏　罗　茜
　　　　王　冰　黄海琳

扫码申请更多资源

南京大学出版社

内容提要

本书以能力本位和谈判过程为线索,以理论必需够用、突出实用技能为原则,共设置了十个项目和一个拓展内容,主要内容为:商务谈判概论、商务谈判的原则、商务谈判的准备、商务谈判的开局、商务谈判的磋商、商务谈判僵局的处理、商务谈判的结束、商务谈判的战术及应用、商务谈判的语言艺术、商务谈判礼仪及主要国家商务谈判风格等。该课程被评为河南省"十二五"规划教材、河南省精品课程、河南省精品资源共享课程。

本书简明扼要、通俗易懂,以实例介绍、案例分析作为引导,理论联系实际,详细介绍商务谈判的有关概念、原理和策略。本书采用现代国际上流行的结构形式,每章设有知识目标、素质目标、技能目标、微型案例、案例分析和复习思考题,内容丰富,案例生动,既适合于自学,又适合于教师根据教学时数灵活组织教学。

本书适用于高等职业教育、高等专科学校、成人高校、民办高校及本科院校举办的二级职业技术学院经济管理类专业的教学,也可供五年制高职学生使用,还可作为实际商务谈判工作者的业务参考书。

图书在版编目(CIP)数据

商务谈判 / 王景山,艾青益主编. — 2 版. — 南京:南京大学出版社,2021.8
ISBN 978-7-305-24827-6

Ⅰ. ①商… Ⅱ. ①王… ②艾… Ⅲ. ①商务谈判 Ⅳ. ①F715.4

中国版本图书馆 CIP 数据核字(2021)第 159635 号

出版发行	南京大学出版社
社　　址	南京市汉口路 22 号　邮　编　210093
出 版 人	金鑫荣

书　名　商务谈判
主　编　王景山　艾青益
责任编辑　武　坦　　　　　编辑热线　025-83592315

照　　排	南京开卷文化传媒有限公司
印　　刷	南京人民印刷厂有限责任公司
开　　本	787×1092　1/16　印张 15.75　字数 413 千
版　　次	2021 年 8 月第 2 版　2021 年 8 月第 1 次印刷

ISBN 978-7-305-24827-6
定　　价　45.00 元

网　　址:http://www.njupco.com
官方微博:http://weibo.com/njupco
微信服务号:njuyuexue
销售咨询热线:(025)83594756

＊ 版权所有,侵权必究
＊ 凡购买南大版图书,如有印装质量问题,请与所购
　 图书销售部门联系调换

前 言

商务谈判既是一门科学,又是一门艺术,是现代企业商务人员必须掌握的一项职业技能。随着我国社会主义市场经济体制的进一步完善和加入世界贸易组织,我国在世界经济一体化过程中的步伐正在不断加快,工商企业大量地利用外资、引进技术,同外国企业的各种贸易活动与日俱增;各界人士,特别是企业界人士对外交往日益增多,商务谈判已经成为各类工商企业经营与发展、合作与销售的重要商务活动,企业商务工作者迫切需要掌握科学、实用、艺术的谈判知识与技能。为此,我们以能力本位和谈判过程为线索,以理论必需够用、突出实用技能为原则,设计了本书的内容体系,力求简明扼要、通俗易懂,以实例介绍、案例分析作为引导,理论联系实际,详细地介绍商务谈判的有关概念、原理和策略。本书采用现代国际上流行的结构形式,每个项目设有知识目标、素质目标、技能目标、项目导入、项目分析、习题及案例分析、重要概念、复习思考题。内容丰富,案例生动,既适合于自学,又适合于教师根据教学时数灵活组织教学。

商务谈判是一项合作的事业,合则双赢,分则两伤;谈判更是解决冲突的重要手段,合作并非意味着不要冲突,而冲突的解决则需要谈判各方把握好"施"与"受"的基本原则,通过交锋与妥协,在谈判较量中寻求各方利益平衡的最佳结合点,这也是商务谈判的真谛所在。推荐给读者美国前总统肯尼迪的一句话:"让我们永远不要惧怕谈判,但永远不要因为惧怕而谈判。"

本书由济源职业技术学院王景山、武汉商贸职业学院艾青益担任主编,由广东理工职业学院李先鹏、广西机电职业技术学院罗茜、西安培华学院王冰、广西机电职业技术学院黄海琳担任副主编,全书由王景山总纂。

在本书的编写过程中,参考了许多国内外的有关著作,其观点和独到的思维方法给了我们许多启迪,在此深表谢意。由于作者水平所限,难免会有疏漏,书中不当之处,恳请各位专家、学者和广大读者批评指正,以便再版时进行修订。

编 者
2021 年 5 月

目 录

项目一 商务谈判概论 ·· 1
   任务一 商务谈判基础知识 ·· 1
   任务二 商务谈判者的素质和能力 ··· 10
   任务三 商务谈判心理 ·· 16
   任务四 商务谈判的程序 ··· 21
   复习思考题 ·· 24

项目二 商务谈判的原则 ·· 26
   任务一 平等自愿原则 ·· 26
   任务二 重利益轻立场原则 ·· 28
   任务三 人事分开原则 ·· 32
   任务四 商务谈判的其他原则 ··· 34
   复习思考题 ·· 41

项目三 商务谈判的准备 ·· 43
   任务一 谈判背景调查 ·· 43
   任务二 收集、整理信息与确定谈判目标 ·· 50
   任务三 谈判的议程 ··· 58
   任务四 谈判班子组成 ·· 63
   任务五 商务谈判模拟 ·· 69
   复习思考题 ·· 73

项目四 商务谈判的开局 ·· 75
   任务一 商务谈判开局概论 ·· 75
   任务二 商务谈判的开局策略 ··· 86
   任务三 引起谈判对手注意与兴趣的技巧 ·· 91
   复习思考题 ·· 93

项目五 商务谈判的磋商 ·· 94

任务一　报　价 …………………………………………………………… 94
　　任务二　讨价还价 ………………………………………………………… 103
　　任务三　让　步 …………………………………………………………… 115
　　复习思考题 …………………………………………………………………… 124

项目六　商务谈判僵局的处理 …………………………………………………… 125
　　任务一　商务谈判僵局产生的原因 ……………………………………… 125
　　任务二　商务谈判僵局的处理原则 ……………………………………… 131
　　任务三　商务谈判僵局的利用和制造 …………………………………… 133
　　任务四　打破谈判僵局的策略 …………………………………………… 134
　　复习思考题 …………………………………………………………………… 145

项目七　商务谈判的结束 ………………………………………………………… 147
　　任务一　谈判结束的契机 ………………………………………………… 147
　　任务二　结束谈判的技术准备 …………………………………………… 151
　　任务三　结束谈判的技巧 ………………………………………………… 153
　　复习思考题 …………………………………………………………………… 162

项目八　商务谈判的战术及应用 ………………………………………………… 164
　　任务一　情感渗透法 ……………………………………………………… 164
　　任务二　巧打时间差法 …………………………………………………… 169
　　任务三　其他方法 ………………………………………………………… 171
　　复习思考题 …………………………………………………………………… 178

项目九　商务谈判的语言艺术 …………………………………………………… 180
　　任务一　谈判语言概述 …………………………………………………… 180
　　任务二　谈判有声语言运用的技巧 ……………………………………… 186
　　任务三　谈判无声语言运用的技巧 ……………………………………… 197
　　复习思考题 …………………………………………………………………… 204

项目十　商务谈判礼仪 …………………………………………………………… 206
　　任务一　商务谈判礼仪概述 ……………………………………………… 206
　　任务二　商务谈判中的礼仪 ……………………………………………… 208
　　任务三　一些国家的习俗与禁忌 ………………………………………… 220
　　复习思考题 …………………………………………………………………… 224

拓展内容　主要国家商务谈判风格 ·· 226
　知识点一　德国人的谈判风格 ··· 226
　知识点二　英国人的谈判风格 ··· 228
　知识点三　法国人的谈判风格 ··· 230
　知识点四　美国人的谈判风格 ··· 231
　知识点五　日本人的谈判风格 ··· 234
　知识点六　韩国人的谈判风格 ··· 237
　知识点七　阿拉伯人的谈判风格 ·· 239
　复习思考题 ··· 241

参考文献 ··· 243

项目一　商务谈判概论

知识目标

通过本项目的学习,学生能够理解并掌握商务谈判的概念及特征,理解商务谈判心理,熟悉商务谈判的程序,了解商务谈判的分类及作用,知道商务谈判人员应具备的素质与能力,自觉、不断地完善自我。

素质目标

学生通过对本项目的学习,对商务谈判工作有一个正确的认识,增强谈判意识,锻炼沟通表达能力以及分析问题的能力。

技能目标

学生通过对本项目的学习,深化对商务谈判的认识,能够将商务谈判心理和商务谈判特征的知识自觉地运用在今后的生活或工作中,指导谈判工作,提高自身素质。

请同学们谈谈对商务谈判这门课程的理解和要求,进行 5 分钟的主旨发言,老师和同学帮助其总结在谈判观念、谈判心理及谈判程序方面的经验教训。老师要让学生知道本课程所讲的内容、课程性质,通过学习商务谈判,同学们应该得到什么样的锻炼以及教学目的,怎样学习这一门课程。

随着社会分工的不断深化发展,人既是社会商品或服务的供给者,也是社会商品或服务的需求者,供需双方由于自身的利益诉求不同,表现在交易过程中要进行讨价还价,也就是要进行谈判。可以这样说,现代经济社会中,人人离不开谈判,在我们生活中每天都在发生谈判,掌握谈判知识能够帮我们实现更好的发展。

任务一　商务谈判基础知识

任务引入

A 公司是一家经营钢材的公司,B 公司是一家房地产开发公司。A 公司的业务主管得知 B 公司近期内要开发一个楼盘,但由于 B 公司急于处理开发用地和进行前期策划设计,所以目前资金比较紧张。因 A 公司急于要得到 B 公司的这份订单,在了解以上情况后,某一天 A 公司的业务主管找到了B公司的经理,协商关于B公司订货一事。B公司经理对A公司主管讲明了自己公司的情况,表明准备过一段时间再考虑有关订购钢材的事宜。A公司主管对B公司经理说,过一段时间钢材可能会涨价,而且幅度可能不小,劝说B公司经理应该及早订购,并且表示,如果B公司所需的全部钢材及相关材料都从A公司选购,可以迟一些时间付款。B公司经理欣然接受了A公司主管的意见,答应全部钢材及相关材料都从A公司选购。

任务分析

从以上案例中我们可以发现什么是商务谈判。现代经济社会中,互有需求的双方,为了满足各自的需要,经过协商达成交易,就需要进行谈判。谈判大至国家间的谈判,中至企业经营活动层面的谈判,小至家庭日常生活中的购物活动也需要谈判。离开了谈判,将无和平发展环境,生产经营活动无法进行,商品流通停滞,整个社会经济运转不畅,社会发展会受到极大的影响。

知识链接

人们对事物的认识均从概念开始,这是认识事物的第一步。对商务谈判活动及其规律的认识也不例外。在研究讨论现代商务谈判策略、技巧之前,必须对商务谈判的基本概念有所认识,首先要了解商务谈判的概念及特征,商务谈判的作用、分类;其次还要了解商务谈判心理、商务谈判过程等。

知识链接一　商务谈判的概念和特征

（一）商务谈判的概念

我们经常将磋商、洽谈、交谈、谈判相提并论。在国外,这几个词多被赋予讨论、争议、异议、协商、对话之意,在我国多被看成是商量、交换意见、协商、评断的概念,所以我们经常看到这几个词在同一场合被交替使用。不过,在这几个词中,谈判最具严肃性,不像其他几个词那样灵活温和,具有外交色彩。一般意义上的谈判是指参与各方为了改变和建立新的社会关系,并使各方达到某种利益目标所采取的某种协调行为。商务谈判是指经济交往各方为了寻求和达到自身的经济利益目标,彼此进行交流、阐述意愿、磋商协议、协调关系并设法达成一致意见的行为过程。商务谈判包括为了实现产品销售而进行的常规性谈判,也包括为实现营销目标而从事的所有具有开拓意义的谈判,如联合、兼并、合作谈判等。

（二）商务谈判的特征

在现代社会里,商务谈判几乎涉及现实经济生活的所有方面,可以说,商务谈判无所不在、无处不有。作为谈判的一种类型,商务谈判具有明显的不同于其他谈判的特征。

微型案例

桑曼塔的制胜策略

英国著名谈判专家盖温·肯尼迪在其《谈判的真理》一书中介绍了一个这样的故事:安娜丽丝和她三岁的女儿桑曼塔正在进行一场艰苦的谈判,桑曼塔不肯吃盘子里的卷心菜,她说自己已经吃饱了。而安娜丽丝则认为吃卷心菜对均衡营养有好处,可是孩子太小,听不懂营养学,她只好求助于谈判。孩子爱吃冰激凌,于是安娜丽丝便对孩子说,不吃完卷心菜就不给冰激凌。

孩子尽管眼中含着泪水,但还是坚持不吃卷心菜而只要冰激凌。她说,肚子里只剩下了能装冰激凌的地方。这种说法当然自相矛盾,但孩子却说得理直气壮,任凭妈妈又哄又劝,她就是不理不睬。妈妈被迫让步说:"好吧,你要是好孩子的话,就再吃四勺菜,妈妈给你盛冰激凌。"然而,小桑曼塔把头摇得像拨浪鼓,干脆连面前的盘子也推开了。

安娜丽丝想,要是把冰激凌摆到桌上,也许能刺激孩子吃饭,可是她这么做了,孩子却仍然不屈服。她只好再次让步:"好吧,只要你再吃两勺!"孩子还是摇头不吃。安娜丽丝把盘子推回桑曼塔跟前,简直在求孩子了:"吃一勺总行吧,冰激凌一点也不少你的!"

孩子以行动做出回答,她用手遮住双眼,连正眼也不瞧一下面前的盘子。妈妈没辙了,叹了口气说:"真拿你没办法,你哪怕看上一眼也不行吗?"

类似的谈判,你经历过或看到过吗?依你看,这次谈判谁是赢家?最后,盖温·肯尼迪得出结论:与孩子对阵绝无胜算!

两者谈判的特点概括如下:

孩子:

明白自己的要求,且能持之以恒;

知道如何去得到它(还没上学时早就摸透了父母的脾气);

为一己之欲可以冷酷无情,也从不感到窘迫;

不怕羞,不后悔,也没有负疚感;

对妨碍他如愿以偿的人从不讲温情;

没有长远打算;

他们不知道"不"字的含义,但他们知道,如果我们说"不"通常是指有可能。

父母:

无尽无休地给予;

有责任感;

总吃后悔药;

有负疚感(总觉得于心难安);

温情脉脉;

爱做长远打算;

并非什么都拿得出来的"聚宝盆"。

最后总结:双方谈判时以孩子的胜算居多。

上述例子也许能让我们每一个成人在笑声中得到某种启迪,谈判的技巧也许就是这些。

商务谈判的基本特征有以下几点。

1. 商务谈判以追求经济利益为目的

在市场经济中,人们进行经济活动的目的是为了获取经济利益。经济利益只是利益中的一种,除此之外,利益还包括社会利益、政治利益、安全利益等。政治家们侧重的是政治利益,政府官员往往侧重于社会利益。商务谈判所追求的利益,就本质而言,集中体现为经济利益。

商务谈判所追求的经济利益有长(远)期和短(近)期之分。有时谈判主体为获得长期经济利益,会相应减少甚至放弃短期利益,但其目的是为了实现自身经济利益的最大化。

商务谈判的目的虽然是取得经济利益,但其并不排除获取其他利益。在争取经济利益的同时,不应以损害社会利益和国家利益为代价。当一个企业的经济利益与社会利益相统一时,它所获得的经济利益也是长久的。

商务谈判所追求的经济利益往往是多元化的。比如,购买国外设备,除价格因素外,还要考虑其技术转让深度、结汇方式,可能导致的污染情况等。

 **微型案例**

希尔顿的骄傲

美国"旅店大王"希尔顿曾经有过这样一件令他终生引以为豪的事情。

当年,希尔顿计划在达拉斯建造一座耗资数百万美元的新旅店,以实现他的"以得克萨斯州为基地,每年增加一座旅馆"的发展计划。但由于资金短缺,不得不中途停工。

希尔顿决定去见卖给他地皮的大商人杜德,他开门见山地告诉杜德:"饭店工程无法继续。"杜德听后不以为然,认为此事与他无关。希尔顿说:"杜德先生,我来找您是想告诉您,饭店停工对我来讲固然不是一件好事,但你的损失会比我更大。""我不明白您在说什么。"杜德说。希尔顿向他解释其中的道理:"如果我公开透露一下,饭店停工是因为我想换一个地方盖饭店,那么饭店周围的地价一定会暴跌,这样的结果对您是十分不利的,您看是不是呢?"

杜德听后,经仔细权衡利弊,最终同意了希尔顿的要求。由杜德出钱将那家饭店盖好,然后交给希尔顿,待赚了钱再分期偿还给杜德。两年后,由杜德出钱盖成的达拉斯希尔顿大饭店正式营业,希尔顿又向"旅店王国"迈进了一大步。

2. 商务谈判是一个互动过程

谈判双方是为实现某一个议题而进行谈判,如购销谈判、技术谈判、质量谈判等,商务谈判作为沟通买卖双方的桥梁,使买卖双方的利益都能在协调一致的前提下实现。在谈判达成一致的条件下,各取所需、各获所得。但是在谈判中,双方是通过不断的"取"与"舍"进行的。谈判一方不可能只"取",只向对方提出要求,而不"舍",不去考虑对方的要求。如果一方大获全胜,对方全面溃败,即使达成了协议,对方也不会认真履行,而会寻找各种借口,延缓或破坏协议的执行。实际上,谈判形成的协议是存在一个区间的,在这个区间内,谈判双方都想方设法为自己争取更多的经济利益;而争取更多的利益,就是通过讨价还价、沟通、磋商等手段来实现的。从一方的角度看,就是要求—让步—再要求—再让步的过程;从双方的角度看,就是争论—妥协—再争论—再妥协的过程。

3. 商务谈判是互惠的,是不均等的公平

如果谈判不是互惠互利的,一方只想从另一方索取利益,只想满足自己的需要,则这种谈判缺少最起码的基础,谈判的双方也不可能真正坐到一起。所以,美国汽车大王李·艾柯卡有一句发自肺腑的感慨:"要经常为别人的利益着想。"但是,互惠并不意味着均等,有些谈判者从中获得的好处多,有些谈判者从中获得的好处少。谈判双方所拥有的实力与技巧的差异,导致了这种不平等的结果。不过,谈判的结果使一方绝对吃亏也是不现实的,谈判参与的双方对谈判结果都有否决的权利,双方共同认可的结果无论多么"不平等",这样的谈判也都是公平的。

 **微型案例**

分苹果

两个孩子为了分一个苹果而争吵不休,都坚持要得到最大的一块,无论怎么劝说两人都不同意。后来,他们的父亲提出了一个建议,由其中一个人来切苹果,然后由另一个人先进行挑选,两人接受了这一建议。切苹果的一方不敢马虎,力求切得一样大小,生怕自己吃亏;而挑选苹果的一方,当然要选他认为大的一块。假如切开的苹果真的有大有小,让先挑的一方占了便宜,切苹果的一方也心甘情愿,因为他已经尽了自己的最大本领来切苹果。这两个孩子分苹果的过程实质上是一次简单的谈判活动。你从中受到哪些启发?

4. 商务谈判是合作与冲突的对立统一

在谈判过程中,双方都希望自己在谈判中获得尽可能多的利益,为此,双方讨价还价,使谈判存在冲突。比如,在购销谈判中,卖方希望把价格定得尽量高一些,而买方则希望尽量压低价格;供方希望货到对方就付款,而买方却希望延缓结账时间。这些预期,都可能形成谈判双方行为上的冲突。但同时,买方希望卖方提供货物以满足消费的需要,而卖方则有出售货物以换取货币的需要。因此,为了使谈判能达成协议,谈判各方也会具备一定程度的合作性。在不同的谈判场合,对不同的谈判主体,尽管双方合作与冲突的程度各不相同,但任何一种谈判都具有一定限度的合作与一定程度的冲突。在实际谈判中,有些谈判人员只注意谈判存在合作性的一面,害怕发生冲突或出现谈判僵局,为了避免冲突,他们常常一再退让,不敢争取自己的利益,在那些善于制造冲突的强硬谈判对手面前经常吃亏,使自己的利益受损;也有一些谈判人员过于重视冲突的一面,将谈判看成是你赢我输或双方意志力的较量,在谈判中一味坚持强硬立场,最终让对手退出谈判,自己也劳而无功。因此,对明智的谈判者而言,应当在保持合作的基础上,追求自己利益的最大化,在使对方通过谈判获得利益时,自己也获得相应的利益。

5. 商务谈判涉及面广

商务活动是跨地区、跨国界的,无论是购销商品还是提供服务,其谈判对象可能遍及全国各地甚至世界各国。从谈判的标的看,商品和服务的种类数不胜数,大到航天卫星,小到日用商品,谈判的对象和谈判的标的物表现出巨大的广泛性。另外,受供求关系影响,商品和服务市场竞争激烈,价格变化多端。因此,进行商务谈判,要求谈判者充分了解与谈判相关的各种情况,尤其必须重视市场调查,了解商务谈判对象所在国家或地区的政治、经济、法律、政策、文化、民俗等情况。

商务谈判涉及面的广泛性,要求谈判人员不仅具备专业知识,还要善于调查研究,掌握大量信息,这样才能应对复杂的谈判局面。

知识链接二　商务谈判的作用

现代经济社会离不开商务谈判。事实证明,商务谈判在促进市场经济发展、实现企业的经济目标中发挥着非常重要和不可替代的作用。

小数据

2020年10月6日,世界贸易组织发布《全球贸易数据与展望》更新报告。报告显示,2020年上半年全球贸易表现好于预期。

世界贸易组织高级经济学家科尔曼·尼表示,中国进出口贸易为全球贸易做出积极贡献,2020年上半年,中国不仅在进口需求方面支持了区域内贸易,在出口方面的表现也好于预期。例如,这一时期,全球个人防护装备出口增长了49%,预计贸易额将达到980亿美元,而中国就贡献了其中的43.8%。

(一)有利于促进市场经济的发展

市场经济存在的基础是社会分工。生产资料及产品分属不同的所有者,就决定了人们之间的交往关系是平等、互利的,这是人类文明进步的表现。由于这种经济关系,人们在经济活动中必须遵循平等、有偿、等价的原则。与此相适应,商务谈判便成为人们实现经济活动目标的重要形式。实践证明,市场经济越发达,商务谈判的应用就越广泛,商务谈判及内容也就越多样和复杂。谈判既有国际间的重大谈判,也有企业间的一般贸易谈判,谈判议题几乎涵盖了全部的经济领域,可以说,哪里有经济活动,哪里就有谈判。同时,由于谈判广泛应用于社会生产、生活的各个领域,又进一步促进了社会的繁荣与发展。谈判更好地实现了人们在平等互利基础上的联系,改善了相互之间的关系,提高了社会经济活动的效率。

(二)有利于实现企业的经济目标

在市场经济条件下,企业是社会的经济细胞,是独立的商品生产者,具有独立的法人资格。企业之间的交往和联系要遵从市场经济规则,在自愿互利基础上实行等价交换和公平交易。企业要运转、要发展,就要将自己生产的商品或提供的服务销售出去,而为了进一步实现企业的战略目标,就要进行企业联营、组合等,实行资本运营,或者引进外资,实行技术改造,提高企业的核心竞争力;企业通过谈判,实现资金、技术、设备、原材料和劳动力等生产资料和要素的组合;通过谈判,解决对外交往中的纠纷等。企业通过各种经济活动实现自身的目标,这些活动离不开商务谈判。因此,商务谈判是实现企业经济目标的重要手段。

(三)有利于企业获取市场信息

随着市场经济的发展,行业之间、企业之间的竞争日趋激烈,企业对信息的掌握至关重要,企业离开市场信息就无法生存和发展。及时而准确地获取市场信息有助于企业产品的设计、开发和生产,有助于企业的经营与销售,而商务谈判是获得经济信息的重要渠道。在谈判前,谈判人员要收集大量的有关谈判的信息,包括市场、竞争、技术和谈判对手的各种信息;在谈判中,谈判人员在磋商和沟通过程中可以了解和掌握大量有关信息;在谈判后,从及时、准确的谈判报告中能够提炼出企业所需要的信息、资料,有助于企业做出正确的经营决策。

(四)有利于促进国际贸易发展

21世纪经济日益全球化,国际贸易的规模加速扩大,国际投资的领域空前拓展,国际商务合作的形式日益多样。我国加入世界贸易组织(WTO)之后,与世界各国的经济交往日益深化,我国企业和世界各国企业的商务往来与日俱增。促进国际贸易发展,可以更好地吸引资金,引进国外先进的技术、设备,提高生产质量和管理水平;扩大国际贸易,还可以提高我国企业的进出口能力,积累资金,增强竞争实力。

为了大力发展我国国际贸易,急需一大批训练有素的、能直接与外商打交道的国际商务谈判人员,对国际商务谈判人员的要求比对国内商务谈判人员的要求要高。由于缺少这方面的谈判人才,许多企业丧失了不少贸易机会,造成了不必要的损失。因此,加强国际商务谈判人才的培养,重视国际商务谈判的研究,是促进我国国际贸易发展的当务之急。

知识链接三　商务谈判的类型

商务谈判客观上存在着不同的类型,认识谈判的不同类型,目的在于根据其不同特点和要求,更好地参与商务谈判和制定实施有效的谈判策略,对谈判类型的正确把握是谈判成功的关键一环。

微型案例

欧洲 A 公司代理 B 工程公司与中国 C 公司谈判出口工程设备的交易。中方根据其报价提出了批评,建议对方考虑中国市场的竞争性和该公司第一次进入市场,认真考虑改善价格。该代理商做了一番解释后仍不降价,并说其委托人的价格是如何合理。中方对其条件又做了分析,代理人又做解释,一上午下来,毫无结果。中方认为其过于傲慢固执,代理人认为中方毫无购买诚意且没有理解力,双方相互埋怨之后,谈判不欢而散。

请思考:欧洲 A 公司进行的是哪类谈判?

(一) 按谈判参与方的数量分类

按谈判参与方的数量分类,谈判分为双方谈判和多方谈判。

1. 双方谈判

双方谈判是指只有两个谈判主体参与的谈判,针对国家而言的双方谈判可以称为双边谈判。例如,一个卖方和一个买方参与的交易谈判或者只有两个当事方参与的合资合作谈判均为双方谈判。值得注意的是,双方谈判强调的是谈判主体方有两个,不是说谈判参与的人数多少,双方谈判也可以有很多的谈判人员参加,每一方由一个谈判小组组成。

2. 多方谈判

多方谈判是指由三个或三个以上的当事方参与的谈判,针对国家而言的多方谈判可以称为多边谈判。例如,甲、乙、丙三方合资兴办企业的谈判;客户经理、人事经理和生产经理之间关于某一事项所进行的商务谈判。

双方谈判和多方谈判由于参与方数量的差别而有不同的特点,双方谈判涉及的主体较少,一般来说涉及的责、权、利划分较为简单明确,因而谈判也比较易于把握;多方谈判涉及的主体较多,谈判条件错综复杂,需要顾及的方面很多,难以在多方的利益关系中加以协调,较难达成多方都满意的协议,从而增加了谈判的难度和复杂性。

(二) 按商务谈判各方参加谈判的人员数量分类

按谈判各方参加谈判的人员数量,谈判分为大型谈判(各方在 12 人以上)、中型谈判(4~12 人)、小型谈判(4 人以下)。一般情况下,大、中型谈判适合于谈判项目内容较多,谈判背景较为复杂,谈判持续的时间也较长的谈判;小型谈判则适用于谈判内容、涉及背景、策略运用等均相对简单的谈判。谈判各方谈判人数最少为一个,即单人谈判。事实上,日常生活中,我们每个人均在扮演着单人谈判的角色,比如,买件衣服,我们和销售人员之间进行的谈判就是单人谈判。不过,对于较为复杂的谈判,最好还是组建谈判小组进行谈判。谈判小组具有单个谈判人员不可比拟的优点,其最大优点在于能进行小组成员间的讨论,群策群力,通过集体配合赢得谈判的成功。

（三）按商务谈判所在地分类

商务谈判按谈判所在地可分为主场谈判、客场谈判、中立地谈判或主客轮流谈判。

1. 主场谈判

主场谈判也称主座谈判，是指在自己一方所在地、由自己一方做主人所组织的谈判。主场谈判占有"天时、地利、人和"的优势，便于谈判者进行内外结合，不需要适应环境，有时还可以通过良好的接待"以礼服人"，使对方很难找到拒绝的理由。但任何事情都是利弊兼具，主场谈判也具有"谈判者易受干扰、费心费力"等缺点。有时，反而是在客场谈判，容易让谈判者集中精力，同时没有接待压力，利用得好反而有利于取得谈判的成功，正如在球类比赛中经常有善于"打客场"的球队一样。

2. 客场谈判

客场谈判也称客座谈判，是指在谈判对方所在地进行的谈判。到客场进行谈判，一是要快速适应当地的气候、人文、风俗、语言等环境；二是要准备充分，消除紧张气氛，对可能出现的问题估计得更准确、更周全一些，做到临危不惧，应对自如；三是要理解和尊重对方，不做过分的接待要求。一般而言，主场优势要大于客场，球类比赛中就有"主场龙，客场虫"的说法，所以要求我们的谈判者必须提高客场谈判能力。

3. 中立地谈判或主客轮流谈判

有时为了平衡主、客场谈判的利弊，就采取在中立地（第三地）谈判或者轮流主客场谈判。第三地谈判可以避免主、客场对谈判的某些影响，为谈判提供良好的环境和平等的气氛。但是，可能引起第三方的介入而使谈判各方的关系发生微妙变化。主客场轮换固然可以增加谈判的公平程度，但来回奔波势必增加谈判的成本。

事实上，只要谈判者本着尊重对方、平等互利的原则进行谈判，主场、客场还是中立地或者主客轮流谈判，效果都是差不多的，究竟选择什么样的谈判方式关键在于看何种方式更有利于双方节省成本、提高效率。

（四）按商务谈判的结果分类

商务谈判的结果多种多样，有的是大家都满意——"双赢或多赢"；有的则是大家都不满意——"双输或多输"；有的则是"输赢"，即不是"你输我赢"就是"我输你赢"。

1. 双赢或多赢型谈判

双赢或多赢型谈判，指通过谈判活动能最大限度地创造出最佳的解决方案，满足各方的利益要求。

要获得双赢或多赢，有两个前提：一是大家必须是合作的，即博弈论中的"合作博弈"，任何一方不合作，都很难寻找大家都能接受的方案；二是创造价值，寻求出一个最大化的、双赢结果的整合式谈判方案。国外有一句谈判界的警句：不要把钱留在桌子上。也就是说，很多时候我们的谈判都没有找到最大化的双赢谈判方案，双方或多方不能获得最大化的利益。它强调的是创造价值，而并非仅仅申明价值和分配价值。

2. 双输或多输型谈判

双输或多输型谈判，指双方或多方均没有在谈判中获得利益，这种谈判就是俗话说的"我得不到，你也别想得到"。这种思想反映到谈判中是极其错误的，不符合现代谈判伦理观，是谈判结果中最下等的谈判，既没有创造出新的价值，也没有合理分配价值。

3. 输赢型谈判

输赢型谈判,指谈判一方有所得、一方有所失,一输一赢的谈判。

如同博弈论中的"零和博弈",即一方所得到的就是另一方所失去的。一般而言,这样一种谈判是不能获得成功的,至少是不能获得持续成功的。一个"没有赢总是输"的谈判者是绝对没有激情和动力长期谈判下去的。

(五) 按商务谈判时谈判双方的态度进行分类

按商务谈判时谈判双方的态度进行分类,可以把谈判分为竞争型谈判、合作型谈判、竞合型谈判。

1. 竞争型谈判

竞争型谈判,是指谈判双方以一种竞争的态度而进行的谈判。

事实上,市场经济活动处处充满竞争,大部分谈判都属于竞争型谈判。现代社会竞争越来越激烈,企业之间的竞争、同类产品之间的竞争、人才之间的竞争都已经达到白热化程度,如果不竞争或者竞争能力不强,就会被淘汰。在日常生活中,人们面临着越来越多的竞争型谈判。竞争型谈判的技巧旨在削弱对方对自身谈判实力的信心。因此,谈判者对谈判对手的最初方案做出明显的反应是竞争性、对抗性的,即不管谈判者对对方提出的方案如何满意,都必须明确表示反对这一方案,声明它完全不合适,使谈判对手相信,他的方案是不可行的、不能被接受的。

2. 合作型谈判

合作型谈判,是指谈判双方以一种合作的态度而进行的谈判。

尽管谈判中有各种各样的矛盾和冲突,但谈判双方自始至终本着合作的态度来解决问题和冲突。谈判双方不是你死我活,你争我抢,而是为着一个共同的目标探讨相应的解决方案。如果对方的报价有利于当事人,当事人又希望同对方保持良好的业务关系或迅速结束谈判,做出合作型反应则是恰当的。合作型反应一般是赞许性的,合作型谈判相对于竞争型谈判,更容易达成一致意见。

3. 竞合型谈判

竞合型谈判,是指谈判双方本着"客观、平等、互利"的原则,通过适当的竞争与合作,寻求最佳解决方案。

竞合型谈判相比竞争型谈判,多一些合作;相比合作型谈判,又多一些竞争。21世纪是"竞争合作双赢"的时代,竞争中有合作,合作中有竞争。所以,聪明的谈判者总是把二者结合得非常好,如态度是合作的,但在某一项具体交易条件的磋商时又是竞争的;在原则方面是当仁不让、竞争的,在有些小事、细节方面又是宽容的、合作的。

竞争型谈判、合作型谈判和竞合型谈判三者之间的区分都不是十分绝对的,没有"只有合作没有竞争"的谈判,也没有"只有竞争而没有合作"的谈判,我们应该在竞合中获得"双赢或多赢"。

(六) 按商务谈判的观念分类

商务谈判按谈判的观念,分为硬式谈判、软式谈判、原则式谈判。

1. 硬式谈判

硬式谈判也称立场型谈判,是谈判者以意志力的较量为手段,很少顾及或根本不顾及对方的利益,以取得己方胜利为目的的立场坚定、主张强硬的谈判方法。硬式谈判的指导思想是"不谈判则罢,要谈必胜",谈判者为了达到自己的目的,丝毫不考虑别人的需要和利益,也不顾及自己的形象以及对以后合作的影响。

硬式谈判视对方为敌人,强调谈判立场的坚定性,强调针锋相对,认为谈判是一场意志力的竞赛,只有按照己方的立场达成的协议才是谈判的胜利。硬式谈判有明显的局限性,一般应用于以下两种情况:一是一次性交往,这种谈判必然是"一锤子买卖",也就是为取得一次胜利而拿未来的合作做赌注;二是实力相差悬殊,在这种情况下,己方处于绝对优势。

2. 软式谈判

软式谈判也称关系型谈判,为了保持同对方的某种关系所采取的退让与妥协的谈判类型。这种谈判有着以下几方面的特点:一是把对方当朋友,谈判者总是从个人的良好愿望出发,把对方看成与自己同样善良的人,不相信对方会搞阴谋诡计,对方设下毒计,他还以为是送蜜糖给他,感激不尽,硬要去尝一口。二是目标追求某种虚假的名誉地位或维持某种单相思的良好关系。这种和解协议对己不利,对对方有利,他也不管。三是只提出自己的最低要求,生怕刺痛对方和伤害对方的感情。四是不敢固守自己的正当利益,常以自己的单方面损失使谈判告终。五是屈服于对方的压力。六是达成协议的手段是向对方让利让步,对方得寸进尺他也不阻挡,无原则地满足对方的贪婪欲望。

3. 原则式谈判

原则式谈判也称价值型谈判,最早由美国哈佛大学谈判研究中心提出,故又称哈佛谈判术。原则式谈判吸取了软式谈判和硬式谈判之所长而避其所短,强调公正原则和公平价值,主要有以下特征:

(1) 把谈判者双方都看作问题的解决者,既不把对方当朋友,也不当作敌人,而是就事论事,就问题解决问题,双方都有责任和义务妥善解决问题。

(2) 把人与问题分开,谈判者以公正态度参加谈判,不带私人感情,不以当事人的立场、观点、感情、身份参加谈判,而应以第三者的身份参加,置身于事件之外。

(3) 谈判原则使用社会公认的客观标准、科学原则、国内和国际法律、风俗、习惯、传统的道德规范、宗教规则等解决分歧,双方不能主观自设原则或自立标准。

(4) 对人和事采取不同态度。对人采取软的态度,对事采取硬的态度,对事件按原则处理,对双方的谈判者以礼相待。

总体来看,硬式谈判与软式谈判都有着较多的缺陷,应用也较少。过"软"或者过"硬"都不利于谈判价值的创造、谈判目标的实现。原则式谈判是一种既理性又富有人情味的谈判态度与方法,是符合现代谈判观的一种谈判方式。现代谈判人员应该深谙原则式谈判的内涵,努力在谈判实践中加以应用。

任务二　商务谈判者的素质和能力

任务引入

在生活中,我们常常扮演着谈判者的角色,在我们买商品的过程中,我们就是一个谈判者。那如何成为一名好的谈判者呢?必须花长时间在镜子面前做威胁姿态吗?必须预先演习拍桌子吗?必须策划大胆的诈骗吗?事实上,这些都不需要。所需要的只是精心的准备,主动了解对方的需求以及建立和谐、信任关系的素质和能力,尤其是在商务谈判中,谈判人员的素质和能力直接影响利益的分配。

任务分析

商务谈判人员作为企业的代表,承担着多方面的职责。因此,商务谈判人员必须具备良好的素质和能力。商务谈判人员素质和能力的高低,关系到商务谈判工作的成败。

知识链接

知识链接一 商务谈判者的素质

一般来说,商务谈判人员的素质是由思想道德素质、业务素质、心理素质和身体素质四个方面构成的。商务谈判人员的素质既有与生俱来的,也有后天通过自身的努力而获得的。但应当指出的是,商务谈判工作虽然要求谈判人员具有某些先天的禀赋和资质,但更重要的是在后天的学习和锻炼中积累经验,培养能力。

微型案例

中国一家医疗机械厂与美国客商进行的一场引进"大输液管"生产线的谈判中,双方在融洽友好的氛围中达成了一致意见,相约第二天举行签字仪式。谈判结束后,该厂厂长带领美国客人参观工厂车间,这位厂长向墙角吐了一口痰,然后用鞋底擦了擦,这一细节被美国客人看在眼里,毅然决定停止签约。在他给这位厂长的一封信中,他这样写道:"恕我直言,一个厂长的卫生习惯可以反映一个工厂的管理素质。况且,我们今后要生产的是用来治病的输液管。贵国有句谚语:人命关天!请原谅我的不辞而别……"一项成功在望的谈判,就这样被一口痰"吐掉"了。谈判者的素质对商务谈判的影响是很大的。

(一)思想道德素质

1. 强烈的事业心

商务谈判工作不仅是一种职业,它也是一项事业,是具有一定目标、规模和系统的对社会发展有重要影响的事业。谈判人员通过恪守职业道德,塑造谈判人员形象,探索谈判规律,展示谈判艺术,创造谈判业绩来推动这一事业的发展,进而实现自身的价值。这就要求商务谈判人员要有强烈的事业心。

事业心,就是要成就一项伟大事业的雄心。具有强烈事业心的人,把事业的成功,看得比物质报酬的享受更为重要,事业成功所带来的振奋和喜悦胜于他所获得的物质报酬的享受。商务谈判人员的事业心主要表现为:要有献身于谈判事业的工作精神,不怕艰苦,任劳任怨,全心全意为客户服务,有取得事业成功的坚定信念。

强烈的事业心可以产生强大的动力,因为它来源于自我实现这种高级精神需要,在这种需要的推动下,商务谈判人员可以忍受各种艰难困苦,忘我地工作;强烈的事业心可以形成高度的责任感,这种责任感使商务谈判人员充分认识到自己所承担的职责和自己工作的价值,使商务谈判人员忠于本企业,忠于自己的客户,一心一意地把自己的精力投入商务谈判工作中;强烈的事业心还可以激发荣誉感和成就感,只有把自己的行动与一种神圣的事业联系起来,才会享受到谈判成功的喜悦。

2. 忠于职守,遵纪守法

商务谈判人员不论是代表国有单位、集体企业、民营企业与国内其他单位或个人进行谈判,还是参加国际经贸谈判,都必须忠于职守,遵守党纪国法和职业道德,贯彻执行党和国家的方针政策。在当前市场经济条件下,谈判人员在国内外谈判中会遇到形形色色的对手,面临各种各样的诱惑、拉拢。所以谈判人员必须有良好的思想品质、灵敏的政治嗅觉,自觉抵制各种腐败思想作风的侵蚀。至于在国际商务谈判中,情况往往更复杂。所以只有奉公守法、道德高尚的人才能自觉遵守组织纪律,严格保守商业机密,维护国家和民族的利益和尊严;才能无私无畏、专心致志地施展才华,在各种复杂的情况下,为国家争取更大的利益,否则经不起外界的诱惑,为获得个人蝇头小利而牺牲国家和民族的利益,最后自己也落得身败名裂的下场。

3. 百折不挠,意志坚定

要在一场重要的商务谈判中取得预期的结果,无异于赢得一场战斗,需要耗费许多心血。商务谈判人员从接受任务开始,就要用心掌握自己和对方的情况,做好一切谈判准备;而谈判过程中又会风云变幻,出现种种预料不到的困难和障碍。谈判人员一定要有坚定的事业心和高度的责任感,发挥自己的智慧和能力,百折不挠地克服一个又一个困难,尽心尽力地完成自己承担的任务。

4. 谦虚谨慎,团结协作

商务谈判需要掌握大量的情况和资料,运用多方面的知识和技能。一个人的知识和能力总是有限的,必须依靠谈判班子的每一个成员以及幕后顾问班子的协作和支持,才能把事情办好。所以,无论个人的经验有多么丰富,能力有多强,在过去的谈判中起的作用如何卓著,都要虚怀若谷,懂得尊重别人。既尊重领导,又尊重下属;既尊重己方人员,也尊重对方成员。谦虚谨慎,宽厚仁爱,把自己真正置于组织之下、群众之中,认真听取各方面有利于实现谈判目标的各种意见和建议,把谈判组织中各类人员的积极性、主动性和创造性充分调动起来,就能够克服谈判中面临的各种困难,不断取得良好的谈判成绩。

5. 诚实无欺,讲求信誉

诚实无欺,是每一个企业经营的基本原则,也是每个谈判者应具备的道德风范,是树立国家和企业良好信誉的基本前提。企业与企业之间的关系,既是竞争的关系,又是相互协作、相互配合的关系,不择手段、尔虞我诈的种种做法在法制健全的市场经济当中是绝对行不通的,是没有前途的。当然商场如战场,诚实无欺不等于毫无心机,把自己的底数全盘托出,把谈判的主动权拱手让人。在商务谈判中,为使交易顺利达成,使用暗示、夸大、假动作、声东击西等策略和技巧还是必需的,但前提是无害人之心。

(二)业务素质

 **微型案例**

某县饮料厂欲购意大利固体橘汁饮料的生产技术与设备,派往意大利的谈判小组包括以下4名核心人员:该厂厂长、该县主管工业的副县长、县经委主任和县财办主任。

请思考:如此安排会导致什么样的后果,为什么?

商务谈判工作不是一件轻而易举的工作,而是一项极富创造性与挑战性的工作,因而商务谈判人员除具备过硬的思想素质外,也要求具有较高的业务素质,正因如此,国外把商务谈判人员称之为"商务谈判工程师"。尽管高的业务素质并不一定意味着有好的商务谈判绩效,但具备较高业务素质的人获得商务谈判成功的可能性要大。因此,高超的业务素质是良好商务谈判绩效的充分条件。

商务谈判人员的业务素质主要表现在对以下几方面知识的掌握上。

1. 企业方面的知识

企业方面的知识主要包括:企业创建时期,发展的历程,经营指导思想,有关规章制度、惯例,企业文化,谈判战略与策略等。作为企业的一名商务谈判人员,有必要掌握企业创建与发展方面的背景材料,这样可以使你与客户交谈时显得知识渊博,介绍自己的公司也得心应手,便于和外界特别是和新客户的交往。另外,商务谈判人员头脑中时刻存储着企业发展壮大的背景知识,也有利于培养商务谈判人员自身对企业的一种自豪感与归属感,有利于在同客户接触时集中精力,尽心尽力地做好商务谈判工作,客户也乐意与熟悉本企业发展史的人员做生意。

2. 产品方面的知识

商务谈判人员应熟悉本企业产品的生产流程与方法。当你的客户因价格或发货时间向你提出难题时,你就能用所熟悉的产品生产流程和近期的企业概况,向客户解释原因。

3. 营销与商务谈判方面的知识

商务谈判人员应接受一定程度的教育,掌握必要的理论知识与实务技能,包括市场营销理论、企业管理学、商务谈判学、经济法、社交礼仪等学科方面的知识,熟悉或了解有关市场方面的政策、法令和法规。

4. 客户方面的知识

商务谈判人员还要懂得客户心理与购买行为方面的知识,因此应掌握商业心理学、公共关系学、人际关系学、行为科学和社会学等学科方面的内容,以便分析客户的心理特征,并据此运用合适的商务谈判手段。

5. 竞争方面的知识

要成功地实施商务谈判,还必须掌握同行业竞争状况的信息,包括整个行业的产品供求状况,本企业处于什么样的竞争地位,竞争品有哪些优点是本企业没有的,本企业产品有哪些优点是竞争品所无法比拟的,以及竞争品的价格、竞争品的商务谈判策略等。

 **微型案例**

在某次交易会上,己方外贸部门与一位客商洽谈出口业务。在第一轮谈判中,客商采取各种招数来摸己方的底,罗列过时行情,故意压低购货的数量。己方立即中止谈判,搜集相关的情报,了解到日本一家同类厂商发生重大事故停产,又了解到该产品可能有新用途。在仔细分析了这些情报以后,谈判继续开始。己方后发制人,告诉对方:己方的货源不多;产品的需求很大;日本厂商不能供货。对方立刻意识到己方对这场交易背景的了解程度,甘拜下风。在经过一些交涉之后,乖乖就范,接受了己方的价格,购买了大量该产品。

(三) 心理素质

谈判人员的基本任务就是说服谈判对手接受己方的谈判条件。在谈判过程中,谈判双方不可避免地存在着矛盾和冲突、争论甚至是争吵导致谈判破裂、无功而返,这种现象可能时常出现,谈判人员如果没有良好的心理素质,往往难以忍受挫折,无法胜任艰巨的谈判工作。所以,成功的商务谈判人员都比较注重培养个人心理素质。

首先,要热爱商务谈判工作,把它看作一项富有挑战的事业去做,这样我们的内心就会充满自豪。

其次,要自信,要不断地给自己鼓气、给自己加油。法国哲学家卢梭说:"自信对于事业简直是奇迹,有了它,你的才智可以取之不尽、用之不竭。"对商务谈判人员来说,心中同时存在着强与弱、善与恶,一方面心中感到沮丧,想着该回家了;另一方面又勉励自己,再加油再努力一会儿。

再次,要以平常心对待挫折,要以不幸为师。商务谈判就是在和拒绝、否定、挫折、困难打交道,没有拒绝也就没有商务谈判。从商务谈判大师们的经历中可以看出,他们是在失败、挫折中逐渐成长的,不遭遇困难或苦恼,或一直想逃避困难或苦恼的人,是无法尝到真正的成功和快乐的。歌德说:"唯有和着眼泪吞下面包的人,才能体会出人生的真味。"

最后,商务谈判人员要努力凝视自我的心灵,并且多去理解他人心中的感受,凡事站在对方的角度去思考问题。有了对客户的真心和爱,那么商务谈判人员的一言一行,他的微笑、他的眼神都会把这种爱传递给客户,客户的心房就会向商务谈判人员敞开了。因此,商务谈判人员要善于自我控制,使自己的行为始终保持在成熟状态——稳定、理智、清醒的状态,对人对事要大度为怀,不斤斤计较,这样才不会被外界的因素所干扰。同时,商务谈判人员的成熟状态也会影响、控制顾客的状态,使其能够理智地思考问题,修正情绪化的言行,这对成功的沟通至关重要。

(四)身体素质

谈判人员应精力充沛,行动灵活,头脑清醒,能轻松地进行日常工作。因为商务谈判工作比较辛苦,谈判人员为拜访客户,要东奔西走,商务谈判紧张艰巨,商务应酬往往占用很多休息时间,旅途奔波,谈判人员得不到很好的休息。商务谈判工作兼有体力劳动和脑力劳动之苦,没有健康的身体,谈判人员是不能完成谈判工作的。

谈判人员的素质是多方面的,除以上几个方面外,还包括良好的气质、广泛的兴趣、端庄的仪表、完美的个性、真诚和丰富的情感等。在具体的谈判工作实践中,谈判人员应努力加强自身修养,培养和提高个人素质,力争做一名合格的商务谈判人员。

 **微型案例**

基辛格说媒

基辛格堪称20世纪的谈判大师。一次,基辛格主动为一位穷老农的儿子说媒,想试一试自己的折中之计。他对老农说:"我已经为你物色了一位最好的儿媳。"老农回答说:"我从来不干涉我儿子的事。"

基辛格说:"可这位姑娘是罗斯切尔德伯爵的女儿(罗斯切尔德伯爵是欧洲最有名望的银行家)。"老农说:"嗯,如果是这样的话……"

基辛格找到罗斯切尔德伯爵说:"我为你的女儿找到一位万里挑一的好丈夫。"罗斯切尔德婉言拒绝道:"可我的女儿太年

轻。"基辛格说："可这位小伙子是世界银行的副行长。"罗斯切尔德说："嗯，如果是这样……"

基辛格又去找到世界银行行长，说："我给你找了位副行长。"世界银行行长说："可我们现在不需要增加一位副行长。"基辛格说："可你知道吗，这位年轻人是罗斯切尔德伯爵的女婿。"于是世界银行行长欣然同意。

基辛格功德无量，促成了这桩美满的婚姻，让穷老农的儿子摇身一变，成了金融寡头的乘龙快婿。

这则故事说明了什么？基辛格运用自己高超的谈判技巧把看似不可能的事变成了可能，说明了谈判技巧运用领域的广泛性和谈判所产生力量的巨大性，说明了谈判是由分歧达成一致的过程。

具备了良好的素质只是具备了当一名好商务谈判人员的基本条件，但并不一定能成为一名出类拔萃的商务谈判人员。除此之外，还应有一定的特殊能力。

知识链接二　商务谈判者的能力

（一）出色的语言表达能力

商务谈判的沟通工作总是以一定的语言开始的，不管是肢体语言、口头语言还是书面语言，都要求商务谈判人员能够通过语言准确地表达自己所主张的交易条件，同时也能使商务谈判对手清楚地理解和明白商务谈判的方方面面。如果商务谈判人员语言贫乏、词不达意、前言不搭后语、逻辑性差、思路不清、笨嘴拙舌，一来影响谈判的效率，二来也容易因沟通障碍而导致谈判的失败。

（二）不断学习的能力

谈判工作的业务内容是多方面的，谈判活动的组织形式是不断变化的，一位优秀的商务谈判人员必须具有不断学习的能力，进而才能在事业上有长远的发展。谈判人员首先应努力掌握完成谈判工作所必需的各种知识和技巧；其次，要善于思考，对于自己在谈判工作中所遇到的问题，不仅要设法解决，还要加以分析和总结，不断积累经验，总结出谈判工作的一般规律。此外，还应善于学习同行的经验，从中获得有益的启示。

（三）较强的社交能力

商务谈判过程实际上是一种信息沟通的过程，商务谈判人员必须善于与他人交往，有较强的沟通技巧，同时也能维持和发展与顾客之间长期稳定的关系。

在当今谈判环境中，优秀的商务谈判人员最重要的一点就是要成为解决客户问题的能手和与客户拉近关系的行家。他们能本能地理解客户的需求，善于换位思考、全神贯注，有耐心、够周到、反应迅速、能听进话。优秀的商务谈判人员能够站在对方的立场上，能设身处地从客户的观点出发，为客户解决实际问题，取得客户的信任、理解与支持。一位著名商务谈判人员说："优秀的商务谈判人员总是想到大事情，客户的业务将向何处发展，他们怎样才能帮上客户的忙。"

（四）敏捷的应变能力

当今世界，变化是唯一的。商务谈判人员应该逻辑缜密，思路清晰，适应能力强，反应速度快，面对困难与不利并不慌乱，善于处理这种被动的局面，变被动为主动。商务谈判人员虽然在与客户接触前，都对其商务谈判对象做过一定程度的分析与研究，并进行了接洽前的准备，制定了商务谈判方案，但由于实际商务谈判时变数很多，无法把客户所有可能的反应全部列举出来,实际谈判过程中必然会出现一些意想不到的情况。对于这样突然的变化,商务谈判人员要理智地分析和处理,随机应变,并立即提出对策,这就是应变能力。世间不可能有一劳永逸的处理应变的方法,任何再好的方法也只是在一定条件、时间和地点下适用。

（五）敏锐的洞察能力

商务谈判人员也应该是心理学的行家,通过对客户环境的观察与分析,与客户的接触和交流,学会察言观色,具有洞察细微事物的慧眼。从客户的手势、反应、脸色、心境等表现,在头脑中快速形成印象并加以整理,迅速做出判断：哪些是潜在的买主,哪些绝对不可能成为买主,哪些客户有购买力等。好的商务谈判人员应该具备洞察客户心理活动的能力,对多数人所忽略的细枝末节有较强的敏感性,并能针对顾客心理活动的各个阶段采取必要的刺激手段,转变客户看法,变潜在需求为现实需求,并力争扩大其需求。

（六）高超的处理异议的能力

商务谈判人员必须具备必要的处理客户异议的能力。商务谈判时客户往往会对产品的质量、价格、式样等方面的问题提出种种异议,甚至故意挑剔。对于客户所提出的疑难,商务谈判人员应区别对待,不能统统都认可或完全拒绝。如果客户的异议是合理的,同时也是商务谈判人员能够解决的,就应该设法为其解决；但对于有些客户本无心购买,提出疑难只是为不买找一个借口,就不能一味地迁就。

总之,商务谈判人员应该是商务谈判活动的中心,善于掌握主动权,把握说话的时机和尺度,创造一种宜于商务谈判交谈的气氛。

任务三　商务谈判心理

任务引入

据记载,一个美国代表被派往日本谈判。日方在接待美国代表的时候得知对方须在两个星期之后返回。日本人没有急着开始谈判,而是花了一个多星期的时间陪她在国内旅游,每天晚上还安排宴会。谈判终于在第12天开始,但每天都早早结束,为的是客人能够去打高尔夫球。终于在第14天谈到重点,但这时候美国人该回去了,已经没有时间和对方周旋,只好答应对方的条件,签订了协议。

任务分析

以上案例中,日方在谈判中没有急于将谈判的事项第一时间放在谈判桌上,而是先带着谈判对手到处去游玩及参加各种宴会,这一手段能软化人的心理,对方如果接受了他们的邀请,日方的第一步计划就已经达成了。直到最后一天日方才谈到重点,他紧紧抓住了对方的心理,美国人急于回去,已经没有时间和日方周旋,在另一方面,美方也会不好意思拒绝对方的要求,毕竟"吃人家嘴软,拿人家手短"。

知识链接

商务谈判活动的目的就是满足谈判者的需求,或者说商务谈判就是满足需求的一种手段或工具。研究商务谈判者的需求规律,对把握商务谈判活动的规律有着至关重要的作用。如同一个高级谈判者所说"有需求就有弱点,有需求就有希望,关键在于找准需求。"关于需求研究的理论主要有两个：一是马斯洛的需求层次论；二是奥尔德弗ERG理论。

知识链接一　马斯洛的需求层次论及其在商务谈判中的应用

微型案例

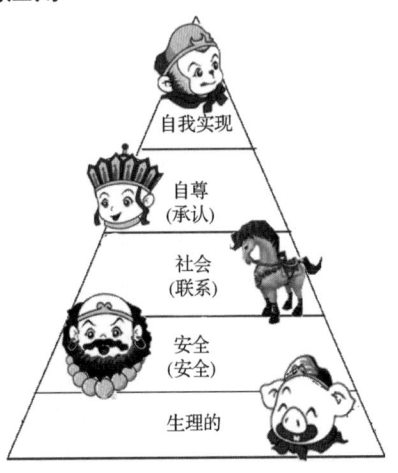

在我国古典名著《西游记》中,唐僧师徒五人西天取经,为什么师徒五人行为各异呢?因为他们的需求不同:猪八戒的需求是生理,沙僧的需求是安全,白龙马的需求是归属,唐僧的需求是荣誉,孙悟空的需求是实现自我价值。他们取经的目的不同,价值观不一样,所以一路上的行为就很好理解:八戒偷懒、沙僧撮合、白龙马无闻、唐僧哭啼、悟空拼命。西游记的5人团队取得成功的要素,在于针对每个人的需求给予满足,从而激励大家一路向西。

(一)需求层次论的核心观点

需求层次论是研究人的需求结构的一种理论,由美国心理学家马斯洛首创。他在1943年发表的《人类动机理论》一书中提出了需求层次论。这种理论的构成根据三个基本假设:第一,人是有需要的动物,人要生存,他的需求能够影响他的行为。需求取决于他已经得到了什么,还缺少些什么,只有尚未满足的需求能够影响行为。换言之,已经得到满足的需求不再起激励作用,只有未满足的需求能够影响行为。第二,人的需求按重要性和层次性排成一定的次序,从基本的(如食物和住房)到复杂的(如自我实现)。第三,当人的某一级的需求得到最低限度满足后,才会追求高一级的需求,如此逐级上升,成为推动继续努力的内在动力。

马斯洛将顾客需求按由低级到高级的顺序分成五个层次或五种基本类型。

1. 生理需求

生理需求即维持个体生存和人类繁衍而产生的衣、食、住、行方面的需求,如对食物、氧气、水、睡眠等的需求。这类需求的级别最低,人们在转向较高层次的需求之前,总是尽力满足这类需求。一个人在饥饿时不会对其他任何事物感兴趣,他的主要动力是寻到食物。即使在今天,还有许多人不能满足这些基本的生理需求。

2. 安全需求

安全需求即在生理及心理方面免受伤害,获得保护、照顾的安全感的需求,如要求人身的健康、安全、有序的环境,稳定的职业和有保障的生活等。安全需求包括对人身安全、生活稳定以及免遭痛苦、威胁或疾病等的需求。和生理需求一样,在安全需求没有得到满足之前,人们唯一关心的就是这种需求。对许多顾客而言,安全需求表现为安全而稳定以及有医疗保险、失业保险和退休福利等。

3. 社交的需求

社交的需求也称为归属和爱的需求,即希望给予或接受他人的友谊、关怀和爱护,得到某些群体的承认、接纳和重视,如乐于结交朋友,交流情感,表达和接受爱情,融入某些社会团体并参加他们的活动等。当生理需求和安全需求得到满足后,社交需求就会突显出来,进而产生激励作用。当社交需求成为主要的激励源时,工作被人们视为寻找和建立温馨、和谐人际关系的机会,能够提供同事间社交往来机会的职业会受到重视。

4. 自尊的需求

自尊的需求即希望获得荣誉,受到尊重和尊敬,博得好评,得到一定的社会地位的需求。自尊的需求是与个人的荣辱感紧密联系在一起的,它涉及独立、自信、自由、地位、名誉、被人尊重等多方面内容。有自尊需求的人希望别人按照他们的实际形象来接受他们,并认为他们有能力,能胜任工作,他们关心的是成就、名声、地位和晋升机会,这是由于别人认识到他们的才能而得到的。当他们得到这些时,不仅赢得了人们的尊重,同时就其内心因对自己价值的满足而充满自信。不能满足这类需求,就会使他们感到沮丧,如果别人给予的荣誉不是根据其真才实学,而是徒有虚名,也会对他们的心理构成威胁。

5. 自我实现的需求

自我实现的需求即希望充分发挥自己的潜能、实现自己的理想和抱负的需求。自我实现是人类最高级的需求,它涉及求知、审美、创造、成就等内容。自我实现需求的目标是自我实现,或是发挥潜能。达到自我实现境界的人接受自己也接受他人,解决问题能力增强,自觉性提高,善于独立处事,要求不受打扰地独处。要满足这种尽量发挥自己才能的需求,他应该已在某个时刻部分地满足了其他的需求。当然自我实现的人可能过分关注这种最高层次的需求的满足,以至于自觉或不自觉地放弃满足较低层次的需求。

(二)马斯洛需求层次的特点

(1)当低级需求得到相对满足后,高级需求就越发突出,成为行为的激励因素,所谓"衣食足而知荣辱"。但这并不说明必须等低级需求满足后才会产生高级需求,经常会发生例外情况。

(2)需求越到上层,越难满足,有的人甚至终身也不会有"自我实现"的需求和感觉。

(3)同一时间,可以存在多种需求,从而有多种激励因素,但一般会有一种需求为主导。

(4)需求是动态变化的。需求一旦被满足,一般就不能成为一种激励力量,因此要更好地激励,就要善于把握需求的变化。

(三)需求层次理论在商务谈判中的应用

1. 不同的商务谈判者代表着不同层次的需求

由于各种各样的原因,不同企业、不同个人对产品的需求是不同的,尤其是对档次和价格的要求不同。因此,商务谈判者在进行商务谈判时的首要任务是分析对方的需求层次,以需求层次决定需求的产品层次、服务层次。

2. 商务谈判者本身有着不同层次的需求,在谈判过程中应着力满足商务谈判者的多方面需求

比如谈判者来己方进行谈判,我们应该安排好对方的衣、食、住、行(生理需求),保障对方的人身和财产安全(安全需求),注重与对方的交流尤其是心灵的交流(社交的需求),尊重对方的人格和习惯(自尊的需求),在双方能够接受的情况下尽可能达成协议,实现双方的自我价值(自我实现的需求)。

3. 在商务谈判中注重关系的建立与维护

实践证明,关注商务谈判者的精神层面的需求,与商务谈判者建立长期稳定和谐的关系有利于商务谈判者获得忠诚客户和伙伴,有利于降低谈判成本,提高谈判效益。正因为如此,我们应该从交易型谈判方式逐渐转入关系型谈判方式。

 **微型案例**

有时候,在和谈判对手你来我往之间,常会感到自己置身于不利处境中,一时又说不出为什么。这其实是对手故意设计的,用来干扰和削弱己方的谈判力。比如,座位阳光刺眼,看不清对手的表情;会议室纷乱嘈杂,常有干扰和噪音;疲劳战术,连续谈判;并在己方疲劳和困倦的时候提出一些细小但比较关键的改动让你难以觉察。比如,突然的噪音,不良的环境,使人容易疲劳。更甚的是,利用外部环境形成压力,例如,我国知识产权代表团首次赴美谈判时,纽约好几家中资公司都"碰巧"关门,忙于应付所谓的反倾销活动,美方企图以此对我国代表团造成一定的心理压力。

遇到"阳光刺眼"策略时,我们应该立即提出拉上窗帘或者更换座位的需求。而我们经常会碍于面子,默默忍受,没有即时提出。

案例分析:不善待对手的做法不符合马斯洛需求理论中生理需求这一点,即谈判对手没有得到基本的工作环境。虐待对手的做法尽管不符合谈判的伦理,但做得微妙时,对方有时是很难觉察到的。但任何事情都应该掌握一个度,如果我们利用自己的主场故意让对方不舒服,且对方有所觉察的话,那么当我们到对方的主场谈判时,我们可能会面临对方变本加厉的报复。

知识链接二　奥尔德弗ERG理论及其在商务谈判中的应用

 **微型案例**

美国钢铁大王戴尔·卡耐基曾经有这样一个谈判。有一段时间,他每个季度都有10天租用纽约一家饭店的舞厅举办系列讲座。后在某个季度开始时,他突然接到这家饭店的一封要求提高租金的信,将租金提高了2倍。当时举办系列讲座的票已经印好了,并且已经都发出去了。卡耐基当然不愿意支付提高的那部分租金。几天后,他去见饭店经理。他说:"收到你的通知,我有些震惊。但是,我一点也不埋怨你们。如果我处在你们的地位,可能也会写一封类似的通知。作为一个饭店经理,你的责任是尽可能多地为饭店谋取利益。如果不这样,你就可能被解雇。如果你提高租金,那么让我们拿一张纸写下将给你带来的好处和坏处。"接着,他在纸中间画了一条线,左边写"利",右边写"弊",在利的一边写下了"舞厅,供租用"。然后说:"如果,舞厅空置,那么可以出租供舞会或会议使用,这是非常有利的,因为这些活动给你带来的利润远比办系列讲座的收入多。如果我在一个季度中连续20个晚上占用你的舞厅,这意味着你失去一些非常有利可图的生意。"

"现在让我们考虑一个'弊'。首先你并不能从我这里获得更多的收入,只会获得的更少,实际上你是在取消这笔收入,因为我付不起你要求的价,所以我只能被迫改在其他地方办讲座。"

"其次,对你来说,还有一弊。这个讲座吸引很多有知识、有文化的人来你的饭店。这对你来说是个很好的广告,是不是?实际上,你花了5 000美元在报上登个广告也吸引不了比我讲座更多的人来这个饭店。这对于饭店来说是很有价值的。"

卡耐基把两项"弊"写了下来。然后交给经理说:"我希望你能仔细考虑一下,权衡一下利弊,然后告诉我你的决定。"第二天,卡耐基收到一封信,通知他租金只提高原来的1.5倍,而不是2倍。

(一)奥尔德弗ERG理论的核心观点

马斯洛的需求理论有一定的合理因素,他在一定程度上指出了人的需求变化的一般规律,以及需求结构中各种需求之间的关系,可用于分析客户需求及其行为的发展趋势。但是其阐述还有某些不足之处,如客户需求的严格层次性就受到很多质疑。美国另一位心理学家奥尔德弗的ERG理论对此进行了补充。

奥尔德弗(C. P. Alderfer)于1969年在《人类需求新理论的经验测试》一文中修正了马斯洛的论点,认为人的需求不是分为五种而是分为三种:生存的需求(Existence),包括心理与安全的需求;相互关系和谐的需求(Relatedness),包括有意义的社会人际关系;成长的需求(Growth),包括人类潜能的发展、自尊和自我实现。

奥尔德弗需要论简称为ERG需求理论,与马斯洛需求层次论相比,这两种理论的不同点是,奥尔德弗经过大量调查证明,人类需求不完全是天生的,需求层次论建立在满足—上升的基础上,ERG理论不仅体现满足—上升的理论,而且也提到挫折—倒退这一方面。挫折—倒退说明,较高的需求得不到满足时,人们就会把欲望放在较低的需求上。ERG理论认为需求次序并不一定如此严格,而是可以越级的,有时还可以有一个以上的需求。

奥尔德弗认为,人同时存在三种需求,即存在的需求、关系的需求和成长的需求。他还提出了以下三个概念:

需求满足。在同一层次的需求中,当某个需求只得到少量的满足时,一般会产生更强烈的需求,希望得到更多的满足。由此推论,此时谈判者行为不会指向更高层次的需求,而是停留在原来的层次,从量和质方面发展。

需求加强。较低层次的需求满足得越充分,对高层次的需求越强烈。可以推论,此时谈判者的欲望将指向高一层次的需求。

需求受挫。较高层次的需求满足得越少,越会导致较低层次需求的急剧膨胀和突显。换言之,谈判者会以更多的支出投入这一较低层次的需求当中。

奥尔德弗指出了这样一个事实:需求的变化不仅基于"满足—前进",而且完全可能"受挫—倒退"。它有助于我们科学地认识需求对谈判者行为的影响。

(二)奥尔德弗ERG理论在商务谈判中的应用

奥尔德弗ERG理论的指导意义在于,它不仅要求重视商务谈判者的需求,而且提供了分析谈判者需求的具体方法。商务谈判人员可以根据上述理论在谈判实践中注意以下几点:

(1)在实施商务谈判活动之前要分析、确定商务谈判者的需求等级状况,谈判者的需求状况是决定其谈判行为的首要因素。

(2)应抓住并设法满足商务谈判者的主导需求。谈判者要注意准确分析对方的主导需求是什么,抓住了对方的主导需求也就抓住了对方的弱点和要害。奥尔德弗ERG理论告诉我们,不仅存在需求"满足—前进",而且存在"挫折—倒退"规律。如果谈判者的主导需求没有得到满足,就很难达成进一步的一致;反之,如果主导需求得到了满足,一些细枝末节的需求就迎刃而解了。

(3)注意发展商务谈判者高等级的需求。随着社会的进步和经济的发展,人们低层次的需求被满足以后,高层次的需求成为消费热点。谈判者在确定谈判策略时,应注意开发对方的高等级需求,在适当的时机向对方抛出,有时能达到意想不到的效果。比如,人们在购买装修材料时,只要商务谈判人员引导需求得当,消费者往往都会购买比自己预算要好的材料,原因就在于,人们有一种向高层次需求迈进的欲望。

任务四　商务谈判的程序

任务引入

辽宁省盘锦市 A 公司从事某添加剂业务,在 2008 年金融海啸导致许多工业原材料价格暴跌时,A 公司决定以低价从国外大量购进该产品。A 公司做了大量的市场调研工作,首先通过互联网搜寻该添加剂主要生产国的信息,又通过对各国产品的性价比,确定英国 B 公司为谈判对象。我方 A 公司还通过电子邮件等方式与 B 公司进行沟通,把我方的基本情况和所需产品信息传递给对方,也进一步获取了对方的信息。

在谈判过程中,双方首先出现的争执是谈判地点的确定。B 公司要求我方派人员赴英国谈判,而我方要求对方来华谈判,双方都清楚在本国谈判的优势——有助于控制谈判的主动权。在金融危机使全球经济不景气的大环境下,我方利用买方市场优势,使 B 公司主动找上门来谈判。双方初次面谈富有成效,确定了要进口产品的品种、数量、进口时间等,并在其他方面也达成了基本共识。但在接下来的价格谈判上出现了僵局,挑战来自多方面。首先,双方初次合作缺乏信任,交易金额大,交货分批进行,合同履行时间长达两年。其次,合同的定价涉及未来两年该产品世界市场价格的波动与走势,汇率波动的影响等问题。双方都想采用对己有利的价格条款以规避风险。经多次反复面谈,最终以一个折中但对我方更优惠的价格达成协议。

任务分析

一般的商务谈判都要经过一定的程序,正式谈判之前,都需要进行准备工作,获取与本次谈判的各方面信息,接下来才进入实质性的磋商阶段,最后达成协议签约,履行约定,商务谈判才算告一段落。

知识链接

当彼此具有利害关系的双方,为了协调一致,争取和解,经过一定的准备,各自派出己方代表,在约定的时间、地点进行一场正规的谈判时,谈判就有了特定的规则和程序。一般来说,正式的谈判活动从开始到结束,划分为准备阶段、开局阶段、明示与报价阶段、交锋阶段、让步阶段和签约阶段。

知识链接一　准备阶段

商务谈判直接影响企业交易活动目标的实现,并关系到企业的经济利益、企业的生存与发展。而谈判前准备阶段的工作做得如何,做得是否充分,对谈判的顺利进行和圆满成功至关重要。一般来说,谈判的准备工作做得越充分,谈判的效果就会越好。

商务谈判前的准备阶段,主要应当包括以下几项工作。

（一）选择对象

选择对象即选择谈判对手,当己方决定争取实现某项交易目标而需要进行商务谈判时,首先要做的准备工作就是选择合适的谈判对象。选择谈判对象,应根据交易目标的必要和相互间商务依赖关系的可能,通过直接的或间接的先期探询,在若干候选对象中进行分析比较和谈判的可行性研究,找到己方目标与对象条件的最佳结合点,以实现优化选择。

(二)背景调查

在确定谈判对象的基础上,即应以"知己知彼"为原则,对谈判背景进行认真的调查研究。背景调查,包括对己方的背景调查,尤其要做好对谈判对象的背景调查。调查的内容,应包括环境背景、组织背景和人员背景等方面。背景调查实际上是谈判准备阶段的信息准备,要注重从多种渠道获取信息,建立谈判对象档案,并以动态的观点分析问题。

(三)组建谈判班子

商务谈判是一项有目标、有计划、有组织的活动,必须依靠具体的谈判人员去实现。所以,组建好谈判班子,是谈判前很重要的准备工作。在很多情况下,某些组织在即将进行的谈判中其实具有相当的优势,但由于缺乏优秀的谈判人员和协调有序的谈判班子,反而导致了谈判的失败。因此,组建好谈判班子,是谈判取得成功的组织保证。

(四)制定计划

谈判计划,是谈判前预先对谈判目标、谈判策略和相关事项所做的设想及其书面安排,它既是谈判前各项主要准备的提纲,又是正式谈判阶段的行动指南。谈判计划是谈判的重要文件,应注意它的保密性,最好限于主管领导和谈判班子成员才可参阅。谈判计划的制定原则,应当简要、明确、灵活。制定程序,应在明确谈判目标以及所要采取谈判策略的基础上,经谈判班子成员集思广益,报主管领导审批确定。其主要内容一般包括谈判的基本目标、主要交易条件、各方地位分析、人员分工职责、时间和地点安排、谈判成功预算、谈判策略谋划、必要说明及附件等。

(五)模拟谈判

模拟谈判,是正式谈判前的"彩排"。它是将谈判班子的全体成员分为两部分,一部分人员扮演对方角色,模拟对方的立场、观点和风格,与另一部分己方人员对阵,预演谈判过程。模拟谈判可以帮助己方谈判人员从中发现问题,对既定的谈判计划进行修改和加以完善,使谈判计划更为实用和有效。同时,能使谈判人员获得谈判经验,锻炼谈判能力,从而提高谈判的成功率。模拟谈判的原则是:一要善于假设,提出各种可能出现的问题;二要尽量提高仿真程度,假戏真做;三要把促使对方做出己方希望的决定作为模拟谈判目标;四要认真总结经验,进行必要的反思。

知识链接二 开局阶段

开局是指参加谈判的各方人员,从第一次见面到正式讨论有关议题之间的一段时间。对于一场谈判而言,开局是至关重要的,它基本上决定了以后的谈判方向和形式,诸如谈判各方的地位、等级、情绪等,所以,谈判者必须重视开局。

在开局阶段,谈判者的工作重点主要有两个。

(一)建立良好的谈判气氛

不同的谈判气氛,对于同一场谈判具有不可忽视的影响,会在不知不觉中把谈判朝着某种方向推进。例如,热烈的、积极的、合作的气氛,会促使双方尽快地达成一致协议;而冷淡的、对立的、紧张的气氛则会把谈判推向破裂的边缘。

(二)谈判者应在开局阶段注意察言观色

按行为学家的论述,双方初次见面的前十分钟内,85%的信息是靠彼此的神态和动作来传递的。例如,对方在开局之初便瞻前顾后、优柔寡断,或是锋芒毕露、赤膊上阵,他就很可能是一个初出茅庐的新手;相反,若对方从容不迫,侃侃而谈,设法调动己方的兴趣或想方设法刺探己方的实力,他肯定就是一个谈判的行家里手。因此,应注意把握好双方接触的瞬间。一般情况是一见面,双方互敬问候,一面落座,一面开始洽谈。通过随意的闲聊找到共同的语言和共同的情感,营造一个轻松愉快的气氛,为进一步相互沟通和正式谈判奠定良好的基础。

 **微型案例**

一个经济实力较弱的小厂与一个经济实力强的大厂在谈判时,小厂的主谈人员为了消除对方的疑虑,向对方表示:"我们摊子小,实力不够强,但人实在,信誉好,产品质量符合贵方的要求,而且成本较其他厂家低。我们愿意真诚平等地与贵方合作。我们谈得成也好,谈不成也好,我们这个小弟弟起码可以与你们这个大兄长交个朋友,向贵方学习生产、经营及谈判的经验。"肺腑之言,不仅可以表明自己的开局意图,而且可以消除对方的戒心,赢得对方的好感和信赖,这无疑会有助于谈判的深入进行。

知识链接三　明示与报价阶段

明示是实质性谈判的开始,谈判各方通过各种信息传递方式,明确地表示各自的立场、观点,提出明确的交易条件,以便于启动后面的谈判。报价,不仅指在价格方面的要价,而且泛指谈判一方向另一方提出的所有要求,其目的在于明确己方需要、对方需要,在此基础上各方积极寻求缩短差距、平衡需求的解决方案。

知识链接四　交锋阶段

在谈判双方各自明确对方的基本企图后,就进入交锋阶段。在这个阶段中,双方都想竭力列举材料,运用策略来最大限度地遏制对方企图,达到自己的目标。所以,交锋阶段是谈判过程中最充满对抗性的阶段。

交锋是谈判的一个关键步骤,也是整个谈判过程中最困难、最紧张的阶段之一,需要双方付出较大的精力。有的可能通过一轮磋商双方就形成了一致的意见,也有可能需要多轮磋商才能达成协议,每一轮交锋磋商过程都是一次完整的回馈反应。当双方各自设下自己的目标,表示出自己的愿望后,接着就是一连串的回馈反应过程:提出要求—考虑表态—交锋磋商—坚持或让步,通过多次反复交锋,双方的观点渐趋一致,分歧与差异慢慢缩小。一次谈判能否成功,关键就看交锋的结果,因此要表现出勇气、自信与毅力,要利用谈判的策略与技巧,说服对手,实现互惠互利的谈判宗旨。

知识链接五　让步阶段

让步磋商是谈判最重要的阶段,也是整个谈判过程中最困难、最紧张的阶段之一。交锋和磋商实质上是谈判双方为缩小他们之间的差距而做出的妥协让步,可能通过数轮磋商才能达成协议。每一轮磋商过程都是一次完整的回馈反应,提出要求、考虑、表态、让步、坚持,通过多次反复,双方的观点趋于一致,彼此的分歧与差距缩小,谈判朝着共同合作的目标推进。一次谈判能否取得圆满成功,关键就要看磋商妥协的结果。

知识链接六　签约阶段

经过双方交锋和让步,双方认为已经基本达到自己的目标,便表示拍板同意,然后由双方代表在协议书上签字,握手言和,这样整个谈判活动便告结束。

签约是谈判工作人员以双方主谈人达成的原则性协议为基础,对谈判内容加以总结整理,并用准确规范的文句加以表述,最后由谈判双方代表正式签字生效的工作。双方代表费尽心思,历经谈判准备、正式会谈等曲折复杂的过程,目的是为了制定一个对双方都具有约束力,能保证彼此利益的协议。这个谈判协议要求表述准确、内容全面,不允许产生严重歧义和遗漏疏忽,否则就可能给一方图谋分外之利造成可乘之机,同时也会给另一方带来意想不到的损失。

复习思考题

一、案例分析

案例一

某年夏天,东海市木炭公司经理柯女士到天门市金属硅厂谈判其木炭的销售合同。东海市木炭公司是生产木炭专业厂,想扩大市场范围,对这次谈判很重视。会面那天,柯经理脸上粉底打得较厚,使涂着胭红的脸尤显白嫩,戴着垂吊式的耳环、金项链,右手戴有两个指环、一个钻戒,穿着大黄衬衫、红色大花真丝裙。天门市金属硅厂销售科的马经理和业务员小李接待了柯经理。马经理穿着布质夹克衫、劳动布的裤子,皮鞋不仅显旧,还蒙着车间的硅灰。他的胡茬发黑,使脸色更显苍老。

柯经理与马经理在会议室见面时,互相握手致意,马经理伸出大手握着柯经理白净的小手,马上就收回了,并抬手检查手上情况。原来柯女士右手的戒指扎了马经理的手。看着马经理收回的手,柯经理眼中掠过一丝冷淡。小李眼前一亮,觉得柯经理与马经理的反差大了些。

双方就供货量及价格进行了谈判,东海市木炭公司想独占天门市金属硅厂的木炭供应,以加强与其他金属硅厂的竞争力,向天门市金属硅厂提出了最低保证量及预先付款作为滚动资金的要求。马经理对最低订量及预付款原则表示同意,但在"量"上与柯经理分歧很大。柯经理为了不空手而回,提出暂不讨论独家供应问题,预付款也可放一放,等于双方各退一步,先谈眼下的供货合同问题。马经理问业务员小李,小李没应声。原来他在观察研究柯经理的服饰和化妆,柯经理也等小李的回话,发现小李在观察自己不禁一阵脸红。但小李没提具体合同条件,只是将天门市金属硅厂"一揽子交易条件"介绍了一遍。柯经理对此未做积极响应。于是小李提出,若谈判依单订货,可能要货比三家,愿先听东海市木炭公司的报价,依价下单。柯经理一看事情复杂化了,心中着急,加上天热,额头汗珠汇集成流,顺着脸颊淌下来,汗水将粉底冲出了一条沟,使原本白嫩的脸变得花了。

见此情况,马经理说道:"柯经理别着急。若贵方价格能灵活,己方可以先试订一批货,也让您回去有个交代。"柯经理说:"为了长远合作,我们可以在这笔交易上让步,但还请贵方多考虑我厂的要求。"双方就第一笔订单做成了交易,并同意就"一揽子交易条件"存在的分歧继续研究,择期再谈。

案例讨论题:

1. 柯经理与马经理在礼仪方面做得如何?
2. 他们在谈判中的追求是什么?
3. 该案例中谈判人感情表现在何处?

案例二

麦克曾代表一家公司到德国买座煤矿。该矿的主人是一个强硬的谈判者,他的开价为2 600万美元,麦克还价为1 500万美元,但矿主始终坚持2 600万美元的原始报价不变。谈判在几个月的讨价还价中艰难地进行。麦克已将价格抬到了2 150万美元,但矿主始终坚持2 600万美元,拒绝退让。

因此谈判陷入了僵局。麦克意识到这背后肯定有其他的原因,只有深入了解这一原因,谈判才能进行下去。

麦克非常诚恳地与矿主交流,并邀请他打网球。终于,矿主被麦克的耐心和诚意所打动,向麦克说出了他的意图。他说:"我的兄弟卖了2 500万美元,外带一些附加条件。"麦克恍然大悟,矿主坚持原始报价的真正原因是要与他的兄弟攀比,他要超过他的兄弟,这是矿主的特殊需求。

知道矿主的特殊需求后,麦克就去了解矿主兄弟的卖价及附加条件。然后采取了新的谈判方案,而矿主也做出了让步,双方终于达成了协议。最后的买价并没有超出预算,但付款方式及附加条件使矿主感到自己远远超过了他的兄弟。

案例讨论题:
试分析麦克是如何使矿主达成协议的。

二、问答题
1. 怎样理解商务谈判的特征?
2. 如何才能成为一位优秀的商务谈判工作者?
3. 马斯洛的需求理论内容是什么?对谈判活动有什么指导意义?
4. 奥尔德弗ERG理论的内容是什么?在商务谈判中如何应用?
5. 商务谈判要经过哪些阶段?各阶段要做的工作是什么?

项目二　商务谈判的原则

知识目标

通过本项目的学习,学生能够理解指导商务谈判的基本原则——达成一个明智的、有效的而又能够促进双方友好关系的协议。指导学生掌握平等自愿、重利益轻立场以及人事分开的原则,了解商务谈判的其他原则。

素质目标

学生通过对本项目的学习,对商务谈判原则有一个正确的认识,树立谈判原则意识,锻炼沟通表达能力以及分析、解决问题的能力,提升谈判者的综合素质。

技能目标

学生通过对本项目的学习,深化对商务谈判原则的认识,在今后的生活或工作中能够秉持正确的商务谈判原则,指导谈判工作。

学生以"我最(成功、失败、后悔……)的一次购物经历"为题目,进行5分钟的主旨发言,学习本项目知识时,老师和同学帮助其总结在谈判原则方面的经验教训。

商务谈判的原则,是指商务谈判中谈判各方应当遵循的指导思想和基本准则,是商务谈判活动内在、必然的行为规范,是商务谈判的实践总结和制胜规律。因此,认识和把握商务谈判的原则,有助于提升谈判者的综合素质,维护谈判各方的权益,提高商务谈判的成功率和指导商务谈判策略的运用。

任务一　平等自愿原则

任务引入

20世纪80年代我国准备开拓轿车生产,以赶上世界轿车技术的发展。1986年,国家批准了第一汽车制造厂(以下简称"一汽")生产轿车的计划,厂领导经研究认为首先要解决发动机制造技术,在这方面比较领先的是美国克莱斯勒汽车公司,于是派考察团到美国考察并参观了克莱斯勒公司。克莱斯勒公司非常热情地招待了中方考察团并由总裁亲自带领一大批高级技术人员向中方详尽解释各种发动机的性能与造型。经过比较和讨论,考察团选中了一种轻轿结合的发动机与克莱斯勒公司谈判,由于双方都态度诚恳,因此谈判比较顺利,很快签署了从克莱斯勒公司引进这种发动机技术和生产线的协议。另外中方对其车身也非常青睐,准备回头再谈有关车身引进问题,克莱斯勒公司承诺一定给予优惠。

不久,"一汽"即开始克莱斯勒汽车发动机的试生产。这种发动机功率大、耗油少、技术先进,中方非常满意并决定尽快引进克莱斯勒的轿车车身,并派公司总经济师带队赴美谈判。然而,料到中方必然再次登门有求于己的克莱斯勒公司尽管接待仍然热情,但在谈判桌上的态度却完全不同于上次,不仅提出的条件非常苛刻,而且要价也异乎寻常地高昂,根本不理会中方的任何建议和要求。因为克莱斯勒公司知道,他们的发动机和车身是适配的,"一汽"既已用上了他们的发动机就不可能不用他们的车身,要不损失将是很大的。因此,他们有恃无恐,想在这次交易中大捞一把,由于双方僵持不下,无奈中方谈判代表只能率团回国。

正当"一汽"进退两难的时候,德国大众汽车公司表示了与"一汽"合作的诚意,经过多次的平等对话,终于达成了合作的一致意见。此时,美国方面在得到消息之后赶紧放下姿态,大大降低了要价和各项交易条件,可是为时已晚。两年以后,奥迪轿车走上市场,随即风靡中国。

任务分析

中国第一汽车制造厂和美国克莱斯勒公司的汽车发动机合作项目能顺利地谈成,而车身的项目没有谈成,主要是因为美国克莱斯勒公司在发动机项目上本着平等自愿原则,而在车身谈判中,美国克莱斯勒公司认为中国第一汽车制造厂既然用了他的发动机,就一定要用他的车身,在谈判的过程中没有遵循平等自愿原则,导致谈判失败。

知识链接

当互有需求的谈判双方,为了共同的经济利益坐到一起进行谈判时,谈判双方都要明白,双方在法律地位上是平等的,只有坚持平等自愿的原则,双方的谈判才能进行下去,才能使双方的利益都得到实现。

知识链接一　平等原则

平等原则是指商务谈判中无论各方的经济实力强弱、组织规模大小,其地位都是平等的。在商务谈判中,各方当事人对于交易项目及其交易条件都拥有同样的选择权,协议的达成只能通过双方的平等对话,协商一致,不能一方说了算或少数服从多数。参与商务谈判的各方无论其经济力量是强还是弱,他们对合作交易项目都具有一定的"否决权"。从合作项目的角度来看,交易双方所拥有的这种"否决权"是同质的。因为交易中的任何　方如果不同意合作,那么交易就无法达成。这种同质的否决权在客观上赋予了谈判各方相对平等的地位。

从另外一个角度来讲,任何人都有同等做人的权力,都应受到同样的尊重,所以在商务谈判中,参与谈判的各方应以平等的姿态出现,无论其谈判实力强弱,都不应该歧视或轻视谈判对手。谈判各方应互相尊重,以礼相待,任何一方都不能仗势欺人、以大欺小、以强凌弱,把自己的意志强加于人。这既是做人的基本原则,也是从事商务谈判的基本原则。

知识链接二　自愿原则

自愿原则是指有独立行为能力的交易各方能够按照自己的意愿来进行谈判并做出决定。谈判各方是出于对自身利益的追求,而非外界的压力或他人的驱使来参加商务谈判的。"自愿"是交易各方顺利进行合作的基础。只有自愿,谈判的双方才会有合作的诚意,才会进行平等的竞争与合作,才会互谅互让,做出某些让步,通过互惠互利最终达成协议,取得令双方满意的结果。强迫性的行为在商务谈判中是不可取的,一旦出现强迫行为,被强迫的一方就会退出谈判,谈判会因此而破裂。自愿原则是商务谈判各方进行合作的前提和保证。

在商务谈判,尤其是国际商务谈判中,双方的观点、利益、行为方式各有不同,甚至存在严重的分歧,只能通过平等自愿的原则以协商的方式加以解决,任何一方都不能违背对方的意愿,而把自己的意志强加于对方。

 **微型案例**

中国天衣公司(卖方)向南美卡蒂欧公司(买方)出售一条制衣生产线。双方就生产能力、技术指导量、设备、备件供应量均达成了协议,随后进入价格谈判。虽然制衣设备可比性强,但由于加入了技术及技术专家指导,使得价格又不完全可比。围绕30多万美元的设备价格,双方争论得十分激烈。买方要按市价定,卖方要将技术含量加进去,理由是没有另收技术指导费已算便宜。买方强调总价,要求卖方把派人的费用也一并谈。卖方把技术指导单价及附带条件一一介绍。人员的工资较透明,双方很快就达成了协议,而生活费用既可由卖方自理,也可由买方负担,但买方没有松口。待其他合同条件谈得差不多了,买方才回头谈设备总价。卖方为了得到合同,将价格下调了5%,但双方仍然有6%的价差。买方看到卖方做了5%的调整,同意再让2%,希望双方成交。卖方认为价格再降4%实有困难,坚决不同意,反复阐述"有技术问题""已降了价,很优惠了""要亏了"等理由,一下子又把买方挤到墙角,谈判空气紧张起来。冷静了一会儿后,买方把本子合上,说:"双方均摊,双方也均有意合作。既然贵方无条件可让了,那我就试一下,看是否能使双方摆脱困境。"于是,买方提出承担卖方人员在现场指导期间的食宿和交通费用。卖方计算后觉得这也是一笔钱,就接受了买方建议,拿下了这项出口合同。

在上述谈判中,双方以平等自愿的方式,对价格分歧反复协商达成了一致意见。反之,如果只有单方面赢,另一方感到委屈,事后即使勉强合作,也必定问题丛生。当然,在实际经济生活中,由于谈判参与各方经济实力、所处地位、供求关系等因素并不等同,要真正遵循平等原则是需要付出努力的。

任务二 重利益轻立场原则

任务引入

有一个妈妈把一个橙子给了邻居的两个孩子。这两个孩子便讨论起来如何分这个橙子。两个人吵来吵去,最终达成了一致意见,由一个孩子负责切橙子,而另一个孩子选橙子。结果,这两个孩子按照商定的办法各自取得了一半橙子,高高兴兴地拿回家去了。

第一个孩子把半个橙子拿到家,把皮剥掉扔进了垃圾桶,把果肉放到果汁机上打果汁喝。另一个孩子

回到家把果肉挖掉扔进了垃圾桶,把橙子皮留下来磨碎了,混在面粉里烤蛋糕吃。

任务分析

从上面的情形,我们可以看出,虽然两个孩子各自拿到了看似公平的一半,然而,他们各自得到的东西却未物尽其用。这说明,他们在事先并未做好沟通,也就是两个孩子并没有申明各自利益所在。没有事先申明价值,导致了双方盲目追求形式上和立场上的公平,结果双方各自的利益并未达到最大化。

知识链接

从表面上看,谈判就像是一场足球比赛,双方踢过来、踢过去,彼此真真假假、虚虚实实。足球比赛的真正目的是射门,谈判双方争论的焦点是商业利益的分配,而不是像我们通常认为的是原则立场或其他问题。应该看到,表面上彼此真真假假的谈判,其背后隐藏着真正的商业利益。

知识链接一 重利益、轻立场的必要性

商务谈判中的双方处于不同的立场,双方立场的不同,归根到底是双方的商业利益不同所造成的。在谈判中双方发生了冲突,最根本的动机只能是对各自商业利益的追求。所以,谈判一定要紧紧围绕商业利益这个中心,要致力于解决双方在商业利益上的分歧,而不要仅仅纠缠于立场。利益第一,立场第二,这是谈判桌上亘古不变的原则。

无论是商务合同的谈判,还是家庭纠纷的解决,或是国家间的和平协议,人们习惯于在要求上讨价还价,双方各持一种立场来磋商问题,结果或是通过让步达成妥协,或是会谈破裂,不欢而散。

首先,立场上的讨价还价违背了谈判的基本原则,它无法达成一个明智、有效而又友好的协议。任何谈判方法都可以用以下三个标准进行检验:达成明智的、实用有效的、增进双方的关系协议。

为捍卫立场所磋商的谈判协议,最常见的就是谈判的一方或双方不顾对方的客观情况,不考虑对方利益,一味地强调己方的得失,寸土不让,寸金必得,即使做出迫不得已的让步,也是以对方的让步或牺牲为代价。所以,这种协议即使达成,也是双方机械妥协的产物,否则,就会使谈判无休止地争执、拖延下去,还会严重损害双方的关系,使达成协议的可能性变得很小。

其次,立场上的讨价还价会破坏谈判的和谐气氛,使谈判成为一场意志的较量。每一方谈判者都宣称他要做什么或不做什么,取得相互同意的解决办法就成为一场战斗,双方都想凭意志的力量使对方改变立场,结果是要么一方做出重大牺牲,以求达成协议,要么双方各不相让,破坏了谈判气氛,最终使谈判破裂。

再次,立场上的讨价还价,还会导致产生消极的协议。当谈判者在立场上讨价还价时,他就把自己局限于这些立场中,结果是对立场考虑得越细致、越周到,防卫得也越严密,陷得也就越深,越难以改变立场、态度。因为立场与自我已融为一体,甚至为了保全面子而提出新的要求,这时,所采取的行动和对策都是为了捍卫自己的要求或立场,很少考虑协议是否符合对方的利益。这样,即使达成协议,也仅仅是各方在立场上、分歧上妥协的机械反应,而不是如何尽量满足各方的合理利益。其结果往往使双方互不满意,从而消极地对待对方的协议。

 **微型案例**

美国和苏联两国关于全面禁止核试验谈判的破裂就是一例。谈判的双方僵持在一个"关键"的问题上,即美国和苏联每年允许对方在自己领土上设立多少监测站以调查"地震"情况。美国坚持不能少于10个,而苏联则只同意设立3个,结果由于双方各不放弃自己的立场,致使谈判破裂。但却没有人考虑:是一个监察站每人观察一天,还是100个人在一天内随意窥察。双方都没有在观察程序的设计上做出努力,而这恰恰符合美、苏两国的利益——希望把两国的冲突限制在最低限度内。

可见,为捍卫立场而进行的磋商,会给谈判带来难以克服的困难,造成无法弥补的损失。为了克服立场上讨价还价带来的弊端,我们应当在谈判中着眼于利益,而不是立场,在灵活变通的原则下,寻找增进共同利益和协调利益冲突的解决办法。

知识链接二 协调立场、利益的方法

(一)站在对方的立场上考虑问题

协调立场、利益最基本的方法是把自己置身于对方的立场上考虑问题,探讨他们提出的每一个要求后面有什么可能的利益,并且要问一个"为什么"。询问的目的不是评价这个立场,而是理解对方的需要、希望、担心或要求。如为什么出租房屋的单位要在5年内逐年确定房租价钱?得到的答案可能是为应付上涨的物价,但这可能只是其利益之一。

(二)要考虑双方的多重利益

每一方都有多种利益,而不是仅有一种利益。例如,一个建筑工程队在进行承包谈判中,想得到一个有利的承包协定,想要少费力而高效率,想要与对方保持良好关系等。谈判双方的利益不仅在于达成协议的效率,而且在于协议的结果。谈判者应该同时追求本身利益和共同的利益,并有必要将它们记录下来,列成表格,这样不仅可以帮助记忆,还可以突出重点,激发出满足这些利益的新想法。

(三)要特别注意别人的基本要求

在立场的背后寻找基本利益时,要特别注意那些驱动行为的基本需要。如果谈判中能考虑这些基本需要,达成协议的可能性就会增大。人类的基本需要虽然重要,但却很容易被忽视。我们常常以为谈判的双方唯一感兴趣的利益是"钱",但实际并非如此,许多谈判中所涉及的人性需要的不仅是钱,而是用钱来增加心理的"安全感"或用钱来满足他"被人承认"的要求。这点无论对个人、团体或国家都是如此。只要谈判的任何一方认为自己的基本人性需要受到另一方的威胁,谈判就不可能有多大进展。例如,在美国向墨西哥购买天然气的谈判中,美国希望低价购买墨西哥的天然气,美国的能源部部长认为,当时墨西哥还没有其他可能的买主,他们肯定会同意降低售价的,这只不过是一项"价格谈判"。因此他拒绝批准美国石油工会与墨西哥人经过谈判达成的天然气涨价协议。但是墨西哥不但有高额售价的要求,而且有"受尊重"和"平等对待"的要求。而美国的行为似乎是"以大欺小",因此激怒了墨西哥人,结果墨西哥政府不把天然气售给美国,而宁愿把它烧掉。这样,由于政治上的原因,达成低价协议就变得不可能了。

（四）提出双方得益的方案

人们在谈判中容易坚持自己的立场不放，一方面是由于人们常常围绕单一的内容进行谈判；另一方面是由于人们有时候做的是非此即彼的选择。真正富于创造性的谈判高手应该尽量构思各种双方得益的方案，即选择其中能最大限度满足双方需求的方案达成协议。要提出创造性的选择方案，必须注意将提出方案的过程与谈判其可行性的过程分开，以防不成熟的判断扼杀了方案的形成；谈判时不能一开始就想得到唯一答案，而要增加各种可能的选择方案，再将它们逐一筛选；努力寻求共同利益，尽量使不同利益变为互补利益；不仅要考虑自己一方的利益，要同时兼顾对方的利益。

谈判的目的在于满足自己的利益，当你对此进行交流时，达到目的的机会便会增加。但是在双方洽谈的过程中，对方可能不知道你的利益是什么，你也可能不知道他们的利益是什么，因此，必须寻找机会让对方知道并充分考虑你的利益，使对方明白满足利益对你是多么重要。与此同时，你也要了解、关心对方的利益，把他们的利益也纳入你要考虑的方案之中，并为寻找妥善解决的办法而积极努力。如果双方都这样做，谈判就会取得令人满意的结果。

 **微型案例**

江苏仪征工程是世界上最大的化纤工程，该项目引进了国际上最先进的技术设备，与多家公司合作，但是，在与西德吉玛公司的合作中，发现从对方引进的圆盘反应器有问题，并给己方造成了重大的经济损失，由此引发了己方对德方的索赔谈判。中方提出了索赔1 100万马克的要求，而德方只认可300万马克。由于双方要求差距太大，几个回合之后，谈判搁浅了。中方谈判首席代表、仪征化纤公司总经理任传俊反复考虑，决定以情感化，真诚相待。他提议陪德方公司总经理理扬·奈德到扬州游览。

在大明寺的鉴真和尚面前，任传俊真诚地说："这里纪念的是一位为了信仰，六渡扶桑，双目失明，终于达到理想境界的高僧。你不是时常奇怪日本人对华投资比较容易吗？那是因为日本人理解中国人重感情、重友谊的心理。你我是打交道多年的老朋友了，除了彼此经济上的利益外，就没有一点个人之间的感情吗？"理扬·奈德深受震动。

双方从扬州直接回到仪征，谈判继续。任总开门见山地说："问题既然出在贵公司身上，为索赔花太多的时间是不必要的，反正要赔偿……"理扬·奈德耸耸肩膀："我在贵公司中标，才1亿多美元，我无法赔偿过多，总不能赔本干。"任总紧跟一句："据我得到的消息，正是因为贵公司在世界上最大的化纤基地中标，才得以连续在全世界15次中标，这笔账又该怎么算呢？"对方语塞。

随后，任传俊直率地说："我们是老朋友了，打开天窗说亮话，你究竟能赔多少？我们是重友谊的，总不能让你被董事长敲掉饭碗。但你也要为我想想，我总得对这里的1万多名建设者有个交代。"中方这种实事求是的态度，终于感化了德方，最终以德方赔偿800万马克达成谈判协议。

请思考：江苏仪征与吉玛公司的赔偿谈判为什么能够取得成功，说明了什么？

任务三　人事分开原则

任务引入

20世纪90年代,日本一家美资公司,工人由于不满工资待遇和工作环境而罢工,该公司的老板派代表去和工人谈判,最后达成一致。此后,工人自发地把因罢工而拖延的工作加班完成,当老板感到疑惑的时候,有一个工人告诉他"我们罢工,是因为你没有认真地对待我们的要求,但是这是我们的公司,我们爱我们的公司,尽管我们对你感到失望。"

任务分析

在日常生活中,我们常说"对事不对人",但很少有人能够做到这一点。把人和事搅在一起,该办的事因对"人"的错误看法或误解而搁浅。在以上案例中,日本工人很显然贯彻了人事分开的原则,不但维护了自身的合法权益,也维护了公司的根本利益。因为他们明白,工厂因工人的存在而发展,工人也要从工厂的发展中获益。

知识链接

谈判是人与人谈判,与你打交道的不是对方的"抽象代表",而是人。人不是计算机,有时会发怒、沮丧、谨小慎微、尖酸刻薄或充满敌意。当他们感到自我受到威胁时,就会从个人得失的角度来看世界,并常把个人的感觉与现实混在一起,使谈判的双方产生误解和偏见,并进入互相对抗的恶性循环,谈判也就无法顺利进行下去。因此,谈判者自始至终都应该充分注意人事分开的问题。

知识链接一　人事分开的必要性

区分人与问题是指在谈判中把对谈判对手的态度和所讨论问题的态度区分开来。谈判的主体是人,因此,谈判的进行必然要受到谈判者个人的感情、要求、价值观、性格等方面的影响。一方面,谈判过程中会产生相互满意的心理,建立起一种相互信赖、理解、尊重和友好的关系,使谈判进行得更顺利、更有效。因为,在心情愉快、感觉良好的心理状态下,人们会更乐于助人,乐于关心
他人利益,乐于做出让步。另一方面,在谈判中也会出现相反的情况,谈判双方意气用事,互相指责、抱怨,甚至语言尖酸刻薄,充满敌意,好像谈判中双方争执的每个问题,都是谈判者个人的问题。他们习惯于从个人利益和成见出发来理解对方的提议,这样就无法对解决问题的办法做出合理的探讨。造成这种情况的主要原因,就是谈判者不能很好地区分谈判中的人与谈判中的问题,混淆了人与事的相互关系,要么对人对事都采取软的态度,要么对人对事都采取硬的态度。由于对谈判中问题的不满意,导致发泄到谈判者个人的头上。

谈判中人与事相混淆的另一原因是人们常从没有根据的推论中得出结论,并把这些作为对人的看法和态度。例如,谈判中常常有"他们的开价太高了,我们不能接受"。这虽是对对方要求的不满,但往往会被认为是对对方代表个人的指责、抱怨。这会导致对方个人感情上的变化,使对方为了保全个人面子,顽固坚持个人立场,从而影响谈判的进行。

另外,如果谈判中对方把彼此当作敌手,也会造成人与事的混淆。在这样的情况下,谈判者说的每一句话,都容易被对方理解为冲着个人来的;双方都注意防卫并做出反应,全然忽视了对方的合理利益和公正要求,使得容易解决的问题反而变得复杂,达成一个明智而公正的协议会变得渺茫无望。因此,在谈判中应坚持把人与问题分开。

知识链接二　人事分开的方法

(一) 尽量从对方的立场来考虑问题

在谈判中,当提出方案和建议时,也要从对方的立场出发考虑提议的可能性,理解或谅解对方的观点、看法。当然理解并不等于同意,对别人思想、行动的理解会使自己全面正确地分析整个谈判形势,从而缩小冲突范围,缓和谈判气氛,有利于谈判顺利进行。

当然,站在对方的立场上分析问题,估计形势,有一定困难。但是这对于谈判者是十分重要的。仅认识到对方与自己看问题有差别是不够的,如果要在谈判中说服对方,或对对方施加影响,就要了解对方的想法,掌握对方的心理,如果对对方的理由比他们自己理解得还深,那你就增加了取得谈判成功的机会,减少了产生误解的可能。

人们的一个习惯往往导致谈判双方对对方所说的话及提议加以最坏的推测。即使挑不出对方的提议对自己有什么危害,也总觉得他们是为自己利益提出的建议,恐怕对己方不利,不能轻易地同意了事。但如果尝试从对方的角度看问题,或是提出假如我是对方,我会如何做的设想,就会使你抛弃这些偏见,看到事物的全部,也能够客观、冷静地分析具体问题,那么,事情就好办多了。有个例子恰当地说明了这一道理。

桌上有一个盛着半杯凉水的杯子,你既可以说桌子上放着一个半空的杯子,也可以说,桌子上有半满的一杯凉水。为什么同一事物却有不同的说法? 这是因为看问题的角度不同,某一角度反映了一个事物的一个侧面,综合起来,就是事物的整体。所以站在对方角度考虑一下问题,对双方都有好处,即使目前你还不会,只要尝试去做,你一定会有所收获。

(二) 尽量阐述客观情况,避免责备对方

谈判中经常出现的情况是双方互相指责、抱怨,而不是互相谅解、合作。其原因就是混淆了人与事的区别。当对谈判中某些问题不满意时,就会归罪于某一方或某个人,因而出现了把问题搁在一边,对对方或某人进行指责、攻击,甚至谩骂,这种做法虽然维护了个人的立场,但却产生了相反的效果。对方在你的攻击下,会采取防卫措施来反对你所说的一切,他们或说拒绝你的话,或是反唇相讥,这样就完全把人与事混淆了。

在这种情况下,一种比较好的方法是对对方的提议或见解给予某种肯定和支持,同时,以同样的方式来强调双方的分歧问题,这种支持与抨击结合看起来并不协调,甚至矛盾。但是,正是这种不协调,才有助于问题的解决。

心理学中有一种理论是认识不协调论,认为人们讨厌不协调,并愿意消除它。如果你在肯定他提议的同时,能指出他的提议与谈判中问题的不一致性造成了双方认识的不和谐,那么,他就会放弃原先的主张,同你取得一致,以克服这种不和谐。

同时,在语言的表达上,也需要一定的策略和技巧。事实证明,如果你讲述自己的看法而不是讲别人的行为与原因,那就会有更好的效果。例如,"我感到失望",而不是"你背信弃义";"请原谅,我没有理解你话的含义"而不说"是你没说清楚你的意思"等,这样既讲明了客观情况,又避免了责备对方,避免了因责备对方而引起的防卫性反应,而这种反应常使对方拒绝接受你的意见。

(三)使双方都参与提议与协商

谈判出现矛盾分歧,双方争得面红耳赤,不可开交,多数情况下是由于双方各自从自己的立场出发,拿出一个让对方接受的提议或方案,这样,即使是对谈判有利的协议,对方也因为怀疑而拒不接纳。如果提出的一方一味坚持,另一方也很可能态度强硬,结果常常会导致僵局。但如果改变一下方式,就可以避免出现上述情况。改变的方式很简单,就是让双方都参与方案的起草、协商。

一个能容纳双方主要内容、包含双方主要利益的建议会使双方认为是自己的,如果他们切切实实感到他们是提议的主要参与者、制定者,那么达成协议就会变得比较容易。当各方对解决的办法逐一确认时,整个谈判过程就变得更加有秩序、有效率,因为对提议内容的每项批评改进与让步,都是双方谈判人员积极参与的结果。

要使对方参与,就应使他们尽早参与,可采取询问对方建议的形式,把对方有建设性的意见写进提议中,并给对方的想法、观点以尽可能的称赞。如果能使对方觉得他在提议中起了主要作用,他就会把提议看成是自己的,掺入了个人的感情,这样,他不仅能很容易接受提议,甚至还会出现维护提议的行为。

(四)保全面子,不伤感情

谈判人员有时坚持己见,并不是因为谈判桌上的建议无法接受,而只是因为他们在感情上过不去,即使是出于无奈而让步,也往往会耿耿于怀。因此,在谈判中顾及对方面子,不伤对方感情十分重要。伤害对方感情仅仅可能是几句话,但带来的后果是严重的。对方的感情被伤害,会激起他的愤怒,导致反击,使谈判陷入僵局。

另一种情况是,我们在与对方谈判代表打交道时,由于过分重视对方是企业或公司的代言人,而忽略了对方个人的感情变化,忽略了对方对某些问题特别敏感的反应。当对方觉得你藐视他个人,损害了他的面子,自尊心受到伤害时,他就会变得像刺猬一样,充满敌意,这种状况是很不利于双方沟通交流的。许多研究资料表明,受到感情伤害、失掉面子的人,往往会从交易中撤出,对方攻击越中要害,失掉面子的一方则撤退的越彻底,越没有商量的余地。

专家们还认为,在谈判对手中,有一种"本能的敌对者",即感情上的敌人。如果对方与你关系紧张,由于伤害了他的感情,使他丢了面子,那么他会与你敌对下去,没完没了。即使你搬出所有的事实、证据,都无济于事。这种情况下,就很难公正灵活地讨论处理谈判中的问题,更无法维持友好的合作关系。相反,如果对方在谈判中感到有面子、有地位、有尊严时,他可能会变得非常宽容大度,善解人意,也会很容易让步,一切都变得可以通融。可见保全面子的重要。

请思考:为了不伤感情,保全面子,我们应该注意哪些方面呢?

任务四 商务谈判的其他原则

任务导入

我国北方航空公司向英国飞机制造厂订购一批新型直升机。飞机交付使用一段时间后,陆续发生发动机机械故障,虽经不断维修,但最终该批飞机还是全部无法飞行。飞机发生故障后,中方曾专门派遣一名女工程师到英方工厂作为联络员,负责飞机维修的具体事宜。该工程师在与英方的不断交涉过程中,渐渐发现了一个秘密:原来英方出售给己方的飞机并非最新机型,英方在谈判中刻意隐瞒了实情。该批飞机的发动机普遍存在缺陷,会导致发动机故障,而新型号则做了改进,但英方并未出售给己方新型号。显然,英方是想通过这项贸易清理库存,获取不当利润。当该工程师直接向英方点破该问题后,英方态度急转直下,断然中止了与中方的合作。最后,中方经过艰苦的努力,通过法律向英方索赔成功。但既成事实还是不可避免地给中方造成了重大损失。显然,英国公司这种不讲信用和欺骗的行为只能是一锤子买卖,中方根本不可能与之长期合作。

任务分析

任何商务谈判要想取得成功,除了遵从商务谈判的基本原则之外,谈判双方还必须遵从诚实守信的原则,诚实守信不仅能为商务谈判创造良好的谈判氛围,而且为谈判后的履行打下坚实的基础,有利于双方建立长期友好的合作关系。以上案例中,中英双方长期合作关系的破裂,就是因为英方没有遵守诚实守信的原则造成的。

知识链接

平等自愿原则、重利益轻立场原则、人事分开原则是商务谈判的基本原则,秉持这些原则是商务谈判取得成功的基本前提,要想使商务谈判取得成功,商务谈判的其他原则也不可忽视,坚持这些原则有助于商务谈判的圆满完成。

知识链接一 客观标准原则

无论是把谈判看成双方的合作,还是看成双方的较量,都无法否认谈判中双方利益冲突这一严酷现实。买方希望价格低一点,而卖方希望价格高一些;贷方希望高利率,借方希望低利率。从这种观点出发,双方都希望得到对自己有利的结果。这些分歧在谈判中时时刻刻存在着,谈判双方的任务就是清除或调和彼此的分歧,达成协议。

消除或调和彼此的分歧有多种方法,一般是通过双方的让步或妥协来实现,而这种让步或妥协是基于双方的意愿,即愿意接受什么,不愿意接受什么。所以常常会出现一方做出让步以换取另一方对等的让步。这样,调和或消除双方的分歧就变得十分困难,付出的代价也是巨大的,更谈不上创造性地解决问题。

坚持客观标准能够很好地克服建立在双方意愿基础上的让步所产生的弊病,有利于谈判者达成一个明智而公正的协议。所谓客观标准是指独立于各方意志之外的合乎情理和切实可用的准则。它既可能是一些国际标准、国家标准、行业标准、企业标准、国际惯例、社会惯例、法律法规,也可能是职业标准、道德标准、科学鉴定等。由于贸易谈判所涉及的内容极其广泛,客观标准也是多种多样的。例如,在大米交易谈判中,卖方报价是每吨1 000美元,而买方出价是每吨900美元,那么调和标准是什么呢?这时市场上同类商品的价格就是参照物,就是谈判的客观标准。当然,这里客观标准只是谈判双方参照的依据,不是商定的价格。这是因为价格议定还要考虑交货期限、交易数量、商品质量等多种因素。如果双方都能从坚持客观标准这一原则出发,那么,所提出的要求和条件就比较客观、公正,而不是漫天要价,不着边际,调和双方的利益也变得可能和可行。在谈判中坚持客观标准要注意以下三点。

(一)标准的公正性

标准可以有许多种形式,而且不同的国家、社会制度,标准的差异也极大。但如果坚持公正、公平的原则确定标准,就可以使标准更好地发挥权威作用,并以此来协调人们的相互关系。

 **微型案例**

20世纪70年代,当埃及和以色列之间矛盾冲突不断,各方出面调停时,一位美国律师获准同埃及总统纳赛尔讨论埃以冲突问题。律师问纳赛尔:"你希望梅厄夫人(以色列总理)采取什么行动?"纳赛尔坚决地答道:"撤退!从阿拉伯的领土上完全撤退!"律师又惊讶地问:"没有什么交换条件?对方从你这里什么也没得到?"纳赛尔斩钉截铁地说:"什么也没有,这是我们的领土,以色列应该撤退!"律师又问:"如果明天早晨梅厄夫人在广播和电视上宣布说:'我代表以色列人民宣布,我国将从自1967年以来获得的土地,包括西奈半岛、加沙走廊、西海岸、耶路撒冷和戈兰高地上完全撤退,但是阿拉伯国家没有做出任何让步。'那么情况会变成什么样呢?"纳赛尔听完大笑起来,说:"啊,她在国内要有麻烦了!"在这次谈话中,埃及人认识到,他们对以色列提出的条件是不合实际,也是不公正的。纳赛尔修正了自己的观点,从而有了日后的中东停战协议。

(二)标准的普遍性

任何一项谈判至少要涉及两个以上的问题,如购买机器设备的谈判要涉及机器设备的性能、安装、投产和人员培训、设计蓝图、技术要求、政府规定、预付款、最终付款、交货日期、维修服务等多项内容。这样就必须从各个方面寻找客观标准,作为谈判的依据,如设备性能标准、技术要求指标、交货期限规定、维修服务内容等。有时,由于交易的内容比较特殊,没有现成的客观标准可供参考,可根据类似的情况,由双方拟定出一个参考标准。

客观公正标准可能是多种多样的,在考虑标准的普遍性时应尽量发掘可以作为协议基础的形式,然后从诸多的候选形式中比较筛选,最好是参与谈判的各方都发表意见,在各方的讨论中确立的标准,会使大家都有执行的积极性。

(三)标准的适用性

某些谈判内容可参照的标准有很多。例如,产品交易谈判中的价格,既有同类产品交易的惯例价格,也有某种情况下的市场价格。那么采用哪一个作为谈判的客观标准呢?这就取决于标准的适用性。谈判双方出现分歧就是因为依据不同的标准。例如,买方说:"己方出价是每吨1 900美元,这是日本同类产品的售价。"卖方争辩道:"我们认为这种商品的价格应是每吨2 000美元,这是目前的市场价。"这样,双方就需要认真商讨,确定出适用的客观标准。

坚持以客观标准为基础,并不是指以哪一方提出的标准为基础,一个合理的标准并不排除其他标准的存在,如果每一方都认为自己的标准是公平的,那么则无标准可言。这就要求双方在提出自己标准的基础上,努力寻求沟通他们的客观基础,寻找其内在联系。比如,哪一标准过去曾使用过?在什么样的条件下?哪一标准曾被更广泛地应用?

如果对问题进行彻底全面的讨论后,双方仍无法确定哪一标准是最合适的,那么比较好的做法是找一个双方认为是公正的"第三方",请他建议一种解决争端的标准,这样问题会得到比较圆满的解决。

在谈判中坚持使用客观标准有助于双方和睦相处,冷静而又客观地分析问题,也有助于双方达成一个明智而又公正的协议。由于协议的达成是依据通用的惯例或公正的标准,双方都感到自己的利益没有受到损害,因而会有效地、积极地履行合同。

知识链接二　合作双赢原则

通过商务谈判，不仅使自己的利益得到满足，而且对方的利益同时也得以实现。这样的谈判才是双赢，才是最佳的模式。

谈判破裂的原因之一就是双方为维护各自的利益，互不相让，但是双方的根本利益所在是否都集中在一个焦点上，却是值得认真研究和考虑的。一个很有趣的例子说明了这一道理：两个人争一个橘子，最后协商的结果是把橘子一分为二，第一个人吃掉了分给他的半个橘子肉，扔掉

了皮；第二个人则扔掉了橘子肉，留下了半个橘子皮做药材。这说明人们在同一事物上可能有不同的利益，在利益的选择上有多种途径。

在现代谈判中，传统的分配模式不但无助于协议的达成，反而可能有害。往往是对争论的东西，或者是我得到，或者是你得到，一方多占一些，就意味着另一方要损失一些。而新的谈判观点则认为，在谈判中每一方都有各自的利益，但每一方利益的焦点并非是完全对立的。一项产品出口贸易的谈判，卖方关心的可能是货款的一次性结算，而买方关心的可能是产品质量是否一流。因此，谈判的一个重要原则，就是协调双方的利益，提出互利性的选择。

在一定情况下，谈判能否达成协议取决于提出的互利性选择方案，为了更好地协调双方的利益，不要过于仓促地确定选择方案，在双方充分协商、讨论的基础上，进一步明确双方各自的利益，找出共同利益、不同利益，从而确定哪些利益是可以调和的。

当然，考虑对方的利益，并不意味着迁就对方、迎合对方。恰恰相反，如果你不考虑对方的利益，不表明自己对他们的理解和关心，你就无法使对方认真听取你的意见，讨论你的建议和选择，自然你的利益也无法实现。

 **微型案例**

美国纽约印刷工会领导人伯特伦·波厄斯以"经济谈判毫不让步"而闻名全国。他在一次与报业主进行的谈判中，不顾客观情况，坚持强硬立场，甚至两次号召报业工人罢工，迫使报业主满足了他提出的全部要求，并且承诺不采用排版自动化等先进技术，防止工人失业。结果以伯特伦·波厄斯为首的工会一方大获全胜，但是却使报业主们陷入困境。首先是两家报业被迫合并，接下来便是倒闭，最后全市只剩下一家晚报和两家晨报，数千名工人失业。这一结果再清楚不过地说明，由于一方贪求谈判彻底胜利导致了双方实际利益的完全损失。

坚持合作双赢原则，应做到以下几方面。

（一）打破传统的分配模式，提出新的选择

人们习惯思维的结果是对于争论的东西，或是我得到，或是你得到，好像没有更好的选择形式。这种观念是影响人们寻找互利解决方案的主要障碍。要打破传统的分配办法，提出新的选择形式，就需要创造性，需要灵感。一方面要收集大量的信息资料作为考虑问题的依据；另一方面，要突破原有的习惯思维模式，鼓励谈判小组成员大胆发表个人见解，集

思广益,并付诸实施。

(二)寻找共同利益,增加合作的可能性

当双方为各自的利益讨价还价、激烈争辩时,很可能会忽略了双方的共同利益,坚持某一点不动摇、不退让,在许多情况下,使谈判在枝节问题上就陷入僵局,甚至谈判破裂,事后冷静下来,权衡考虑达成协议对己方的利益,常常追悔莫及。其根本原因是什么?就是当时考虑的都是各自的利益。如果能从大局出发,多考虑双方共同利益,把双方的利益由互为矛盾转化为互为补充,那么就会形成"我怎样才能使整个蛋糕变大,这样我就能多分了"的观念认识。

寻找共同利益要注意,尽管每一合作都存在着共同利益,但是它们大部分都是潜在的,需要谈判者去挖掘、发现。共同利益不是天赐的,要把它明确地表示出来,最好将它系统地阐述为共同目标,强调共同利益给双方带来的益处,会使谈判更为和谐、融洽。

(三)协调分歧利益,达成合作目标

协议的签订是建立在双方分歧的基础上,乍听起来似乎是荒谬的,但细想却有它的道理。最典型的如股票的买卖,股票购买者总是认为股票看涨才买,而股票出售者正是看中股票可能要跌才卖,这就是观念上的分歧构成了交易的基础。

调和利益的较好方法是提出互利性的选择方案。在双方充分协商、讨论的基础上,进一步明确双方的利益,寻找共同利益,协调分歧利益。因此,要在谈判中尽可能发挥每个人的想象力、创造力,扩大选择范围,广泛听取各方意见,寻找几种比较理想的选择方案。

在提出选择方案的基础上,再询问对方喜欢哪一种,你要知道的是更受欢迎的是什么,而不是所能接受的是什么,可以对所确定的选择方案进行多次修改加工,征求对方意见,了解对方的倾向性,从而使方案尽可能地包含双方的共同利益。例如,在产品交易谈判中,你可以询问买方:"什么样的结算方式对你更好?是一次结算,还是分次结算?分次结算,是分三次,还是四次?是每次六万,分成四次?还是每次八万,分成三次?如果你们要先交货、后付款,那么,按规定,请先付5%的定金。"

一个优秀的谈判者,会千方百计地寻找既使自己满意,也使对方满意的解决方案。如果顾客在购买商品时感到受骗,也就意味着店主的失败,他会失去顾客,同时也失去了名誉。一个使对方一无所获的协议还不如不达成协议,因为对方会觉得你是不值得信任与合作的人,这种看法还会影响到其他人。因此,我们应建立一种新的评价谈判结果的标准,即己方的满意取决于对方对协议的满意程度。确定了互利的方案,还并不等于达成了最后的协议,还需要对方做出决定。因此,为了使对方尽快、尽早做出决定,要尽量排除方案以外的不利于决定的一切因素。

总之,如果把协调双方利益,提出互利选择的原则概括为一句话,那就是"寻求对你代价低,对对方好处多的东西"。

知识链接三　灵活机动原则

在商务谈判中,需要灵活运用多种谈判技巧,以使谈判获得成功。在任何谈判中,双方都是(或代表着)某一独立的经济实体,都希望在谈判中实现自己的经济目标或满足自己的愿望。但是,如果谈判参与者都把自己的意愿或目标绝对化,恐怕很少有人见到成功的谈判。在谈判实践中,运用灵活机动原则是成功者应遵循的行为准则。

所谓的灵活机动原则,就是在谈判过程中,双方在总体、原则一致的前提下,根据不同的谈判对象、不同的意愿、不同的市场竞争,采取灵活的谈判技巧,促使谈判成功。运用灵活机动原则包含两个要点。

一是追求整体利益的一致。双方在客观上存在差异和分歧,正确的做法是求同存异,缩小分歧,以实现双方最大的共同利益。

二是适时变化谈判策略。谈判计划和谈判策略不是一成不变的,谈判时会出现很多变数,这就需要用变通的办法解决问题。变通的办法既包括一定的妥协,也包括折中的替代方案。妥协并不是一味地退让,而是以适当的让步换取所需利益。折中方案是要求谈判人员不要在自己的立场上固执己见,而是积极地去寻找各自立场背后潜在的共同利益,从而达成双方的共识。

 **微型案例**

台商友嘉实业董事长朱志洋与瑞典一知名跨国公司(营业额约 4 800 万美元)合资合作,在泰国进行为期三天的谈判。

由于瑞典方面最初提出的草约多站在自我保护的立场上,所以友嘉无法赞同,于是各说各话,无法凝聚、形成谈判的焦点问题。瑞典方面尤其不愿意新公司将来向竞争对手销售货物,认为此举无异于助长他人实力,但是友嘉却另有看法。

商谈两天之后,仍无进展。最后,朱志洋改变了坚持不让的谈判方式,他先反问:"你们图我们什么?"然后客观分析,无论资金、技术还是市场竞争力,瑞商都优于台商,友嘉唯独在管理能力(生产制造的控制,包括产品优良率、库存、成本等)以及设备自制能力方面略胜一筹;而友嘉有求于瑞典商的是品牌、营销渠道等。所以,双方应互取所需。他进一步说明:借助友嘉的管理能力,可以降低瑞商的成本,提高生产力;另一方面,货品的销售对象不自我设限,可以扩大产量,降低单位成本,相对提高获利,股东可以分享更多利益,何乐而不为?朱志洋站在对方的立场上,分析他们的难处,提出一套解惑的理由与数据,终于让这场谈判在第三天顺利签下合约。

在上述案例中,朱志洋在谈判陷入僵局时,及时地改变了谈判方式,使谈判得以顺利完成。在谈判中执行灵活机动原则,从某种意义上讲,也是一种创造性的工作。

如果在谈判中对方的主张没有一点灵活性,没有一点变通的余地,那么,你所要考虑的则是接受这种不公正要求的后果,而不是自己的最佳选择。这种谈判即使是达成协议,也是以牺牲一方利益换取另一方利益的谈判,而不是双方都满意的谈判。

在维护自己一方利益的前提下,谈判可以灵活多样,只要有利于双方达成协议,没有什么不能放弃的,也没有什么不可更改的。仔细分析各种类型的谈判,你就会发现,在谈判中,表面上的利益都是冲突的,但是深入观察分析,你就会找到在立场背后还有着比冲突利益更多的共同利益。产品的交易谈判,双方的利益冲突是卖方要抬高售价,买方要降低售价;卖方要延长交货期,买方要缩短交货期。但是,双方的共同利益却是双方都有要成交的强烈愿望,双方都有长期合作的打算。也可能双方对产品的质量、性能都很满意。卖方为高质量产品自豪,希望售价从优,买方也愿为高质量的产品付出好价钱,但都希望付款的方式有所改变。由此可见,双方共同利益还是存在的,关键看你是否认真发现。同时,你也可以采取一定的方法调和双方的分歧利益,使不同的利益变为共同的利益。如买方一次付清货款,可能会换来卖方的优惠价,也可能是卖方的售后服务使得买方乐意出高价。许多时候,恰恰是因为利益的不同,才会使协议成为可能。交易双方的一方想要得到金钱,一方想要得到物品,于是交易做成了。

知识链接四 诚信原则

诚信首先是社会道德伦理问题。道德是调整人们相互关系的行为规范,为一般人的行为提供标准和方向;伦理是处理人们关系的规范、规则、模式、礼仪等方面的总称。商务谈判的道德伦理观吸收了社会道德伦理的因素,并且具有自己的特点,特别是诚信原则,商务谈判是应当遵循的。

在商务谈判中,谈判者保持诚信非常重要。在商界,商务人员聚集在一起时,常常以诚信作为衡量"圈内"朋友或评判对方的一个重要标准。诚信在经济范畴内是一种稀缺资源。诚信中的诚,就是真诚、诚实,不虚假;信就是恪守承诺、讲信用。信用最基本的意思,是指人能够履行与别人约定的事情而取得信任。诚信,简单讲就是守信誉、践承诺、无欺诈。在商务谈判中坚持诚信原则,应当体现在以下三个方面。

首先是以诚信为本。诚信是职业道德,也是谈判双方交往的感情基础。讲求诚信能给人以安全感,使人愿意与其洽谈生意。诚信还有利于消除疑虑,促进成交,进而建立较长期的商务关系。

 **微型案例**

上海华实制鞋厂与日本一家株式会社做成了一笔布鞋生意。因日方预测失误,加上海上运期长,布鞋运到日本后,错过了销售的黄金季节,大量积压。日方提出退货,按惯例这显然是行不通的。但中方却原则上同意了。此事一传开,中方有关部门及一些国际上的朋友立即哗然,认为这是自找麻烦,因为那是价值260万日元的大笔生意!但华实制鞋厂还是坚持接受退货。后来,中方在出口替代的一批货时,不但保质、保量,而且迅速发货,使日方大赚了一笔。当然,中方也相应地获利不少,而且名声大振,信誉大增。此事在日本见报后,马上就有几家大公司来人来函要求与华实制鞋厂合作。华实制鞋厂不但没有赔钱,反而由此身价百倍,产品供不应求,而日方的这家株式会社,经过这次风波后愈发感到华实是个忠实的合作伙伴,提出愿当中方在日销售的总代理,华实的产品全部包销,一订就是10年合同,而且还积极向中方提供国际市场上的有关信息,两家企业的竞争伙伴关系更加稳固。

其次是信守承诺。如果谈判人员在谈判中不讲信用,出尔反尔,言而无信,甚至有欺诈行为,那么要与对方长期合作是不可能的。

最后是掌握技巧。谈判是一种竞争,要竞争就离不开竞争的手段,为此,需要运用各种谈判策略、技巧。但是谈判策略的应用应以诚信为基础,犹如体育运动的比赛规则,它仅仅是制定出的比赛的规则而已,绝不会阻碍运动员发挥各自的能力和技巧进行竞技。同理,讲究诚信,也不会阻碍谈判人员运用业务知识技巧进行谈判,谋求良好的谈判结果。

在商务谈判中,坚守诚信并不意味着把自己的谈判底线毫无保留地告诉对方,有些属于商业秘密的数据是不能让对方知道的。明智的谈判者总是努力保持一贯的诚实态度,使对方对自己保持信任。如果在刚开始谈判时出价非常高,而且态度强硬,给人没有回旋余地的印象,后来却大幅度让步,这不仅会使己方在谈判中的强势削弱,还会给人不诚实的感觉。另外,在商务谈判实践中要言而有信。在谈判过程中的口头承诺要使对方放心,在执行合同的过程中,要信守合同条款,这样才能取信于他人,取信于社会。

总之,谈判的伦理约束,既不提倡通过不诚实或欺骗行为来达到自己的目的,也不反对运用有效的策略和方法。

知识链接五　合法原则

合法原则是指在商务谈判及签订合同的过程中,要遵守国家的法律、法规,符合国家政策的要求,涉外谈判则要求既符合国际法则,又尊重双方国家的有关法律法规。商务谈判的合法原则具体体现在三个方面:

一是谈判主体合法,即参与谈判的企业、公司、机构或谈判人员具有合法资格。

二是谈判议题或标的合法,即谈判的内容、交易项目具有合法性。与法律、政策有抵触的,即使出于参与谈判各方自愿并且意见一致,也是不允许的。

三是谈判手段合法,即应通过合理的手段达到谈判的目的,而不能采取行贿受贿、暴力威胁等不正当的方式。

在谈判中遵循合法原则,首先要分析不同的法律环境。不同国家、不同地区的法律环境不尽相同,在谈判中必须对谈判对方所在地的法律环境有较充分的了解。在国内商务谈判中,除了要了解国家的法律、法规,还要特别了解谈判对方所在地的法规、政策;在国际商务谈判中,除了要了解国际有关法规、惯例,还要重点研究谈判对方所在国的法律,这样在谈判中才不会陷入被动。其次,要在法律允许的范围内进行谈判。除谈判内容要符合有关法律和相关政策规定外,谈判所形成的协议文书结果也要法律化、规范化。一切语言、文字应具有双方一致承认的明确的合法内涵。最后,由于对方违约给己方造成损害时,要积极寻求法律保护。

微型案例

常鑫瓷质砖有限公司为了对外拓展业务,推销瓷质砖,于1993年12月18日委派该公司干部罗足三到苏州市设立办事处,并租用一间仓库。罗足三从常鑫公司运走价值20余万元瓷质砖存放在苏州仓库内。其间,罗足三通过房东介绍,与刚成立的苏州市钢铜雕刻有限公司(系私营企业)的负责人陈鸿玉相识,双方协商联营经销瓷质砖事宜,经请示常鑫公司,未获同意。罗足三经陈鸿玉介绍,又结识苏州市保达贸易商行承包人贾金龙,双方进行过业务洽谈,因常鑫公司要求现金买卖,故生意未做成。1994年1月29日,罗足三准备回九江过春节,考虑到春节期间苏州会有已订合同的客户要求发货,便委托陈鸿玉代为保管货物及帮助发货。可是陈鸿玉与贾金龙避开常鑫公司及罗足三,以苏州市钢铜雕刻有限公司的名义与苏州市保达贸易商行签订了一份代销常鑫公司瓷质砖协议,并于2月3日至5日从罗足三租用的仓库中运走价值人民币101 836.25元的多种规格的瓷质砖。苏州市保达贸易商行仅付给陈鸿玉货款28 500元,该款已被陈鸿玉用于开办公司。

复习思考题

一、案例分析

电影制片人休斯与演员拉塞尔签订了一个一年付给她100万美元的合同。12个月后,拉塞尔合理合法地说:"我想要合同上规定的钱。"休斯声明,他现在没有现金,但有许多不动产。女明星不听他的辩解,坚持只要她的钱。结果原先亲密的合作关系成了互相敌对的对立关系,双方都通过律师进行交涉,一时间谣传纷纷。

最后,两个人都意识到这样争下去没有益处。拉塞尔对休斯说:"你我是不同的人,有不同的奋斗目标,如果我们这样争斗下去,恐怕获胜的只是律师,让我们看看,能不能在相互信任的气氛下分享信息和需要呢?"于是,他们以合作者出现,纠纷得到了创造性解决。合同改为休斯每年付拉塞尔 5 万美元,20 年付清,结果休斯解决了资金周转的困难,并获得了本金的利息,而拉塞尔所得税逐年分散缴纳,有了 20 年的可靠收入,她也不用担心自己的财务收入问题了。

案例讨论题:
休斯与拉塞尔通过什么样的谈判原则解决了彼此间的问题?

二、问答题

1. 什么是平等自愿原则?在商务谈判中为什么要坚持该原则?
2. 在商务谈判中为什么要坚持重利益、轻立场原则?该怎么做?
3. 在商务谈判中如何贯彻人事分开的原则?

项目三　商务谈判的准备

学习目标

知识目标

通过本项目的学习,学生能够理解商务谈判准备在商务谈判中的重要性,掌握商务谈判准备过程中收集、整理信息的内容、方法;了解商务谈判背景调查的内容;熟悉商务谈判议程确定的内容以及商务谈判班子的组建,掌握商务谈判的模拟方法。

素质目标

学生通过对本项目的学习,对商务谈判准备工作有一个正确的认识,具有收集谈判背景及信息的意识、锻炼沟通表达能力以及分析问题的能力。

技能目标

学生通过对本项目的学习,深化对商务谈判准备的认识,能够采用适当的方法,为特定商务谈判收集、整理信息,安排谈判议程。

经验分享

请同学们根据自己的工作、生活、学习经历,找一个由于谈判前的准备工作欠缺而导致谈判失败,或者由于准备充分使谈判成功的例子,进行5分钟的主旨发言,老师和同学帮助其总结在商务谈判准备方面的经验与教训。

"不打无准备之仗""知己知彼,百战不殆"都是强调准备工作的重要性。谈判前进行深入调查研究是非常必要的,要尽可能地了解和掌握对方的情况,同时要对自身的优势和劣势做出正确的估价,确定一个非常明确的目标,策划好每一个细节,这样无论谈判中出现什么情况都能胸有成竹,轻松应对。

任务一　谈判背景调查

任务引入

20世纪70年代初期,伊朗希望将大量空燃的天然气利用起来,生产化学制品,但苦于无技术与管理经验。经过选择后,伊方向日本求助。对当时严重依赖中东石油的日本来说,这是一个树立自己形象并巩固与产油国关系的良机。经过一段"周密"的可行性研究,日本决定全力投入这项工程,并将其建成一个中东地区最大的石化生产基地。

1973年4月,日本三井物产、三井东庄化学、东洋曹达等100多家公司所组织的"伊朗化学开发股份公司",与伊朗当地的"伊朗国营石化公司"合资建立了合营企业"伊日石化公司"。公司全部资产为7 300亿日元,其中日方占4 300亿日元,在伊朗方面出资3 000亿日元中,由日方贷款近900亿日元,公司预定生产能力为年产30万吨乙烯等产品。

　　经过近三年包括勘探、规划、设计在内的准备,1976年1月在伊朗南部佩鲁峡打下了第一根桩,工程的一切都按预定计划进行。1978年年末,伊朗突然爆发动乱,国内政局不稳,经济运行中断,工程陷入瘫痪状态,到1979年3月,85%的工程已完全停止任何作业与维修。不仅如此,霍梅尼政权一再声称对西方企业要实施国有化措施,日方已投入1 000多亿日元,资产面临巨大的损失威胁。

　　幸好,伊朗政府也期望这项巨大工程尽早发挥效益以利经济发展,便向日本政府与企业要求尽快复工,并保证该工程不在国有化之列。对于日方投资者而言,这不啻死里逃生。日方企业又经深入调查,确信了霍梅尼政权的地位已巩固之后,同意于1979年11月复工并再计划追加1 300亿日元的款项。

　　不巧,开工之前出现了伊朗学生占领美国大使馆扣留人质的事件,伊朗内阁辞职,政局再次陷入混乱,工程继续延期。

　　1980年3月,日方出资的又一笔28亿日元贷款开始支用,5月工程动工,60名技术人员进入工地,9月工程全面展开,日方700人开始工作。

　　但是,灾难再次降临。1980年9月末,伊朗与伊拉克的战争爆发,建设中的石化生产基地自然成为主要的攻击目标。一个月之内,伊拉克空军5次轰炸该工程,造成严重破坏,全体工作人员疏散外地,日方人员乘飞机去泰国避难,11月,347名日籍技术人员全部返回东京。

　　1981年3月和7月,伊朗和日本的投资者互访并视察了破坏后的工地,探讨有无修复的可能性,但1981年10月,伊拉克飞机对工程的第六次轰炸使这一希望破灭了。

　　伊朗石化工程涉及日本800多家企业,直接参与建设的日方管理者、技术专家、作业者为3 548人,此外,又由日方雇用了韩国、菲律宾、中国、印度尼西亚、印度等外籍施工人员1 793人,日方已投入3 000亿日元资金。主要的加工设备均已制造完毕,除了在轰炸中被摧毁的之外,大批尚未运出,安装的设备也变成可能得不到赔偿的风险资产。

　　长期以来,日伊双方就工程损失问题进行了艰难的谈判。伊朗处于战争时期,不可能拿出巨款补偿日方,因工程损失是战争行为,属人力无法抗拒的因素,日方作为投资人相应承担风险。这场国家风险的官司涉及投资者、贷款人、出口人、保险人、当地政府等众多当事人,产生了一系列拒付、转移支付、债务重议等风险形态。

任务分析

　　日本企业为什么在伊朗的石化工程项目出现巨大的损失,从表面上看,是伊朗国内、外政治环境的变化导致的,但更深层的分析可以发现,主要原因是日本企业对伊朗国内外政治环境可能出现的变化,没有做深入的调查、分析与预测所致。所以,在国际商务谈判中,对谈判背景的调查要尤为重视,否则会面临巨大的风险。

知识链接

　　谈判是在特定的法律制度、政治、经济、文化影响下的社会环境中进行,特别是在国际商务谈判中,这些环境会直接或间接地影响谈判。因此,在谈判正式开始前,应该认真进行谈判背景调查。

知识链接一　政治与法律环境

（一）政治环境

商务谈判中的政治因素,是指对商务活动具有重要影响的国家的政局、政策等,这些因素作为重要背景性因素,对企业商务活动具有重要影响。

一个国家政局稳定、政策合理,其经济就会迅速发展。企业在稳定的政治环境中,活力明显增强,活动频率明显增加,商务活动的风险也会相对降低;相反,政局不稳、政策多变,往往容易造成人心惶惶、市场混乱,企业在这种环境下,活力就会下降,商务活动的风险也会随之增加。

政治环境主要包括如下内容。

1. 国家对企业的管理情况

这主要涉及企业拥有多大决定权的问题。如果国家对企业或行业管理程度较高,那么企业就不可能拥有完全的决定权,在参与问题决策时,一般会由政府做最后的决定;相反,如果国家对企业或行业管理程度较低,或者完全不管的话,企业就拥有较高的或者绝对的决定权。

2. 政局的稳定状况

政局如何对谈判以及后期的履约起着至关重要的影响。如果对方时局稳定,政策连续,基本上不会对谈判产生不良的影响;相反,当国家正经历着或可能面对诸如动乱、战争或者重大自然灾害的时候,就极有可能会对谈判产生不良影响,甚至影响正常的履约。

3. 交易双方所属国家的政治关系如何

要确定双方是友好国家关系还是敌对、紧张的国家关系。政治与经济总是紧密相连,很多本属于两个公司之间的谈判,也不可避免地要受到国家关系的干预和影响,特别是重大的谈判项目。国家关系正常、友好的话,必然会促进双方的贸易往来;国家关系紧张、敌对的话,就会给双方的谈判带来很多障碍,甚至会中断已经谈好的合约。

4. 该国国家政策的倾向性和稳定性

主要了解政府制定的政策对该企业所产生的影响,以及在今后一个较长时期该政策的倾向性和稳定性如何,这些因素和谈判力量对比,对谈判协议生效后实际履行的效果等均会产生重大影响。

另外,一些公众利益集团,如民间环保组织等,也是政治法律环境的重要内容,对谈判能否取得成功有重要的影响,在谈判时也应加以考虑。

 **微型案例**

中国切断与澳大利亚的合作

中国与澳大利亚在此之前一直有着很多的贸易往来,但是这次中国毅然切断与澳大利亚的经济贸易来往,这是怎么一回事呢?原因就是澳大利亚认为中国离不开澳大利亚的出口,于是面对中国经常坐地起价,哄抬价格,并且澳大利亚出口的原木多次出现质量问题。而澳方面对这些问题似乎从来不在自己身上找原因,而是埋怨中国,这更让人不能理解。

中俄就天然气项目达成亿元合作

在中国切断与澳大利亚的合作中,十分重要的一项就是天然气项目。要知道天然气充斥着人们的日常生活,与人们是密不可分的。所以中国自然要赶紧找寻下家,而此时中国与俄罗斯的目的一致,所以转而与俄达成了天然气合作。这一合作大大加深了中俄两国的关系,有着十分重要的意义。而澳大利亚也是后悔不已,其狂妄自大导致失去了中国这一大市场,出口经济效益也大打折扣。

(二)法律环境

法律制度对商务活动具有重要的影响,也是企业活动的明显的控制性力量。一般来说,企业的商务活动必须要在法律规定的范围内,以法律允许的方式展开,否则其活动就必然受到制约。正因为如此,企业必须对其国家法律制度有所了解,也只有这样,才能在商务活动中降低风险发生的可能性。

法律环境主要包括如下内容:

(1) 该国法律制度及其法律体系;

(2) 该国法律制度有没有限制规定合同必须受购买人本国的法律约束;

(3) 法院受理案件的时间长短;

(4) 在现实生活中,法律的执行程度;

(5) 执行法院判决的措施;

(6) 执行国外的法律仲裁判决的程序,这主要是针对跨文化、跨国谈判而言的。在这种情况下,要考虑一国的判决对另一国有无效力及生效的条件;

(7) 该国的法律是否禁止本国的商人在谈判中达成让步或妥协的协议;是否限制企业中那些有权签订和修改合同的领导人的权利范围;

(8) 签约后,为了在当地顺利执行合同,是否有必要在当地成立一家自己的公司;如有必要,并且成本不高的话,必须弄清当地对外国投资者的投资比例、管理费用的收取、利润的外汇汇出等有无特别的规定。

 **微型案例**

一位荷兰电器销售商名叫乔费尔,打算从日本的一家钟表批发商三洋公司进口一批钟表。在谈判的前两周,乔费尔邀请了一位精通日本法律的律师做自己的谈判顾问,并委托该律师提前收集有关三洋公司的情报。通过调查,日本律师发现了许多情况。例如,三洋钟表公司近年来的财务状况不佳,正在力图改善;本次洽谈的主要商品是承包给中国台湾地区和另外一个日本厂家生产制造的;三洋钟表公司属于家庭型企业,总经理的作风稳重踏实……情报虽然不多,但很重要。

乔费尔到达日本后,立即开始和律师磋商有关谈判的种种事项,日本律师又和乔费尔从荷兰带来的律师研究两国的法律差异。

乔费尔与三洋公司的谈判即将开始,三洋公司草拟了一份合同,乔费尔和两位律师经过商议后,决定围绕这份合同展开谈判。乔费尔注意到,在三洋公司提出的合同草案中,有一条是关于将来双方发生纠纷时的仲裁问题,三洋公司提议在大阪进行仲裁,解决纠纷。

一般情况下,一旦出现纠纷,双方最好协商解决,当然,还可以进行仲裁或者诉讼。仲裁和诉讼的目的虽然相同,但结果却明显不同。仲裁无论在哪个国家进行,其结果在任何一个国家都有效,而判决就不同了,因为各国的法律不同,其判决结果也只适用于该判决国。为此,乔费尔希望在日方仲裁改为由日本法院来判决,因为双方一旦出现纠纷,日本法院的判决在荷兰形同废纸,即使是打赢了官司,也根本执行不了。

经过很长时间的艰苦谈判,乔费尔终于做出了最终让步,同意了对方的建议,但提议今后倘有纠纷,就由日本法院来判决。由于日方不清楚有关法律,误以为在本国打官司对己有利,所以非常爽快地答应了。

在合同签订后的三年中,双方的交易似乎很顺利,但突然却出现了一个意想不到的纠纷。美国的S公司声称三洋公司的产品与该公司的产品颇为相似,要求乔费尔立即停止钟表销售,并索赔20万美元。但三洋公司对此事件的态度却十分消极,一直拖了4个月未做明确答复。此时,乔费尔拖欠三洋公司有2亿日元的货款,乔费尔以三洋公司盗用钟表款式使他蒙受重大损失为由,要求三洋公司给予补偿。三洋公司起初并不同意,决定到法院起诉乔费尔,但如果自己以起诉的方式来解决问题的话,是毫无意义的。

最后,双方商定由乔费尔付三洋公司4 000万日元的欠款,把1.6亿日元的欠款抵作赔偿金。

知识链接二　社会文化环境

文化是人们生活的方式,是人类继承的行为模式、态度和实物的总和。人们的宗教信仰、价值观念和生活准则都受到社会文化的强烈影响。对社会文化环境的研究便于谈判者更快更好地理解对方的谈判行为,避免因价值观念不同而引起不必要的冲突和误会。

（一）宗教信仰

宗教信仰作为文化的重要组成部分,影响和支配着人们的生活态度、价值观念、风俗习惯和消费行为。

谈判的宗教环境主要包括如下内容:

(1) 谈判对方所在地居民的宗教信仰情况和谈判对方的宗教信仰情况以及特定宗教的具体戒律和规定。

(2) 宗教信仰所产生的影响。要了解宗教对政治、经济及人们的行为等的影响,至少应考虑如下几点:首先,要了解宗教信仰对法律制度的影响,在某些宗教影响很大的国家,法律往往是根据宗教教义来制定的,人们的行为是否被认可,要看是否符合这个宗教的精神,而不是像一般情况那样,根据是否符合法律原则与规定来判断,在这些国家宗教往往超越法律;其次,要了解宗教信仰对社会交往与个人行为的影响,不同的宗教信仰对社会交往的影响也是很大的;再次,要了解对节假日和工作时间的影响,这会影响到具体的谈判计划及谈判议程的安排。

微型案例

中国一个谈判小组赴中东某国进行一项工程承包谈判。在闲聊中,中方负责商务条款的成员无意中评论了中东盛行的伊斯兰教,引起对方成员的不悦。当谈及实质性问题时,对方较为激进的商务谈判人员丝毫不让步,并一再流露撤出谈判的意图。

（二）社会习俗

社会习俗包括符合社会规范的称呼方式、衣着款式等为社会公众所接受的约定俗成的行为方式。对对方社会习俗的理解和尊重有助于形成轻松的谈判气氛。关于社会习俗,谈判者主要要了解如下几个方面:

(1) 符合对方当地标准的衣着式样、称呼方式；

(2) 工作与娱乐休息的区分,在业余时间,如吃晚餐时、打高尔夫球时,是否也可以谈业务；

(3) 参加社交场合是否要携带妻子,所有的款待、娱乐活动的举行地点；

(4) 在大庭广众之下,人们是否愿意接受他人的批评,还是仅愿意在没有第三人的情况下接受他人的批评,人们对待名声、荣誉的态度；

(5) 当地人开放程度,谈话的内容的广泛性,是否有言论自由,有没有禁忌以及禁忌话题；

(6) 当地妇女与男子在社会生活中的地位,是否参与生产经营活动,男员工与女员工是否可以随意接触；

(7) 送礼的方式及礼品内容。对于涉外谈判来说,这个显得格外重要,因为不同国家在送礼的方式及礼品内容上的习俗差别很大。比如,不能单独给女主人送礼,也别送什么东西给已婚女子；在意大利,手帕不能送人,因为手帕象征亲人离别,是不祥之物；在拉丁美洲国家,送礼忌讳"13"这个数字,因为它代表厄运。

 **微型案例**

中国一个代表团去美国采购约三千万美元的化工设备和技术。美方自然想方设法令我们满意,其中一项是送给我们每人一个小纪念品。纪念品的包装很讲究,是一个漂亮的红色盒子。红色代表发达。可当我们高兴地按照美国人的习惯当面打开盒子时,每个人的脸色却显得很不自然——里面是一顶高尔夫帽,但颜色却是绿色的。美国商人的原意是:签完合同后,大伙去打高尔夫。但他们哪里知道,"戴绿帽子"是中国男人最大的忌讳。合同我们没和他们签,不是因为他们"骂"我们,而是因为他们对工作太粗心。连中国男人忌讳"戴绿帽子"都搞不清,怎么能把几千万美元的项目交给他们?

知识链接三　商业习惯

由于文化的差异,不同国家和地区往往在长期的商务活动中形成了具有不同特点的商业习惯。作为合格的商务谈判人员,必须了解商务活动所在国的商业习惯,了解其商业惯例,只有这样,才能在商务活动中采取有效的对策,保证业务活动的正常进行。不了解商务活动所在国的商业习惯与商业惯例,商务活动中就会出现不适应与不和谐,这会极大地影响商务活动的正常开展。

商业习惯主要包括如下内容:

(1) 该国企业的经营决策程序,企业高级领导人有没有决策权(如阿拉伯国家的大多数企业);企业中的中层领导干部是否参与经营决策(如日本的企业);

(2) 在正式的谈判场合中,是否只有领导才能发表看法,其他出席人员是否只有被问及具体问题时才能发言；

(3) 谈判是不是分阶段进行,比如先举行技术谈判,再举行商业谈判；

(4) 在商务活动中有没有贿赂现象,一般来说,许多国家都严格禁止行贿、受贿活动,一旦发现将给予严惩,但在有些国家,行贿受贿司空见惯；

(5) 谈判是与进出口代理商进行,还是直接与生产商进行；

(6) 在谈判和签约过程中律师所起的作用；

(7) 商业间谍活动情况以及机密文件的保密工作；
(8) 协议的形式及约束力；
(9) 合同语言文字表示方式及其效力，这主要是针对涉外谈判而言的。

 **微型案例**

美国是中国的最大贸易伙伴，美国人也是我们在商务谈判中的常见对手，越来越多的美国跨国企业进驻中国，和美国人打交道将会是家常便饭。他们信奉个人主义，崇尚自由，性格开朗、自信果断，办事干脆利落，重实际，重功利，事事处处以成败来评判每个人，所以在谈判中他们干脆直爽，直截了当，重视效率，追求实利。美国人习惯于按照合同条款逐项进行讨论，解决一项，推进一项，尽量缩短谈判时间。他们十分精于讨价还价，并以智慧和谋略取胜，他们会讲得有理有据，从国内市场到国际市场的走势甚至最终用户的心态等各个方面劝说对方接受其价格要求。因此同美国人谈判，就要避免转弯抹角的表达方式，不要搞迂回战术，是与非必须保持清楚，如有疑问，要毫不客气地问清楚，否则极易引发双方的利益冲突，甚至使谈判陷入僵局。

日本也是中国的主要贸易伙伴，他们深受中国传统文化的影响，儒家思想道德意识已深深地沉淀于日本人内心的深处，并在行为方式上处处体现出来。日本人进取心强，工作认真，事事考虑长远。他们慎重、礼貌、耐心、自信，他们也讲究礼节，彬彬有礼地讨价还价，注重建立和谐的人际关系，重视商品的质量。所以在同日本人打交道时，必须要显示出你对他的尊重，在谈判后与客人共进晚餐、交朋友，都是非常必要的。

德国人自信、保守、刻板、严谨、办事富有计划性、工作注重效率、追求完美。德国商人严谨保守的特点使他们在谈判前就往往准备得十分充分周到，这样，他们立足于坚实的基础之上，就处于十分有利的境地。德国人对谈判对方的资信非常重视，因为他们保守，不愿冒风险。而且德国人素以严肃认真著称，就比如宝马车的制造程序，每一步都要求精益求精，不允许有任何纰漏。所以面对这样的对手也要求我们的谈判人员做出更加精细的准备工作，以能够应付德国人强大的攻势，并且在细节方面也要尤其重视，要表现出对对方的尊重。英国人不像德国人那样，他们的准备工作做得不是很充分，但有自己的特点：讲礼仪，友好，善于交往并使人感到愉快。

知识链接四　财政金融状况

涉外经济谈判中要考虑该国的财政金融状况，具体来说，大致有如下几点：
(1) 该国的外汇储备情况，一般来说，一国外汇储备的多少，会直接影响对外支付能力和该国外汇的赚取渠道；
(2) 在该国取得外汇的手续；
(3) 该国货币可自由兑换性、自由兑换的幅度及汇率变动情况；
(4) 该国在国际支付方面的信誉，有无延期支付的情况，在出口国可保兑的信用证开出的情况；
(5) 该国的还本付息的比率，与国际货币基金组织的业务往来情况；
(6) 当地税法的情况，该国与本国签订避免双重征税协定的情况；
(7) 该国在征收关税方面的规定；
(8) 外资在当地赚取的利润汇往境外的规定。

 **微型案例**

2007年5月,中投公司斥资约30亿美元以29.605美元/股的价格购买黑石近10%的股票。随着国际金融环境的恶化,直至2008年10月,中投公司在黑石集团上的投资浮亏已经达到25亿美元,浮亏为初始投资额的2/3。2007年年底,中投公司又购买了摩根士丹利56亿美元面值的到期强制转股债券,占摩根士丹利当时股本的9.86%。由于金融危机不断升级,摩根士丹利股价大幅下跌,交易账面浮亏30亿美元左右。此外,中投还投资雷曼兄弟发行的衍生债券,2008年9月受其拖累被冻结资金高达54亿美元。

知识链接五　基础设施与后勤保障方面

(1) 该国的人力、物力、财力情况。

① 人力方面:必要的熟练工人与非熟练工人,有经验的技术人员和管理人员;

② 物力方面:建筑材料、建筑设备、机器设备、维修设施等;

③ 财力方面:资金与银行的信贷情况。

(2) 在聘请外籍员工、进口原材料、引进技术、引进设备等方面的限制。

(3) 当地的运输条件。

① 港口的装卸设备;

② 公路、铁路、航空的运输能力;

③ 海关的通关情况,特别是在高峰时的通关能力。

任务二　收集、整理信息与确定谈判目标

任务引入

4月14日,是罗玲入职武汉链家一周年的日子,这一年她从一个职场小白,到勇夺战队销冠的M5店经理,一步一个脚印,倍速成长。

如果客户看中的项目楼盘旁边有发电厂,你会怎么办?告诉客户,可能会失去客户;不告诉客户,可能成交后会丢失良心的安宁。当罗玲面临这道选择题时,她毫不犹豫地选择了前者。

真诚服务,顺利成交

一对老年夫妇专程从哈尔滨来武汉帮儿子买婚房。按照客户的首付预算、地理位置、购房资质等需求,罗玲为客户匹配了阳逻的东原朗阅、佳兆业浣溪璞园、海林康桥三个楼盘。

连续带客户看了两天的同时,罗玲将几个楼盘的优劣势一一与客户做了详细分析,包括东原朗阅附近的华能电厂也向客户做了重点提示。客户比较倾向东原朗阅这个项目,在听到罗玲主动告知楼盘旁有发电厂时,他们感觉这个女孩非常真诚,最终没有介意附近有电厂,还是选择在罗玲手上签约。

一波三折,客户退房

成交几天后,客户的儿子想复看楼盘,看完之后表示宁可损失定金,也要退掉"发电厂楼盘"。原因是老婆怀孕了,他担心附近烟囱排出的气体对身体有危害。

因为早有铺垫,罗玲从容应对客户的问题并一一解决,按照客户的需求,在带看了蔡甸、葛

店同等价位的几个楼盘后,客户虽然都没有看中,但是认可罗玲的专业与真诚。

罗玲向客户分析道:"东原朗阅周边除了小学幼儿园外,还有两所大学,政府既然把学校建在这里,说明这个电厂对周边的影响是很小的。"张先生犹豫不定,一边认可这个项目,一边对发电厂耿耿于怀。

实地勘察,感动客户

罗玲心里明白从性价比、周边、地段等方面来说,客户还是非常喜欢东原朗阅这个项目的,但是电厂到底有多大的危害,其实在自己心里也是个问号。为了解决这个问题,罗玲先在网上搜集了华能电厂的资料,然后又亲自走访电厂,向电厂的工作人员询问并了解情况,最后还走访了周边的学校,并以视频的方式记录下来。

经过多番验证和了解得知,华能电厂排出的并不是有害气体,而是做了冷凝处理后的水蒸气和二氧化碳,对人的身体无害。客户了解到这个信息后,终于完全放下心来,放心地完成了签约后续手续的办理。

任务分析

罗玲为什么能签约成功?从表面上看,她所提供的房源和客户需求吻合;深入分析,主要原因还是罗玲善于观察和分析客户心理和需求,善于收集、分析、利用信息,能够由表及里、从现象到本质地分析问题,为商务谈判的成功做了充分的准备。

知识链接

俗话说:"知己知彼,百战不殆。"只有了解掌握对手的信息,才能使自己采取的策略做到有的放矢,逐步达到自己的目标。收集处理对手信息,是谈判准备工作中至关重要的一环,它往往是谈判成功的关键所在,有时甚至可以使谈判于"山穷水尽"之中"柳暗花明"。

知识链接一 收集、整理信息

(一)收集、整理信息的内容

对于不同性质的谈判,收集信息内容的侧重点是不同的,一般来说,至少要收集如下几个方面的信息。

1. 谈判对方的主体资格

谈判的主体资格,就是指能够进行谈判,享有谈判的权利和履行谈判的义务的能力。谈判主体资格不合格,将直接导致谈判无法进行,或者使已经完成的谈判变为无效。在现实生活中,常常遇到由于在谈判前没有考虑己方或对方的主体资格问题,而使谈判归于无效的案例。所以,为了避免因谈判主体不合格而导致谈判失败和遭受损失,在谈判之前应当通过直接或间接的途径,审查对方的主体资格。最简单的方法就是要求对方主动提供所必须具备的证件和材料,如自然人方面的证件、法人资格方面的证件、资信方面的证件等。

2. 谈判对方的权限

谈判的一个重要法则是不与没有决策权的人谈判。要弄清对方谈判人员的权限有多大,对谈判获得多少实质性的结果有重要影响。不了解谈判对手的权力范围,将没有足够决策权的人作为谈判对象,不仅浪费时间,甚至可能会错过更好的交易机会。一般来说,对方参加谈判人员的规格越高,权限也就越大。如果对方参加谈判的人员规格较低,我们就应该了解对方参加谈判人员是否得到授权,对方参加谈判人员在多大程度上能独立做出决定,有没有决定是否让步的权力。有时,谈判人员的权限也是一种谈判策略,先由谈判权限低的人出面进行谈判,关键时刻由拥有最终决策权的人来做决定。

3. 对方是否将你作为唯一的谈判对手

如果对方的确这样做的话,那么说明对方已经详细考察了你的实力和信誉。了解了这一信息以后,就会使你在谈判中处于十分有利的地位,如果对方并没将你视作唯一对手,那你在谈判中就应该不断向对方显示能力和实力,以增加谈判成功的筹码。

4. 对方的个人情况和单位现状

对方单位的现状是非常重要的信息,它往往是决定己方谈判策略的重要基础之一。要搜集谈判对手的有关本次谈判的信息,尤其是与谈判直接相关的信息,它通常包括以下几个内容:

(1) 谈判对方的声誉及信用度。

(2) 谈判对方当前的经营状况与财务状况。

(3) 谈判对方惯于采取的付款方式和付款条件。

(4) 谈判对方的企业管理系统运作状况。

(5) 谈判对方参与本次谈判的人员情况。谈判对方谈判班子的组成情况,即对方谈判班子的人数、主谈人、谈判组长,以及谈判班子内部的相互关系;谈判对方谈判班子成员的个人情况。包括谈判成员的知识、能力、需要、动机、个人目标、信念、爱好与兴趣、家庭状况、个人品质、性格、做事风格、心理类型等。

(6) 对方对这项业务的重视程度,其所追求的谈判的主要利益和特殊利益。

(7) 谈判对方的最后谈判期限。

(8) 谈判对方对己方的信任程度。包括对己方的经营与财务状况、付款能力、信誉、谈判能力等多种因素的评价和信任。

5. 了解对方的谈判时限

时间是决定谈判最终结果的重要因素,时间对哪一方越紧迫,往往对他越不利。时间越短,对谈判者而言,用以完成谈判任务的选择机会就越少,哪一方可供谈判的时间越长,他就拥有较大的主动权。了解对方谈判时限,就可以了解对方在谈判中会采取何种态度、何种策略,己方就可制定相应的策略。因此,要注意搜集对手的谈判时限信息,辨别表面现象和真实意图,做到心中有数,针对对方谈判时限制定谈判策略。

 **微型案例**

荷兰某精密仪器生产厂家与中国某企业拟签订某种仪器的购销合同,但双方在仪器的价格条款上还未达成一致。因此,双方就此问题专门进行了谈判。谈判一开始,荷方代表就将其产品的性能、优势以及目前在国际上的知名度做了一番细致的介绍,同时说明还有许多国家的有关企业欲购买他们的产品。最后,荷方代表带着自信的微笑对中方代表人员说:"根据我方产品所具有的以上优势,我们认为一台仪器的售价应该在4 000美元。"

中方代表听后十分生气,因为据中方人员掌握的有关资料,目前在国际上此种产品的最高售价仅为3 000美元。于是,中方代表立刻毫不客气地将其掌握的目前国际上生产这种产品的十几家厂商的生产情况、技术水平及产品售价详细地向荷方代表全盘托出。

荷方代表十分震惊,因根据他们所掌握的情况,中方是第一次进口这种具有世界一流技术水平的仪器,想必对有关情况还缺乏细致入微的了解,没想到中方人员准备如此充分。荷方人员无话可说,立刻降低标准,将价格调到 3 000 美元,并坚持说,他们的产品是世界一流水平的,物有所值。

事实上,中方人员在谈判前就了解到,荷兰这家厂商目前经营遇到了一定的困难,陷入了巨额债务的泥潭,对他们来说,回收资金是当务之急,正四处寻找其产品的买主,而目前也只有中国对其发出了购买信号。于是,中方代表从容地回答荷方:"我们也决不怀疑贵方产品的优质性,只是由于我国政府对本企业的用汇额度有一定的限制。因此,我方只能接受 2 500 美元的价格。"荷方代表听后十分不悦,他们说:"我方已经说过,我们的产品是物有所值,而且需求者也不仅仅是你们一家企业,如果你们这样没有诚意的话,我们宁可终止谈判。"

中方代表依然神色从容,"既然如此,我们很遗憾。"中方人员根据已经掌握的资料,相信荷方一定不会真的终止谈判,一定会再来找中方。果然,没过多久,荷方就主动找到中方,表示价格可以再谈。在新的谈判中,双方又都做了一定的让步,最终以 2 700 美元成交。

(二) 收集、整理信息的方法

1. 信息采集渠道

(1) 互联网。网络是 21 世纪非常重要的获取资料的渠道。在网络上可以非常方便快捷地查阅国内外许多公司信息、产品信息、市场信息以及其他多种信息。

(2) 印刷媒体。印刷媒体主要通过报纸、杂志、内部刊物和专业书籍中登载的消息、图表、数字、照片来获取信息。这个渠道可提供比较丰富的各种环境信息、竞争对手信息和市场行情信息。谈判者可以通过这些渠道获得比较详细而准确的综合信息。

(3) 电波媒介。电波媒介即通过广播、电视播放的有关新闻资料,如政治新闻、经济动态、市场行情、广告等。其优点是迅速、准确、现场感强,缺点是信息转瞬即逝、不易保存。

(4) 统计资料。统计资料主要包括各国政府或国际组织的各类统计年鉴,也包括各银行组织、国际信息咨询公司、各大企业的统计数据和各类报表,特点是材料详尽,可提供大量原始数据。

(5) 各种专门机构。各种专门机构包括商务部、对外经济贸易促进会、各类银行、进出口公司、本公司在国外的办事处、分公司、驻各国的大使馆等。

(6) 各种会议。通过参加各种商品交易会、展览会、订货会、企业界联谊会、各种经济组织专题研讨会来获取资料。特点是信息非常新鲜,要善于从中捕捉有价值的东西。

(7) 知情人士。例如,各类记者、公司的商务代理人、当地的华人华侨、驻外使馆人员、留学生等。

2. 信息收集方法

(1) 问卷法。调查者事先印刷好问卷,发放给相关人士,填写好后收集上来进行分析。问卷的设计要讲究科学性和针对性,既要有封闭式问题又要有开放式问题。这种方法的特点是可以广泛收集相关信息,利于实现调查者的主导意向,易于整理分析,难点在于如何调动被调查者填写问卷的积极性以及保证填写内容的真实性。

(2) 文献法。文献法是用于收集第二手资料的方法。可以从公开出版的报纸、杂志、书籍中收集,也可以从未公开的各种资料、文件、报告中收集。文献法的特点是可以收集到比较权威、比较准确的信息,但是要注意信息是否陈旧、过时。

(3) 访谈法。调查者直接面对访问对象进行问答,包括个别对象采访,也包括召集多人举行座谈会。在访谈之前,应准备好一份调查提纲,有针对性地设计一些问题。访谈对象回答问题可录音或记录,以便事后整理分析。这种方法的特点是可以有针对性地抽样选择访谈对象,可以直接感受到对方的态度、心情和表述。

(4) 电子媒体收集法。电子媒体指电话、电脑、电视、广播等媒体。电子媒体收集信息的作用越来越重要,通过电子媒体收集信息有许多优点,它传播速度快,可以及时获取最新信息;它传播范围广,可以毫不费力地收集到各个国家的重要信息;它表现力生动,电脑、电视媒体可以提供声音、图像、文件,提供真实的现场情景,尤其是电脑提供的信息相当丰富。

(5) 观察法。观察法就是指调查者亲临调查现场收集事物情景动态信息。这种方法可以补充以上几种方法的不足,通过亲自观察得到最为真实可靠的信息。但是这种方法也有局限性,如受交通条件限制有些现场不能亲自去观察,受观察者自身条件限制,观察难免不全面,也难免受主观意识的影响而带有偏见。

(6) 实验法。实验法即对调研内容进行现场实验的方法(如商品试销试购、谈判模拟等)来收集事物动态信息。这种方法比观察法又进一步可以发现一些在静态时不易发觉的新信息。

(7) 使用商业间谍。在商务谈判中使用商业间谍是一种极富诱惑性的手段,虽然人们对此讳莫如深,但在现实经济生活中却是实际存在的。谈判学家卡洛斯认为:"没有其他收益比这个(商业间谍)更快……而大部分的买方和卖主,特别是大公司里的人,都生活在一个不太可靠的世界里,他们常常忽略被刺探的可能性,也可能是因为他们从来也没有想到要去刺探别人。我相信商业间谍正在与日俱增,因为赌注是如此之高,成本是如此之低,而收益又是如此之快。所以这是一种不可避免的趋势。"

商业间谍的一些做法,尽管不少在道义上有问题,谈判人员在必要的情况下可以打这种擦边球,以获得对方充足的情报。至于违法的手段,则不宜采用,以免引起争端,卷进遥遥无期的官司之中。

3. 整理信息资料

对于收集到的信息,商务谈判人员还必须认真鉴别真伪,判断可靠性和准确性,掌握必要的利用信息的方法,去粗取精,去伪存真,把信息有效运用到商务谈判过程中,为商务谈判的顺利开展提供支持。

(1) 综合加工法。综合加工法是谈判人员根据谈判决策对信息的使用要求,把掌握的各种散乱信息进行综合加工处理,以提炼出对解决问题有帮助的新信息。综合加工法绝不只是把支离破碎的数据资料简单地加以堆积,而是通过人脑或借助于电脑等手段对资料的再加工,是真正对解决谈判活动中面临的问题有指导性作用的信息。事实上,任何一个优秀的谈判人员都必须具备对信息进行综合加工的能力,只有全面综合地对谈判信息进行把握,才能很好地开展谈判工作。

(2) 相关推断法。相关推断法是依据因果性原理,从已知相关的社会经济现象和经济指标的发展变化推断出所关注目标的未来发展趋向的方法。例如,根据过去若干年的资料观察,某地区的社会商品零售额与社会商品购买力有关,在掌握未来社会商品购买力资料的前提下,就利用二者之间的关系估算出这一地区社会商品零售额及其变化的趋势。相关判断法主要用于分析判断市场的发展变化趋势、国家政策对市场的影响、商品的产销变化趋势等,也可进行简单的定量判断,适用于为了快速取得资料、精确度要求不高的情况。

在运用相关判断法时,首先应根据理论分析或实践经验,找出与关注目标相关的各种因素,特别是与关注目标直接有关而影响较大的主要因素;其次,依据关注目标与影响因素的相

关程度与方向,对关注目标做出判断。具体包括以下两种方法:

① 时间关系判断。某种经济现象在其他一些经济现象出现变动后,相隔一段时间必然会随之发生相应的变化,这种相关的变动关系称为时间上的先行后行关系。时间的先行后行关系反映了因果联系的时间顺序性,原因在前,结果在后,通常把先行的经济指标称为领先指标,后行的经济指标称为滞后指标。在商务谈判活动中,可以根据某些经济指标或产品需求之间的先行后行关系,从已知相关的领先指标或先行产品来判断所要预测的滞后指标或后行产品的变动趋向,也可以从已知相关的滞后指标或后行产品来推断所要预测的先行指标或先行产品。如果经济现象之间的原因与结果先后相继出现的间隔时间很短,几乎可看成同时出现,则称两者在时间上是平行关系。例如,基本建设投资增长的同时必然带来建筑材料等的需求量的大幅度增长。

② 变动方向的推断。经济现象之间不仅存在时间上的先行、后行或平行关系,而且经济指标也表现出变动方向的差异。凡是两个经济指标之间的相关变动方向为同步增减的关系称为顺相关系。从商品种类看,具有顺相关系的往往是一些连带商品,如汽车与汽油的销售量,当汽车购买数量增加时,必然带来汽油销售量的提高;凡是两个经济指标之间的相关变动方向为一增一减的关系称为逆相关系。从商品种类上看,具有逆相关系的一般是替代商品,如随着家庭电脑的普及,许多烦琐的抄抄写写工作都被计算机等先进工具所替代,对各种书写笔的需求量必将减少。因此,利用经济现象之间的顺相关系与逆相关系,在已知某种经济现象的趋势时,就可对另一种经济现象的发展变化趋势做出质与量上的分析判断,从而掌握产品谈判的先机,制定有效的商务谈判计划。

(3) 对比类推法。对比类推法是把研究目标同其他类似经济变量加以对照分析,以此来推断研究目标未来发展趋向的一种方法。根据比较对象的不同,对比类推法主要包括以下具体方法:

① 各国之间同一经济现象的对比类推,即把研究目标或事物与国外同类指标或事物的发展过程、发展趋势进行比较分析,寻找出二者之间的共同规律或发展态势,并用国外经济指标呈现的规律与趋势对研究目标的发展变化趋向做出判断。需要注意的是,这种判断以假定我国与其他国家在相同的国情上的差异性为前提,因而结论往往是比较粗糙的,推断结果也只能供商务谈判决策参考。

② 国内不同地区同一经济现象的类推,即把某个地区所要研究的事物或经济指标同国内其他地区同类事物或指标的发展过程比较,找出某些共同的变化规律,借以对研究目标做出某种判断。这种类推法与国内外同种事物的对比类推相同,但由于是一个国家内经济变量的类推,有更多的共同性,其适用性更好些。不过,我们也应该充分注意到中国国内不同地区经济发展的不平衡性,如东西差距、城乡差距、沿海与内陆的差距等,制定因地制宜的商务谈判战略与策略。

③ 关联产品之间的类推,即把公司拟定研究开发和销售的产品同以往生产的某种在生产条件、最终用途、分销渠道、促销手段等方面有关联性的产品相互对比,以找出拟研发和销售产品的发展变化方向和趋势的判断方法。这种方法通常用于新产品开发及上市的预测,即通过对已知产品的市场寿命周期曲线的绘制与分析,只要认定产品与研究产品在市场销售特征上有相近或类似的规律,就可以把已知产品的寿命周期曲线近似看作新产品的市场寿命周期曲线,以了解新产品未来在市场上的销售情况和变化趋势。采取这种方法推断时,产品之间要具有一定的相似性,要考虑新产品与已知产品可能存在的销售差异,并进行修正,使之更能反映

未来市场的变化趋势。

(4) 信息碰撞法。信息碰撞法是将表面上看似互不相干的信息加以创造性地嫁接组合,由此产生新的信息,并运用到商务谈判活动中去的方法。碰撞法不是原始数据资料的简单叠加,而是原有信息的量变积累过程,同时也是谈判人员运用智慧、知识对原始材料加工处理的过程,发挥创造性的思维,点燃思想的火花,由此发生心灵的碰撞,当达到一定程度后即发生质变——新的信息。我们经常把这种方法称为"旧的元素,新的组合"。大家熟知的"walkman"(随身听)就是把"walk"(行走)和"radio"(收音机)有效结合而形成新创意的结果。

知识链接二 确定谈判目标

谈判正式开始前就应着手确立谈判目标。否则,整个谈判就好像没弄清靶子在哪里就射箭一样,结果只能是一事无成。谈判者只有明了谈判目标以后,才能清楚自己努力的方向,才能在谈判过程中把握分寸,保证谈判的顺利完成。

(一) 谈判目标的内容

每一次商务谈判都有自己的特殊条款,这些都应当包括在你的谈判目标之内。一般地讲,商务谈判的目标中应包括以下内容:

(1) 确定为获得所要的东西而应付出的目标,或者说目标价格。这一价格应当是为获得所要的东西,能合理付给的那个价格。注意,这里的价格一词用的是它的通义,即用以换回一物的物。

(2) 确定可接受的谈判极限。首先应当确定哪个是可以接受的、己方利益最小的报盘。若是超过了它,就可以甩手走了。与此同时,还应当对所可能获得的最佳报盘做到心中有数。

(3) 确定为达成协议可以做出哪些让步,并尽量按先后顺序把它们排列起来。如有可能,确定为获得对方的让步,可以放弃些什么。放弃些什么并不真的是让步,那只是可以置于你方的报盘中,并当作让步来对待的那些内容。

(4) 达成协议应有怎样的时间限制。这包括应当考虑对方可能有的时间限制。

(5) 找出有哪些足以决定谈判成败的来自外界影响的因素。

(6) 估计对方可能提出哪些虚假话题,并且打算如何来克服这些障碍。

(7) 考虑当谈判陷入僵局时,可以提出哪些有创造性的建议。

(8) 决定应当有哪些人参与谈判。这不仅仅指谈判小组代表团成员,也包括那些顾问人员,如会计师、律师,因为如果涉及一些专业性很强的内容时,可以向他们提出咨询。

(9) 确定初谈不成时,可以提出哪些不同方案。

显然,不是每次谈判都要制定这样一个详细的谈判计划,但事前做些准备,防止你在遇到意外情况时出错。谈判者还应特别注意,在谈判正式开始后,随着谈判的进展,谈判者还需不断地评估和调整目标。

 **微型案例**

几年前,一位房地产商在当时很不被人们看好的一块土地附近购买、开发了几幢小别墅。那里之所以不被看好,是因为人们普遍认为城市的发展方向是向北,而不是向南,即不是这些别墅所在的方向。而且,那里离公路太远了,以至于连条像样的柏油路都没有,连他自己公司的职员都抱怨去那里无异于去荒郊野外做一次灰头土脸的旅行。于是,他也渐渐对这块产业

的投资失去了信心。

一年半后,一个人找到他,用漫不经心的口吻要求将那块地产转让给他,并说愿意出房地产商当时投资开发这块地产两倍的价格,因为自己最喜欢那里远离城市的清净环境。房地产商立即通过关系四处打探消息,终于知道那个人买这块地产的真正原因。原来,在那些楼的附近,一个新的大型商、住小区和几条高等级的道路已经规划完毕,土地、房屋的升值几乎是明天早上一觉醒来就会发生的事。

于是,这个地产商断然拒绝了对方的报价和要求。

(二)设定谈判目标层次

完成前面的准备工作后,可根据前面的成果着手设定谈判目标层次。谈判目标,可分为三个层次。

1. 理想目标

理想目标是谈判者希望通过谈判达成的最高目标,也是一方想要获得的最高利益。一般来说,这个目标的实现有一定难度,因为谈判双方所涉及的利益是有限度的,没有谁会把自己的利益全部让给别人,更何况谈判就其实质来说,是一种互惠互利的行为,过分追求高利益,不仅会导致谈判破裂,还会影响自己的实际利益。但这并不是说,谈判的理想目标是空中楼阁,没有任何意义。任何谈判总是要从理想目标谈起,把理想目标作为谈判开始的议题,并据此确定谈判的基调,这实际上往往是一种策略,其目的是使其他目标得以实现。

美国谈判家卡洛斯对 2 000 多名谈判人员进行的调查表明:一个良好的谈判者必须坚持"喊价要狠"的原则,如果卖主喊价比较高,则往往能够以较高的价格成交,如果买主出价比较低,则往往以较低的价格成交。这里的卖价、买价就是谈判最优期望目标的主要内容。

2. 可行目标

可行目标是指通过谈判能够得到满足的比较现实的目标。现实目标通常处于最高目标与最低目标之间,从理论上说,现实目标应当在一定幅度的范围内,通过努力可以向最高目标靠近,但又不应低于最低目标,可以灵活掌握的目标。

可行目标的确定,应当根据己方的主客观条件,考虑到各种影响性因素,经过科学的分析判断与合理的论证得到。可行性目标能够在多大程度上实现,通常与谈判的策略紧密相关,也与双方的实力和使用的技巧有关。

面对可行目标,谈判者应采取两种态度:一是积极进取的态度;二是面对现实的态度。积极进取是指积极努力地争取实现趋近最高利益的目标,而面对现实是指,只要结果在最高目标和最低目标之间,目标基本合理即可。

3. 最低目标

最低目标是在谈判中必须保证的利益下限,即谈判结果低于这个界限时,自己的基本利益就无法得到满足。显然,当对方提出的条件低于这个界限时,自己就没有让步的余地了,谈判已经没有意义,就要重新考虑谈判的基础。

最低目标与理想目标之间有着必然的联系。在商务谈判中,表面上一开始要价高,提出理想目标,实际上作为策略,其目的往往是要确保最低目标,或者可行目标。这样做的实际效果,往往能够赢得较理想的现实目标,至少可以确保最低目标。

任务三　谈判的议程

任务引入

中美确定下一轮谈判日程

中华人民共和国商务部宣布,最新一轮中美贸易谈判将于2019年2月14日至15日在北京登场。届时,中国国务院副总理、中美全面经济对话中方牵头人刘鹤与美国贸易代表莱特希泽、财政部部长姆努钦将举行会晤。按照美方公布的信息,由副贸易代表格里什领衔的美方工作团队于2月11日提前抵达北京,将与中方先举行副部级磋商。

中美上一轮贸易谈判于1月31日在华盛顿结束。据新华社报道,上轮中美谈判讨论了贸易平衡、技术转让、知识产权保护、非关税壁垒、服务业、农业、实施机制等问题。特朗普称此次贸易谈判取得巨大进展,白宫在声明中也表示,美中就解决双方分歧进行了"富有成效"的讨论。但白宫声明的措辞依然很强硬,也没有明确回应如开放市场让中国购买美国高科技产品等中国关切的问题。

即将举行的中美贸易磋商是一次关键性的谈判。在此之前,美国白宫宣布3月1日是中美达成贸易协议的硬期限,一旦双方无法达成贸易协议,美国将会启动对中国出口美国的2 000亿美元商品的加征关税(从10%提升至25%)。这意味着中美贸易谈判已经进入了极其关键的冲刺阶段。本轮谈判可能是3月1日最后期限前的最后一场谈判,是最重要的一场博弈。有分析认为,刘鹤与莱特西泽、姆努钦在北京的谈判将基本奠定中美贸易谈判的走势。

任务分析

谈判议程就是关于谈判的主要议题、谈判的原则框架、议题的先后顺序与时间安排。谈判之初,一般应首先将谈判议程确定下来。谈判议程的商定,实质上也是谈判的内容,因为议程本身将会决定谈判者在谈判工作中是否有主动性,将会决定谈判的最终成果。

知识链接

谈判议程的安排对谈判双方非常重要,谈判议程安排的本身就是一种谈判策略,必须高度重视这项工作。谈判议程一般要说明谈判时间的安排和谈判议题的确定,谈判议程包括通则议程和细则议程。

知识链接一　时间安排

时间安排即确定谈判在什么时间举行、时间的长短,如果谈判需要分阶段还要确定分为几个阶段、每个阶段所花费的大约时间等。

谈判时间的安排是议程中的重要环节,在谈判准备过程中,有无时间限制,对参加谈判的人员造成的心理影响是不同的。如果谈判有严格的时间限制,即要求谈判必须在某一短时间内完成,这就会给谈判人员造成很大的心理压力,那么他们就要针对紧张的谈判时间限制来安排谈判人员,选择谈判策略。

谈判中的时间因素还有另一个重要的含义,即谈判者对时机的选择与把握。常有人会感叹:来得早不如来得巧。时机选择好,有利于在谈判中把握主动权;相反,时机选择不当,则会丧失原有的优势,甚至会在有一手好牌的情况下落得败局。

(1)合理安排好己方各谈判人员发言的顺序和时间,尤其是关键人物重要问题的提出,应

（2）对于谈判中双方容易达成一致的议题，应尽量在较短的时间里达成协议，以避免浪费时间和无谓的争辩。

（3）对于主要议题或争执较大的焦点问题，最好安排在总谈判时间的五分之三之前提出来，这样双方可以充分协商、交换意见，有利于问题的解决。

（4）在时间安排上，要留有机动余地，以防意外情况发生。当然机动时间也不可太多，否则会使谈判进程节奏过于缓慢，显得没有效率。

（5）适当安排一些文艺活动，以活跃气氛。文艺活动既可活跃双方气氛、消除疲劳，又可以增进友谊、加深了解、发展关系。但应注意，文艺活动安排得不宜太多，内容安排不要重复，不能使文艺活动成为疲劳对方、实现其谈判目标或达到其他目的的手段。

 **微型案例**

德国某大公司应日方邀请去日本进行为期四天的访问，以草签协议的形式洽谈一笔生意。双方都很重视，德方派出由公司总裁带队，由财务、律师等部门负责人及其夫人组成的庞大代表团，代表团抵达日本时受到热烈的欢迎。在前往宾馆的途中，日方社长夫人询问德方总裁夫人："这次是你们第一次光临日本吧？一定要好好旅游一番。"总裁夫人讲："我们对日本文化仰慕已久，真希望有机会领略一下东方悠久的文化和风土人情，但是实在遗憾，我们已订了星期五回国的返程机票。"结果日方把星期二、星期三的时间全部安排成德方的旅游观光。星期四开始交易洽商时，日方又搬出堆积如山的资料，"诚心诚意"地向德方提供一切信息，尽管德方每个人都竭尽全力地寻找不利于己方的条款，但尚有6％的合同条款无法仔细推敲，就已经到了签约时间。德方进退维谷，不签，大规模、高规格的代表团来到日本，却空手而归，显然名誉扫地；签约，有许多条款尚未仔细推敲。万般无奈，代表团选择后者，匆忙签订了协议。

请思考：在确定谈判时间时，应注意哪些问题？

知识链接二　确定谈判议题

谈判议题就是谈判双方提出和讨论的各种问题。确定谈判议题首先要明确己方要提出哪些问题、要讨论哪些问题。要把所有问题全盘进行比较和分析：哪些问题是主要议题，列入重点讨论范围；哪些问题是非重点问题，列入次要的讨论范围；哪些问题可以忽略，这些问题之间是什么关系，在逻辑上有什么联系。还要预测对方要提出哪些问题，哪些问题是需要己方必须认真对待、全力以赴去解决的，哪些问题是可以根据情况做出让步的，哪些问题是不予以讨论的。

知识链接三　通则议程与细则议程

（一）通则议程

通则议程是谈判双方共同遵照使用的日程安排，可由一方准备，也可双方协商确定，一般要经过双方协商同意后方能正式生效，它包括双方所谈事项的次序和主要方式。在通则议程中，通常应确定以下一些内容：双方谈判讨论的中心议题，尤其是第一阶段谈判的安排；列入谈判范围的各种问题以及问题讨论的先后顺序；谈判总体时间及各分阶段时间的安排；谈判中各种人员的细节安排；谈判地点及招待事宜等。

（二）细则议程

细则议程是谈判己方根据通则议程拟订谈判事项的细节安排，供己方使用，是己方谈判方案的具体体现，具有保密性。其内容一般包括以下几个方面：对外口径的统一，如文件资料说明、发言观点、证明材料、提供的证据等；对谈判过程中可能出现的各种情况的对策安排；己方发言的策略，何时提出问题、提什么问题、向何人提问、谁来提问、谁来补充、谁来回答等；谈判人员更换的预先安排；己方谈判时间的策略安排、谈判时间期限。

知识链接四　商务谈判场所的选择

谈判总是要在某一个具体的地点展开，商务谈判地点的选择往往涉及一个谈判的环境心理因素问题，它对于谈判效果具有一定的影响，谈判者应当很好地加以利用。有利的地点、场所能够增强己方的谈判地位和谈判力量。

商务谈判地点选择一般有四种选择方案：一是在己方国家或公司所在地（主座）谈判；二是在对方所在国或公司所在地（客座）谈判；三是在双方所在地交叉（主客座轮流）谈判；四是在谈判双方之外的国家或地点（主客场以外场地）谈判。不同地点对于谈判者来说，均各有其优点和缺点，这要谈判者根据不同的谈判内容具体问题具体分析，正确地加以选择，充分发挥谈判地点的优势，促使谈判取得圆满成功。

（一）在己方地点谈判

谈判地点最好选择在己方所在地，因为人类与其他动物一样，是一种具有"领域感"的高级动物，谈判者的才能发挥程度、能量的释放与自己所处环境密切相关。在己方地点谈判的优势表现在：谈判者在自己领地谈判，地点熟悉，具有安全感，心理态势较好，信心十足；谈判者不需要耗费精力去适应新的地理环境、社会环境和人文环境，可以把精力集中于谈判；可以利用种种便利条件，控制谈判气氛，促使谈判向有利于自己的方向发展；可以利用现场展示的方法向对方说明己方产品水平和服务质量；在谈判中"台上"人员与"台下"人员沟通联系比较方便，可以随时向高层领导和有关专家请示、请教，获取所需资料和指示；利用东道主的身份，可以通过安排谈判之余的各种活动来掌握谈判进程，从文化习惯上、心理上对对方产生潜移默化的影响，处理各类谈判事务比较主动；谈判人员免除旅途疲劳，可以以饱满的精神和充沛的体力去参加谈判，并可以节省去外地谈判的差旅费用和旅途时间，降低谈判支出，提高经济效益。

对己方的不利因素表现在：在己方公司所在地谈判，不易与公司工作彻底脱钩，经常会有公司事务分散谈判人员的注意力；离高层领导近，联系方便，会产生依赖心理，一些问题不能自主决断，而频繁地请示领导也会造成失误和被动；己方作为东道主要负责安排谈判会场以及谈判中的各项事宜，要负责对客方人员的接待工作，安排宴请、游览等活动，所以己方负担比较重。

商务谈判活动最好争取安排在己方地点谈判，犹如体育比赛一样，在主场举行获胜的可能就大。有经验的谈判者，都设法把对方请到己方地点，热情款待，使自己得到更多的利益。

（二）在对方地点谈判

在对方地点谈判，对己方的有利因素表现在：己方谈判人员远离家乡，可以全身心投入谈判，避免主场谈判时来自工作单位和家庭事务等方面的干扰；在高层领导规定的范围，更有利于发挥谈判人员的主观能动性，减少谈判人员的依赖性；可以实地考察一下对方公司及其产品的具体情况，能获取直接的、第一手的信息资料；当谈判处于困境或准备不足时，可以方便地找到借口退出，从而拖延时间，以便做出更充分的准备；己方省去了作为东道主所必须承担的招待宾客、布置场所、安排活动等事务性的繁杂工作。

对己方的不利因素表现在：与公司本部的距离遥远，某些信息传递、资料获取比较困难，某些重要问题也不易及时与本公司磋商；谈判人员对当地环境、气候、风俗、饮食等方面会出现不适应，再加上旅途劳累、时差不适应等因素，会使谈判人员身体状况受到不利影响；在谈判场所安排、谈判日程安排等方面处于被动地位；己方也要防止对方过多安排旅游景点等活动而消磨谈判人员的精力和时间。到对方地点去谈判必须做好充分的准备，比如摸清领导的意图，明确谈判目标，准备充足的信息资料，组织好谈判班子等。

（三）在双方所在地交叉轮流谈判

有些多轮大型谈判可在双方所在地交叉谈判，这种谈判的好处是对双方来说至少在形式上是公平的，同时也可以各自考察对方实际情况。各自都担当东道主和客人的角色，对增进双方相互了解、融洽感情是有好处的。它的缺点是这种谈判时间长、费用大、精力耗费大，如果不是大型的谈判或是必须采用这种方法谈判，一般应少用。

（四）在第三地谈判（主客场地以外的地点谈判）

在第三地谈判对双方的有利因素表现在：在双方所在地之外的地点谈判，对双方来讲是平等的，不存在偏向，双方均无东道主优势，也无作客他乡的劣势，策略运用的条件相当，可以缓和双方的紧张关系，促成双方寻找共同的利益均衡点。对双方的不利因素表现在：双方首先要为谈判地点的确定而谈判，而且地点的确定要使双方都满意也不是一件容易的事，在这方面要花费不少时间和精力。第三地点谈判通常被相互关系不融洽，信任程度不高，尤其是过去是敌对、仇视，关系紧张的双方谈判所选用，可以有效地维护双方的尊严、脸面，防止下不了台。

 **微型案例**

一位企业总经理说过他们去美国谈判的经历。他们一行在早晨到达美国芝加哥，而那时在国内正好是晚上。这位总经理和他的谈判小组成员坐了很长时间的飞机，头脑昏沉沉的。到了宾馆后，他马上与当地公司的人接触，参加该公司安排的欢迎仪式，一天也没休息。到了晚上，躺在床上怎么也睡不着了，因为在国内这时正好是上班时间。好不容易睡着了，天又亮了，他又要安排接下来的正式谈判。总经理在谈判桌前强打精神，拼命喝咖啡，可就是没法让脑子清醒。结果在谈判中对方说了什么，他很少记住。在这种无可奈何的情况下，对于美国公司方面，他们只好不做任何表示和承诺，以免出现疏漏，这使得美方很不满意。几天之后，当他们逐渐适应了时差，可是他谈判就要结束了，其结果可想而知。

知识链接五　商务谈判场景的选择与布置

对于商务谈判而言，谈判地点的场景布置是非常重要的。因为借助于谈判地点的场景布置，可以巧妙地创造出一种为整个谈判服务的特定谈判空间、环境和氛围。谈判场景布置是谈判准备工作的内容之一。

（一）谈判场景布置的目的与原则

当谈判双方经过协调，选择其中一方所在地为谈判地点时，按照惯例，所在地一方负责谈判地点的场景布置以及准备与谈判相关的各种物品。此时，作为谈判中的东道主，如果能巧妙地运用"地利"之便，使空间环境因素真正发挥作用，则可以有效地促进谈判走向成功。

谈判场景布置的目的是为了创造出一种有利于达成协议和取得谈判成功的环境和气氛。因此，创造谈判和谐氛围必须适宜，要综合各方面因素周密考虑，不可脱离具体情况妄加渲染，否则，矫枉过正，过犹不及，反而起不到好效果。

（二）谈判场景布置

1. 色彩选择

色彩选择即选择、确定谈判场景的总体色调，这是开始谈判场景布置时首先要进行的。一般而言，谈判场景的总体色调应以暗色、暖色为主。这是因为，明亮的色调容易使人情绪过于活跃，在谈判中使双方产生急躁情绪。而采用暖色容易使双方建立信任感，冷色可以产生一种形成适宜心理氛围的距离感。所以，谈判场景的总体色调一般采用暗红色、褐色、暗黑色或赭石色。但是总体色调也不能过于暗淡，否则会给人以压抑的感觉，不利于最后的签约。

如果谈判场景的总体色调过于暗淡，那么可以引入一些亮色进行调整，如绿色、浅红色、蓝色、银白色等。具体方法如下：

（1）用鲜花均匀点缀在会场内。这种方法最好，不仅可以起到调节色调的作用，而且还会给人以一种生气勃勃的感觉，在一定程度上有利于打破僵局。

（2）使用白色或银白色的茶具。

（3）利用灯光进行调节。这种方法的使用范围有限。因为，当灯光过于明亮时，容易使人眼睛疲劳，不利于谈判的进行。

2. 谈判座次安排

在当面磋商形式的谈判中，谈判座次的安排也是影响谈判空间环境的重要因素之一。谈判座次安排将形成谈判双方空间上的界区，谈判双方一旦在各自位置上坐定，谈判气氛就随之形成，座位的安排代表了许多用言语难以表达的意义，其细微之处，有可能会对谈判者的心理产生明显影响，同时，也会对整个谈判氛围产生微妙影响。

 **微型案例**

某分公司要举办一次重要会议，请来了总公司总经理和董事会部分董事，并邀请当地政府要员，同行业重要的知名人士出席。由于出席的重要人物多，领导决定用长U字形的桌子来布置会议桌，分公司领导坐在位于长U字横头处的下首。在会议的当天开会时，贵宾们都进入了会场，按安排好的座签找到了自己的座位就座，当会议正式开始时，坐在横头桌上的分公司领导宣布会议开始，这时发现会议气氛有些不对劲，有些贵宾互相低语后借口有事站起来要走，分公司的领导人不知道发生什么事或出了什么差错，非常尴尬。懂得商务谈判礼仪的人应该明白，分公司的领导应该坐在U字的侧面，而让最重要的领导坐在U字的横头处。

一般而言，商务谈判中座次安排有三种方式：正式会谈式、自由会谈式和介于二者之间的半正式会谈式。

（1）正式会谈式。这种方式的谈判座次安排通常选用长方形谈判桌，谈判双方各占一边，双方对等。这种谈判方式比较适用于具有较强竞争性和对抗性的大型谈判，是国际商务谈判中最为常用的座次安排方式。采用这种方式，通常谈判的首席代表居中而坐，其他成员分坐在首席代表的两边，双方的首席代表应该坐在平等而相对的座位上。

（2）自由会谈式。自由会谈式通常不采用谈判桌，双方谈判人员团团坐定，围成一个圆圈，谈判双方不必分开就座，而可以交叉就座，双方职务相近或担负职能相同的人员可以相邻就座。这种方式可以营造一种和谐气氛，沟通彼此的思想、情感。但是，由于这种谈判座位安排方式过于自由，所以，对于国家之间大公司的首次谈判，一般不宜采用。

（3）半正式会谈式。半正式会谈通常也不采用谈判桌，但其座次安排方式与自由会谈式不同，而接近于正式会谈式，这种方式通常只适用于谈判人数较少（通常每方人员在4人以下），谈判双方较为熟悉的谈判。半正式会谈式与自由会谈式一样，可以营造和谐氛围，使双方的距离感变小。

当然，究竟选择哪一种方式最为适宜，没有任何定式可循，谈判的组织者应当根据谈判的性质、谈判的规模以及谈判参与者的具体情况灵活把握，不必墨守成规。

任务四　谈判班子组成

任务引入

1983年，一项投资总额为500万美元的合资谈判在一家中国制药公司和一家美国公司之间展开。此次谈判对中美双方的公司都关系重大，因此双方都摆出了强大的谈判阵容。在正式谈判开始前，双方先就谈判的日程和内容进行磋商，并确定以哪一方的文本草案作为正式谈判的文本依据。中方律师顾问在仔细阅读了美方的谈判草案后提出，应当以中方的文本为谈判的基本草案。为此谈判一开始，美方代表就提出这个问题："为什么要用你们的草案文本而不用我公司的？"

中方律师就这个问题答道："通过比较两个文本可以看出，贵公司的文本有些地方含混不清，而且有很多地方有悖于我国的法律。这些问题我方的文本中是没有的。首先，签订合资合同必须先明确当事人，也就是我们是和谁合作。而在你方的文本中，有时是贵公司，有时是另一公司，那么到底由谁来承担本合同的权利、义务和责任呢？其次，《中华人民共和国中外合资经营企业法》（简称《合资企业法》）第4条已规定，合资企业的形式为有限责任公司。有限责任公司是不能发行股票的，而贵公司在草案中提出要求发行股票并且可转让股票，这种要求有违我国的法律规定。再次，贵方要以工业产权进行投资，这是可以的。但是按照《合资企业法》第5条规定，它的价格要由各方评议确定。现在贵公司的合同稿中却单方面地规定了价格和计价方法，这也是不合适的。况且，如果以工业产权作为投资，那么这一过程中的技术指导、技术咨询和检查都是投资方的固有责任，不能另行计价。类似这样的问题，在贵方提出的文本中有29处之多，所以我们认为，以贵方的文本作为谈判的基础文本是不妥的"。

美方代表听到回答后低头去看文本，过了片刻后抬起头，带着一丝微笑说："因为没有参加前一阶段的双方接触，加上对中国法律了解不够，所以拟定的草案文本的确有不合适的地方。那么就以你们的草案作为谈判的基础文本吧。"

双方经过5天的磋商，结束了第一轮会谈，紧接着又开始了解决实质性问题的第二轮谈判。第二轮会谈的焦点之一是出资方式与作价问题。

美方代表首先提出："我方要以专利、专有技术和商标等工业产权作为合资企业的出资方式。这是合乎中国的《合资企业法》的。我们的商标在国际上享有信誉，而且这个商标已经在中国注册，受到中国法律的保护，使用时必须付费。"

中方的主谈——制药公司的副总经理思考了一下没有立即回答。他认为，如果美方以工业产权作为投资的一部分，那他们就可以少出一大笔钱，而且每年还要照样分红。这样的话中方的损失就太大了。他看看中方的律师，请他来回答这个涉及法律内容的问题。

中方律师沉思片刻后回答道："贵方商标已经在中国依法注册，当然应当受到保护。但是这一点和本合同无关，因为双方经理已经商定，合资企业产品的45%由美方负责出口外销，55%由中方负责内销，内销产品不用美方商标。至于外销部分用什么商标是美方的事。如果贵方为了自己销售方便，外销部分采用自己的商标，这不应要合资企业付费。关于专利问题，贵方的大部分专利都已经过期了，至于专有技术的补偿，我们可以在技术合同中进行研究。"

美方代表听后勉强点点头，对此没再说什么。他接着又提出另外一个问题。他认为美方无法保证合资企业技术的先进性。因为使企业达到国际标准的因素是多方面的，美方无法单方面控制。美方代表提出，这个条款是否可以定为"美方努力确保技术的先进性和达到国际标准"。中方律师认为，如果中方同意此点，则这个条款就成为一项不可靠的弹性条款了，况且如果美方不提供先进技术而导致企业达不到标准，美方还可以借此条款将责任推卸给中方。因此中方律师提出，技术的先进性还是要确保的，但建议可以分成两个问题来规定：第一，美方应该保证所提供的设计和技术的先进性，根据《合资企业法》，这是合作的前提；第二，双方尽最大努力来保证企业最后达到国际标准。美方代表考虑了一下后表示同意。

双方接下来又对仲裁机构的选择进行了讨论。中方律师问，美方为什么将中方原定的斯德哥尔摩商会改为国际商会？美方代表解释说，国际商会是世界上著名的仲裁机构，它在德国、法国及其他很多地方都设有分支机构，因此选择国际商会更为合适。然而中方认为，国际商会虽然是世界上著名的仲裁机构，但是中国与该机构还未建立关系，因而由它仲裁是不合适的。美方代表提出，不选择斯德哥尔摩商会是因为它只审理国内经济纠纷。但是中方律师却将一本英文版的《瑞典的仲裁》递过去，指出该文本是斯德哥尔摩商会编写的，其中明确说明了他们也仲裁国际间商业、企业的经济纠纷。美方代表接过书粗略地看了看，说："对不起，我没有国际仲裁的经验，只是在美国国内处理过一起资产的仲裁。"之后他表示可以接受中方所提的仲裁机构，但需要回国确认一下。

在之后的谈判中，中美双方的代表逐条、逐句、逐字地辩论，争夺非常激烈。经过旷日持久的马拉松式的协商、较量和激烈的讨价还价，双方都做出了一些让步，终于于一年以后完成谈判。双方同意先合资建立一个投资额为500万美元的制药公司，再尽快合资续建一个原料厂，双方合作期延续到21世纪初。

任务分析

在以上中美双方关于建立合资制药公司的谈判案例中，中方在谈判中明显处于上风，表面上看是中方律师业务精湛、准备充分，而美方律师明显准备不足。究其原因，应该是中方在谈判前做了充分的准备，构建了一个强有力的谈判班子。出色的谈判班子是商务谈判取得成功的基础。

知识链接

商务谈判内容复杂，涉及面广，往往不是一个人可承担和胜任的，需要建立一个适当的谈判小组。所以，谈判的准备工作首先是要根据谈判的性质、对象、内容、目标等组织一个谈判班子。

知识链接一　谈判班子组成原则

（一）规模要适当

组建谈判班子，首先遇到的是人数问题，如果谈判班子人数太多，协调的难度就会增加；谈判班子人数太少，又会疲于应付，对谈判不利。谈判班子应由多少人组成，并没有统一的模式，一般是根据谈判项目的性质、对象、内容和目标等因素综合确定。当谈判涉及的项目相对容易时，本着容易控制、容易协调的原则，谈判队伍的人数可以适当减少；当谈判所涉及的内容复杂、技术性强，谈判难度相对较大时，人数可以适当增加。

英国谈判专家比尔·斯科特提出，谈判班子以 4 个人为最佳，最多不能超过 12 人。这是由谈判效率、对谈判组织的管理、谈判所需专业知识的范围和对谈判组织成员调换的要求决定的。

（二）知识、能力要互补

商务谈判是一项涉及商业、法律、金融、专业技术等多种知识的经济活动，而任何一个人，其所拥有和掌握的知识总是有限的，而且存在着个体差异。因此，在组建谈判班子时，必须做到知识互补，使谈判班子成员都是处理不同问题的专家；还应当考虑到具体成员在能力上的互补。善于逻辑思维的人和善于发散思维的人组成谈判搭档，既可以减少谈判中的失误，又有利于对方案进行调整，或提出新的合作模式。此外，有些人善于表达，有些人善于观察，有些人善于思考，安排恰当的人员组合，使他们在能力上互补，往往会产生一加一大于二的效果。这样，通过谈判人员在知识、能力方面的相互补充，才可以形成整体优势。

（三）性格要互补

在一个较为合理而完整的谈判组织中，谈判人员的性格必须互补协调，即一个谈判集体，要由多种性格的人员组成，通过"性格的补偿作用"，使每个人的才能得到充分发挥，不足得到弥补。

谈判人员的个体性格，按行为类型基本上可以分为外向型与内向型两种类型。外向型人的特点是性格外露、善于交际、思维敏捷、处事果断，这类性格的人善于在谈判中"攻城拔寨"，但是他们情绪易波动的个性特点，使他们在谈判中容易出现漏洞。对于外向型的谈判人，或安排为主谈，或分派其了解情况或搜集信息等交际性强的工作。内向型人的特点是性格内向、不善交际、独立性差，但有耐心、做事有条不紊、沉着稳健，善于从事正常的、按部就班的工作。内向型的谈判人，在谈判中思维缜密，不急躁，沉着冷静，但是他们往往过于保守，在谈判中处于被动。对于内向型的谈判人，或安排为陪谈，或安排其从事内务性工作，如对资料、信息进行处理和加工等工作。在谈判班子构成中，只将这两种性格特征的人结合起来，才能形成一个性格协调的健全群体。

（四）分工明确，各负其责，相互补台，彼此协作

谈判的成功往往与参与谈判的人员有着密切的联系，然而单凭个别人高超的谈判技巧，并不一定能够保证谈判获得预期的结果，好的谈判结果往往与团队中的成员形成合力、合作互补有关。这就犹如一场高水平的交响乐，之所以最终赢得观众雷鸣般的掌声，往往与各位演奏家精湛的技艺与默契的配合有关。

知识链接二　谈判班子人员组成

在商务谈判中，根据谈判工作的作用形式，谈判班子可以由以下人员组成。

(一) 主谈人员

主谈人员是指谈判班子的领导人或首席代表,是谈判班子的核心,是代表己方利益的主要发言人,整个谈判主要是在双方主谈人之间进行。因此,主谈人水平的高低,直接关系到谈判的成败,他既要有企业家的敏锐眼光和决策能力,又要有宣传家的口才和思维逻辑,还要有外交家的风度和气质。在谈判中,主谈人员起着协调沟通或决定的作用,有效地调动班子成员的积极性、创造性,发挥每个成员的能力与智慧。

请思考:主谈人应具备什么样的能力和素养?

(二) 专业人员

谈判班子应根据谈判的需要配备有关专家,选择既专业对口又有实践经验和谈判本领的人。根据谈判的内容,专业人员大致可分为四个方面:

(1) 商务方面,如确定商品品种、规格、商品价格、敲定交货的时间与方式、明确风险的分担等事宜;

(2) 技术方面,如评价商品技术标准、质量标准、包装、加工工艺、使用、维护等事项;

(3) 法律方面,如起草合同的法律文件、对合同中各项条款的法律解释等;

(4) 金融方面,如决定支付方式、信用保证、证券与资金担保等事项。

谈判班子通常要由这四方面人员组成,有时遇到一个特殊的技术问题和法律问题,还需要聘请一些专家参加。对于一些规模较小的谈判,参加者也可兼顾两个或三个方面的业务,从而使班子得到精简。谈判班子有各方面人员参加,能够分工合作,集思广益,运用各种谈判技巧,有较大的回旋余地,它对谈判实力的增强不是简单的"叠加效应",而是获得"乘数效应"。

(三) 其他人员

在国际商务谈判中,翻译人员是谈判中实际的核心人员。一个好的翻译,能洞察对方的心理和发言的实质,活跃谈判气氛,为主谈人提供重要信息和建议,同时也可以为己方人员在谈判中出现的失误,寻找改正的机会和借口。有时当主谈人意识到自己出现口误时,可以在与翻译默契的配合下找借口把口误的责任推到翻译身上,体面地下台阶。此外,可以利用翻译复述的时间,细心观察对方的反应,争取较多的思考时间,决定下一步的行动。

其他人员是指谈判必需的工作人员,如记录人员或打字员,具体职责是准确、完整、及时地记录谈判内容,一般由上述各类人员中的某人兼任,也可委派专人担任。虽然不作为谈判的正式代表,却是谈判班子的工作人员。

谈判班子的组成人数并无一定限制,在力求精干的原则下,可根据谈判项目的大小、工作的难易程度等情况来确定班子的规模。人数少的时候,可以一人身兼数职,人数多的时候,比如,十几人乃至上百人时,可分成小组,如商务小组、技术小组、法律小组等,负责自己专业领域的谈判。

 **微型案例**

一次,我国某大学国际 MBA 教师和美国某大学商学院的 EMBA 学员进行商务谈判模拟对抗赛,分别代表中国公司(由我国某大学教师模拟)与美国一家公司(由美国某大学商学院的 EMBA 学员模拟)进行谈判。按照案例的背景,中国公司原为美国某公司在中国的食品经销商,此次谈判是关于双方确定今后的合作方式为内容。历时两个小时的谈判意想不到的艰难

和激烈。

团队组织实力对比：

美方的谈判小组由五名 EMBA 学员组成，其中一人具有丰富咨询经验的大学教授，两人为美国公司的商务人员，一人为销售主管，另一人为美国最大的食品制造商的技术人员。所有成员都有丰富的工商管理经验。

中方谈判小组由七名来自高校的教师组成，部分成员有企业管理咨询的经验。

结果，美方在谈判中处处掌握了主动权，中方教师们虽然也做了许多努力尽力去摆脱被动的局面，希望能够转向既定的策略，但始终没有成功。

知识链接三　谈判班子成员的分工

当挑选出合适的人员组成谈判班子以后，就必须根据谈判内容和各人专长做适当的分工，明确各自的职责。

谈判人员在分工上包括以下三个层次。

（一）第一层次人员

第一层次人员是谈判班子的领导人或首席代表，即主谈人。根据谈判内容不同，谈判队伍中的主谈人也不同：购买产品原材料，可由原料采购员、厂长或生产助理担任谈判；购买工厂设备的重要零部件，可由采购部经理、总工程师、有关部门经理担任谈判；重要销售合同的谈判，可由销售部经理，或资历较深的业务总管，或指定担任此合同谈判的项目经理担任；对合同的争议，则由项目经理或销售部经理、合同执行经理或其他曾参加谈判的有关部门经理担任。

主谈人的主要任务是领导谈判班子工作。其具体职责是：

（1）监督谈判程序；

（2）掌握谈判进程；

（3）听取专业人员的说明、建议；

（4）协调谈判班子的情况；

（5）决定谈判过程的重要事项；

（6）代表单位签约；

（7）汇报谈判工作。

（二）第二层次人员

第二层次人员是专家和专业人员，他们凭自己的专长负责某一方面的专门工作，是谈判队伍中的主力军。

1. 销售人员和经管人员的职责

（1）阐明己方参加谈判的意愿、条件；

（2）弄清对方的意图、条件；

（3）找出双方的分歧或差距；

（4）同对方进行专业细节方面的磋商；

（5）修改草拟谈判文书的有关条款；

（6）向主谈人提出解决专业问题的建议；

（7）为最后决策提供专业方面的论证。

2. 翻译人员的职责

(1) 在谈判过程中要全神贯注,工作热情,态度诚恳,翻译内容准确、忠实。

(2) 对主谈人的意见或谈话内容如觉不妥,可提请考虑,但必须以主谈人的意见为最后意见,不能向外商表达个人的意见。

(3) 外商如有不正确的言论,应据实全部翻译,告诉主谈人加以考虑。如外商单独向翻译提出,判明其无恶意,可做一些解释;属恶意,应表明自己的态度。

 **微型案例**

一家日本公司驻美国分公司的经理,能讲一口流利的英语,但他在商务谈判中始终用日语通过翻译与对方交流。他在谈判开始时向对方用日语这样介绍自己的同事:"这位是山本太郎,他具有15年财务工作的丰富经验,有权审核1 000万美元的贷款项目。"但在商务谈判结束后的庆祝会上,他却用英语和对方谈笑风生,令对方大吃一惊而又迷惑不解。

3. 经济人员和法律人员的职责

经济人员常由会计师担任,国际商务谈判要求他们熟悉国际会计核算制度。其职责是:

(1) 掌握该谈判项目总的财务情况;

(2) 了解谈判对方在项目利益方面的期望值指数;

(3) 分析、计算修改中的谈判方案所带来的收益变动;

(4) 为主谈人提供财务方面的意见、建议;

(5) 在正式签约前提出对合同或协议的财务分析表。

法律人员是一个重大项目的当然成员,其具体职责是:

(1) 确认谈判对方经济组织的法人地位;

(2) 监督谈判程序在法律许可范围内进行;

(3) 检查法律文件的准确性和完备性。

(三) 第三层次人员

第三层次人员是谈判工作所必需的工作人员,如速记员或打字员,虽然不是谈判的正式代表,但作为谈判班子的工作人员,具体职责是准确、完整、及时地记录谈判内容,包括:

(1) 双方讨论过程中的问题;

(2) 提出的条件;

(3) 达成的协议;

(4) 谈判人员的表情、用语、习惯等。

谈判成员在明确自己的职责、进入自己的角色的同时,还必须按照谈判的目标和具体的方案与他人彼此呼应,相互协调和配合,真正演好谈判这一台戏。所谓配合,就是指谈判成员之间的语言及动作相互协调、相互呼应。分工与配合是一个事物的两个方面:没有分工就没有良好的配合;没有良好的配合,分工也就失去了其目的性和存在的基础。

 **微型案例**

法国某公司向我国某工厂出售某种类型计算机的生产技术,中方主谈人员要求公司将每

个品种的技术费用标价,法国公司拒绝,认为难以分开。中方主谈人员又从技术规格入手,要求法国公司解释每个品种的生产工艺及结构差异,提出"中方公司不了解产品的生产工艺和结构差异,如何购买呢?"这时,中方一名辅谈人员说"我们不清楚贵产品的技术规格,我们怎么能向上级汇报?上级也不会批准这个合同。"这句话强化和支持了本方主谈的意见。

相反,某大学(买方)与一软件公司(卖方)就教学软件的价格进行谈判时,买方的主谈人员说"我们学校的预算是有限的,如果你们坚持这个价格,我们只好放弃了。"而这时买方另一个辅谈人员立刻用提醒的口吻说:"如果不买,下学期学生就无法上课使用了,市教委可能还要把这项经费收回去呢。"很明显,这个辅谈人员的插话大大削弱了主谈人的讲话力量。

任务五　商务谈判模拟

任务引入

区域性工资集体协商案例模拟谈判会在嵩明"上演"

企业方和职工方各5名代表进行谈判。模拟案例背景——嵩明县青山旅游小镇是县内著名的旅游名胜区。聚集了以餐饮业为主的企业73家,从业人员1 874人,区域内职工上年度年平均工资1.6万元。

员工要求最低工资增至1 500元:随着小镇旅游经济发展得越来越好,青山镇职工方提出区域内职工最低工资要达到1 500元,理由是餐饮业上班时间有别于其他行业,起早贪黑;另外,物价上涨过快,区域内工资增幅达到20%,加班加点工资应明确基数。员工代表还提出,区域内企业不得招用与其他企业尚未解除劳动合同的职工,建议设立员工工龄补贴。

企业方认为增加工资需权衡企业收入,员工提出的1 500元最低工资标准,已超过青山镇餐饮行业每月平均工资1 338元,要是将员工工资增幅20%,将造成总成本增加,工资发放占据利润的41%,影响了企业运营水平。企业代表认为,《工资支付暂行规定》已对加班工资做了规定,但并未对基数进行确定。按惯例,应根据行业不同进行设定。

经过谈判双方达成一致,区域内职工最低工资定位为1 300元,区域内工资增幅,按工资级别相应增长10%~20%不等,同意员工提出的区域内企业不得招用其他企业尚未解除合同的职工,并设立职工工龄补贴。

工会要求将劳资矛盾纳入集体协商轨道。在9日嵩明县举行的工会工资集体协商培训暨工作推进会上,嵩明县总工会主席李自金介绍,近年来,根据嵩明县相关部门提供的数据显示,劳动报酬争议在劳动争议中位居首位,而建立工资集体协商制度,可以保障职工对企业经营状况和收入分配状况的知情权、参与权、监督权,切实地把劳资矛盾纳入集体协商的轨道上来,还能依法规范企业的用工行为,引导员工理性地表达自己的诉求。据悉,嵩明县总工会推行的工资集体协商工作方案,将从今年6月中旬到11月底,在各类已建工会的企业,基本实行工资集体协商制度,到今年年底建制率达95%以上,对未建工会的小企业,通过区域性、行业性工资集体协商努力提高覆盖比例,拟定每年10月份为嵩明县范围内各企业的"工资专项集体协商行动月"。

企业老板不再一言堂。在模拟谈判会现场,记者采访了两位企业代表。嵩明县杨林大东山采石厂老板杨世云说,自己手下有20多名员工,基本工资每月2 500元,自己做生意很灵活,每个月根据经济效益的不同发放员工工资,但是不会低于平均水平。嵩明明鑫焦化有限公司老板孙成发说,建立工资协商制度很好,不再是我们说多少就是多少,今后,手下的242名员工也可以对工资水平讨价还价,由员工代表将大家对工资的意见进行反馈,大家一起来商量涨多少合适,这样的制度,也能让职工清楚了解企业的发展现状。

任务分析

"百密必有一疏",尽管在商务谈判正式开始前,企业做了大量的准备工作,但仍然可能会存在一些漏洞,会遗漏掉一些重要的问题,而这些问题可能是致命的,严重威胁商务谈判或损害本方利益,在正式商务谈判开始前,进行商务谈判模拟,就是要发现本方商务谈判方案可能存在的问题,弥补漏洞。

知识链接

在正式谈判开始前,虽然我们尽力搜集了与谈判有关的各方面信息资料,在此基础上拟订了详细的谈判方案,并进行了人员的准备,选择了相关的谈判策略,但这还不够;要保证谈判成功,常常需要采取模拟谈判的方法来改进和完善谈判的准备工作,检查方案可能存在的漏洞。尤其对一些重要的谈判、难度较大的谈判,彩排更显得必要,模拟谈判是商务谈判,尤其是大型商务谈判、国际商务谈判准备工作中不可或缺的重要组成部分。

知识链接一　模拟谈判的概念

所谓模拟谈判,就是将谈判班子成员一分为二,或在谈判班子外,再建一个实力相当的谈判班子;由一方实施己方的谈判方案,另一方以对手的立场、观点和谈判作风为依据,进行实战操练、预演或彩排。谈判者不仅是一两次预先搞"扮演角色",而是多次。利用不同的人扮演对手这个角度,提出各种他所能想象得出的问题,让这些问题来难为自己,在为难之中,做好一切准备工作。

德国商人非常重视谈判前的彩排,不论德国的大企业,还是小企业,也不论是大型复杂的谈判,还是小型简单的谈判,德国商人总是以一种不可辩驳的权威面目出现,常常能牢牢地控制着谈判桌上的主动权,其中的关键在很大程度上就要归功于他们对模拟谈判的重视。对于德国商人而言,事先演练是谈判的一个必经程序,他们对谈判可能出现的任何细节都要做周密的准备,对对方可能要提出的任何难题,都要事先做出安排,拟定应对方案。这样,不打无准备之仗,自然,以后的谈判就很容易被纳入德国商人事先设计好的轨道,为谈判的胜利奠定基础。

知识链接二　模拟谈判的作用

模拟谈判的作用主要表现在:

(1)模拟谈判能使谈判人员获得一次临场的操练与实践,经过操练达到磨合队伍、锻炼和提高己方协同作战能力的目的。

(2)在模拟谈判中,通过相互扮演角色会暴露己方的弱点和一些可能被忽略的问题,以便及时找到出现失误的环节及原因,使谈判准备工作更具有针对性。

(3)在找到问题的基础上,及时修改和完善原定方案,使其更具实用性和有效性。

(4)通过模拟谈判,使谈判人员在相互扮演中,找到自己所充当角色比较真实的感觉,可以训练和提高谈判人员的应变能力,为临场发挥做好心理准备。

总之,模拟谈判是一种无须担心失败的尝试,通过模拟谈判可以启发和开阔人们的视野,有可能将预演中的弱点变为真实谈判中的强点。通过总结不但可以完善己方的谈判方案,还可以在无敌意心态条件下,站在对方角度进行一番思考,从而将丰富己方在消除双方分歧方面的建设性思路,有助于找到解决双方难题的途径。

知识链接三　模拟谈判的任务

模拟谈判的主要任务如下：

（1）检验己方谈判的各项准备工作是否到位，谈判各项安排是否妥当，谈判计划是否合理；

（2）寻找己方被忽略的环节，发现己方的优势和劣势，从而提出如何加强和发挥优势、弥补或掩盖劣势的策略；

（3）在模拟谈判中，须对各种可能发生的变化进行预测，并在此基础上制定各种相应的对策；

（4）在以上工作的基础上，制定出谈判小组合作的最佳组合及其策略等。

另外，模拟谈判还有一些具体问题也需要确定，如确定暗号，商务谈判是协同作战，需要参与谈判成员之间密切配合，随时进行必要的信息交流。但是，在谈判中，有些话很难当着谈判对手的面直接用话语进行交流，因此，谈判成员之间有必要事先商定一些暗号，既达到相互提示的目的，又不让谈判对手知道。

当然，并非每一次谈判前都需要模拟谈判，这要根据谈判议题的复杂程度、谈判人员的经验能力和对对手的了解程度而做灵活适当的准备。

知识链接四　模拟谈判方法

（一）全景模拟法

全景模拟法是指在想象谈判全过程的前提下，企业有关人员扮成不同角色所进行的实战性排练，这是最复杂、耗资最大但也往往是最有成效的模拟谈判方法。这种方法一般适用于大型、复杂、关系到企业重大利益的谈判。

在采用全景模拟法时，应注意以下两点。

1. 合理地想象谈判全过程

有效的想象要求谈判人员按照假设的谈判顺序展开充分想象，不只是想象事情发生的结果，更重要的是事物发展全过程，想象在谈判中双方可能发生的一切情形。并依照想象的情况和条件，演习双方交锋时可能出现的一切局面，如谈判的气氛、对方可能提出的问题、己方的答复、双方的策略、技巧等问题。合理想象有助于谈判的准备更充分、更准确。所以，这是全景模拟法的基础。

2. 尽可能地扮演谈判中所有会出现的人物

这有两层含义：一方面是指对谈判中可能会出现的人物都有所考虑，要指派合适的人员对这些人物的行为和作用加以模仿；另一方面是指主谈人员应扮演一下谈判中每一个角色，包括自己、己方的顾问、对手和他的顾问。这种对人物行为、决策、思考方法的模仿，能使己方对谈判中可能会遇到的问题、人物有所预见；同时，处在别人的地位上进行思考，有助于己方制定更加完善的策略。正如美国著名企业家维克多·金姆所说的那样："任何成功的谈判，从一开始就必须站在对方的立场和角度上来看问题。"而且，通过对不同人物的扮演，可以帮助谈判者选择自己所充当的谈判角色，一旦发现自己不适合扮演某人在谈判方案中规定的角色时，可及时更换，以避免因角色不适应而引起谈判风险。

（二）讨论会模拟法

这种方法类似于"头脑风暴法"，它分为两步：第一，企业组织参加谈判的人员和一些其他相关人员召开讨论会，请他们根据自己的经验，对企业在本次谈判中谋求的利益、对方的基本目标、对方可能采取的策略、己方的对策等问题畅所欲言。不管这些观点、见解如何标新立异，都不会有人指责，有关人员只是忠实地记录，再把会议情况上报领导，作为决策参考。第二，则是请人针对谈判中种种可能发生的情况、对方可能提出的问题等提出疑问，由谈判组成员一一加以解答。

讨论会模拟法特别欢迎反对意见，这些意见有助于己方重新审核拟定的谈判方案，从多种角度和多重标准来评价方案的科学性和可行性，不断完善准备的内容，提高成功的概率。国外的模拟谈判对反对意见倍加重视。然而这个问题在我国企业中长期没有得到应有的重视，讨论会往往变成"一言堂"，领导往往难以容忍反对意见，这种讨论不是为了使谈判方案更加完善，而是成了表示赞成的一种仪式，这大大违背了讨论会模拟法的初衷。

（三）列表模拟法

这是最简单的模拟方法，一般适用于小型、常规性的谈判。具体操作过程是这样的：通过对应表格的形式，在表格的一方列出己方经济、科技、人员、策略等方面的优缺点和对方的目标及策略，另一方则相应地罗列出己方针对这些问题在谈判中所应采取的措施。这种模拟方法最大的缺陷在于它实际上还是谈判人员的一种主观产物，它只是尽可能搜寻问题并列出对策，至于这些问题是否真的会在谈判中发生，这一对策是否能起到预期的作用，由于没有通过实践检验，因此，不能百分之百地讲，这一对策是完全可行的，对于一般的商务谈判，只要能达到八九成的胜算就可以了。

知识链接五　模拟谈判时应注意的问题

模拟谈判的效果如何，直接关系到企业在谈判中的实际表现，而要想使模拟谈判真正发挥作用，就必须注意以下问题。

（一）科学地做出假设

模拟谈判实际就是提出各种假设情况，然后针对这些假设，制定出一系列对策，采取一定措施的过程。因此，假设是模拟谈判的前提，也是模拟谈判的基础，它的作用是根本性的。

按照假设在谈判中包含的内容，可以分为三类：一是对客观环境的假设；二是对自身的假设；三是对对方的假设。

对客观环境的假设，所包含的内容最多，范围最大，它涉及人们日常生活中的环境、空间和时间，主要目的是为了估计主客观环境与本次谈判的联系和影响的程度。

对自身的假设，包括对自身心理素质准备状况的评估，对自身谈判能力的预测，对企业经济实力的考评和对谈判策略的评价等多项内容。对自身的假设，可以使己方人员正确认识自己在谈判中的地位和作用，发现差距，弥补不足，在实战中就可以扬长避短，发挥优势。

对对手的假设，主要是预计对方的谈判水平，对手可能会采用的策略，以及面对己方的策略对手如何反应等关键性问题。

请思考：怎样才能确保假设的科学性？

（二）对参加模拟谈判的人员应有所选择

参加模拟谈判的人员，应该是具有专门知识、经验和看法的人，而不是只有职务、地位或只会随声附和、举手赞成的老好人。一般而言，模拟谈判需要下列3种人员：

（1）知识型人员。这种知识是指理论与实践相对完美结合的知识。这种人员能够运用所掌握的知识触类旁通、举一反三，把握模拟谈判的方方面面，使其具有理论依据的现实基础。同时，他们能从科学性的角度去研究谈判中的问题。

（2）预见型人员。这种人员对于模拟谈判是很重要的。他们能够根据事物的变化发展规律,加上自己的业务经验,准确地推断出事物发展方向,对谈判中出现的问题相当敏感,往往能对谈判进程提出独到的见解。

（3）求实型人员。这种人员有着强烈的脚踏实地的工作作风,考虑问题客观、周密,不凭主观印象代替客观事实,一切以事实为出发点;对模拟谈判中的各种假设条件都小心求证,力求准确。

（三）参加模拟谈判人员应有较强的角色扮演能力

模拟谈判要求己方人员根据不同情况扮演场上不同的人物,并从所扮演的人物心理出发,尽可能地模仿出他在某一特定场合下的所思所想、所作所为。

心理学研究表明,谈判者作为生活在特定的社会与文化环境中的人,由于周围环境对他的复杂影响和其自身从历史的经验和过去的认知感受中获得的教训,导致了他必然对周围环境做出独特的反应,并形成自己的个性。而一旦要扮演另外一个社会角色时,往往会发生内心的冲突。根据这一情况,一方面企业在安排模拟谈判角色时,要根据己方人员的性格特征有针对地让其扮演类似的对方人员;另一方面,则要求己方人员具有善于克服在扮演特定谈判角色(特别是这一角色与自己差距很大)时所产生的心理障碍,要善于揣摩对方的行为模式,尽量地从对方的角度来思考问题,做出决定。

（四）模拟谈判结束后要及时进行总结

模拟谈判的目的是为了总结经验,发现问题,弥补不足,完善方案。所以,在模拟谈判告一段落后,必须及时、认真地回顾在谈判中己方人员的表现,如对对手策略的反应机敏程度、自身班子的协调配合程度等一系列问题,以便为真正的谈判奠定良好的基础。

复习思考题

一、案例分析

案例一

中国F公司与法国G公司商谈一条计算机生产线的技术转让交易。G公司把其报价如期交给了F公司,报价包括装配线设备、检测试验室、软件、工程设计方案、技术指导、培训等。双方约定接到报价后两周内在北京开始谈判。F公司接到报价后即着手准备。

F公司主谈拿到报价资料后,有关技术部分交专家组去分析并提出了相关要求,而商务部分由主谈负责分析,并约定时间开会讨论。

专家组对技术资料反映的技术先进性、适用性、完整性进行了分析,对不清楚的部分列出清单,对国际市场的状况做了对比,对G公司产品系列、企业经营状态做了分析,并形成了书面意见。

主谈将装配线设备、检测试验主设备列出清单,标上报价,列出对照价(分析价)、交易目标价、分几步实现的阶段价,形成一份设备价格方案表;又照此法,将技术内容列出清单,分出各项价并形成一份技术价格方案表;将技术指导和人员培训费分列出人员专业、人数、时间、单价、比较价、目标价等并制成技术服务价格方案表;工程设计列出分工内容、工作量估计、分列单项价、比较价、目标价等,并制出工程设计价格方案表。在所有价格方案表中,均以对应形式列出：G公司报价及可能的降价过程；F公司的还价及可能对应的还价水平，并附上理由。

开会时，专家组与主谈交换各自的准备情况，同时分析双方的有利与不利因素（企业面临的政治、经济大气候，市场竞争，各自需求，参加谈判人员的情况等）。经过讨论，主谈与专家意见有分歧。主谈认为这是第一次采购，G公司第一次进入中国市场，应有利于压价，谈判目标可以高些；专家组认为G公司技术不错，已方又急需，少压价能成交也可以接受。这个分歧直接影响最终谈判条件，以及谈判起步的策略。于是，主谈决定请示领导。

主谈、专家组一齐向项目委托谈判单位的领导汇报整体思路及分歧。在领导的指导下，大家进一步分析利弊后，达成了共识，形成了统一的谈判预案。

案例讨论题：

1. 谈谈你对该公司的谈判准备工作的看法。
2. 不同单位的领导若达不成一致意见会给下一步谈判带来何种影响？又应怎么处理才能保证谈判效果呢？

案例二

天津K工厂要买二极管的生产技术与设备。经探询，决定与日本M公司进行谈判。由于双方参与人员较多，商量可以分组谈判：一个商务谈判组，一个技术谈判组。商务组就价格和合同条款进行了谈判。因为价格与个别条款要等技术组谈判的结果，于是谈判中止，商务主谈就忙别的事去了，等待技术组的谈判结果。技术组谈判也不轻松，M公司在关键技术指标上态度强硬，不肯让步，如产品性能指标、生产合格率等。谈判陷入僵局。K工厂技术主谈知道商务组在等他们，一方面与M公司谈判要条件——尽可能高指标；一方面又在某些关键指标上后退，以求达成协议。M公司看K工厂专家后退了，就做了些姿态，这样双方立场逐步靠拢了。

K工厂技术组的指标让步后，商务组的价格尚未谈判。当商务组知道技术指标已让步后，觉得技术组让步太快，没与其打招呼，恐怕谈判难度会加大。果然，当商务组恢复谈判时，M公司的报价基础成了降低技术指标的技术和设备，谈判态度却依然强硬。由于K工厂需要该技术，虽指标低了点，但仍比自己现有技术强，而商务组尽力谈判后，力度有限，难以奏效。M公司降低了技术指标，提高了成功保险度，而价格仅做微调，相当于又提高了交易效益。

案例讨论题：

从谈判班子的组成原则，分析K工厂谈判班子在此次谈判中的表现。

二、问答题

1. 谈判背景调查的内容有哪些？了解这些内容有什么意义？
2. 在谈判准备过程中要收集哪些信息？收集这些信息有什么作用？
3. 信息的采集渠道有哪些？
4. 信息的收集方法有哪些？
5. 怎样整理收集到的信息资料？
6. 谈判的目标有哪些，确定谈判目标时要注意哪些方面？
7. 谈判中的时间策略有哪些？在确定谈判时间时要注意什么？
8. 如何布置谈判场景？
9. 谈判班子的组成原则有哪些？谈判班子应包括哪些人员？
10. 模拟谈判的方法有哪些？在此过程中应注意什么问题？

项目四　商务谈判的开局

知识目标

通过本项目的学习,学生能够明确商务谈判开局的重要意义,熟悉开局方式,掌握开局气氛的营造,理解开局应考虑的相关因素,理解并掌握开局策略和技巧,理解引起谈判对手注意与兴趣的技巧,赢得谈判的主动权,控制谈判局面。

素质目标

通过对本项目的学习,学生应掌握谈判开局基本知识,具有谈判开局基本素质和沟通表达能力以及分析问题的能力。

技能目标

通过对本项目的学习,强化学生谈判开局的实践技能,学生能够营造良好的开局气氛,会运用谈判开局策略和技巧解决谈判开局的实际问题,使谈判向着积极、主动的方向发展。

学生以"假设让我负责去进行一项关于×××的谈判开局"为题目,进行5分钟的主旨发言,其他同学对该学生的开局方式、气氛营造和策略、技巧的运用做评价,老师做最后总结,检验教学效果。

商务谈判的开局对整个商务谈判过程起着非常重要的作用,它往往关系到双方对商务谈判所持有的态度、诚意,谈判是积极进行还是消极应付,关系到商务谈判的格调和商务谈判的走向,一个良好的开局会为以后的商务谈判取得成功打下良好的基础。

任务一　商务谈判开局概论

任务引入

澳大利亚一家著名的汽车公司在美国刚刚"登陆"时,急需找一家美国代理商为其销售产品,以弥补他们不了解美国市场的缺陷。当澳大利亚汽车公司准备与美国一家公司就此问题进行谈判时,澳大利亚公司的谈判代表路上堵车迟到了。美国公司的代表抓住这件事紧紧不放,想要以此为手段获取更多的优惠条件。澳大利亚公司的代表发现无路可退,于是站起来说:"我们十分抱歉耽误了你的时间,但是这绝非我们的本意,我们对美国的交通状况了解不足,所以导致了不愉快的结果,希望我们不要再为这个无所谓的问题耽误宝贵时间了,如果因为这件事怀疑我们合作的诚意,那么,我们只好结束这次谈判。我认为,我们所提出的优惠代理条件是不会在美国找不到合作伙伴的。"

澳大利亚代表的一席话说得美国代理商哑口无言,美国人也不想失去这次赚钱的机会,于是谈判顺利地进行下去。

任务分析

从以上案例可以看出,当澳大利亚发现谈判对手在刻意制造低调气氛,这种气氛对己方的讨价还价十分不利时,就采取进攻式的开局策略,扭转了局面,阻止了美方谋求营造低调气氛的企图。所以,营造有利于自己的谈判开局气氛对谈判全局的影响非常重要,否则将会损害己方的切身利益。

知识链接

商务谈判开局阶段,就是指谈判双方见面后,在进入具体交易内容讨论之前,相互介绍、寒暄以及就具体内容以外的话题进行交谈的阶段。

知识链接一　　开局阶段的重要意义

开局阶段是左右整个谈判格局和前景的重要阶段,该阶段之所以会产生重大影响,可以从以下几个方面理解:

(1) 开局阶段人们的精力最为充沛,注意力也最为集中,所有的人都在专心倾听别人的发言,全神贯注理解讲话内容。

(2) 谈判的格局在开局的几分钟内确定下来,它对后面所要解决的问题以及解决问题的方式有直接的影响,而且一经确定就很难改变。

(3) 这是双方阐明各自立场的阶段,是各自重要观点的第一次亮相。

(4) 在开局阶段,谈判双方阵容中每个人的地位以及所承担的角色完全显露出来,他们在明确的目标指引下,纷纷进入谈判,同时也互相在评价对方谈判人员的个人作用。

对整场谈判而言,谈判开局对整个谈判过程起着相当重要的影响和制约作用。它不仅决定着双方在谈判中的力量对比,决定着双方在谈判中采取的态度和方式,而且也决定着双方对谈判局面的控制,进而决定着谈判的结果。所以我们应该认真研究谈判的开局问题,把握和控制整体谈判的局势。开局阶段所占用的时间较短,除要阐明议题与有关程序外,所营造的气氛也会对谈判的全过程产生影响。因此,谈判者在开局阶段的主要任务就是为谈判营造一个适宜的气氛,谋求有利的开局地位,为后续的谈判打下良好的基础。

知识链接二　　商务谈判的开局方式

(一) 开局阶段的行为方式

开局阶段本身又可分为几个环节,每个环节有着不同的特点和要求,谈判人员应当根据不同环节的具体要求,采取相应的行为方式。

1. 导入

导入是指从步入会场到寒暄结束的这段时间。导入的时间虽然很短,但其作用却很大。为便于双方接触交流,一般以站立交谈为好。虽然每个人的行为方式、个性特征各不相同,但总体应包括入场、握手、介绍、问候、寒暄等行为。

正常的行为要求是：入场时应径直走向会场，表情自然，目光坦率而自信，以开诚布公、友好的态度出现；握手时应掌握握手的力度、时间和方式，亲切郑重，不迟疑、不傲慢或久握不放；介绍时可以自我介绍也可以由双方的领导向对方介绍己方的谈判人员；问候寒暄时语言、语态、语调应亲切、和蔼、轻松自如。

2. 交换意见

谈判人员寒暄过后，纷纷入座，话题自然转到有关谈判的问题上来。在讨论正式谈判内容之前，有关谈判的目标、计划、进度、人员的问题需要先确定下来，使双方达成共识，以便正式谈判顺利进行。西方将其概括为"4P"：

(1) 目标(Purpose)：说明双方为什么坐在一起，通过谈判达到什么目的。

(2) 计划(Play)：即会谈的议程安排，如讨论的议题，双方约定共同遵守的规程等。

(3) 进度(Pace)：指会谈进行的速度，即日程安排。

(4) 人员(Personalities)：指谈判双方对每个成员的正式介绍，包括姓名、职务及在谈判中的作用、地位等。

3. 明示

要取得谈判的成功，获得比较满意的结果，就不仅要让对方了解自己的目标、意图、想法，而且要有"明示"，把存在的意见和问题及早提出，以求彻底解决。

总之，开局阶段的三个环节是相互连贯、一气呵成的，同时须衔接紧密，步步深入，顺利将谈判推进到下一个阶段。

(二) 提交洽谈方案的方式

如果谈判的准备工作已经全部完成，这时，就可以向对方主动提交洽谈方案，或者在对方提交方案的基础上给予相应的答复。向对方提交方案有以下几种方式。

1. 提交书面材料，不做口头陈述

这是一种局限性很大的方式，只在两种情况下运用。一种情况是，本部门在谈判规则的束缚下不可能有别的选择方式。比如，本部门向政府部门投标，政府部门规定在裁定期间内不与投标者见面、磋商。另一种情况是，本部门准备把提交最初的书面材料也作为最后的交易条件。这时要求文字材料要明确具体，各项交易条件要准确无误，让对方一目了然，只需回答"是"与"不是"，无须再做任何解释。

2. 提交书面材料，并做口头陈述

在会谈前将书面材料提交给对方，这种方法有很多优点，书面交易条件内容完整，能把复杂的内容用详细的文字表达出来，可一读再读，全面理解。提交书面交易条件也有缺点，如写上去的东西可能会成为一种对自己一方的限制，并难以更改。

文字形式的条款不如口语带有感情色彩，细微差别的表达也不如口语，特别是在不同语种之间，就更有局限性。因此，谈判者应掌握不同形式下的谈判技巧。在提出书面交易条件之后，就应努力做到下述要点：让对方多发言，不可过多回答对方提出的问题；尽量试探出对方反对意见的坚定性，即如果不做任何相应的让步，对方能否顺从意见；不要只注意眼前利益，还要注意目前的合同与其他合同的内在联系；无论心里如何感觉，都要表现出冷静、泰然自若；要随时注意纠正对方的某些概念性错误，不要只在对本企业不利时才纠正。

3. 面谈提出交易条件

这是面对面谈判常用的洽谈方式。这种形式是在事先双方不提交任何书面形式的文件,仅仅在会谈时提出交易条件。这种谈判方式有许多优点:可以见机行事,有很大的灵活性;先磋商后承担义务;可充分利用感情因素,建立个人关系,缓解谈判气氛等。

但这种谈判方式也存在着某些缺点:容易受到对方的反击;阐述复杂的统计数字与图表等相当困难;语言的不同,可能会产生误会。

运用这种谈判方式应注意下述事项:

(1) 不要让谈判漫无边际地东拉西扯,而应明确所有要谈的内容,把握要点;

(2) 采用横向铺开的谈判方式,不要把精力只集中在一个问题上,而应把每一个问题都谈深、谈透,使双方都能明确各自的立场;

(3) 洽谈方案应为谈判中的讨价还价留有充分的余地;

(4) 同前所述,不要只注意眼前利益,要注意到目前的条款与其他合同条款的内容联系;

(5) 无论心里如何考虑,都要表现得镇定自若。

知识链接三　谈判开局气氛的营造

(一) 开局气氛对谈判的影响

任何商务谈判都是在一定气氛下进行的。谈判气氛是谈判对手之间的相互态度,它能够影响谈判人员的心理、情绪和感觉,从而引起相应的反应。因此,谈判气氛对整个谈判过程具有重要影响,其发展变化直接影响整个谈判的前途。具体来讲,开局气氛对谈判的影响表现如下。

1. 影响谈判的主动权

在开局阶段,谁能够营造一个于己方有利的谈判气氛,谁就能够取得有利的谈判地位,从一开始就掌握谈判的主动权;相反,如果谁在开局阶段处于下风,陷入被动,那么就会为对方所牵制,失掉谈判的主动权。

2. 影响谈判者的期望

期望决定结果,己方对谈判的期望值越高,谈判的结果就越好;对方的期望值越高,谈判的难度就越大,这是一个浅显的道理。不同的谈判气氛,谈判者对谈判结果的期望值是不一样的,高调的谈判气氛,谈判者的期望值就高;相反,低调的谈判气氛,谈判者的期望值就低。

3. 影响谈判的方式

谈判气氛决定了谈判基本格调,这个格调是坦诚还是诡秘,是信任还是怀疑,是融洽还是对立,是热烈还是冷淡等,无疑会对谈判的进行和演绎方式产生巨大的影响。

(二) 营造良好的开局气氛

每一场谈判都有其独特气氛,由于商务谈判的内容、形式、地点、谈判双方的关系等各不相同,因此商务谈判的气氛也各不相同,通常商务谈判的气氛有以下三种。

1. 热烈的、积极的、友好的谈判气氛,即高调气氛

谈判双方抱着互谅、互让的态度,希望通过积极的合作与努力,签订一个使双方的需要都能得到满足的协议。

2. 冷淡、对立、紧张的谈判气氛,即低调气氛

双方针锋相对,寸利必争,抱着尽可能签订一个使自己利益最大化的态度参加谈判。

3. 介于以上两者之间的一种谈判气氛,又称为自然气氛

双方谈判在热烈之中包含着紧张,对立之中包含着友好,严肃之中包含着积极。

不同的谈判气氛对谈判的影响不同,一种谈判气氛可在不知不觉中把谈判朝着某种方向推进。比如,热烈的、积极的、合作的气氛会把谈判朝着达成一致协议的方向推进,而冷淡的、对立的、紧张的气氛会把谈判推向更为严峻的境地。因此,除非谈判策略的特别需要,比如,进行索赔谈判等,一般情况下,谈判者应努力营造出一种合作的、诚挚的、轻松的、认真的和解决问题的良好的谈判气氛,这对谈判可以起到十分积极的作用。

微型案例

马老板应该怎么办?

某品牌啤酒进入中山市场大赛餐饮企业的任务落到了啤酒销售副经理小赵的身上,要让餐饮企业推荐此品牌啤酒,还真的需要下功夫做好老板的工作。

小赵:"哟,这么多空酒瓶!老板,一看中午客人喝空了这么多酒瓶,就知道您的生意做得红红火火。现在啤酒销量不错吧?"小赵说话声音洪亮、真诚,让人听起来很受用。

马老板:"马马虎虎,请问有什么事?"

小赵:"哦,我是红光啤酒集团的小赵,早就听说您是中山餐饮业起步最早、做得最好的老板,今天来拜访您,跟您学学生意经,交个朋友。"

马老板:"没有什么经验,只是踏踏实实地做生意罢了。"

小赵:"这才是最宝贵的经验,也是做生意最基本的原则。正是因为您的实在、讲信誉,您的顾客才信任您,愿意和您打交道,您的生意才越做越大了。"

马老板:"还是你们文化人会总结。"

小赵:"文化水平高不能决定事业的成功,关键是做事和做人,听说您就是凭借着一个'义'字把生意做大了,是吗?"

马老板一听很高兴,急忙把小赵带到办公室里商谈,果然没有费多大的劲,小赵就和马老板签订了每年销售10万元啤酒的大订单。

请思考:小赵在谈判开局营造了一种什么气氛?营造这种气氛最重要的原因是什么?

(三)谈判开局气氛的营造方法

谈判开局气氛对整个谈判过程起着相当重要的影响和制约作用。可以说,哪一方如果控制了谈判开局气氛,那么,在某种程度上就等于控制住了谈判对手。

1. 营造高调气氛

高调气氛是指谈判情势比较热烈,谈判双方情绪积极、态度主动,愉快因素成为谈判主导因素的开局气氛。通常在下述情况下,谈判一方应努力营造高调的谈判开局气氛:己方占有较大优势,价格等主要条款对自己极为有利,己方希望尽早达成协议与对方签订合同。在高调气氛中,谈判对手往往只注意到他自己的有利方面,而且对谈判前景的看法也倾向于乐观,因此,高调气氛可以促进协议的达成。营造高调气氛通常有以下几种方法:

(1)感情渲染法。感情渲染法是指通过某一特殊事件来引发普遍存在于人们心中的感情因素,并使这种感情迸发出来,从而达到营造高调气氛的目的。

 **微型案例**

中国一家生产企业准备从某国引进一条生产线,于是与某国一家公司进行了接触。双方分别派出了一个谈判小组就此问题进行谈判。谈判那天,当双方谈判代表刚刚就座,中方的首席代表(副总经理)就站了起来,对大家说:"在谈判开始之前,我有一个好消息要与大家分享。我的太太在昨天夜里为我生了一个大胖儿子!"此话一出,中方职员纷纷站起来向他道贺。外方代表于是也纷纷站起来向他道贺。整个谈判会场的气氛顿时高涨起来,谈判进行得非常顺利。中方企业以合理的价格顺利引进了一条生产线。

这位副总经理为什么要提自己太太生孩子的事呢?原来,这位副总经理在与外方企业的接触中发现,该国人民很愿意板起面孔谈判,造成一种冰冷的谈判气息,给对方施加一种心理压力,从而控制整个谈判进程,趁机抬高价码或提高条件。于是,他便用自己的喜事来打破对方的冰冷面孔,营造一种有利于己方的高调气氛。

(2)称赞法。称赞法是指通过称赞对方来削弱对方的心理防线,从而焕发出对方的谈判热情,调动对方的情绪,营造高调气氛。

 **微型案例**

东南亚某个国家的华人企业想要为日本一著名电子公司在当地做代理商。双方几次磋商均未达成协议。在最后的一次谈判中,华人企业的谈判代表发现日方代表喝茶及取放茶杯的姿势十分特别,于是他说:"从君(日方的谈判代表)喝茶的姿势来看,您十分精通茶道,能否为我们介绍一下?"这句话正好点中了日方代表的兴趣所在,于是他滔滔不绝地讲述起来。结果,后面的谈判进行得异常顺利,那个华人企业终于拿到了他所希望的地区代理权。

(3)幽默法。幽默是人类生活中包治百病的灵丹妙药。信手拈来的几句诙谐的话语,往往会一扫谈判过程中的沉闷气氛,谈判人员在心理上得到了享受,精神也会焕发起来。幽默法就是用幽默的方式来消除谈判对手的戒备心理,使其积极参与到谈判中来,从而营造高调谈判气氛。采用幽默法时要注意选择恰当的时机以及采取适当的方式,要收放有度。

 **微型案例**

罗纳德·里根是美国历史上年龄最大的总统,难怪他的对手总喜欢拿他的年龄做文章。1984年10月24日晚上,里根为了连任总统,与竞争对手蒙代尔进行了一场至关重要的公开辩论。他在回答他是否认为自己担任总统年龄太大的问题时,把在市政礼堂里的听众都逗笑了,并得到了好评。里根说:"我将不把年龄作为一个竞选问题。我将不利用我的对手年幼无知这一点以占尽便宜。"

（4）诱导法。诱导法是指投其所好，利用对方感兴趣或值得骄傲的一些话题，来调动对方的谈话情绪与欲望，从而创造良好的谈判气氛。

2. 营造低调气氛

低调气氛是指谈判气氛十分严肃、低落，谈判的一方情绪消极、态度冷淡，不快因素构成谈判情势的主导因素。通常在下面情况下谈判时，应该努力营造低调的谈判开局气氛：己方有讨价还价的砝码，但并不占有绝对优势，合同中某些条款并未达到己方的要求，如果己方施加压力，对方会在某些问题上做出让步。低调气氛会给谈判双方造成较大的心理压力，在这种情况下，哪一方心理承受力弱，哪一方往往会妥协让步。因此，在营造低调气氛时，己方一定要做好充分的心理准备并要有较强的心理承受力。营造低调气氛通常有以下几种方法：

（1）感情攻击法。这里的感情攻击法与营造高调气氛的感情渲染法性质相同，即都是以情感诱发作为营造气氛的手段，但两者的作用方向相反。在营造高调气氛的感情渲染法中，是激起对方产生积极情感，使得谈判开局充满热烈气氛；而在营造低调气氛时，是要诱发对方产生消极情感，致使一种低沉、严肃的气氛笼罩在谈判开始阶段。

（2）沉默法。沉默法是以沉默的方式来使谈判气氛降温，从而达到向对方施加心理压力的目的。

 **微型案例**

在一次美日贸易谈判中，美方代表提出联合向巴西开放一种新的生产设备和工艺技术，然后等待日方丰田公司代表的答复。25秒过去了，三位日商还是默不作声，低着头，双手搭在桌面上。最后一位美商急得脱口而出："我看这样坐着总不是个事吧！"他说得非常对，但会谈也就此告终了。其实，这位美商应该再忍耐一下。

在商务谈判中，运用沉默法并不是一言不发，而是指己方尽量避免对谈判的实质问题发表议论。沉默的同时要注意倾听。细心倾听对方吐露的每一个字，注意他的措辞和他选择的表达方式，以及他的语气和声调，去发现对方的一言一行背后隐含的真实动机、目的和需要，并感受对方的情绪。

请思考：采用沉默法应注意什么？

（3）疲劳战术。疲劳战术是指使对方对某一个问题或某几个问题反复进行陈述，从生理和心理上疲劳对手，降低对手的热情，从而达到控制对手并迫使其让步的目的。一般来讲，人在疲劳的状态下，思维的敏捷程度下降，容易出现错误，热情降低，工作情绪不高，比较容易屈从于别人的看法。采用疲劳战术应注意以下两点：

第一，多准备一些问题，而且问题要合理，每个问题都能起到疲劳对手的作用。

第二，认真倾听对手的每一句话，抓住错误、记录下来，作为迫使对方让步的砝码。

 **微型案例**

中东的企业家们最常采用的交易战术，就是白天天气酷热时邀请欧洲的代表观光，晚上则招待他们观赏歌舞表演。经过充分的休整，到了深夜，白天不见踪影的中东代表团的领队出现

了,神采奕奕地和欧洲代表展开谈判。欧洲代表经过一天的奔波,早已疲惫不堪,只想早点上床休息。那么谈判的结果可想而知,欧洲代表常常会做出让步。

(4) 指责法。指责法是指对对方的某项错误或礼仪失误严加指责,使其感到内疚,从而达到营造低调气氛、迫使谈判对手让步的目的。

3. 营造自然气氛

自然气氛是指谈判双方情绪平稳,谈判气氛既不热烈,也不消沉。自然气氛是一种理性、平静、常态的谈判气氛,多数谈判都是在这种气氛中开始的。这种谈判开局气氛便于向对手进行摸底,因为,谈判双方在自然气氛中传达的信息往往要比在高调气氛和低调气氛中传送的信息要准确、真实。当谈判一方对谈判对手的情况了解甚少,对对方的谈判态度不甚明朗时,谋求在平缓的气氛中开始是比较有利的。营造自然气氛要做到:

(1) 注意自己的行为、礼仪;

(2) 要多听、多记,不要与谈判对手就某一问题过早发生争议;

(3) 要多准备几个问题,询问方式要自然;

(4) 对对方的提问,能做正面回答的一定要正面回答。不能回答的,要采用恰当方式进行回避。

谈判气氛并非是一成不变的。在谈判中,谈判人员可以根据需要来营造适合于己方的谈判气氛。但是,谈判气氛的形成并非完全是人为因素的结果,客观条件也会对谈判气氛有重要影响,如节假日、天气情况、突发事件等。因此,在营造谈判气氛时,一定要注意外界客观因素的影响。

 **微型案例**

中国某公司到美国采购一套大型设备。中方谈判小组人员因交通堵塞耽误了时间,当他们赶到谈判会场时,比预定时间晚了近半个小时。美方代表对此大为不满,花了很长时间来指责中方代表的这一错误,中方代表感到很难为情,频频向美方代表道歉。谈判开始以后,美方代表似乎还对中方代表的错误耿耿于怀,一时间弄得中方代表手足无措,无心与美方讨价还价。等到合同签订以后,中方代表才发现自己吃了一个大亏。

(四) 合理运用影响开局气氛的其他因素

谈判应是互惠的,一般情况下双方都会谋求一致,为了达到这一目的,洽谈的气氛必须具有诚挚、合作、轻松和认真的特点。要想取得这样一种洽谈气氛,就需要利用各种因素,协调双方的思想或行动。

1. 表情

人的表情可以表明谈判人员的心情,是信心十足还是满腹狐疑,是轻松愉快还是剑拔弩张,是精力充沛还是疲惫不堪,这些都可以在人的表情上反映出来。反映表情最敏感的器官是头部、背部和肩膀。通过观察这些部位表情的变化,可以窥见谈判人员的心理状况。

2. 气质

一个人具备什么样的气质,对其精神面貌有很大的影响。气质是指人们相对稳定的个性特征、风格和气度。良好的气质,是以人的文化素养、文明程度、思想品质和生活态度为基础。气质美首先应当表现在丰富的内心世界上,理想则是内心世界的一个重要内容。

品德是气质美的又一重要方面,为人诚恳、心地善良是不可缺少的。文化水平在一定程度上对气质起着很大的影响作用。气质美看似无形,实为有形。它通过一个人的态度、个性、言语和行为等表现出来,举手投足、待人接物皆属此列。

3. 风度

风度是气质、知识及素质的外在表现。风度美包括以下几个方面的内容。

(1) 饱满的精神状态。

(2) 诚恳的待人态度。

(3) 受欢迎的性格。

(4) 幽默文雅的谈吐。

(5) 洒脱的仪表礼节。

(6) 适当的表情动作。

4. 服装

谈判人员的服装是决定其形象的重要因素。服装的色调与清洁状况,深刻反映着谈判人员的心理特征。

(1) 服装配色的艺术。色调是构成服装美的重要因素之一,衣服面料的各种色调协调固然重要,但这些又要与环境、穿着者的年龄以及职业相协调。对于服装的色调来说,协调就是美。

(2) 款式与体型。服装的新颖款式可以给人增添魅力,能使自然美和气质美更加突出,也能使原有的体型、气质上的不足得到弥补。但是,由于现在的服装发展很快,服装款式的变化层出不穷,而人的体型又千差万别,所以,对于服装款式的选择并没有一定之规。谈判人员的服装是影响谈判人员形象的重要因素。服装的色调与清洁状态,反映着谈判人员的心理特征、审美观点和对对方的态度。

5. 个人卫生

谈判人员的个人卫生对谈判气氛也会有所影响。衣着散乱、全身散发汗味或其他异味的谈判人员都是不受欢迎的。

6. 动作

影响谈判气氛的动作因素还包括言语、手势和触碰行为。比如握手,动作相当简单,但影响却很大。在西方一些国家,如果用右手同人握手而把左手搭在对方肩上,就会引起对方的反感,被认为是过分轻狂、傲慢和自以为是。当然,由于各国文化习俗的差异,对各种动作的反映也不相同。仍以握手为例,在初次见面寒暄时,握手用些力气,有些外宾会认为这是相见恨晚的表现,心里油然而生亲近的感觉;也有些外宾则会觉得这是对方在炫耀力量,心里会有些不是滋味。可见,我们必须了解谈判对手的背景和性格特点,区别不同情况,采取不同的做法。

7. 中性话题

在谈判进入正式的话题之前该谈些什么问题呢?一般来说,选择中性话题最为合适,这些话题轻松而具有非业务性,容易引起双方共鸣,有利于创造和谐气氛。

请思考:中性话题有哪些?

8. 洽谈座次

座次安排是有学问的,谈判座次的安排也是影响谈判空间环境的重要因素之一。座次的安排代表了许多用言语难以表达的意义,其细微之处,有可能会对谈判者的心理产生明显的影响,同时,也会对整个谈判氛围产生微妙的影响。因此,谈判的座次安排是谈判场景布置中不可不慎重考虑的内容。

 **微型案例**

东京审判法官排座次

1945年8月15日,日本法西斯战败投降,中国法官有了首次参与军事法庭审判侵略者的机会。在盟军总部主持下,由11国代表组成的远东国际军事法庭在日本东京成立,日本战犯最终被押上了"东京审判"被告席。1946年4月,11国法官齐集东京,正式开庭审判的日子就要到了。但是,各位法官在法庭上的座位将按什么样的顺序来排列?中国法官梅汝璈对助手说:"任何国际场合,争座次在所难免,这并非个人名利,而是关系国家、民族地位和荣誉的大事,故应有的位置必须当仁不让,力争得到之。"

远东国际军事法庭宪章没有明文规定法官席位的次序,但法官座位的排列次序却极其敏感。卫勃庭长提议法官席次应该按照联合国安全理事会惯例来安排,即以美、英、苏、中、法为序。但是,有的法官当即指出,按照联合国宪章,安全理事会的5个常任理事国是以中、法、苏、英、美(按照国名字母先后)为序的。这样一来,中国和法国法官将坐在卫勃的两旁,而卫勃所倚重的英国和美国法官便不能居于中央席次。于是卫勃庭长又提议:"我们不是联合国的组织,不必按五强居中的惯例来安排,可以适用按国名字母先后为序的办法。"但是,这样事情就更乱了,因为居中央的将是中、加两国的法官,而他所希望接近的英、美法官反而离他更远了。大家争来争去,莫衷一是。

微笑倾听良久的梅汝璈终于开口:"个人的座次,我本人并不介意,只因与各位同仁一样,是代表了各自的国家来的,所以我还须请示本国政府"。这一军"将"得厉害。因预定的开庭日期将至,法官们如果都要请示国内而后定,必拖延时日。卫勃认定不能开这危险"先例",忙说:"为确保准时开庭,座次问题必须尽快排定,希望梅先生从大局出发。"

梅汝璈有意以调侃的口吻缓和一下气氛:"如果庭长和大家不赞成这个办法,那我们就以体重为标准吧,各自过磅,看看各人的体重是多少,重者在前,轻者居后。这样,我们便可以有一个最公平、最客观的标准。"

话音刚落,法官们哄堂大笑。卫勃庭长对梅汝璈笑道:"梅先生真会讲话,是法官,更是个幽默大师。你的办法很好,但是它只适用于拳击比赛。我们是国际法庭而不是拳击比赛场。"

梅汝璈收敛笑容道:"同意庭长的意见,但中国代表应排在第二位。众所周知,中国受日本侵略最深,抗日时间最长,付出牺牲最大,审判的又是日本战犯。因此,有八年浴血抗战历史的中国理应排在第二。再者,没有日本的无条件投降,便没有今日的审判。故我提议,各位都不用争了,法官的座次,按受降国签字的顺序排列,实属顺理成章。"他接着报了各签字国的顺序:"美国、中国、英国、苏联、澳大利亚……"

俗话说"弱国无外交",因此对于梅汝璈的提议,几个西方国家代表心里根本不愿接受。直到5月2日,即正式开庭的前一天,卫勃的真实意图才暴露出来。下午4时,法官们都按要求做好了准备,在法官休息室集合。这时,卫勃突然宣布:"法官座席的次序是美、英、中、苏、法、加、荷、新、印、菲,这是经过盟军最高统帅部同意了的安排。"按照这个安排,庭长右边是美、中法官,左边将是英、苏法官。很明显,英美居中,排挤中国,同时以压制加拿大作为陪衬(按照受降签字次序加拿大应排在法国之前)。大家不禁愕然。中国法官梅汝璈和加拿大法官麦克杜哥最为愤慨。梅汝璈当即指出:"这个安排是荒谬的,我绝不接受这种于法无据、于理不合的安排!"他愤然脱下象征着权力的黑色丝质法袍,欲退出预演,以示抗议。

开庭预演仪式推迟了约半个小时,审判大厅里的人们等得有点不耐烦了。此时此刻,没有人能承担得起推迟明天正式开庭的严重后果,因为这个日期已经向全世界宣布了。

曾经由于苏联法官的姗姗来迟,法庭等了很长时间才正常运转,而且总部和庭长一再宣称"非候全体法官到齐不拟开庭"。现在虽然苏联法官到了,但如果中国法官拒绝出席,那么按期开庭仍将成为不可能的事情。如果真的发生了不能按期开庭的情况,那必定会引来日本乃至全世界的惊疑和非难,这个责任无论是庭长还是最高统帅部都不愿意承担,也承担不了。基于有这样的把握,梅汝璈认为现在是向庭长摊牌的最好时机,因此,他的态度就更加强硬了。

那是令人窒息的10分钟。当卫勃第三次来到中国法官办公室的时候,他盯着梅汝璈一字一句地说:"同意你的意见,预演就按受降签字国次序进行。今晚我把情况报告最高统帅部,看他是否同意。"说完便悻悻而去。梅汝璈于是又脱去大衣,换上法袍,走出自己的办公室。他一回到法官们中间,预演仪式立即开始。这时已经是下午5时了。

第二天上午9时30分,卫勃庭长在开庭前几分钟来到会议室,对等待在那里的10名法官宣布:"最高统帅部已经同意,我们今后的行列和座席顺序就按照预演时的顺序。"在参与审判工作的11国法官中,只有1人比42岁的中国法官年轻。司法界一贯比较注重年资和外表,梅汝璈因此而留起了上唇胡须,并因此被各国记者称作"小胡子法官"。通过座次争议这件事,大家对梅汝璈另眼相待。

9. 传播媒介

利用传播媒介制造谈判舆论或气氛,是指谈判的主体通过传播媒介向对方传递意图,施加心理影响,制造有利于自己的谈判气氛或启动谈判的背景。在现代社会,许多谈判在没有正式开始以前,舆论的准备往往就已经开始了,并发挥相当大的作用。有效地制造谈判舆论或气氛,可以引导谈判双方如何走到谈判桌前,如何开始谈判。

古往今来,大家都非常注意利用传播媒介来制造谈判舆论或气氛。大众传播媒介的形式从过去影响范围极小的口头传播、手抄传播,发展到现在的大规模的印刷传播,以及传播迅速、影响极其广泛的电子传播。

 **微型案例**

新一轮铁矿石谈判开局,中国需抓紧有利时机

在新一轮铁矿石谈判又要开局的时候,力推谈判"中国模式"的中钢协和三大矿山纷纷发出自己的声音,不过,却是针锋相对。铁矿石谈判前的暗战已经打响。

被视作新一轮铁矿石谈判前奏的中国钢铁原材料国际研讨会,于上周在青岛如期召开。三大矿山的中国区负责人并不在发言名单上,虽然只能旁听,他们却不甘寂寞。会议同期,三大矿山通过海外渠道放风说,铁矿石价格应该上调30%～35%。它们大幅调价的理由在于,中国经济的强劲复苏导致钢铁需求和产量急剧增长,进而导致铁矿石需求增加。此外,受美元持续贬值的影响,国际原油一度突破每桶80美元的高位,作为仅次于原油的第二大商品铁矿石,涨价也在情理之中。

主持铁矿石谈判的中钢协方面则对这种说法予以了反击。中钢协秘书长单尚华指出,在全球主要钢厂减少采购的情况下,铁矿石已由卖方市场变为买方市场,"目前还没有哪一个分析说明年铁矿供应紧张的"。与之相呼应的是,瑞典原材料集团负责人也在会上表示,铁矿石将过剩3亿～4亿吨。"要求涨价30%～35%有些过头,但认为铁矿石将过剩3亿～4亿吨也有些夸张。"北京钢联资讯总监徐向春表示,这或许就是双方的谈判策略,一方会报较高的卖价,一方会出较低的买价,但谈到最后都会妥协。

综合供需两方面情况看,徐向春认为,对于中钢协来说,新一轮铁矿石谈判的关键应该是抓紧有利时机,而不是像今年这样死守一条线,越拖越麻烦。

请思考:怎样利用传媒制造开局气氛?

任务二　商务谈判的开局策略

任务引入

美国一位著名谈判专家又一次替他的邻居与保险公司交涉赔偿事宜。谈判是在专家的客厅进行的,理赔员先发表了意见:"先生,我知道你是交涉专家,一向都是针对巨额款项谈判,恐怕我无法承受你的要价,我们公司若是只出100美元的赔偿金,你觉得如何?"

专家表情严肃地沉默着。根据以往经验,不论对方提出的条件如何,都应表示出不满意,因为当对方提出第一个条件后,总是暗示着可以提出第二个,甚至第三个。

理赔员果然沉不住气了:"抱歉,请勿介意我刚才的提议,我再加一点,200美元如何?"

"加一点,抱歉,我无法接受。"

理赔员继续说:"好吧,那么300美元如何?"

专家等了一会儿道:"300美元? 嗯……我不知道。"

理赔员显得有点惊慌,他说:"好吧,400美元。"

"400美元? 嗯……我不知道。"

"就赔500美元吧!"

"500美元? 嗯……我不知道。"

"这样吧,600美元。"

专家无疑又用了"嗯……我不知道",最后这件理赔案终于在950美元的条件下达成协议,而邻居原本只希望要300美元!

这位专家事后认为,"嗯……我不知道"这样的回答真是魅力无穷。

任务分析

谈判是一项双向的交涉活动,每方都在认真捕捉对方的反应,以随时调整自己原先的方案,一方干脆不表明自己的态度,只用"不知道"这个可以从多种角度去理解的短语,竟然使得理赔员心中没了底,价钱一个劲儿自动往上涨。美国谈判专家既然来参加谈判,就不可能对谈判目标不知道,"不知道"的真正含义是不想告诉你。

知识链接

任何商务谈判都是在特定的气氛中开始的,因而,谈判开局策略的实施都要在特定的谈判开局气氛中进行,谈判开局的气氛会影响谈判策略,与此同时,谈判的开局策略也会反作用于谈判气氛,成为影响或改变谈判气氛的手段。所以,当对方营造了一个不利于己方的谈判开局气氛时,谈判者可以采用适当的开局策略来改变这种气氛。

知识链接一 商务谈判的开局策略

谈判开局策略是谈判者谋求在谈判开局中的有利地位和实现对谈判开局的控制而采取的行动方式或手段。在正常情况下,谈判双方都是抱着实现自己合理利益而与对方坐在谈判桌前的,因而双方都希望能在一个轻松、愉快的气氛中进行谈判。商务谈判全过程,无时无刻不体现着策略的运用。谁率先掌握了准确而又详尽的信息,谁就很容易施展自己的谋略,掌握谈判的主动权,控制谈判的方向、节奏,更好地为自己的利益服务。实际上,在双方彼此寒暄的表情和言谈话语当中,就已展开了策略的较量。

在商务谈判策略体系中涉及谈判开局的具体策略是很多的。谈判人员为了促使谈判成功,形成一个良好的谈判气氛,在开局阶段应该做到:态度诚恳、真挚友好、务实灵活、求大同存小异,不纠缠枝节问题,努力适应双方的利益需要。下面结合谈判实例,通过分析方法,介绍几种典型的、基本的谈判开局策略。

(一)一致式开局策略

所谓一致式开局策略,是指在谈判开始时,为使对方对自己产生好感,以"协商""肯定"的方式,创造或建立起对谈判"一致"的感觉,从而使谈判双方在友好愉快的气氛中不断将谈判引向深入的一种开局策略。

现代心理学研究表明,人们通常会对那些与其想法一致的人产生好感,并愿意将自己的想法按照那些人的观点进行调整。这一研究结论正是一致式开局策略的心理学基础。

微型案例

1972年2月,尼克松总统应邀访问中国,在中国欢迎他的仪式上竟然听到了他十分喜爱的一支乐曲《美丽的亚美利加》,他原本没有想到在中国能听到这支赞美他家乡的乐曲,不禁为中国方面的热情友好所感动。中美的外交谈判也由此更增添了几分良好的气氛。

《美丽的亚美利加》乐曲,是人们针对特定的谈判对手,为了更好地实现己方的谈判目标而进行的一致式谈判策略运用,构成了谈判决策输入之后的谈判实际运作内容,直接与谈判终局相互联系,是承前启后、在谈判全过程中直接发生影响的重要一环,并以此成功地促进了谈判。

一致式开局策略的运用还有一种重要途径,就是在谈判开始时以问询方式或补充方式诱使谈判对手走入你的既定安排,从而在双方间达成一致和共识。所谓问询方式,是指将答案设计成问题来询问对方,如"你看我们把价格及付款方式问题放到后面讨论怎么样?"所谓补充方式,是指借以对对方意见的补充,使自己的意见变成对方的意见。采用问询方式或补充方式使谈判逐步进入开局。一致式开局策略可以在高调气氛和自然气氛中运用,但尽量不要在低调气氛中使用。一致式开局策略如果运用得好,可以将自然气氛转变为高调气氛。

运用这种方式应该注意的是,拿来征求对手意见的问题应是无关紧要的问题,即谈判对手对该问题的意见不会影响到己方的具体利益。另外,在赞成对方意见时,态度不要过于献媚,要让对方感觉到自己是出于尊重,而不是奉承。

(二)保留式开局策略

保留式开局策略是指在谈判开局时,对谈判对手提出的关键性问题不做彻底、确切的回答,而是有所保留,从而给对手造成神秘感,以吸引对手步入谈判。

 **微型案例**

有一家日本公司与我国福建省一家公司进行了接触,双方互派代表就投资问题进行谈判。谈判一开始,日方代表就问道:"贵公司的实力到底如何我们还不是十分了解,能否请您向我们介绍一下以增加己方进行合作的信心"。中方代表回答道:"不知贵方所指的实力包括哪几个方面,但有一点我可以明确地告诉您,造飞机我们肯定不行,但是制茶我们是内行,我们的制茶技术是世界第一流的。福建有着丰富的茶叶资源,我们公司可以说是'近水楼台'。贵公司如果与我们合作的话,肯定会比与其他公司合作得满意。"

采用保留式开局策略时不要违反商务谈判的道德原则,即以诚信为本,向对方传递的信息可以是模糊信息,但不能是虚假信息。否则,会将自己陷入非常难堪的局面之中。

保留式开局策略适用于低调气氛和自然气氛,而不适用于高调气氛。保留式开局策略还可以将其他的谈判气氛转为低调气氛。

(三)坦诚式开局策略

坦诚式开局策略是指以开诚布公的方式向谈判对手陈述自己的观点或想法,从而为谈判打开局面。坦诚式开局策略比较适合于有长期业务合作关系的双方,以往合作双方比较满意,双方彼此又互相了解,不用太多的客套,减少了很多外交辞令,节省了时间,直接坦率地提出自己的观点、要求,反而更能使对方产生信任感。采用这种开局策略时,要综合考虑多种因素,例如,自己的身份、与对方的关系、当时的谈判形势等。坦诚式开局策略有时也可用于谈判实力弱的一方。当己方的谈判实力明显不如谈判对方,并为双方所共知时,坦率地表明自己一方的弱点,让对方加以考虑,更表明己方对谈判的真诚,同时也表明对谈判的信心和能力。

 **微型案例**

北京某党委书记在同外商谈判时,发现对方对自己的身份持有强烈的戒备心理。这种状态妨碍了谈判的进行。于是,这位党委书记当机立断,站起来向对方说道:"我是党委书记,但也懂经济、搞经济,并且拥有决策权。我们摊子小,实力不大,但人实在,愿真诚与贵方合作。咱们谈得成也好,谈不成也好,至少您这个外来的'洋'先生可以交一个我这样的中国的'土'朋友。"寥寥几句肺腑之言,一下子就打消了对方的疑虑,使谈判顺利地向纵深发展。

坦诚式开局策略可以在各种谈判气氛中应用。这种开局方式通常可以把低调气氛和自然气氛引向高调气氛。

(四)进攻式开局策略

进攻式开局策略是指通过语言或行为来表达己方强硬姿态,从而获得谈判对手必要的尊重,并借以制造心理优势,使得谈判顺利地进行下去。采用进攻式开局策略一定要谨慎。因为,在谈判开局阶段就设法显示自己的实力,会使谈判开局就处于剑拔弩张的气氛中,对谈判的进一步发展极为不利。进攻式开局策略通常只在这种情况下使用,即:发现谈判对手在刻意制造低调气氛,这种气氛对己方的讨价还价十分不利,如果不把这种气氛扭转过来,将损害己方的切实利益。

微型案例

1982年9月23日撒切尔夫人访华,此时,号称"铁娘子"的撒切尔夫人刚刚打胜了马岛战争,使世界对英国刮目相看,也大大提高了撒切尔夫人在国内的威望和国际上的影响。英国首相与中国总理就香港问题举行会谈时,撒切尔夫人首先阐述英国立场,强调"有关香港的三个条约在国际法上仍然有效",只可通过协商加以修订,不可单方面予以废除。中国总理随后发言,拒绝了英国首相的主张,声明中国政府决定于1997年《新界租约》届满之际收回整个香港地区,在恢复行使主权的前提下,中国将实行一系列特殊政策。

撒切尔夫人同邓小平会晤时,仍坚持"三个条约有效论",坚持说英国管制下,香港才会繁荣,否则香港会大乱等言论。小平同志也同样对撒切尔夫人说了三个问题:一是主权问题,这个问题我们没有回旋的余地;二是1997年中国对香港恢复行使主权以后的安排问题;三是十五年过渡期间怎样为中国恢复行使主权创造条件的安排问题。小平同志还说,中国不是阿根廷,香港不是马尔维纳斯群岛。你说有可能波动,造成大的灾难,如果真的发生这种情况的话,我们就要有这个勇气来面对这个灾难。如果说中国把四化建设能否实现放在香港是否繁荣上,那么这个决策本身就是不正确的。"这个问题不能再拖了,最多两年的时间,我们就要宣布对香港的政策。"在谈判中,撒切尔夫人有意泄露有可能爆发第二个马岛战争的信息,妄图以此来威胁中国,没想到小平同志更加强硬地表示:我们不惧怕战争,跟英国人打仗,我们将会更早地行使对香港的主权。

强硬的撒切尔夫人没有想到邓小平在香港主权问题上的立场如此坚定,毫无通融余地,她深感碰上了对手。心中不由充满了失望和痛苦,回去后她对驻华大使柯利达说:邓小平真残酷啊。

知识链接二 策划开局策略应考虑的因素

不同内容和类型的谈判,需要有不同的开局策略与之对应。谈判开局策略的策划和运用要受到谈判双方的关系、双方的实力对比、谈判形势、谈判气氛营造等一系列因素的制约和影响,选择谈判开局策略,必须全面考虑这些因素,并且在实施时还要依据谈判经验对其进行调整。

一般来说,确定恰当的开局策略需要考虑以下几个因素。

(一)考虑谈判双方之间的关系

谈判双方之间的关系,主要有这几种情况:第一,双方过去有过业务往来,且关系很好;第二,双方过去有过业务往来,关系一般;第三,双方过去有过业务往来,但己方对对方印象不佳;

第四,双方过去没有业务往来。

(1) 如果双方在过去有过业务往来,且关系很好,那么这种友好的关系应作为双方谈判的基础,在这种情况下,开局阶段的气氛应是热烈、真诚、友好和轻松愉快的。

开局时,己方谈判人员在语言上应是热情洋溢的,内容上可以畅谈双方过去的友好合作关系,或两企业之间的人员交往,亦可适当地称赞对方企业的进步与发展;态度上应该比较自由、放松、亲切。在结束寒暄后,可以这样将话题切入实质性谈判:"过去我们双方一直合作得很愉快,我想这次我们仍然会合作愉快的。"

(2) 如果双方有过业务往来,但关系一般,那么开局的目标是要争取创造一个比较友好、和谐的气氛。

但是,此时,己方的谈判人员在语言的热情程度上要有所控制;在内容上,可以简单聊一聊双方过去的业务往来及人员交往,亦可说一说双方谈判人员在日常生活中的兴趣和爱好;在姿态上,可以随和自然。寒暄结束后,可以这样把话题切入实质性谈判:"过去我们双方一直保持着业务往来关系,我们希望通过这一次的交易磋商,将我们双方的关系推进到一个新的高度。"

(3) 如果双方过去有过一定的业务往来,但己方对对方的印象不好,那么开局阶段谈判气氛应是严肃、凝重的。

己方谈判人员在开局时,语言上在注意礼貌的同时,应该比较严谨甚至可以带一点冷峻;内容上可以就过去双方的关系表示不满和遗憾,以及希望通过磋商来改变这种状况;在态度上应该充满正气,与对方保持一定距离。在寒暄结束后,可以这样将话题引入实质性谈判:"过去我们双方有过一段合作关系,但遗憾的是并不那么令人愉快,我们希望这一次能成为一次令人愉快的合作。"

(4) 如果过去双方人员并没有业务往来,那么第一次的交往,应力争创造一个真诚、友好的气氛,以淡化和消除双方的陌生感以及由此带来的防备,为后面的实质性谈判奠定良好的基础。

因此,己方谈判人员在语言上,应该表现得礼貌友好,但又不失身份,内容上多以天气情况、途中见闻、个人爱好等比较轻松的话题为主,也可以就个人在公司的任职时间、负责的范围、专业经历进行一般性的询问和交谈,态度上是不卑不亢,沉稳中又不失热情,自信但不傲气,寒暄后,可以这样开始实质性谈判:"这笔交易是我们双方的第一次业务交往,希望它能够成为我们双方发展长期友好合作关系的一个良好开端。我想,只要我们共同努力,我们一定会带着满意而归"。

(二) 考虑双方的实力

就双方的实力而言,不外乎以下三种情况:

(1) 双方谈判实力相当,为了防止一开始就强化对手的戒备心理和激起对方的对立情绪,以致影响实质性谈判,在开局阶段,仍然要力求创造一个友好、轻松、和谐的气氛。己方谈判人员在语言和姿态上要做到轻松而不失严谨、礼貌而不失自信、热情而不失沉稳。

(2) 如果己方谈判实力明显强于对方,为了使对方能够清醒地意识到这一点,并且在谈判中不抱过高的期望值,从而产生威慑作用,同时,又不至于将对方吓跑,在开局阶段,语言和姿态上既要表现得礼貌友好,又要充分显示出己方的自信和气势。

(3) 如果己方谈判实力弱于对方,为了不使对方在气势上占上风,从而影响后面的实质性谈判,开局阶段,在语言和姿态上,一方面要表示出友好、积极合作;另一方面也要充满自信,举止沉稳,谈吐大方,使对方不至于轻视我们。

(三)考虑谈判策略的需要

为了先入为主给对方施加某种影响,获得某种开局效果,谈判者有意营造某种谈判气氛,以赢得谈判的主动权。

任务三 引起谈判对手注意与兴趣的技巧

任务引入

金地建筑公司承包了一项古建筑的修复工程,要在指定的日期之前完工。开始工程进行得很顺利,不料在接近完工阶段,负责供应装饰用摆放的石雕承包商突然宣布,他无法如期交货。这样一来,整个工程都要耽搁了,要付巨额罚金,要遭受重大损失。于是,长途电话不断,双方争论不休。一次次交涉都没有结果。金地公司只好派李先生前往石雕承包商所在的县城。李先生一走进那位承包商的办公室,就微笑着说"你知道吗?在这个地方随便一问,就有人知道你的名字。我一下火车就打听你,想找到你的地址,结果我很惊讶,几乎人人都知道你的工厂,而且知道你们家族的历史,还说你的石雕刻得非常好,我就顺利地找到了你。"

"是真的吗?我一向不知道。"承包商兴致勃勃地而且有些骄傲地说:"我们祖上从河北移居这里,已经有200多年了。"他继续谈论他的家族及祖先曾经为宫廷雕刻过石刻。当他说完之后李先生就称赞他居然拥有一家这么大的工厂。承包商说:"这是我花了一生的心血建立起来的事业,我为它感到骄傲。你愿不愿到车间里去参观一下?"李先生欣然而往。在参观时,李先生一再称赞他的组织制度健全,机器设备独特,这位承包商高兴极了。他声称这里有些机器还是他亲自发明的呢!到了中午,承包商坚持要请李先生吃饭。

到此为止,李先生一次也没有提起此次访问的真正目的。吃完午餐,承包商说:"现在,我们谈谈你的目的吧。我知道你这次来的目的。但我没有想到我们相会竟是如此愉快。你可以带着我的保证回去了,我保证你们要的材料如期运到。我这样做,虽然会给另一笔生意带来损失,不过我认了。"

李先生轻而易举地获得了他所急需的东西。那些石材及时运到,使工程在契约期限届满的前一天完工了。

任务分析

引起谈判对手的注意和兴趣,这是在谈判开局阶段使谈判能够顺利深入进行下去的"润滑剂"。如果本方谈判人员能够引起谈判对手的兴趣,那么,他们就可能以此为契机替公司争取更多的利益;如果本方谈判人员不能引起谈判对手的兴趣,那么,他们将很难从谈判对手那里获取利益;如果谈判双方对对方的问题均不感兴趣,谈判就有可能走向破裂。本例中李先生与石雕承包商谈判时,不讲谈判目的,反而先谈起承包商的家族历史,引起了承包商的兴趣,谈判顺利进行,轻而易举地达到了谈判的目的。

知识链接

要引起谈判对手的兴趣,首先应该了解对方的"兴趣点",即对方最为关心的问题。了解对方"兴趣点"的工作通常是在谈判准备阶段进行。不过在谈判开始后,谈判双方通过接触还可以继续进行摸底。其次还要了解对方具体谈判人员的性格,这样才能够做到"对症下药",针对不同的对手采用不同的引起谈判对手注意与兴趣的方法。那么引起谈判对手注意与兴趣的技巧有哪些?这将是本任务讲述的内容。

知识链接一　夸张法

夸张法是指对谈判对手所关心的兴趣点以夸张的方式进行渲染,从而引起谈判对手的兴趣或注意。应该注意的是,夸张要有现实做基础,即夸张不能偏离实际情况太远,而且要多使用模糊语言。否则,谈判对手会用己方的夸张语言为依据向己方施压,使己方处于不利境地。

知识链接二　示范法

若要使对方对你的谈话发生兴趣,你就必须使他们清楚地意识到他们接受你的建议后会得到好处。这种说法相当富有哲理,但在实际谈判活动中,它又往往被人们所忽略。为了尽快引起对方的兴趣,你可以在谈判开局就向对方介绍你的产品具有哪些优点,同时还必须证明你的产品确实具有这些优点。将杯子扔到坚硬的地面上看它是否能被摔坏,这种方法比任何口头宣传都更具有说服力。如果你的油漆没有异味,那你就不必费口舌,让对方亲自闻一闻,然后再让他闻一闻气味浓重的竞争产品,这样示范的结果就会堵住对方的嘴,使他无话可说。在事实面前,他只能相信这种产品质量可靠。因此,示范是谈判者向对方提供的一种有说服力的证据。

知识链接三　创新法

谈判人员的目标和方法可以与别人不同,由于有这种不同才能引起对方的注意。谈判的方式不能仿效他人,特别是不能仿效你的竞争者,而且要尽可能与他们保持一定的距离。如果所有谈判者都采用同一种谈判方法,那么这种方法就会逐渐失去其效果。所以,谈判者必须开创一条新路,不然你就会回到老路上去。

商务谈判者所应坚持的不同表现在三个方面:与别人不同;与你的过去不同;与对方的设想不同。在制订洽谈计划时,要充分考虑提问式方法的优点。问题提得好可以使对方惊叹不已,引起他的注意,促使对方回答,推动会谈顺利展开。所以,实用、新颖的会谈方式也是引起对方注意的好办法,它有出其不意、引人入胜的效果。

知识链接四　竞争法

竞争法是指利用谈判对手的竞争心理,故意提及其竞争对手,以此来使其对自己的话题感兴趣。这种方法通常在谈判对手实力很强,而自己又有求于他们的情况下使用。

 **微型案例**

有一位杂志社的出版商,他在创立自己的刊物时资金短缺,他希望能通过刊登广告的方式筹集资金。于是他来到一个写字楼,一家公司接一家公司地推销其杂志广告。但是,由于他们的杂志是新办的,人们对它缺乏信心,因此,其推销工作十分艰难。在推销过程中,这个杂志出版商了解到这个写字楼最上面两层分别被两家不同的房地产公司包租了,这两家公司互为对手,竞争十分激烈。于是,他走进了其中一家公司,问他们是否愿意购买自己的广告版面,公司经理说对他的杂志不感兴趣。他扭头便往外走,边走嘴里边说:"看来还是楼上的先生(即楼上房地产公司的老板)更精明些。"这位经理一听,赶快把他叫了回来,问道:"楼上那伙人购买你

的广告了吗?"这位出版商耸了耸肩说:"这是商业秘密,等杂志出版后你就会知道的。"这位房地产公司的经理想了想说:"那么好吧,请把您准备的广告合同给我看一下。"就这样,这位杂志出版商获得了一份大买卖。用同样方法,他又使得楼上的房地产公司也购买了他的广告版面。

小贴士:竞争法是建立在广泛收集信息基础上的。只有广泛地收集信息,透彻地了解谈判对手的各种资料,尤其是在市场中所处地位的资料,才可能有效地使用竞争法引起谈判对手的兴趣。

知识链接五　利益诱惑法

利益诱惑法是指在不影响己方根本利益的情况下,对谈判对手所关心的"兴趣点"进行较大程度的利益让步,以此来引起对方的兴趣或注意。通常来讲,谈判对手最关心的兴趣点就是价格,因此,利益诱惑法通常都是围绕价格做文章。

可见,要引起谈判对手的兴趣,首先应了解对方的"兴趣点",即对方最为关心的问题。其次要了解对方具体谈判人员的性格,这样才能够做到"对症下药"。

复习思考题

一、案例分析

案例一

某公司的推销组赴日本某公司谈判,他们到达会议室时,门口站着一位小姐和几位日本公司代表。由于是第一次到该公司,中方谈判组长不认识对方人员,看小姐第一个站在门边,于是就按离门远近的次序挨个与对方人员握手。其小组成员也就这么握手后进了会议室。

案例讨论题:

1. 该组人员这样进入会议室有什么问题吗?
2. 日本方面应该怎么做可使双方均感到方便呢?

案例二

德国某公司的谈判组到中国某公司谈判。在进入正式谈判阶段后,中方主谈人要求德方将一些数据写到白板上。德方主谈走到白板前书写,写完后即回原位,不想脚下绊着投影仪电缆,差点摔倒,会议室一片哗然。德方代表满脸通红,连说:"对不起"。

案例讨论题:

1. 中方的会场安排是否有问题?
2. 德方对此"事件"是否有文章可做?

二、问答题

1. 谈判开局阶段的主要任务是什么?
2. 谈判开局气氛有几种?
3. 如何营造适宜的开局气氛?
4. 常用的谈判开局策略有哪些?各有何特点?
5. 策划谈判开局策略应考虑哪些因素?

项目五　商务谈判的磋商

知识目标

了解报价的原则和报价技巧,掌握讨价还价的基本策略;了解让步的意义和原则并掌握让步及迫使对方让步的方式,为最终谈判成功奠定基础,报价标志着商务谈判进入实质阶段,是商务谈判中非常关键的一步。

素质目标

学生对商务谈判过程有一个正确认识,具有谈判报价、讨价还价、让步等基本素质,并具有相应的语言沟通表达能力和分析解决问题的能力。

技能目标

通过学习和训练,学生能学会在商务谈判中合理报价和讨价还价,运用所学的各种策略实现己方的谈判目标,并最终与谈判对手实现共赢。

此项目内容预习完后,让两个或两组学生结成一对,提前设计一个谈判磋商的简单案例,进行5~8分钟的谈判磋商,然后其他同学帮其总结优点和不足,老师最后点评,锻炼学生的组织能力和语言表达能力。

谈判的磋商阶段是指谈判开局以后到谈判终局之前,谈判双方就实质性事件进行磋商的全过程,是谈判的中心环节,该部分包括报价、讨价还价和让步等内容。

任务一　报　价

任务引入

史蒂夫的销售报价策略

史蒂夫是爱姆垂旅店的董事会成员,但是旅店的地理位置实在不理想,董事会曾委派一个小组委员会,调查了将爱姆垂旅店从萨默维尔迁到一个安静的、半居住性的社区的可能性。但从财务上看,搬迁是不可行的,因而搬迁的想法就被打消了。几个月以后,一位名叫威尔逊的先生找到爱姆垂旅店的经理——彼得斯夫人。威尔逊表示他的公司愿意买下爱姆垂旅店。

董事会委派史蒂夫去办理这项有希望的交易。史蒂夫根据对威尔逊的商业往来所做的一些调查,认为他是一位有信誉的合法商人。史蒂夫意识到,威尔逊想买爱姆垂旅店,可能是想在这里建造公寓。威尔逊希望马上讨论价格问题,而史蒂夫则需要两个星期来做这些谈判准备工作。

史蒂夫初步确定旅馆的开盘价格

在接下来的 12 天里,史蒂夫做了几件事。首先,他想要确定爱姆垂旅店的保留价格或能够轻易成交的价格。史蒂夫得知,位于梅德福和位于奥尔斯顿的两个地点是可以用一个合适的价格买到的。他得知:梅德福的那块房地产可以 175 000 美元的价格买下来,奥尔斯顿的那块可以 235 000 美元的价格买下来。

史蒂夫断定,爱姆垂旅店搬迁到梅德福至少需要 220 000 美元,而搬迁到奥尔斯顿则至少需要 275 000 美元。奥尔斯顿的那个地点(需 275 000 美元)比梅德福的那个地点(需 220 000 美元)好得多,而后者又比现在爱姆垂旅店的这个好。所以史蒂夫决定,他的保留价格是 220 000 美元。史蒂夫下一步又调查,如果在市场上公开销售,爱姆垂旅店可能大约仅值 125 000 美元。

史蒂夫和他的朋友了解到售价的高低很大程度上取决于这些开发商的意图。史蒂夫断定,威尔逊的保留价格是 275 000~475 000 美元。

史蒂夫对报价策略的选择

史蒂夫应采取什么样的开局策略?谁应当首先报价呢?如果威尔逊坚持让史蒂夫首先报价,史蒂夫应该怎么办?如果威尔逊开价×千美元,史蒂夫应该怎样还价?有没有任何明显的圈套应该避免?

史蒂夫决定试着让威尔逊首先报价,如果不成功,或一开始就被迫首先报价,他就使用大概的价格 750 000 美元。史蒂夫曾想过一开始就报出 400 000 美元的价格,并在一段时间里坚持不变。但是经商量后他们认为有 40%的概率这个价格会低于威尔逊的保留价。如果威尔逊首先报价,史蒂夫将不让他有时间仔细考虑他的报价,而将迅速做出反应,立即给出一个还价,比如说 750 000 美元,让对方在心理上觉得他的报价太低了。

史蒂夫的朋友告诉他,一旦两个报价都拿到了桌面上,那么自然可以预料到,最终的合同价格就在这两个报价之间。假如威尔逊的报价是 200 000 美元,史蒂夫的还价是 400 000 美元,则最终价格一般为 300 000 美元。作为先开价者,史蒂夫认为最后能卖到 350 000 美元就很不错了,而且他当然记得自己的保留价格只是 220 000 美元。

第一轮的较量

当第一轮谈判结束后,史蒂夫认为他简直经历了一场灾难,而且接下来,他甚至不敢断定会有第二轮谈判。谈判一开始,双方说了几句幽默的笑话和几句客套话。接着威尔逊就说:"请告诉我,你们能够接受的最低条件是什么。好让我看看是否能再做点什么。"史蒂夫已料到了这样的开场白,没有直接回答,他问道:"为什么不告诉我们,你愿意出的最高价格,好让我来看看是否能再削减点价格。"威尔逊被逗笑了,并报出了他的开盘价格 125 000 美元,而且首先讲了在萨默维尔那个地区许多房地产买卖的实例,作为支撑他的证据。史蒂夫立即回答说,爱姆垂旅店完全可以卖得比这个价格高,再说他们一点儿也不想搬迁。只有当他们能够搬到更安静的地方时,他们才可能考虑搬迁。但是在环境安静的地方,房地产价格是很高的。史蒂夫最后提出,只有售价 600 000 美元,才可能抵消这次麻烦的搬迁。史蒂夫之所以选择这个价格,是因为他心里盘算着 150 000 和 600 000 美元的中间值,高于所期盼的 350 000 美元。威尔逊反驳道,这个价格根本不可能被接受。双方让了一点儿步,最后决定休会。

相互让步直到协议的达成

在以后的两天中,双方各做了一些让步。威尔逊逐渐将报价提高到290 000美元,最后停在确定的报价300 000美元。史蒂夫则从475 000美元降到425 000美元,又降到400 000美元。然后当威尔逊强硬地停在300 000美元时,他又"费力地"降到了350 000美元。史蒂夫最后停止了谈判,并告诉威尔逊,他将必须与董事会的主要成员取得联系,看看是否可以突破350 000美元的界限。

第二天,史蒂夫给威尔逊打了一个电话,向他解释说,旅店对是否接受300 000美元的报价有不同意见。"您的公司能不能再多出一点儿?如果咱们的买卖做成了,您的公司能否免费为爱姆垂旅店新买的房子提供相当于30 000美元或40 000美元的装修工作?要是这样的话,我可以接受300 000美元的报价。"威尔逊回答说,他非常高兴董事会能明智地接受他的300 000美元的慷慨报价,但是不会提供装修工作。

"那么好吧,"史蒂夫回答道,"如果您的公司能为爱姆垂旅店提供一笔免税的赞助,比如说40 000美元的赠款,专供帮助急需的旅客,这也确实是一种帮助。"

"噢,这倒是个主意!40个格兰德(grand,美俚语,一千美元)太多了,但我可以问问我们的律师,是否捐赠20个格兰德。"

"25个怎么样?"

"好吧,就25个。"

结果,根据法律,威尔逊的公司要直接付给爱姆垂旅店325 000美元。

任务分析

从本案例中可以明显看出报价准备工作的重要性。在实际谈判中,当买方准备以某种比较高的价格买进对方的某种商品时,如果卖方报价比较低,那么买方就会欣然接受,或乘机迅速以卖方所报的价格为起点,争取进一步压价,使卖方处于被动地位。如果买方先报了价,并以某种比较高的价格准备买进对方的某种商品时,卖方听到的报价比自己预设的卖价偏高,则会欣然接受,或乘机以买方所报价格为起点,争取进一步抬价或提出其他附带要求,其结果使买方陷于不利境地。报价的提出及实现不是孤立的和一厢情愿的问题,是综合了多方面因素和双方条件的结果,因此所有的谈判者在报价问题上必须采取认真、审慎的态度,做好各项准备工作。这些准备工作概括起来就是全面、准确地掌握报价的依据。

知识链接

报价标志着商务谈判进入实质性阶段,也标志着双方的物质性要求在谈判桌上"亮相"。报价是商务谈判过程中非常关键的一步,谈判成功与否,都与报价是否恰当密切相关。同时,它与谈判双方在价格谈判合理范围内的盈余分割息息相关,对实现己方既定的谈判目标具有举足轻重的意义。

知识链接一 报价的原则

由于报价的高低会对整个谈判进程产生实质性的影响,因此要成功地进行报价,谈判人员必须遵守一定的原则。

通过反复比较和权衡,设法找出报价者所得利益与被接受的概率之间的最佳结合点。然而,这仅仅是就报价的一般性原则进行的分析。在实际的商务谈判过程中,由于谈判双方的状况以及谈判环境的复杂性,很难确定这样一个最佳的、理想的报价。但谈判者应把握这一原则的精神实质,尽可能精确地估计对方可接受的报价范围,根据不同的形势采用灵活的报价策略,力争在实际谈判过程中使报价接近理想的报价。

具体来说,报价应遵守以下几项原则。

(一)卖方最高价而买方最低价原则

对卖方来讲,报价起点要高,即"可能的最高价",相应地,对买方来讲,报价起点要低,即"可能的最低价",这是报价的首要原则。

请思考:为什么对卖方来讲报价起点要高?

微型案例

一位工会职员就要求增加工资一事向厂方提出了一份书面要求,一周后,厂方约他谈判新的劳资合同。令他吃惊的是,一开始厂方就花很长时间向他详细介绍销售及成本情况,反常的开头叫他措手不及。为了争取时间考虑对策,他便拿起会议材料看了起来。最上面一份是他的书面要求。一看他才明白,原来是在打字时出了差错,将要求增加工资12%打成了21%。难怪厂方小题大做了。他心里有了底,谈判下来,最后以增加工资15%达成协议,比自己的期望值高了3个百分点。看来,他原来的要求太低了。

可见,在某种情况下,只要能言之有理,即使是不太合理的报价有时也能有望成功。

(二)开盘价必须有根有据,合乎情理

开盘价要报得高一些,但绝不能漫天要价、毫无根据,它同时必须合乎情理,要能够讲得通。如果报价过高,又讲不出道理,对方必然会认为你缺少谈判的诚意,或者中止谈判扬长而去;或者以其人之道还治其人之身,相对地来个"漫天杀价";或者对方一一提出质问,而你无言可答,从而使自己丢脸,丧失信誉,并且会很快被迫让步。在这种情况下,有时即使你将交易条件降到比较公平合理的水平上,对方仍会认为尚有"水分"可挤而穷追不舍。

经验证明,开盘价对最终成交水平具有实质性的影响。开盘价高,最终成交的水平也就比较高。换言之,我们在开盘时要求越高,最终所能得到的往往也就越多。

(三)报价的表达应该坚定、明确、完整,不加解释和说明

开盘报价要坚定而果断地提出,没有保留,毫不犹豫,这样才能给对方留下己方是认真而诚实的印象。欲言又止、吞吞吐吐必然会导致对方的不信任。报价要非常明确清楚,以便对方准确地了解己方的期望,含糊不清易使对方产生误解。报价时不要对所报价格做过多的解释、说明和辩解,没有必要为那些合乎情理的事情进行解释和说明,因为对方肯定会对有关问题提出质询的。如果在对方提问之前,己方主动地加以说明,会使对方意识到这是己方最关心的问题,这种问题有可能对方过去尚未考虑过。有时过多的说明和辩解,会使对方从中找出破绽或突破口。

(四)报价的解释应坚持不问不答、有问必答、避虚就实、能言不书的原则

通常情况下,一方报价完毕之后,另一方会要求报价方进行价格解释。在进行价格解释时,必须遵循一定的原则,即不问不答、有问必答、避虚就实、能言不书的原则。

(1)不问不答。不问不答是指买方不主动问及的问题不要回答。其实,买方未问到的一切问题,都不要进行解释或答复,以免造成言多有失的后果。

（2）有问必答。有问必答是指对对方提出的所有有关问题，都要一一做出回答，并且要很流畅、很痛快地予以回答。经验告诉人们，既然要回答问题，就不能吞吞吐吐、欲言又止，这样极易引起对方的怀疑，甚至会提醒对方注意，从而穷追不舍。但是，对所提出的问题回答到何种程度，如何回答等，这其中有很多策略和技巧，具体内容可参考其他章节。

（3）避虚就实。避虚就实是指对己方报价中比较实质的部分应多讲一些，对于比较虚的部分，或者说水分含量较大的部分，应该少讲一些，甚至不讲。

（4）能言不书。能言不书是指能用口头表达和解释的，就不要用文字来书写，因为当自己表达中有误时，口述和笔写的东西对自己的影响是截然不同的。有些国家的商人只承认笔上的信息，而不重视口头信息，因此要格外慎重。

知识链接二　报价的形式

（一）报价需要考虑的因素

报价决策不是由报价一方随心所欲制定的。报价的有效性首先取决于双方价格谈判的合理范围，同时，还受市场供求状况、竞争等多方面因素的制约。因此，报价决策是根据所搜集、掌握的来自各种渠道的商业情报和市场信息，对其进行分析、判断，在预测的基础上加以制定的。掌握市场行情是报价的基础，市场行情的内涵包括许多方面，但就制定报价策略、掌握报价幅度这一目的而言，成本、需求、品质、竞争、政策等因素应是着重研究的内容。

1. 成本因素

成本是影响报价的最基本因素，商品的报价是在成本的基础上加上合理的利润。当商品的报价一定时，成本的高低直接影响着经营成果，成本越低，盈利越多；成本越高，盈利越少。低于成本的报价会导致经营的亏损。当商品的成本一定时，降低报价是增强商品的竞争能力，占领市场、战胜竞争对手的行之有效的方法。因此，在决定商品的报价时，不仅要考虑现在的成本、将来的成本，以及降低成本的可能性，而且要考虑竞争对手的成本。要依据有关成本资料，恰当地报出商品的价格。

2. 需求因素

市场需求对价格最为敏感。在一般情况下，商品价格提高，会使需求量减少；反之，商品价格下降，会使需求量增加。市场需求与价格之间的这种关系可用需求价格弹性来反映。需求价格弹性是指某种商品的需求量对价格变动的反应灵敏程度。如果某商品的价格稍加变动，而引起对该商品的需求量有较大变动，则认为需求弹性大；反之，则认为需求弹性小。一般来说，需求弹性大的商品，报价提高，总收入减少；报价降低，总收入增加。而需求弹性小的商品，报价提高，总收入增加，报价降低，总收入不减少，降价并不能刺激需求。因此，企业在确定商品报价时，必须先确定该商品的需求弹性大小，然后再考虑对某种商品的报价提高或降低，以求得总收入的增加或者减少。

3. 品质因素

商品的品质是指商品的内在质量和外观形式。它是由商品自然属性决定的，包括品种、质量、规格、花色、等级、式样等特性，商品的不同特性具有不同的使用价值或用途，可以满足消费者不同的需要。商品的品质是消费者最关心的问题，也是谈判双方必须洽商的问题。因此，商品的报价必须考虑商品的品质，要按质报价。

4. 竞争因素

商品竞争激烈程度不同，对报价的影响也不同。竞争越激烈，对报价影响也就越大。由于竞争影响报价,因此要做好报价,除了考虑商品成本、市场需求及品质外,还必须注重竞争对手的价格,特别是竞争对手的报价策略以及新的竞争对手的加入。

5. 政策因素

每个国家都有自己的经济政策,对市场价格的高低和变动都有相应的限制和法律规定。同时,国家还利用生产、市场、货币、金融、海关等经济手段间接调节价格,因而商品的报价必须遵守国家政策要求。例如,国家对某种商品的最高限价和最低限价的规定就直接制约着报价的高低。在国际贸易中,各国政府对价格的限制就更多了,卖方更应了解所在国对进口商品的限制,并以此作为自己报价的依据。在国际市场中,垄断组织也常常采用各种手段对价格进行调节。他们利用竞争,通过限制或扩大商品生产和销售,巧妙地利用库存和其他方式,造成为己所需的供求关系,以此来调节价格。

此外,还应注意的是在报价时,对方的内行程度、对方可能的还价、谈判双方相互信任的程度及合作的前景、交易的次数等都应是报价时考虑的因素。

(二) 根据报价的方式,分为书面报价和口头报价

1. 书面报价

书面报价通常是指谈判一方事先提供了较详尽的文字材料、数据和图表等,将本企业愿意承担的义务,以书面形式表达清楚,使对方有时间针对报价做充分的准备,使谈判进程更为紧凑。但书面报价的白纸黑字,客观上成为该企业承担责任的记录,限制了企业在谈判后期的让步和变化,况且文字的东西缺少口头表达的"热情",在翻译成另一种文字时,精细的内容不容易翻译出来。因此,对实力强大的谈判者,书面报价是有利的,至少双方实力相当时,可使用书面报价,实力不强的谈判者就不宜采用书面报价,而应尽量采取一些非书面报价的谈判形式。

2. 口头报价

口头报价具有很大的灵活性,谈判者可以根据谈判的进程,来调整变更自己的谈判战术,先磋商,后承担义务,没有义务约束感。口头报价,可充分利用个人沟通技巧,利用情感因素,促成交易达成。察言观色、见机行事,建立某种个人关系,来寻求谈判气氛,是这种方式的最大长处。当然,如果谈判人没有娴熟的沟通技巧和经验,则容易失去议题的头绪,而转向枝节问题,容易因没有真正地理解而产生误会,也容易使对方有机会进行反击。一些复杂的要求,如统计数字、计划图表等,难以用口头阐述清楚。此外,由于对方事先对情况一无所知,他就有可能一开始很有礼貌地聆听企业的交易条件,然后就退出谈判,直到他准备好了如何回答才回来谈判,因而影响谈判进度。为了克服口头报价的不足,在谈判前可以准备一份印有本企业交易重点、要点,某些特殊要求,各种具体数字、简明表等,形成一个谈判大纲,以供谈判时有一个大致的轮廓可循,不致在谈判时丢三落四,乱了阵脚。

另外,介于书面报价和口头报价之间的一种报价形式是以书面方式提出报价并准备做口头补充。

 **微型案例**

某单位预购进计算机500台,为产生批量效益,先打出求购100台的采购合同,商家纷纷而至。该单位将面谈的情况和网上查询的信息综合分析,得到一个很重要的提示:近期市场行情可能处于价格下滑期,延期采购可能更为有利,这就为进一步了解市场提供了时间保障。接

着,该单位采用电子商务方式,利用网络优势展开深入的市场调查,并将采购规模分为100台、300台、500台三个批量,要求供应商将各批量的优惠价格、供货时间、分期付款的条件、保修期限等关键条款以电子邮件的形式传过来,从中选出三位供应商,再来单位面谈,最后以低于市场价15％的优惠价和两年内分三次等量分期付款签订了500台计算机的采购合同。

可见,该报价方式突出的优点是有了书面文件,便于对方理解,不至于延误谈判,但由于书面提出的交易条件不是终局性的,往往使对方了解了更多的本企业准备履行的义务,从而可能不利于己方讨价还价。

(三) 根据报价的战术,分为欧式报价术与日式报价术

1. 欧式报价术

欧式报价战术与前述的有关报价原则是一致的。其一般的模式是,首先提出留有较大余地的价格;然后根据买卖双方的实力对比和该笔交易的外部竞争状况,通过给予各种优惠,如数量折扣、价格折扣、佣金和支付条件上的优惠(如延长支付期限、提供优惠信贷等)来逐步软化和接近买方的市场和条件,最终达成成交的目的。

上述报价的战术,为欧洲等西方国家所经常采用,故称为欧式报价术。实践表明,这种报价方法只要能够稳住买方,往往会有一个不错的结果。

2. 日式报价术

这是日本商人经常运用的报价方法,故称为日式报价术。日式报价战术一般的做法是将最低价格列在价格表上,以求首先引起买主的兴趣。由于这种低价格一般是以对卖方最有利的结算条件为前提条件的,并且在这种低价格交易条件下,各个方面都很难全部满足买方的需求,如果买主要求改变有关条件,则卖主就会相应提高价格。因此,买卖双方最后成交的价格,往往高于价格表中的价格。

请思考:人们都说日式报价在面临众多外部对手时,是一种比较艺术和策略的报价方式,为什么?

知识链接三　报价的顺序

报价的顺序即谈判双方谁先报价,这是一个先发制人还是后发制人的策略选择,报价的先后顺序在某种程度上对谈判结果会产生一定的影响。因此,这个问题需要引起每一个谈判者的重视。

在商务谈判中,究竟是先报价有利还是后报价有利？实践证明,先报价既有利,也有弊。

微型案例

专家也会犯错

有家跨国公司与盖温联系,请他为公司的高级经理办一次有关谈判问题的两小时研讨会。公司董事长事前约见了他,征询对研讨会讨论主题的意见,盖温扼要讲了对于谈判者而言最不该做的事是接受对方的第一次出价的观点。董事长极表赞同,说:"这个主题好,能使我的人受益匪浅。"接下来还谈了些其他细节,他要盖温放手去做,临告别时,盖温提到了报酬问题。

董事长问:"你想要多少?"

盖温说:"通常都是一天一千八百镑。"心想他大概会嫌要价太高。

哪知他回答得很痛快:"成!请开发票来。"

至今,盖温还是搞不清该要多少劳务费才算合适。

(一)先报价的利弊

在商务谈判中,不管是出于自愿、主动,还是应对方的请求,总有一方要先报价。先报价的好处可以归纳如下:

(1)先报价能够先声夺人,先报价比反应性报价显得更有力量,更有信心。这种建立在谈判人员详尽地调查了解、报价准备比较充分的基础上的力量和信心,可以使己方首先在气势上压倒对方,同时也首先表明欲达到的目标。

(2)先报价的价格将为以后的讨价还价树立起一个界碑,这个界碑把对手的期望限制在一个特定的范围内。一旦起始报价摆到了桌面上,对方讨价还价就只能以此为起点,不可能要求报价一方在更优惠的条件上后退。

(3)先报价可以占据主动,先施影响,并对谈判全过程的所有磋商行为持续发挥作用。

然而,先报价的不利之处也是显而易见的:

(1)当己方对市场行情及对手的意图没有足够了解时,贸然先报价,往往起到限制自身期望值的作用。对方则可根据己方提供的数据、材料和所掌握的各种信息自由地调整他的期望值,从而获得他本来不曾想、不敢想或估计很难得到的一些好处。

(2)先报价的一方由于过早地暴露了自己手中的牌,处于明处,为对方暗中组织进攻,逼迫先报价一方沿着他们设定的道路走下去提供方便。

(二)报价顺序的实际运用

关于先后报价孰优孰劣,要根据特定条件和具体情况灵活掌握。一般地说,应注意以下几点。

1. 考虑自身实力

如自身实力强于对方,或者在谈判中处于主动地位,己方先报价为宜(尤其是对方对本行业不熟悉时);反之可考虑后报价,以观察对方并适当调整己方的实际期望目标。

2. 考虑冲突或合作程度

在冲突程度高的谈判场合,"先下手为强";在合作程度高的场合,谁先出价则无所谓。

3. 考虑对手实力

如对手是谈判高手,则让对方先报价,避免让对方剥茧抽丝。

另外,商务性谈判的惯例如下:

(1)发起谈判者与应邀者之间,一般应由发起者先报价。

(2)投标者与招标者之间,一般应由投标者先报价。

(3)卖方与买方之间,一般应由卖方先报价。

知识链接四 报价策略

商务谈判的报价是不可逾越的阶段,只有在报价的基础上,双方才能进行讨价还价。报价之所以重要,就是因为报价对讨价还价乃至整个谈判结果产生实质性影响。基于这一点,我们把报价作为策略来研究。

(一)报价时机策略

在价格谈判中,报价时机也是一个策略性很强的问题。

1. 让对方充分了解商品和能为对方带来收益

当卖方的报价比较合理,但却并没有使买方产生交易的欲望,原因往往是买主首先关心的是此商品能否给他带来价值,带来多大的价值,其次才是带来的价值与价格的比较。所以,价格谈判中,应当首先让对方充分了解商品的使用价值和能为对方带来多少收益,待对方对此产生兴趣后再谈价格问题。实践证明,提出报价的最佳时机,一般是对方询问价格时,因为这说明对方已对商品产生了购买欲望,此时报价往往水到渠成,比较自然。

2. 把握好提出报价的最佳时期

在谈判开始的时候对方就询问价格,这时最好的策略应当是听而不闻。因为此时对方对商品或项目尚缺乏真正的兴趣,过早报价会增加谈判的阻力。这时应当首先谈该商品或项目的功能、作用,能为交易者带来什么样的好处和利益,待对方对此商品或项目产生兴趣,交易欲望已被调动起来时再报价比较合适。当然,对方坚持即时报价,也不能故意拖延;否则,就会使对方感到不受尊重甚至反感,此时应善于采取建设性的态度,把价格同对方可获得的好处和利益联系起来,一起介绍效果较好。

总之,报价时机策略,往往体现在价格谈判中相对价格原理的运用,体现着促进积极价格的转化工作。

(二) 巧用成交记录策略

通过设立有利于己方的价格参照表和相关的优势与劣势比较,为己方报价提供有力的证据。或者利用已成交者最高成交的记录单(订单或交货单)让客户知道,一样的产品己方报价比给其他买家要低很多。这是一种比较简单的做法,也是对一般客户常用的方法,但对顽固的客户此方法就不能使用。

 **微型案例**

有一个做粮油贸易的商人,是一个大批发商。他经常从北方购进玉米,卖到南方小规模的饲料加工厂。每当他以较低的价格买进后,便分别拜访那些饲料加工厂的负责人,并且开出价格单给对方。他拜访的时间多选择在中午,并且很自然地或请对方吃饭,或被对方请。按习惯,吃饭时喝一点儿酒是正常的,而他是有酒必喝,喝酒必醉。醉后失态,神志不清,结果把其他人给他的还价单也"忘"在饭桌上的公文包内,恍惚而返。到了晚上才打电话给对方,当然是索要他的文件包了,同时提及成交价格。通常,那些饲料加工厂的负责人以为他真的醉了,常常会以大大高于他的成交底价的价格与他达成最终协议。

请思考:该案例中商人成功的秘诀是什么?

(三) 报价差别策略

由于购买数量、付款方式、交货期限、交货地点、客户性质等方面的不同,同一商品的购销价格也不同。这种价格差别,体现了商品交易中的市场需求导向,在报价策略中应重视运用。例如,对老客户或大批量购买的客户,为巩固良好的客户关系或建立起稳定的交易联系,可适当实行价格折扣;对新客户,有时为开拓新市场,也可适当给予折让;对某些需求弹性较小的商品,可适当实行高价策略等。

（四）价格分割策略

价格分割是一种心理策略。卖方报价时,采用这种技巧,能制造买方心理上的价格便宜感。价格分割包括以下两种形式。

1. 用较小的单位报价

例如,茶叶每千克 200 元报成每两 10 元;大米每吨 1 000 元报成每千克 1 元。国外某些厂商刊登的广告也采用这种技巧,如淋浴器广告"淋浴一次仅需 8 便士",油漆广告"油漆 1 平方米只要 5 便士"。巴黎地铁公司的广告是:"每天只需付 30 法郎,就有 200 万旅客能看到你的广告。"用小单位报价比大单位报价会使人产生便宜的感觉,更容易使人接受。

2. 用较小单位商品的价格进行比较

例如,"每天少抽一支烟,每天就可订一份××报纸。""使用这种电冰箱平均每天 0.5 元电费,0.5 元只够吃 1 根最便宜的冰棍。""一袋去污粉能把 1 600 个碟子洗得干干净净"……用小商品的价格去类比大商品会给人以亲近感,拉近与消费者之间的距离。

（五）运用心理定价策略

人们在心理上一般认为 9.9 元比 10 元便宜,而且认为零头价格精确度高,给人以信任感,容易使人产生便宜的感觉。像这种在十进位以下的而在心理上被人们认为较小的价格称为心理价格。因此,市场营销中有奇数定价这一策略。例如,标价 79.00 元,而不标价 80 元;标价 19.90 元,而不标价 20 元,这 1 分钱、1 角钱或者 1 元钱之差,给人"大大便宜"的感觉。心理价格在国内外都已被广泛采用。

（六）中途变价策略

中途变价策略是指在报价的中途,改变原来的报价趋势,从而争取谈判成功的报价方法。所谓改变原来的报价趋势是说,买方在一路上涨的报价过程中,突然报出一个下降的价格,或者卖方在一路下降的报价过程中,突然报出一个上升的价格来,从而改变了原来的报价趋势,促使对方考虑接受你的价格。

小贴士:报价并非是简单、随意的问题,报价太高,会把客户吓跑,太低又会损失己方利益。只有一个合理、专业的报价,才能为我们赢得更多的客户。

 **微型案例**

有一个赫赫有名的大买家向一家生产厂家询价,新手业务员不知道这家客户情况,公司领导层也未引起足够重视,这名新业务员把价格报得很高,结果因贪图一点利润而错失了进入这个大买家供货体系的机会。事后,这家公司总经理很遗憾。他说,能进入大买家的"供货体系"非常有价值,一旦与他们有过良好的交易记录,以后就会有很多的机会,而这些大买家不轻易对新卖家询价,很多时候只是在急需补货时才偶尔外发,对新供货商而言机会难得。

可见,为了能进入大买家的"供货体系",遇到好的良机时,即便是保本或微利也值得做。

任务二　讨价还价

任务引入

张女士去菜市场买鸡蛋,发现鸡蛋涨价了,便跟卖鸡蛋的摊主要求仍旧采用昨天 4.0 元/

斤的价格,但摊主不答应,仍坚持目前的新价格 4.3 元/斤。张女士便说:"我一直在你们这里买鸡蛋,昨天我就要买,因为我买的东西太多,拿不了啦,所以改为今天来买,昨天说好的价钱,现在怎么能变呢? 以后你们可以对我涨价,但是今天不行,因为昨天我们已经说好了的。"摊主听后,觉得张女士说得有道理,便按原来的价格 4.0 元/斤卖给了张女士。

任务分析

张女士通过与摊主讨价还价,实现了自己期望的目标。日常生活中经常有讨价还价,在商务谈判中也是一样的,价格是商务谈判的核心问题。

知识链接

在日常生活中讨价还价是常有的事。怎样讨价、还价效果才最好呢? 有人认为不管三七二十一先砍一半价,有人认为先谈价值后谈价格,货真价实才是硬道理,这些观点正不正确? 到底该如何讨价还价? 通过本任务的学习,我们将掌握讨价还价的策略和要领。

知识链接一 讨价

(一) 讨价的含义与态度

1. 讨价的含义

讨价,是在一方报价之后,另一方认为其报价离己方的期望目标太远,而要求报价一方重新报价或改善报价的行为。讨价可以是实质性的,也可以是策略性的。为了继续谈判,本着尊重、说理,动之以情、晓之以理,说服对方,表明己方的合理要求,改变对方的期望值,要求对方重新报价或改善报价,为己方还价做好准备。

2. 讨价的态度

谈判双方在报价时,往往是卖方喊价高,买方出价低,这是谈判心理或策略要求留有讨价还价的余地。对于对方的重新报价或改善报价,应保持平和信赖的态度,不要被"盲目杀价""漫天要价"吓晕,应仔细倾听,诱导发言,试探虚实,发现纰漏,认真分析,正确理解报价。这些都取决于讨价者的素质与经验。

(1) 仔细倾听。认真仔细地倾听对方的报价,是尊重对方的一种表现。它能鼓励对方多发言,能从健谈的报价者那里得到有用的资料,捕捉还价的理由;也能从内向的报价者那里引出其心中的秘密,掌握对方期望值。要倾听谈判对方的副手或经验不足的新手发言,倾听会使这些人自我感觉其"地位上升",自我感觉良好,继续刺激增强兴奋度,甚至还会满足其虚荣心,导致这部分人员畅所欲言,而从中获取更重要的信息。

(2) 试探虚实。试探虚实是指在不打断对方说话时,顺着对方话题发问,提出种种假设条件,要求对方回答,并捕捉对方回答中对己方有利的信息,以便抓住机会,搜集还价的资料。试探虚实,既能表达合作的诚意,进一步鼓励、诱导对方打开话匣,保持平和信赖的气氛,又有利于掌握对方意图,更好地伺机还价。其假设条件围绕着交易价格而展开,常见用语有假如、如果等。"假如我购买的数量较多呢?""如果订货数量加倍或减半呢?""是否批量作价?"这些提问,都是买方投出去的"石头",试探对心中的价格秘密。对方这时就会不知不觉地为买方的还价指点迷津。"假如降低价格,你会多买多少?""如果我们送货上门,你会出什么价?"这又是卖方在试探买方,是卖方在捕捉对方信息,试探虚实。

(二) 讨价的方式与方法

1. 讨价的方式

(1) 全面讨价。全面讨价是讨价者根据交易条件全面入手,要求报价者从整体上改变价格,重新报价。这种讨价不仅可以使用一次,还可以根据情况使用两次或更多次。

(2)针对性讨价。针对性讨价是讨价者有针对性地从交易条款中选择某些条款,要求报价者重新报价。这些被选择到的条款可以是一项,也可以是若干项;可以同时是几项,也可以是逐条逐项。

讨价的这两个阶段是可以不断重复、连续进行的过程。讨价次数的多少,应根据心中保留价格与对方价格改善的情况而定。

 **微型案例**

我国某地机械进出口分公司准备购买一台先进的机械设备,在收到了众多的报价单后,看中了西方某国的公司,因为他们的设备和技术都比较先进,所以决定邀请他们来我国进一步谈判。谈判的焦点集中在价格问题上,外商的报价单和谈判中的报价一样,都是200 000美元;而中方的还价是100 000美元。双方都已估计有可能在140 000~150 000美元的价格范围内成交,但以往的经验告诉他们,还要有好几个回合的讨价还价,双方才能在价格问题上达成一致意见。面对让步的节奏和幅度问题,中方代表团内部意见分歧,主要分成三派。第一种意见认为要速战速决,既然对方开价200 000美元,己方还价100 000美元,双方应该互谅互让,本着兼顾双方利益、消除差距、达成一致的原则,在第二回合中还价140 000美元为好;第二种意见否定了第一种意见,认为这种让步节奏太快,幅度太大,别说还价140 000美元,就是还价110 000美元,也嫌幅度太大,在第二个回合中,己方让步不能超过5 000美元,即增加到105 000美元;第三种意见又否定了第一、第二种意见,认为第一种意见让步的节奏太快、幅度太大,而第二种意见的让步节奏太慢、幅度太小,认为己方的让步应分为几步:第一步,增加到115 000千美元(增加了15 000美元);第二步,增加到127 000美元(增加了12 000美元);第三步,增加到135 000千美元(增加了8 000美元)。这样几个回合讨价还价下来,最后再增加5 000美元,这样就有可能在140 000美元的价格上成交。

这些意见孰是孰非呢?我们通过后面的学习来寻找答案。

2. 讨价的基本方法

讨价是针对对方的不适宜或不合理报价而提出来的,有以下几种基本方法。

(1)举证法,亦称引经据典法。为了增加讨价的力度,使对方难以抗拒,谈判者以事实为依据,要求对方改善报价。这种事实可以是市场的行情、竞争者的价格、对方的成本、过去的交易惯例、产品的质量与性能、研究成果、公认的结论等,总之是有说服力的证据。证据要求客观实在,起码是对方难以反驳或难以查证的(如竞争者的状况、己方过去的交往记录等),而不是凭空杜撰的证据或对方一揭就穿的证据。

(2)求疵法。讨价是朝着对方报价条款的缺漏、差错、失误而来的。有经验的谈判者,都会以严格的标准要求对方,以敏锐挑剔的目光寻找对方的疵点,并引经据典,列举旁证来降低对方的期望值,要求对方重新报价或改善报价。买方讨价,是要求卖方降低价格。这时,买方不能轻易赞美对方标的质量及报价条款内容,而把赞美或略带恭维的话语送给谈判者个人。在赞美其"能干""会经营""懂得做人"的话语中,融进了生意场中朋友的感情,又指出其谈判标的条款的问题,使对方不得不承认其条款的不足,再按谈判者的权限、成交的决心和己方对商品需求的数量、缓急,尽力向前推进,及早改变对方的期望值。卖方讨价,是要求买方提高价格。这时卖方对买方的报价要指出其报价缺乏的依据,或依据的资料不准确,引证同类标的市场的行情和最低价格、同数量报价更高的竞争者的报价、交易成功的买者和具体的报价。

(3) 假设法。以假设更优惠条件的口吻来向对方讨价,如以更大数量的购买、更优惠的付款条件、更长期的合作等优惠条件来向对方再次讨价,这种方法往往可以摸清对方可以承受的大致底价。假设不一定会真正履行,但因其是假设,所以留有余地。

(4) 多次法。讨价是冲着对方策略性虚拟价格的水分、虚头来的,它是卖方向买方要求加价,买方要求卖方降价的一种表示。不论是加价还是降价都不是一步到位的,都需要分步实施。只要每一次的讨价都会得到改善,即使对方的理由并不都合乎逻辑,只要对己方有利都应表示欢迎。讨价刚开始,无论哪一方都会固守自己的价格,不会轻易改变,并会提出许多理由加以解释。所以,讨价需要反复多次方可有较大的收效。谈判中应抓住主要矛盾,一般是对重要的关键的条款予以讨价,要求改善;也可以同时针对若干项,形成多方位强大攻势的讨价。这些方法和条款内容的选择,要综合考虑报价的不合理现状及依据,对价格的解释、分析、改善以及谈判素质、谈判风格、特点等因素,依据谈判者的总体谈判策略而定。

请思考:讨价的基本方法有哪些?有何不同?

知识链接二　还价

(一) 还价的定义

还价,就是针对谈判对手的首次报价,己方所做出的反应性报价。还价以讨价作为基础。在一方首先报价以后,另一方一般不会全盘接受,而是根据对方的报价,在经过几次讨价之后,估计其保留价格和策略性虚报部分,推测对方可妥协的范围,然后根据己方的既定策略,提出自己可接受的价格,反馈给对方。如果说报价划定了讨价还价范围的一个边界的话,那么,还价将划定与其对立的另一条边界,双方将在这两条边界所规定的界区内展开激烈的讨价还价。

(二) 还价方式

1. 从价格评论的依据出发

(1) 按分析比价还价。按分析比价还价是指己方不了解所谈产品本身的价值,而以其相近的同类产品的价格或竞争者产品的价格做参考进行还价。这种还价的关键是所选择的用作对比的产品是否具有可比性,只有比价合理才能使对方信服。

(2) 按分析成本还价。按分析成本还价是指己方能计算出所谈产品的成本,然后以此为基础再加上一定百分比的利润作为依据进行还价。这种还价的关键是所计算成本的准确性,成本计算得越准确,谈判还价的说服力越强。

以上两种性质还价方式的选取取决于谈判者手中掌握的比价材料。如果比价材料丰富且完备,自然应选分析比价还价,这对于买方来讲简便、容易操作,对卖方来讲容易接受;反之,就用分析成本还价。在选定了还价的性质之后,再来结合具体情况选用具体技巧。

2. 根据谈判中每次还价项目的多少

(1) 单项还价。单项还价是以所报价格的最小项目还价,即指对主要设备或商品逐项、逐个进行还价,对技术费、培训费、技术咨询费、工程设计费、包装费、运输费逐项还价。如对成套设备,按主机、辅机、备件等不同的项目还价。

(2) 分组还价。分组还价是指把谈判对象划分成若干项目,并按每个项目报价中所含水分的多少分成几个档次,然后逐一还价。对价格高的在还价时可以多压一点,对认为水分比较低的分组还价时可以少压一点,对不同档次的商品或项目采用区别对待,分类处理。

(3) 总体还价。总体还价又叫一揽子还价,是指不分报价中各部分所含水分的差异,均按同一个百分比还价。

如果卖方价格解释清楚,买方手中比价材料丰富,卖方成交心切,且有耐心和时间时,采用逐项还价对买方有利,对卖方也充分体现了"理"字,卖方也不会拒绝,他可以逐项防守。

如果卖方价格解释不足,买方掌握的价格材料少,但卖方有成交的信心,然而又性急,时间也紧时,采用分组还价的方式对双方都有利。

如果卖方报价粗,而且态度强硬,或双方相持时间较长,但都有成交愿望,在卖方已做一两次调价后,买方也可采用以"货物"和"软件或技术费"两大块还价。不过,该价应还得巧。"巧"就是既考虑了对方改善过报价的态度,又抓住了他们理亏的地方;既考虑到买方自己的支付能力,又注意掌握卖方的情绪,留有合理的妥协余地,做到在保护买方利益的同时,使卖方还感到有获利的希望,而不丧失成交的信心。

(三) 还价起点的确定

一旦买方选定了还价的性质和方式以后,还价最为关键的问题是确定还价起点,即以什么条件作为第一次还价。还价的起点是买方第一次公开报出的打算成交的条件,其高低直接关系到自己的利益,也反映出谈判者的谈判水平。所以,还价起点的总体要求是:

(1) 还价起点要低,力求使自己的还价给对方造成压力,影响或改变对方的判断;

(2) 接近目标,还价起点要低,但又不能太低,还价起点的高度必须接近对方的目标,使对方有接受的可能性,能够保持价格磋商过程得以正常进行。

还价起点的确定,从原则上讲,是既要低,但又不能太低,要接近谈判的成交目标。从量上讲,谈判起点的确定有三个参照因素:报价中的含水量、与自己目标价格的差距和准备还价的次数。同时还应考虑分析卖方在买方价格评价和讨论后,其价格改善的情况。

(四) 还价前的筹划

还价策略的精髓就在于"后发制人"。要想发挥"后发制人"的威力,就必须在还价前针对对方的报价做出周密的筹划。

1. 认真推算

根据讨价所做出的反应和自己掌握的市场行情及商品比价资料,对报价内容进行全面的分析,推算出对方所报价格中水分的大小,并尽力揣摩对方的真实意图,从中找出对方报价虚头最大、己方反驳论据最充分的部分作为突破口,同时找出报价中相对薄弱的环节,作为己方还价的筹码。

2. 通盘考虑

根据所掌握的信息对整个交易做出通盘考虑,估量对方及己方的期望值和保留价格,制定出己方还价方案中的最高目标、中间目标、最低目标。把所有的问题都列出来,分清主次、先后和轻重缓急,设计出相应的对策,以保证在还价时自己的设想、目标可以得以贯彻执行。

3. 多案选择

根据己方的目标设计出几种不同的备选方案,方案中哪些条款不能让步,哪些条款可以灵活掌握,灵活的幅度有多大,这样才便于保持己方在谈判立场上的灵活性,使谈判的斗争与合作充满各种可能性,使谈判协议更易于达成。

最后,还价的目的不仅仅为了提供与对方报价的差异,而应着眼于如何使对方承认这些差异,并愿意向双方互利性的协议靠拢。保持谈判立场的灵活性正是讨价还价过程(即价格磋商过程)得以进行的基础。

知识链接三　讨价还价策略

商务谈判的讨价还价阶段是谈判的实质性磋商阶段。它是谈判的核心环节,也是最困难、谈判组人员最紧张的阶段。磋商过程及其结果直接关系到谈判双方所获利益的大小,决定着双方各自需要的满足程度。因而,选择恰当策略来规划这一阶段的谈判行为,无疑有着特殊重要的意义。

磋商既是双方求同存异、合作、谅解、让步的过程,也是双方斗智斗勇,在谈判智力、体力和耐力等方面较量的过程,谈判策略和技巧的作用在本阶段得到了充分体现。

在商务谈判中,整个谈判过程呈现出一定的阶段性。尽管谈判是多种策略的综合运用,但每一个阶段也都会使得一些策略具有明显的主导性。因此,在本节讲解讨价还价的策略时,将根据谈判过程的先后大致分为三个时间段,即讨价还价阶段前期、中期和后期来讨论较为常见的谈判策略。

(一)讨价还价阶段前期的策略运用

1. 故布疑阵

故布疑阵策略是指通过不露痕迹地向对方提供虚假信息或大量无用信息而使对方上当,从而取得有利的谈判条件。该策略的具体做法是,故意在走廊上"遗失"经过刻意加工的备忘录、便条或文件,或者故意把它们丢在被对方容易发现的纸篓里;在休息期间把笔记本放在无人的谈判桌上;在"无意"中让对方发现其他竞争对手的有关资料等。

使用该策略可以通过给对方提供的虚假信息或无用信息来干扰对方的判断,促使其做出有利于己方的决策,增强己方的优势。此策略一般是在对方谈判代表缺乏谈判经验、容易轻信他言、不掌握市场行情或急于想了解己方的观点、立场的情形下使用。

在使用该策略时,必须进行精心设计,不能露出一点破绽。在向对方提供资料时,必须是间接的,因为人们一般会认为,间接得到的信息要比直接得到的资料更可信,用间接提供的假情报更容易使对方接受。

作为策略运用者,不到万不得已的情况下,一般不宜采用这种策略,因为它有损于己方的诚意,一旦在谈判中被识破,会影响谈判气氛甚至导致谈判失败,事后被发现了也将失信于人。

请思考:如何去应对故布疑阵策略?

2. 投石问路

投石问路是指利用一些对对方具有吸引力或突发性的话题同对方交谈,或通过所谓的谣言、秘讯,或有意泄密等手段,借此琢磨和探测对方的态度和反应。

投石问路是买方在讨价还价中常用的一个策略。由此可以得到一些通常不易获得的资料,所以在商务谈判中,该策略常被许多采购商所采用。所投之"石"通常有:

"假如订货数量加倍(或减半),你方的开价是多少?"

"假如换一种交易方式或条件(如档次、包装、分期付款、交货时间等)呢?"

"假如我们与贵方签订长期订货的合同呢?"

"假如我们将保证金或预付金减少或增加呢?"

"假如我们自己提供技术援助呢?"

"假如我们成套购买或仅购买零部件或仅购买主机呢?"

"假如我们要买好几种产品,不是只购买一种呢?"

"假如把货物的品质、规格或标准修改到××程度呢?"

运用此策略,买方通过有意投"石",可以更进一步了解卖方的商业习惯和动机,以及可能成交的最低价格或价格政策。通过这种迂回的方式,试探对方的价格目标,从而使己方在要价中做到心中有数,在交锋中做到攻防有度。

此策略一般是在市场价格行情不稳定、无把握,或是对对方不大了解的情形下运用。运用该策略时一般提问要多,且要做到虚虚实实,煞有其事;争取让对方难于摸清你的真实意图;不要使双方陷入"捉迷藏"的境地,进而使问题复杂化。

请思考:投石问路策略与故布疑阵策略有何不同?如何应对这种策略?

3. 抛砖引玉

这一策略的基本做法是在对方询价时,己方先不开价,而是举一两个近期达成交易的案例(己方与别的商家的交易,或是市场上其他商家的交易等),给出其成交价,进行价格暗示,反过来提请对方出价。

运用此策略的目的是将先出价的"球"踢回给对方,为己方争取好价格。运用得当,举例真实可信,可以为己方带来额外收益,强化己方在谈判中的有利地位;但若提供的成交案例经不起推敲,则己方就具有欺诈之嫌,从而使己方处于不利的谈判地位。

此策略一般是在己方不愿意先出价而对方又期望己方先出价的情形下使用,实施这一策略时应注意,所举案例的成交价要有利于己方,成交案例与本交易要具有可比性,且需要提供证明材料。

请思考:如何应对抛砖引玉策略?

4. 吹毛求疵

买方通常会利用这种吹毛求疵的策略来和卖方讨价还价。买方会对产品和对方的提议尽可能地挑毛病,比如,寻找产品的疵点、功能缺陷、外观设计、色彩搭配、包装等缺陷,提出一大堆问题和要求,这些问题有的是真实的,有的却只是虚张声势。买方之所以这么做,主要目的是使卖方产生疑虑、压抑、无望等心态,对自己的产品失去信心,以大幅度降低卖方的期望值,然后在实际谈判中逐步给予优惠或让步。

但是,任何谈判策略的有效性都有一定的限度,这一策略也是如此。在向对方提出要求时,不能过于苛刻,漫无边际;要有针对性,恰如其分,要把握分寸,不能与通行做法和惯例相距太远。否则,对方会觉得己方缺乏诚意,以致中断谈判。在谈判中运用这一策略时还要注意,提出比较苛刻的要求,应尽量是对方掌握较少的信息与资料的某些方面;尽量是双方难以用客观标准检验、证明的某些方面。否则,对方很容易识破你的策略,采取应对的措施。

请思考:吹毛求疵策略与抛砖引玉策略有何不同?

5. 价格诱惑

价格在谈判中十分重要。这是因为,许多谈判就是价格谈判。即使不是价格谈判,双方也要商定价格条款。价格最直接地反映了谈判者双方各自的切身利益。自然,围绕价格的战术策略,常常具有冒险性和诱惑性。

价格诱惑,就是卖方利用买方担心市场价格上涨的心理,诱使对方迅速签订购买协议的策略。例如,在购买设备谈判中,卖方提出在年底之前,价格随市场行情大约将上涨5%,如果对方打算购买这批设备,在年底前签协议,就可以以目前的价格享受优惠,合同执行可按年底算。如果此时市场价格确实浮动较大,那么这一建议就很有吸引力。买方就有可能乘价格未变之机,匆忙与对方签约。这种做法看起来似乎是照顾了买方的利益,实际上并非如此,买方甚至会因此吃大亏。其原因主要有以下三点:第一,在上述情况下,买方在签署合同时,往往没有对包括价格在内的各项合同条款从头到尾地进行仔细认真的谈判,实际上只是在卖方事先准备好的标准式样合同上签字,很少能做大的修改、补充。这样,买方应争取的各项优惠条件和让步,就很难写入这种改动余地很小的合同中。第二,由于合同订得仓促,很多重要问题都被忽视。卖方也常常会由于事先已"照顾了买方的利益"而在谈判中坚持立场,寸利不让。买方也会为了达成协议,过于迁就对方。第三,谈判人员签订这种价格保值合同时,为抓住时机,常常顾不上请示其上级或公司董事会的同意而"果断"拍板,由于合同的实际执行要等到很久以后,因此,它所包括的一切潜在问题不会立即暴露出来。但一旦出现,其后果已无可挽回了。

由此可见,价格诱惑的实质,就是利用买方担心市场价格上涨的心理,把谈判对手的注意力吸引到价格问题上来,使其忽略对其他重要合同条款的讨价还价,进而在这些方面争得让步与优惠。对于买方来讲,尽管避免了可能由涨价带来的损失,但可能会在其他方面付出更大的价格,牺牲了更重要的实际利益。

请思考:如何应对价格诱惑策略?

6. 目标分解

讨价还价是最为复杂的谈判战术之一。是否善于讨价还价,反映了一个谈判者综合的能力与素质。我们不要把讨价还价局限在要求对方降价或己方降价的问题上。例如,一些技术交易项目,或大型谈判项目涉及许多方面,技术构成也比较复杂,包括专利权、专有技术、人员培训、技术资料、图纸交换等方面。因此,在对方报价时,价格水分较大。如果我们笼统在价格上要求对方做机械性的让步,既盲目,效果也不理想。比较好的做法是,把对方报价的目标分解,从中寻找出哪些技术是我们需要的,价格应是多少,哪些是我们不需要的,哪一部分价格水分较大,这样,讨价还价就有利得多。

 **微型案例**

我国一家公司与德国仪表行业的一家公司进行一项技术引进谈判。对方向己方转让时间继电器的生产技术,价格是40万美元。德方依靠技术实力与产品名牌,在转让价格上坚持不让步,双方僵持了很久,谈判难以进行。最后己方采取目标分解策略,要求德商就转让技术分项报价。结果,通过对德商分项报价的研究,己方发现德商提供的技术转让明细表上的一种时间继电器石英振子技术,我国国内厂家已经引进并消化吸收,完全可以不再引进。以此为突破口,己方与德方洽商,逐项讨论技术价格,将转让费由40万美元降低到25万美元,取得了较为理想的谈判结果。

7. 润滑策略

谈判人员在相互交往过程中,经常会馈赠礼品,以表示友好和联络感情,这被西方谈判专家称之为"润滑策略"。

赠送礼品是人之常情,也是表达双方感情的一种方式,有助于谈判成功。特别是在涉外谈判中,就许多国家的习俗来讲,互赠礼品同互致问候一样,是双方友好交往的手段。因此,谈判者应当学会掌握运用这一策略。

由于各民族的风俗习惯不同,在馈赠礼品上有较大的差异。

要考虑礼品价值的大小。古语讲"礼轻情意重",整个道理中外一样。送礼物主要是表明或增进双方的友好情谊,不是贿赂,礼物过重,除了贪心者外,对方也不便接受,有时反会产生疑心。只要礼物符合其民族习惯,又是精心选择的即可。

赠送礼品是一个十分敏感而又微妙的问题,一定要慎重从事,否则会适得其反。如对方赠送礼品,出于礼貌,应回赠礼品。如赠礼对象是一对夫妇,其夫人则是受礼的对象。

8. 请君入瓮

这一策略的基本做法是一开始就拿出一份有利于己方(往往是卖方所为)的完整的合同文本,要求对方按照此合同文本的内容讨论每项条款,并最终在此基础上签约。

运用该策略可以从谈判开始就限定对方讨价还价的范围和要价的幅度,限制对方谈判策略和技巧的发挥,占据有利的谈判地位,使谈判结果不过分偏离己方的目标,为己方争取到较大利益。

此策略对卖方具有广泛的适用性。卖方实施此策略时须把大多数议题的要价设高。合同文本中需增加一些不利于对方的条款,遗漏一些己方必须承担的责任与义务。注意控制局面,不要使谈判偏离合同文本的轨道。

(二)讨价还价阶段中期的策略运用

1. 步步为营

步步为营策略是指谈判者在谈判过程中步步设防,试探着前进,不断地巩固阵地,不动声色地推行自己的方案让人难以察觉,自己的每一微小让步都要让对方付出相当大的代价。在一切条件上都要坚持自己的观点,自己做出了一点让步就缠住对方不放,要求对方也做出对等让步,以消耗对方的锐气,坚守自己的阵地。

运用此策略可以减少己方的让步,不做无谓的牺牲,以己方微小的代价换得对方较大让步。此策略如果运用不当,会加大谈判的艰难程度,严重时会导致谈判搁浅。此策略一般是在谈判时间充裕,谈判议题较少,或是各项议题的谈判均比较艰难的情形下使用。

使用该策略应小心谨慎,力戒急躁和冒进。每次让步之前应该想好它对对方的可能影响及对方可能会有的反应。使用该策略要做到言行一致,有理有据,使对方觉得情有可原。还价要狠,退让要小而缓。要使对方感到己方的每一次让步都是做出了重大牺牲,一般情况下,己方做出一次让步后,需坚持要对方也做出一次对等(或是较大)的让步,然后己方才有可能做出新一轮的让步。

请思考:当对方使用本策略时,我方应该怎样应对?

2. 疲劳轰炸

研究结果表明,被剥夺睡眠、食物或饮水的人的行为能力十分脆弱。相同的道理,疲倦的人都比较容易被打动,犯下许多愚笨的错误。

经过白天长时间的会谈后,再用整晚的时间来讨论、重新计划或重新估计。故意这么做的人都知道,这种方法只要实施一段时间之后,谈判者便会变得不讲理、沮丧而且容易犯错误。同时,这种情况也会使他们的太太非常生气,导致家庭矛盾,使谈判者产生负面情绪。

在这种情况下进行谈判,谈判结果会大打折扣。

疲劳轰炸策略就是指通过上述的疲劳战术来干扰对方的注意力,瓦解其意志并抓住有利时机达成协议。马拉松式的谈判,本已存在的会场气氛、精力等自然障碍,再加上"疲劳策略"的运用,人为地拖延谈判时间,把对方的休息和娱乐的机会也安排得满满的,看来似为隆重礼遇,实际上也许只是一种圈套。

请思考:运用该策略时应注意哪些问题?

3. 以林遮木

以林遮木亦称见林不见树,又叫浑水摸鱼,是指在谈判中故意搅乱正常的谈判秩序,许多问题一股脑儿地摊在桌面上,使人疲于应付,难以做出正确选择,进而达到使对方慌乱失误的目的。

其基本做法是将所有需要计算费用的议题捆在一起磋商,并抛给对方一大堆难于考证与计算复杂的资料作为证明己方要价合理的依据;或在议题已经大部分谈妥,还剩一些次要的议题时,趁对方体力与精力不支,或被胜利冲昏头脑,提出继续谈判要求,并在后面的谈判中,立场坚定地提出己方高的要价。

4. 软硬兼施

软硬兼施策略又称"黑脸白脸策略""好人坏人策略"或"鸽派鹰派策略"。

电影里运用好人和坏人的策略是,当犯罪嫌疑人被抓获后,第一个审问他的人,用强烈的探照灯照着他,粗鲁地问他一些问题,甚至严刑逼供。然后这个冷酷的人走了,接着来了一个和气的人,他关掉探照灯,给犯罪嫌疑人松绑,搬来凳子请犯罪嫌疑人坐下并给他点上一支烟,让他放松点。不久,这个犯罪嫌疑人就会全部招供了。而好人和坏人的策略也就奏效了。

在商务谈判中运用此策略,通常做法是:初始阶段,先由唱黑脸的人出场,他傲慢无理,苛刻无比,立场坚定,毫不妥协,让对手产生极大的反感。当谈判进入僵持状态时,白脸人出场,他表现出体谅对方的难处,以合情合理的态度,照顾对方的某些要求,放弃自己一方的某些苛刻条件和要求,做出一定的让步,扮演一个"白脸"的角色。实际上,他做出这些让步之后,所剩下的那些条件和要求,恰恰是原来设计好的必须全力争取达到的目标。

请思考:运用该策略时应注意哪些问题?如何应对?

5. 车轮战术

车轮战术是指在谈判桌上的一方遇到关键性问题或与对方有无法解决的分歧时,借口自己不能决定或其他理由,转由他人再进行谈判。这里的"他人"或者是上级、领导,或者是同伴、合伙人、委托人。不断更换己方的谈判代表,有助于形成一种人数、气数、伦理的强势,有意延长谈判时间,将消耗对方的精力,促其做出更大让步。

此策略的核心是更换谈判主体,通过更换谈判主体,可以侦探对手的虚实,耗费对手的精力,削弱对手的议价能力,有助于形成一种强势,给对手造成巨大的心理压力,同时,为自己留有充分的回旋余地,从而掌握谈判的主动权。作为谈判的对方需要重复地陈述情况,阐明观点;面对新更换的谈判对手,需要重新开始谈判。这样会付出加倍的精力、体力,时间一长,难免出现漏洞和差错。

在商务谈判中,如果对方实力强,己方实力弱,且己方对市场行情不太了解,或对所购买商品性能不够熟悉,即可以采用这种"走马换将"的战术。

另外这种策略能够补救己方的失误。己方可能在前面谈判中会有一些遗漏和失误,或者谈判效果不尽如人意,这时则可趁己方更换主谈人的时机来补救,并且顺势抓住对方的漏洞发起进攻,最终获得更好的谈判效果。

6. 休会策略

休会策略是谈判人员为控制、调节谈判进程,缓和谈判气氛,打破谈判僵局而经常采用的一种基本策略。有时候,当谈判进行到一定阶段或遇到某种障碍时,谈判双方或其中一方会提出休会,以使谈判人员恢复体力和调整对策,推动谈判的顺利进行。

从表面上看,休会是为了满足人们生理上的要求,恢复体力和精力,但实际上,休会的作用已远远超出了这一含义。它已成为谈判人员调节、控制谈判过程,缓和谈判气氛,融洽双方关系的一种策略技巧。

在谈判中难免出现新的或意外的情况和问题,使谈判局势无法控制。这时可建议休息几分钟,以研究新情况,调整谈判对策。当谈判出现僵局,谈判双方进行激烈交锋时,往往会出现各持己见、互不相让的局面,这时休会,能让双方冷静下来,客观地分析形势,及时地调整策略。等重开谈判时,会谈气氛就会焕然一新,进而打破僵局,谈判就能顺利进行。

请思考:讨价还价中期的策略有哪些？各策略之间的区别是什么？

（三）讨价还价阶段后期的策略运用

1. 最后通牒

在谈判双方争执不下,对方不愿做出让步以接受己方交易条件时,为了逼迫对方让步,己方可以向对方发出最后通牒。其通常做法是给谈判规定最后的期限,如果对方在这个期限内不接受己方的交易条件达成协议,则己方就宣布谈判破裂而退出谈判。

最后通牒在多数情况下是一个非常有效的策略。在谈判中人们对时间是非常敏感的。特别是在谈判的最后关头,双方经过长时间紧张激烈的讨价还价,在许多内容上已经达成一致或接近一致的意见,只是在最后的某一两个问题上相持不下,如果这时其中一方给谈判规定了最后期限,另一方就必须考虑自己是否准备放弃这次盈利的机会,牺牲前面已投入的巨大谈判成本,权衡做出让步的利益牺牲与放弃整个交易的利益牺牲谁轻谁重,以及坚持不做让步的后果。如果谈判的对手没有足够勇气和谈判经验的话,那么,在最后通牒面前常常选择的道路是退却,做出让步以求成交。

该策略往往在谈判后期的关键时刻被谈判者所采用。当谈判处于僵局,或对手迟迟不下决心成交时,可以采用此策略来加速谈判进程。这一策略有时能够收到较好的效果,有助于加速谈判进程,促使对手早下决心。但谈判者在采用这一策略时,也有可能会引起对方的敌意,所以在采用该策略时要尽量设法降低对方的敌意。

2. 场外交易

场外交易策略是指谈判双方将最后遗留的个别问题的分歧意见放下,离开谈判桌,东道主一方安排一些旅游、酒宴、娱乐项目,以缓解谈判气氛,争取达成协议的做法。

在谈判后期,如果仍然把个别分歧问题摆到谈判桌上来商讨,往往难以达成协议。一是经过长时间的谈判,已经令人很烦闷,影响谈判人员的情绪,相应地还会影响谈判协商的结果。二是谈判桌上紧张、激烈、对立的气氛及情绪迫使谈判人员自然地去争取对方让步。但在最后一个环节上的让步,让步方会认为丢了面子,可能会被对方视为战败方。三是即使某一方的主谈人或领导人头脑很清楚冷静,认为做出适当的让步以求尽快达成协议是符合己方利益的,但因同伴态度坚决,情绪激昂而难以当场做出让步的决定。此时,运用场外交易策略是最为恰当的。

场外轻松、友好、融洽的气氛和情绪很容易缓和双方剑拔弩张的紧张局面。轻松自在地谈论自己感兴趣的话题,交流私人感情,有助于化解谈判桌上激烈交锋带来的种种不快。这时适时巧妙地将话题引回到谈判桌上遗留的问题上来,双方往往会很大度地相互做出让步而达成协议。

3. 权力有限

受到限制的权力才是真正有力量的权力。有限权力策略正是谈判者巧妙地利用权力有限与对方进行讨价还价的一种策略。它是指当双方人员就某些问题进行协商,一方要求对方做出某些让步时,另一方可以向对方宣称在这个问题上授权有限,他无权向对方做出这样的让步,或无法更改既定的事实。

实力较弱的一方常常带着许多限制去进行谈判,这在一定的程度上比大权独揽的谈判者处于更有利的地位。因为,谈判人员的权力受到了限制,可以促使其立场更加坚定,可以优雅地向对方说:"不,这不是我个人的问题,我不能在超越权力范围的事情上让步。"确实,一个未经授权的主谈人,不可能答应赊账、降价。同理,一个买主如果无权灵活接受卖方条件,则也是个极难商议的对手。

运用该策略的最大好处在于既维护了己方利益,又不伤对方面子。此外,利用限制,借与高层决策人联系请示之机,更好地商讨处理问题的办法。利用此策略,还可以迫使对方向己方让步,在权力有限的条件下与己方进行洽谈。

此策略一般是在对方要求条件过高或己方需要对方在后期做出更大让步的情形下使用。

4. 坐收渔利

坐收渔利策略是指买主把所有可能的卖主请来,同他们讨论成交的条件,利用卖者之间的竞争,各个击破,为自己创造有利的条件。该策略取自"鹬蚌相争,渔人得利",比喻双方争执,让第三者得利。该策略成功的基础是制造竞争,卖者的竞争越激烈,买者的利益就越大。

对方采用该策略时,己方的对策要因其制造的竞争方式不同而不同。对于利用招标进行的秘密竞争,要制定周密的、合理的竞标方案,要积极参加竞标。对于背靠背的竞争应尽早退出。对于面对面的竞争,采取相反的两种对策:一种是参加这种会议,只倾听而不表态,不答应对方提出的任何条件,仍按自己的既定条件办事;另一种是不参加这种会议,不听别人的观点,因为在会议上容易受到买方所提条件的影响。

5. 不遗余"利"

(1) 不忘最后的获利。通常,在双方将交易的内容、条件大致确定,即将签约的时候,精明的谈判人员往往还要利用最后的时刻,去争取最后的一点收获。在该阶段最后收获的常规做法是:在签约之前,突然提出一个小小的请求,要求对方再让出一点点。由于谈判已进展到即将签约的阶段,谈判人员已付出很大的代价,也不愿为这一点点小利而伤了友谊,更不愿为这点小利而重新回到磋商阶段,因此往往会很快

答应这个请求,以求尽快签约。

(2) 争取最后的让步。针对磋商阶段遗留的最后一两个有分歧的问题,需要通过最后的让步才能求得一致。在许多情况下,到谈判的最后关头,往往对方管理部门中的重要高级主管会出面,参加或主持谈判,这时我们便可争取最后让步。

(3) 注意为双方庆贺。在商务谈判即将签约或已经签约的时候,可谓大告成功。此时,己方可能心中暗喜,以为自己在交易中比对方得到的更多,但这时己方一定要注意为双方庆贺,强调谈判的结果是我们共同努力的结晶,满足了双方的需要。同时,不要忘记赞扬对方谈判人员的才干。这样做会使对方心理得到平衡和安慰,并感到某种欣慰,为以后双方的履约和往来打下良好基础。

(4) 慎重地对待协议。谈判的成果要靠严密规范的协议来确认和保证,协议是以法律形式对谈判成果的真实记录和确认,它们之间应该完全一致,不得有任何误差。

请思考:讨价还价后期的策略有哪些?各应注意哪些问题?

任务三 让 步

任务引入

科比:劳资谈判绝不让步,不怕停摆有机会超乔丹

全明星周末会,劳资双方将再度进行谈判,包括勒布朗-詹姆斯在内的一些球员都将参加。但湖人核心科比-布莱恩特将不会现身。他坦言:"我会让律师和那些了解情况的人去处理。我不是律师,我可不会坐在那里,阅读文件。我不知道我能谈些什么。"不过 32 岁的科比立场很是明确,他已经和联盟更为年轻的球员们有过沟通,并承诺自己会百分百支持他们,因为新的劳资协议对年轻球员的影响要比科比更大。湖人 24 号还明确表态只要新一代球员能够得到公平的对待,自己不怕损失一整个赛季。

"完全不。"当被问到是否害怕潜在的停摆危机可能会终止他追平、甚至赶超迈克尔-乔丹六枚冠军的纪录时,科比的回答很是干脆。如果 2011—2012 赛季联盟真的停摆,A:科比的职业生涯就此终结;B:科比休息一年,然后重返赛场,赢得更多总冠军——毫无疑问,科比的选择会是 B。

自始至终,科比都站在劳方这边。赛季初期,他就毫不客气地指出,球队老板在要求球员做出更多的利益让步之前,应该先照照镜子。直到现在,科比的立场都没有改变。"他们(资方)摆上台面的条件都是垃圾,就这么简单。这是原则问题。不管怎样,我们都为他们赚了那么多钱。他们指责我们自私、贪婪,这令人恼火。"总裁大卫-斯特恩试图将 NBA 变成又一个 NFL,推行硬工资帽、没有特例、球员减薪等。但科比认为 NBA 应该向职棒联盟看齐。"我们会坚持自己的立场,希望我们能够从棒球联赛中学到更多东西,看看他们是怎么对待球员的吧。""你必须为你开出的合同和球员负责。"科比还是保持乐观,"我们有天赋,有愿意上场展现自己的球员。只要拥有这些,就没有问题。不管经历什么样的困难,我们肯定我们会好的。"

任务分析

一个高明的谈判者应该知道在什么时候抓住利益,在什么时候放弃利益。不要什么都想得到,什么都想得到可能什么都得不到。只有有得有失,才可能使谈判达成协议。让步是达成

协议不得不采取的措施。正因为如此,让步的技巧、策略才显得十分重要。

知识链接

谈判本身是一个讨价还价的过程,也是一个理智的取舍过程。如果没有舍,也就不能取。在商务谈判中坚持自己的主张、意见固然十分重要,但适度、适时的妥协和让步也是极其必要的。有谈判专家认为,妥协与让步是谈判哲学、智慧和艺术的综合体现,善于妥协是一个谈判者成熟的标志之一。从某种意义上讲,妥协也是一种创造性的工作。当然,并不是什么都可以妥协,在原则问题上是不允许退让半步的。

知识链接一 让步的意义和原则

在谈判中让步是指谈判双方向对方妥协,退让己方的理想目标,降低己方的利益要求,向双方期望目标靠拢的谈判过程。

(一)让步的意义

让步是为了避免谈判出现僵局。若双方争议不下时,便会出现僵局,而让步就是解决出现僵局的好办法。让步是为了谈判成功,达成交易。僵局的避免,可以使谈判者回到谈判桌前继续谈判,可以使争论不休的问题得以解决,这样,双方通过让步,逐渐向对方的要求靠近,最后形成双方认可的期望目标,交易就成立了。让步本身就是一种策略,它体现了谈判者用主动满足对方需要的方式来换取自己需要得到满足的精神实质。如何把让步作为谈判中的一种基本技巧和手段加以运用,这是让步策略的基本意义。

(二)让步的基本原则

让步涉及买卖双方的切身利益,不可随意让步。让步可能取得正面效果,即通过适当的让步赢得谈判的成功;也可能取得负面效果,即做出了某种牺牲,却为对方创造了更为有利的条件。让步的基本规则是以小换大,为了达到这一目的,要事先充分准备在哪些问题上与对方讨价还价、在哪些方面可以做出让步、让步的幅度有多少。

1. 让步要三思而后行

在未完全了解对方的所有要求以前,不要轻易做任何让步。盲目让步会影响双方的实力对比,让对方占有某种优势,甚至对方会得寸进尺。让步要让在刀口上,每次让步要让得恰到好处,才能使己方以较小的让步获得对方较大的利益。

2. 让步要分轻重缓急

让步是一种有分寸的行为,不可"眉毛胡子一把抓"。有经验的谈判人员,为了争取主动,保留余地,不在原则问题、重大问题上让步,而选择在次要利益上让步,并注意不首先在对方尚未迫切要求的事项上让步。

3. 让步要选择恰当的时机

让步的时机会影响谈判的效果。如果让步过早,会使对方以为是"顺带"得到的小让步,这将会使对方得寸进尺;如果让步过晚,除非让步的价值非常大,否则将失去应有的作用。一般而言,主要的让步应在成交期之前,以便影响成交机会,而次要的、象征性的让步可以放在最后时刻,作为最后的"甜头"。

4. 让步要有利于创造和谐的谈判气氛

在维护己方利益的前提下,用让步来保证谈判中平等互利、和颜悦色的谈判气氛,对谈判协议的达成具有现实意义。在己方认为重要的问题上力求使对方先让步,而在较为次要的问题上,根据情况需要,己方可以考虑先做让步。

5. 己方的让步形态不要表现得太清楚

每个让步都应该有所图,都要指向可能达成的协议,可是又不能让对方看出己方的目标所在,要善于掩饰己方让步的真实原因,暴露己方的真实让步意图无异会给己方以后的谈判带来利益损失和不必要的麻烦。

6. 不要让对方轻易得到好处,没有得到某个交换条件,永远不要轻易让步

不要免费让步,或是未经重大讨论就让步。谈判中双方"交换"让步是一种习惯的行为,但应注意,"交换"让步不能停留在愿望上,要保证"交换"的实现。一方在让步后,应等待和争取对方让步,在对方让步前,绝对不要再让步。不要不敢说"不"。大多数人都不敢说"不",只要你重复说,对方就会相信你说的是真的,要坚持立场。人们往往不珍惜轻易得到的东西。必须让对方懂得,己方每次做出的让步都是重大的让步。即使做出的让步对己方损失不大,是微小的让步,也要使对方觉得让步来之不易,从而珍惜得到的让步。

7. 如果做出的让步欠周密,要及早收回,不要犹豫

不要不好意思收回已做出的让步,最后的握手成交才是谈判的结束,但要尽可能避免失误。收回让步,这个从法律的角度看,是允许的,但从信誉的角度看,则对自己不利。值得注意的是,收回让步时一定要坦诚承认,及时收回,不可拖延,以免造成更大失误。

8. 要严格控制让步的次数、频率和幅度

一般认为,让步次数不宜过多,过多不仅意味着利益损失大,而且影响谈判的信誉、诚意和效率;频率也不可过快,过快容易鼓舞对方的斗志和士气;幅度更不可过大,过大可能会使对方感到己方报价的"虚头"大,会使对方的进攻欲望更强,程度更猛烈。让步应做到步步为营。

9. 不要执着于某个问题的让步

整个合同比某个具体问题更重要。要向对方阐明各个问题上所有的让步要视整个合同是否令人满意。让步要有利于谈判的总体战略。

10. 在接受对方让步时要心安理得

不要一接受对方让步就不好意思,就有义务感、负债感,马上考虑是否做出什么让步给予回报。不然,你争取得到的让步就没有什么意义了。

请思考:让步的基本原则有哪些?

知识链接二　让步的方式

让步的具体方式多种多样,在实际运用时,要根据对方的反应灵活掌握,切忌一成不变地固守一种模式。让步又是一个十分慎重的问题。每一个让步都能给对方某种好处,相应地,每个让步都可能损失己方的某种利益。因此,让步之前一定要慎重。

选择让步方式,首先要明确,让步的方式与幅度应具有不可预测性,以免对手根据你所显示的类型向你施加压力。其次,在具体的让步过程中要牢记,第一步不要过大;让步应分几个阶段进行,不要一次就让到底线,让步幅度逐次减少,逐步降低对手的期望值。

以下是卖方的让步方式举例。假设卖方在原来报价的基础上,总体让步数额为80元,分四次让出,比较典型的让步方式如表5-1所示。

表 5-1 卖方让步次数及让步幅度列表

让步方式	让步幅度			
	第一次让步	第二次让步	第三次让步	第四次让步
1	0	0	0	80
2	20	20	20	20
3	10	17	24	29
4	29	24	17	10
5	35	26	15	4
6	60	15	0	5
7	50	30	−10	10
8	80	0	0	0

（一）冒险型让步方式(0,0,0,80)

该方式在让步的最后阶段一步让出全部可让利益。该方式让对方感觉一直没有妥协的希望，因而被称为坚定的让步方式。如果是一个意志软弱的买主，可能早就放弃讨价还价了，而一个坚强的买主则会坚持不懈，不达目的决不罢休，继续迫使对方做让步。如果卖方承受不了买方坚韧不拔的让步要求，那么，买方最终会有所收获的。当然，买卖双方都要冒形成僵局的危险。

（二）等额型让步方式(20,20,20,20)

这是一个等额平均的让步。假如买主耐心地等待，这种让步类型将会鼓励他继续期待更进一步的让步。当他争取到第二期让步，发现与第一期让步数额相同时，他有理由做这样的推测：如果再做一番努力，说不定可以再争取到 20 元的让步。果然，他又争取到第三期至此，过去的经验告诉他，他完全可以再争取一个让步。因此，这是一个鼓励对手继续期待的一种让步。

（三）诱发型让步方式(10,17,24,29)

这是一种递增的让步类型，也是一种不明智的让步行为。这种让步类型往往会造成卖主重大的损失。因为它导致买主相信：只要坚持住，更令人鼓舞的日子还在后头。因为卖主的"水分"越挤越多，使得买主的期望值随着时间的推延而愈来愈大，要求也越来越高。但这种让步方式却能够向对方传递合作、有利可图的信息。所以，当谈判竞争性很强时，由谈判高手来使用还是有可能的。

（四）小幅递减型让步方式(29,24,17,10)

这种让步类型显示出卖主的立场越来越强硬，表示卖主愿意妥协，但是防卫严密，不会轻易让步；也提示买主，可挤的"水分"是越来越少了。但是，该种让步方式每次的让步幅度较小，不利于向对手施加成交压力。此外，从每次的让步幅度上，很容易让对手产生如下推断：应该还能再让一次。

（五）强势递减型让步方式(35,26,15,4)

这种让步类型表示出较强的妥协意愿，不过同时也告诉了买主，卖方所能做出的让步已经达到底线了。在谈判的前期，这样做有提高买主期望的危险。但是随着让步幅度的减少，卖主趋向于一个坚定的立场之后,表现出让步态度上的一种强势。一个聪明的买主就会意识到更进一步的让步已经是不可能的了。

小幅递减型让步方式和强势递减型让步方式都是比较高明的让步方式,两者相比后者更优。

(六)不定式让步方式(60,15,0,5)

这是一种大幅度递减的让步类型。这种让步类型较冒险,一旦运用成功,会有收获。因为一开始就让大步,将会大幅度地提高买主的期望值。不过接着而来的第三期拒绝让步,以及最后一期小小的让步,会很快冲销这个效果,使对方知道,即使再进一步地讨论也是徒劳无功的。三期让步时做出了无利可让的假象,这有可能打消对方进一步要求己方让步的期望。最后又让出小利,既显示了己方的诚意,又会使通常的谈判对手难以拒绝签约,因此,往往收效不错。

(七)反弹式让步方式(50,30,-10,10)

这是一种大幅度递减但又有价值反弹的让步类型。这种让步类型是从第六种让步类型变化而来的。第三期的轻微涨价即价格反弹,表示出卖方更坚定的立场,或者说是对买方坚持要其让步的一种对抗或反攻。第四期又做出了不小的让步,这将会使买方喜出望外而感到特别珍贵。

(八)危险型让步方式(80,0,0,0)

这是一种一次性让步的类型,即一次让到位。这种让步类型对于买主会有极强的影响和刺激。一开始做出如此大的让步,会使买方把期望值大大提高。然而,紧接而来的是卖方拒绝让步,这往往使买方难以接受和理解。这样一来,僵局就难以避免。因此,这是一种危险的让步方式,最好不要采用。

请思考:让步方式有哪些?在谈判中如何选择采用?

以上这八种让步类型,基本上概括了实际谈判中的各种让步方式。从实际谈判的情况来看,采用比较多的让步类型是第四种和第五种让步类型。这两种类型对让步的一方来说可以说是步步为营,使买方的期望值逐步降低,较适应一般人的心理,因此比较容易使对方接受。第六种、第七种让步类型,其采用需要有较高的艺术技巧和冒险精神。如果运用得好,可以少做让步,迅速达成交易;但运用得不好,往往或是使自己做更多的让步,或是造成谈判的僵局。

知识链接三 迫使对方让步的方式

对谈判人员来讲,谈判中的利益可以分为三种:一是可以放弃的利益;二是应该维护的利益;三是必须坚持的利益。对于第二种和第三种的利益,特别是第三种利益,在谈判中不是可以轻易获得的,往往需要激烈的讨价还价才能迫使对方做出让步。那么有哪些谈判方式可以帮助己方在这个问题上取得成功呢?

(一)温和式

1. 戴高帽

"戴高帽"是以切合实际有时甚至是不切实际的好话颂扬对方,使对方产生一种友善甚至是受到恩宠的好感,进而放松思想警戒,软化对方的谈判立场,从而使己方目标得以实现的做法。可以用来"戴高帽"的有对手的公司形象、规模和主谈人的个人能力、才干等。

恭维应该恰到好处、不漏声色,如果过了头,成了一种赤裸裸的拍马屁行为,不但起不到正面作用,反而会让对方觉得恶心,效果适得其反。

2. 磨时间

磨时间是以时间做论战工具。即在一段时间里表示同一观点,等对方改变。可反复说理,态度和气。不讲话也可突出无奈,在"无可奈何"的表情中等待着谈判时间流逝,以此达到促使对方让步的目的。这一招,对异地或异国谈判的人压力很大。

3. 恻隐术

从心理学上分析,人们总是同情和怜悯弱者,不愿落井下石。恻隐术即通过装扮可怜相、为难状,唤起对方同情心,从而达到迫使对方让步的做法。在谈判实力悬殊的情况下,脆弱的一方往往显示无助与谦卑的姿态满足对方"君临天下""救世主"的感觉,无形之中就会对脆弱的一方"手下留情"。

恻隐术这一招日本厂商和港澳商人常用。有的日本厂商在谈判桌上磕头,请求条件。还有的商人精心策划,装可怜相。

 **微型案例**

某卖方在二次降价后,坚守价格,为了打破僵局,邀请买方去其住的旅馆洽谈。买方人员走进房间,只见主谈人头上缠着毛巾,腰上围着毛毯,脸上挂着愁容,显示出一副病态。据他讲:"头疼、胃疼、腰难受,被你们压得心里急。"这一招很有感染力,买方有的人以为"他实在是可怜",真的动摇了买方部分人的谈判意志。

恻隐术的运用要注意人格,同时在用词与扮相上不宜太过分。特别是当谈判者作为政府或国有企业代表时,除了人格之外,还有国格之分寸,在此种情形下,就决不能采用这种恻隐术。此外,使用恻隐术还应看谈判对象,要知道,毫无同情心的谈判对手,非但不吃软招,反会讥笑这种行为。

4. 发抱怨

发抱怨即在商务谈判中数落抱怨,这是经常发生的现象。抱怨可以分为两大类:一类是真正的不满;另一类则是隐藏性的拒绝。前者是正常意见;后者是买主由于种种原因,包括借口拖延、蓄意反对、杀价、试探等原因而产生的,其目的很明显,即促使对方让步。

(二) 强硬式

1. 情绪爆发

人们总是希望在一个和平、没有紧张对立的环境中工作和生活。当人们突然面临激烈的冲突时,在冲突的巨大压力下,往往惊慌失措,不知该如何是好。在大多数情况下,人们会选择退却,以逃避冲突和压力。人们的上述特点常常在谈判中被利用,从而产生了所谓的"情绪爆发"策略,作为逼迫对方让步的手段。

在谈判过程中,情绪的爆发有两种:一种是情不自禁的爆发,另一种是有目的的爆发。前者一般是因为在谈判过程中,一方的态度和行为引起了另一方的反感,或者一方提出的谈判条件过于苛刻而引起的,是一种自然的、真实的情绪发作;后者则是谈判人员为了达到自己的谈判目的而有意识地进行的情绪发作,准确地说,这是情绪表演,是一种谈判的策略。我们这里说的情绪爆发是指后者。

在谈判过程中,当双方在某一个问题上相持不下时,或者对方的态度、行为欠妥或者要求不太合理时,我们可以抓住这一时机,突然之间情绪爆发,大发脾气,严厉斥责对方无理,有意制造僵局,没有谈判的诚意。情绪爆发的烈度应该视当时的谈判环境和气氛而定。但不管怎样,烈度应该保持在较高水平上,甚至拂袖而去,这样才能震撼对方,产生足够的威慑作用和影响。在一般情况下,如果对方不是谈判经验丰富的行家,在这突然而来的激烈冲突和巨大压力下,往往会手足无措,动摇自己的信心和立场,甚至怀疑和检讨自己是否做得太过分,而重新调整和确定自己的谈判方针和目标,做某些让步。

在运用"情绪爆发"这一策略迫使对方让步时,必须把握住时机和态度。无由而发会使对方一眼看穿;烈度过小,起不到震撼、威慑对方的作用;烈度过大,或者让对方感到小题大做,失去真实感,或者使谈判陷入破裂而无法修复。

请思考:当对方在利用情绪爆发来向己方进攻时,己方应该怎么办?

2. 激将法

在谈判过程中,事态的发展往往取决于主谈人。因此,双方常常围绕主谈人或主谈人的重要助手出现激烈的争辩,以实现己方的目的。以话语刺激对方的主谈人或其重要助手,使其感到仍坚持自己的观点和立场,会直接损害自己的形象、自尊心、荣誉,从而动摇或改变其所持的态度和条件。通常把这种做法称之为激将法。

这种激将类似"将军",不吃也得吃,躲是躲不过去的。激将的武器大多为"能力大小""权力高低""信誉好坏"等与自尊心直接相关的话。

使用此计时值得注意的是,首先,要善于运用话题,而不是态度。既要让所说的话切中对方心理和个性,又要切合所追求的谈判目标;其次,话语应掌握分寸,不应过分牵扯说话人本身,以防激怒对手并迁怒于己。

3. 竞争法

再没有什么武器比制造和利用竞争来迫使对方做出让步更奏效的了。谈判一方在存在竞争对手的时候,其谈判实力就会大为削弱,处于劣势。对于大多数卖主而言,他们总是存在或多或少的同行。他们出售同类产品,为达成交易不断地、激烈地竞争,谁都担心自己的竞争对手超过自己,即使知道自己比对手强也是一样。此时,如果他的谈判对手聪明地让他注意到竞争者的存在,这个聪明人就可以较容易地令对方让步。有的时候,对方实际上并不存在竞争对手,但谈判者仍可巧妙地制造假象来迷惑对方,借此向对方施加压力。

请思考:温和式和强硬式让步特点有何不同?

知识链接四 阻止对方进攻的方式

商务谈判中让步是必需的,没有适当的让步,谈判就无法进行下去。但是,任何让步都不是无限的,因为这会直接损害己方的利益。因此,必须设法阻止对方的进攻。

(一)防范式

1. 先苦后甜

先苦后甜是一种先用苛刻的虚假条件使对方产生疑虑、压抑、无望等心态,以大幅度降低其期望值;然后在实际谈判中逐步给予优惠或让步,使对方满意地签订合同,己方从中获取较大利益的策略。这种谈判策略是实际生活中常见现象。

2. 先斩后奏

先斩后奏策略亦称"人质策略"。在商务谈判活动中可以解释为"先成交,后谈判"。即实力较弱的一方往往通过一些巧妙的办法使交易已经成为事实,然后在举行的谈判中迫使对方让步。

"先斩后奏"策略的实质是让对方先付出代价,并以这些代价为"人质",扭转己方实力弱的局面,让对方通过衡量已付出的代价和中止成交所受损失的程度,被动接受既成交易的事实。

请思考:当对手运用此策略时己方需注意什么?

3. 后发制人

后发制人策略就是在交锋中的前半部分时间里,任凭对方施展各种先声夺人的占先技巧,己方仅是专注地听和敷衍应对,集中精力地从中寻找对方的破绽与弱点。然后在交锋的后期,集中力量对对方的破绽与弱点展开大举反攻,用防守反击的战术去获取决定性的胜利。运用这种策略可以取得后发优势,但若不能找到对方的明显破绽与弱点,或是反击不得力,己方就将处于完全的被动局面。此策略一般是在对方攻势强盛,或己方处于弱势的情形下使用。

请思考:运用这种策略时应注意什么?

(二) 阻挡式

1. 资料不足

在商务谈判过程中,当对方要求就某一问题进一步解释,或要求己方让步时,己方可以用抱歉的口气告诉对方:"实在对不起,有关这方面的谈判资料我方手头暂时没有(或者没有备齐;或者这属于本公司方面的商业秘密或专利品资料,概不透露),因此暂时还不能做出答复。"这就是利用资料限制因素阻止对方进攻的常用策略。对方在听过这番话后,自然会暂时放下该问题,因而阻止了对方咄咄逼人的进攻。

其他方面的限制包括自然环境、人力资源、生产技术要求、时间等因素在内的其他方面的限制都可用来阻止对方的进攻。

这些限制对己方是大有帮助的,有些能使己方有充分的时间去思考,能使己方更坚定自己的立场,甚至迫使对方不得不让步;有些则能使己方有机会想出更好的解决办法,或者更有能力和对方周旋。也许最重要的是能够考验对方的决心,顾全自己的面子,同时也能使对方体面地做出让步。

2. 不开先例

不开先例策略是指在谈判中以没有先例为由来拒绝对方的过高要求。在谈判中,拒绝是谈判人员不愿采用,但有时又不得不用的方式。因此,人们都十分重视研究掌握拒绝的技巧,最主要的就是怎样回绝对方而又不伤面子,不伤感情。

不开先例就是一个两全其美的好办法。在商务谈判中,当谈判一方提出一些过高要求时,另一方可以说"本公司过去从无此先例,如果此例一开,无法向上级和以往的交易伙伴交代",或者说"对别的用户就没有信用,也不公平了,以后就难办了"等,以回绝对方的要求。

该策略是谈判者保护自己的利益,阻止对方的进攻的一道坚实的屏障。该策略在对方提出要求过高,己方在既不想伤对方感情又必须回绝对方要求的情况下使用。采用这一策略时,必须要注意对所提的交易条件应反复衡量,说明不开先例的事实与理由,表述时态度要诚恳,并可伴之施用苦肉计。

3. 最后价格

谈判中常有"这是最后价格,我们再也不能让步了"这种话,如果对方相信这一点,就不会要求己方继续做价格让步,这笔生意就能成交;如果不相信,也可能双方继续讨价还价,也可能就牺牲了这笔交易。

要使最后出价产生较好的效果,提出的时间和方式很重要。如果双方处在剑拔弩张、各不相让,甚至是十分气愤的对峙状况下,提出最后报价,无异于向对方发出最后通牒,这很可能会被对方认为是一种威胁。为了自卫反击,他会干脆拒绝你的最后报价。比较好的方法是,当双方就价格问题不能达成一致时,如果报价一方看出对方有明显的达成协议的倾向,这时提出比较合适。让对方产生这样一种感觉:"在这个问题上双方已耗费了较多的时间,己方在原有出价的基础上最后一次报价。这是我们所能承受的最大限度了。"在提出最后报价时,尽量让对方感到这是己方所能接受的最合适的价格了,而且报价的口气一定要委婉诚恳,这样对方才能较容易接受。

(三) 对攻式

1. 针锋相对

谈判中往往可以发现有些难缠的人,类似"铁公鸡一毛不拔",他们往往报价很高,然后在很长的时间内拒不让步。如果你按捺不住,做出让步,他们就会设法迫使你接着做出一个又一个的让步。

2. 以一换一

在对方就某个问题要求己方让步时,己方可以把这个问题与另外一个问题联系起来,也要求对方在另一个问题上让步,即以让步易让步。假如对方要求己方降低价格,己方就可以要求对方增加订购数量,延长己方交货期,或者改变支付方式,以非现金结算等。这样做,或是双方都让步,或是都不让步,从而阻止了对方的进攻。假如对方提出的要求损害了己方的根本利益,或者他们的要求在己方看来根本是无理的,己方也可以提出一个对方根本无法答应或者荒谬的要求回敬他们,让对方明白对于他们的进攻,己方是有所准备的,没有丝毫让步的余地。面对己方同样激烈的反攻,对方很快会偃旗息鼓,进而放弃他们的要求。

3. 开诚布公

开诚布公又称"亮底牌"策略。这种让步策略一般在己方处于劣势或双方关系较为友好的情况下使用。在谈判中,处于劣势的一方虽然实力较弱,但并不等于无所作为、任人宰割,可以采用各种手段积极进攻,扭转局面。在采用这种让步策略时,应当充分表现出自己的积极坦率,以诚动人,从一开始就做出最大让步的方式感动对方,促使对方也做出积极反应,拿出相应的诚意。在双方有过多次合作或者是关系比较友好的谈判中,双方更应以诚相待,维持友谊。所以,在这种情况下,当一方做了一次性让步、袒露真诚后,对方一般不会无动于衷,也会做出积极的反应。

请思考:防止对方进攻的方式有哪些?

谈判人员在使用这种让步策略时的语言特点是:语气坚定,态度诚恳,表述明确,显示出坦率,通过语言表述使对方知道你是在做最大限度的让步,而且只能让步一次,由于不留后手,所以已到极限。

 复习思考题

一、案例分析
案例一
谈判前的卖方都会计划一个可接受的最低价格。但他们在谈判开始所开出的价格都要比最低价格高出许多,而这个高出的差额就是他们在讨价还价中所能做出的最大限度的让步。现在,假设卖方将出售品以 390 元作为可接受的最低价格,但他们最初的报价是 450 元,最大让步幅度为 60 元。

案例讨论题:
在这种情况下,你作为卖方,将采取怎样的让步方式达到谈判目标?

案例二
你是某种零件的供应商。某日下午你接到某家重要客户的紧急电话,要你立即赶到机场去跟他商谈有关向你大量采购的事宜。他在电话中言明,有急事去深圳。你认为这是一次难得的机会,因此你在他登机前 30 分钟赶到了机场。他向你表明,如果你能以最低价格供应零件,他愿意与你签订一年的购货合同。

案例讨论题:
在这种情况下,你怎么办?

案例三
你经营着一个啤酒批发点。你正与某家零售商的主任进行业务磋商。该主任要求你提供的啤酒每瓶必须削价 0.02 元,否则他们宁可转向其他批发点购买不同品牌的啤酒。该零售店每年 5~10 月份向你订购的啤酒多达 5 000 余箱,每瓶减价 0.02 元,全年即少收利润达 2 000 元。

案例讨论题:
面对他的要求,你将怎么办?

二、问答题
1. 什么叫报价?报价应坚持哪些原则?
2. 什么是欧式报价和日式报价?举例说明它们的区别。
3. 什么是讨价?讨价的程序有哪些?
4. 简述还价的方式。
5. 简述讨价还价阶段中期的策略及其运用。
6. 试结合实例说明何谓积极让步,何谓消极让步。
7. 采用何种方式阻止谈判对手的进攻?

项目六　商务谈判僵局的处理

知识目标

了解谈判僵局的含义及对谈判的影响,准确把握商务谈判僵局产生的原因;掌握商务谈判僵局处理的原则;理解并掌握打破谈判僵局的策略。

素质目标

掌握谈判僵局处理的基本知识,具有谈判僵局处理的基本素质和相应分析问题及解决问题的能力。

技能目标

通过学习和训练,学生能够很好地把握谈判僵局的利用和制造,能够处理谈判僵局和来自竞争对手的威胁。

假设案例"某公司准备组织职工旅游,与一旅行社协商。旅行社首次报价5.9万元/百人,经该公司人员讨价后,旅行社将价格降至5.8万元/百人,而某公司坚持5.5万元/百人,双方都不让步,谈判陷入僵局。"让学生以"如果我是该旅行社谈判代表,我将……打破僵局……"为开头,进行5分钟的主旨发言,其他同学对该同学的发言进行评价,老师做最后总结,强化对该项目知识点的学习和理解。

任务一　商务谈判僵局产生的原因

任务引入

我国浙江省一个玻璃厂就玻璃的生产设备的有关事项与美国诺达尔玻璃公司进行谈判。在谈判过程中,双方就全套设备同时引进还是部分引进的问题发生分歧,双方代表各执一端,互不相让,导致谈判陷入尴尬的僵持局面。在这种情况下,为了使谈判达到预定的目标,己方玻璃厂的首席代表决定主动打破这个僵局。谈判代表思索了片刻,于是主动面带微笑地换上一种轻松的语气,避开双方争执的尖锐问题,向对方说:"你们诺达尔公司无论在技术、设备还是工程师方面,都是世界的一流水平。用你们的一流技术和设备与我们进行合作,我们就能够成为全国第一的玻璃生产厂家,利润是非常可观的。我们的玻璃厂发展了,不仅仅对我们有好处,对于你们公司的利益更大,因为这意味着你们是在与中国最大的玻璃生产厂合作,难道你们不是这样认为的吗?"

对方的谈判首席代表正是该公司的一位高级工程师,听到赞扬他的话,他立即表现出很高兴的样子,谈判的气氛顿时豁然开朗,双方之间一下子就轻松活跃起来。己方代表趁机将话题一转,强调资金的有限是客观现实,己方无法将设备全部引进,迫不得已才提出部分引进的想法。同时,还强调其他很多国家与我国北方的一些厂家进行谈判和合作,如果他们仅仅因为不能全部引进设备这一小问题而不能投入最先进的技术和设备,那么就将很快面临着失去中国市场的不利局面。

对方代表听到这番话,终于意识到双方合作的广阔前景,如果因为设备引进规模的问题而不能够顺利达成协议,不仅将要损失暂时的经济利益,而且还有失去中国市场的严峻考验。竞争如此激烈,一旦被别人占领,很难再进入中国的市场;另外,如果因为对公司影响不是很大的谈判具体内容而导致谈判破裂,对公司也不好交代。至此,美方代表也只有按照己方的意愿,在双方进一步讨论后,顺利达成了部分引进设备的协议。在这次谈判中,己方玻璃厂不仅成功地节省了大笔的外汇,而且该厂在诺达尔公司的帮助下迅速发展起来,最终在市场竞争中顺利占得先机,成为同行中的佼佼者。

任务分析

从以上案例可以看出,谈判时出现僵持局面是很正常的事情,关键在于怎样去解决,如何打破僵局从而顺利地与对方达成对自己有利的协议。通过转移话题,使谈判氛围变得轻松活跃,使对方乐意将谈判进行下去。这时候,对方就会处于一种懈怠的状态。思考问题的方式就会很容易顺着己方思路进行下去。己方通过话题的引申而与对方重新探讨达成一致的可能性,此时就会变得相对轻松,对方会变得更容易沟通和更加理解,从而有助于双方达成一致的协议。

知识链接

在商务谈判中,谈判双方观点、立场的交锋是持续不断的;当利益冲突变得不可调和时,僵局便会出现,僵局是商务谈判中经常遇到的现象。谈判中出现僵局并不可怕,关键是要全面了解谈判出现僵局的原因,对症下药,找出打破谈判僵局的对策。

知识链接一 僵局的含义及对谈判的影响
(一)僵局的含义及分类
1. 商务谈判僵局含义

商务谈判僵局是指在商务谈判过程中,当双方对所谈问题的利益要求差距较大,各方又都不肯做出让步,导致双方因暂时不可调和的矛盾而形成对峙,而使谈判呈现出一种不进不退的僵持局面。

2. 商务谈判僵局分类

商务谈判僵局可以分为协议期僵局和执行期僵局两大类。协议期僵局是双方在磋商阶段意见产生分歧而形成的僵持局面;执行期僵局是在执行合同过程中双方对合同条款理解不同而产生的分歧,或出现了双方始料未及的情况而把责任有意推向对方,抑或一方未能严格履行协议而引起另一方的严重不满,由此而引起的责任分担不明确的争议。

协议期僵局又可以分为初期、中期或后期等不同阶段的僵局。

(1) 谈判初期。谈判初期主要是与谈判对方彼此熟悉、了解、建立融洽气氛的阶段,双方对谈判都充满了期待。因此,在谈判初期,僵局一般不会发生,除非由于误解,由于双方对谈判准备得不够充分等原因,使一方感情受到很大伤害而有可能导致谈判草草收场。

(2) 谈判中期。谈判中期是谈判的实质性阶段,双方需就有关技术、价格、合同条款等进行详尽讨论、协商,此时隐含于合作条件之中各自利益的差异,会表现得越来越明显、越来越尖锐,谈判可能暂时朝着使双方难以统一的方向发展,产生谈判中期僵局。此种僵局在谈判中期常常会此消彼长,反反复复。有些僵局通过双方重新做些沟通,矛盾便可迎刃而解,有些则因双方都不愿在关键问题上退让,而使谈判很长时间悬而难决。因此,谈判中期僵局主要表现出纷繁多变的特点,谈判的破裂经常在这一阶段发生。

(3) 谈判后期。谈判后期是双方达成协议阶段,在解决了技术、价格这些关键问题后,还要就诸如项目验收程度、付款条件等执行细节,进行商议,特别是合同条款的措辞、语气经常容易引起争议。虽然合作双方的总体利益及其各自利益的划分已经通过谈判确认,但只要正式的合同尚未签订,总会留有未尽的权利、责任、义务、利益和一些细节尚需确认与划分。在大局已定的情况下,只需一方表现得大度一些,稍做让步便可为谈判画上圆满的句号。所以谈判后期产生僵局一般不会像谈判中期那样棘手,但是这个时期的僵局仍然轻视不得,如果掉以轻心,有时仍会出现重大问题,甚至前功尽弃。

以谈判的具体内容来看,不同的谈判主题都会使谈判陷入僵局,如标的技术要求、项目合作价格,项目实施进度安排及其交付使用期限、履约地点、验收标准与验收程序、付款条件、违约责任等,也就是说只要可能写入合同文本的内容,就有可能成为谈判僵局的导火线。值得一提的是,国际商务合作经常需要以多种文字表达的合同确定下来,因此合同的措辞很值得研究,特别是对同一事件的表述方式在合作双方各自母语中各不相同,往往会有多种解释,以致造成分歧。当谈判双方对合同的理解引起分歧与争议时,应以何种文本为准常常成为谈判桌上最后的争执。当然,在所有可能导致谈判僵局的谈判主题中,价格是最敏感以及产生僵局频率最高的一个方面。

(二) 僵局对谈判的影响

僵局使谈判双方陷入尴尬难堪的境地,它影响谈判效率,挫伤谈判者的自尊心。出现僵局不等于谈判破裂,但它会严重影响谈判的进程,如果不能很好地解决,有可能导致谈判的破裂。因此,应尽力避免在谈判中出现僵局。

知识链接二　商务谈判僵局产生的原因

谈判僵局的出现原因就在于来自不同的企业、不同的国家或地区的谈判者,在商务谈判中,双方观点、立场的交锋是持续不断的;当利益冲突变得不可调和时,僵局便会出现,僵局会影响双方谈判的进程及效率。

根据一些谈判者的经验,许多谈判僵局和破裂是由于细微的事情引起的,诸如谈判双方性格的差异;怕丢面子;个人的权力限制;环境的改变;公司内部纠纷;与上司的工作关系不好以及缺乏决断能力;谈判一方利用己方优势强迫另一方接纳己方意图等。僵局的产生是由其中一个或几个因素共同作用而形成的。归纳起来,主要有以下几个方面。

（一）谈判一方故意制造谈判僵局

这是一种带有高度冒险性和危险性的谈判战略，即谈判的一方为了试探出对方的决心和实力而有意给对方出难题，搅乱视听，甚至引起争吵，迫使对方放弃自己的谈判目标而向己方目标靠近，使谈判陷入僵局，其目的是使对方屈服，从而达成有利于己方的交易。

故意制造谈判僵局的原因可能是过去在商务谈判中上过当、吃过亏，现在要给对方报复；或者自己处在十分不利的地位，通过给对方制造麻烦改变自己的谈判地位，并认为即使自己改变不了不利地位也不会有什么损失。这样就会导致商务谈判出现僵局。制造僵局往往会改变谈判者在谈判中的处境，如果运用得当会取得满意结果，因此，处于相对弱势的一方会通过主观刻意制造僵局争取主动。故意制造僵局是有风险的，谈判者必须认真研究此问题。

（二）双方立场观点对立争执导致僵局

在讨价还价的谈判过程中，如果双方对某一问题各持自己的看法和主张，意见分歧，那么，越是坚持各自的立场，双方之间的分歧就会越大。这时，双方真正的利益被这种表面的立场所掩盖，于是，谈判变成了一种意志力的较量，当冲突和争执激化、互不相让时，便会出现僵局。

在谈判过程中，谈判对手为了维护自己的正当利益，会提出自己的反对意见。当这些反对意见得不到解决时，便会利用制造僵局来迫使对方让步。如卖方认为要价不高，而买方则认为卖方的要价太高；卖方认为自己的产品质量没有问题，而买方则对产品质量不满意等。也可能是客观市场环境的变化造成的不能让步，如由于市场价格的变化，使原定的谈判让步计划无法实施，便会在谈判中坚持条件，使谈判陷入僵局。

经验证明，谈判双方在立场上关注越多，就越不能注意调和双方利益，也就越不可能达成协议。甚至谈判双方都不想做出让步，或以退出谈判相要挟，这就更增加了达成协议的困难。因为人们最容易在谈判中犯下立场观点性争执的错误，这也是形成僵局的主要原因。

 **微型案例**

福耀玻璃如何在美国站稳脚跟？从对工会说不开始

2019年8月21日，由奥巴马夫妇担任制片人的首部纪录片上映了，这部纪录片历时三年，画面素材超过了3 000个小时，讲述了曹德旺先生在美国创办福耀玻璃工厂的故事。

这部纪录片讲述了曹德旺从开始创办福耀玻璃工厂到现在的发展过程，2014年，曹德旺在美国俄亥俄州代顿市成立福耀玻璃工厂，原本这个城市的工业就在逐渐衰退，在通用汽车的撤离后，这个地方成了铁锈地带，深陷困境，毫无朝气。曹德旺选择这里后买下了代顿工厂，宣布将会在这里雇用上千名工人，就这样福耀玻璃投资4 000万美元开始建厂，还获得了美国政府的4 000万美元的补贴以及免税的优惠政策，但是随着工厂的发展，问题就来了。

曹德旺原本就在一些文化、制度、议事等方面与当地人存在差异，之后他将中式的管理模式带到了美国工厂后矛盾升级，工人们对加班时长和时薪方面产生不满，而中方又对工人们懒散的工作作风不满，在双方矛盾无法解决的情况下，部分美国工人要求在工厂内部组建工会，但是被曹德旺坚决拒绝了。通用汽车的倒闭可以说是工会直接造成的。为此，曹德旺代表的中方和美国的工会组织进行了艰难的谈判。

曹德旺还组织了美国工厂的管理人员到中国工厂学习，让他们深切体会到中国工厂职工在福耀玻璃工作和生活的快乐和幸福，甚至把家安在了福耀，另外曹德旺还告诉工人们，采用工会制度并不是最可靠的方法。2017年,关于福耀玻璃是否需要工会还进行了官方投票,最终以868人反对赢得了这场"战争",次年福耀玻璃在美工厂产生盈利。如今福耀玻璃美国工厂的工人人数在2 000人左右,未来还会雇用3 000人,而这座城市的人口才6 000多人,所以福耀玻璃已经成为当地的代表,也许你没进去工作过,但是你的亲人朋友一定有人在里面上班,福耀玻璃彻底在美国站稳了脚跟。

曹德旺先生非常令人佩服,他凭借着一个又一个有勇有谋的策略,从无名小卒成为中国排名第一、全球排名第二的汽车玻璃供应商。在这个纪录片中,福耀玻璃如何在美国站稳脚跟,应该是从对美国工会说不开始。

(三)沟通障碍导致僵局

沟通障碍就是谈判双方在交流彼此情况、观点、洽商合作意向、交易条件等的过程中,所可能遇到的由主观与客观所造成的理解障碍。由于双方文化背景的差异,一方语言中的某些特别表述难以用另一种语言准确表述出来而造成误解。

微型案例

某跨国公司总裁访问一家中国著名的制造企业,商讨合作发展事宜。中方总经理很自豪地向客人介绍说:"我公司是中国二级企业……"此时,翻译人员在翻译这句话时很自然地用"Second-class Enterprise"来表述。不料,该跨国公司总裁闻此,原本很高的兴致突然冷淡下来,敷衍了几句立即起身告辞。在归途中,他抱怨道:"我怎么能同一个中国的二流企业合作?"在我国,企业档案工作目标管理考评分为"省(部)级""国家二级""国家一级"三个等级。"省(部)级"是国家对企业档案工作的基本要求,"国家一级"为最高等级。可见,一个小小的沟通障碍,会直接影响合作的可能。

(四)谈判人员的偏见或成见导致僵局

偏见或成见是指由感情原因所产生的对对方及谈判议题的一些不正确的看法。产生偏见或成见的原因是对问题认识的片面性,即用以偏概全的办法对待别人,因而很容易引起僵局。

由于谈判人员对信息的理解受其职业习惯、受教育的程度以及为某些领域内的专业知识所制约。所以表面上看来,谈判人员对对方所讲的内容似乎已完全理解了,但实际上这种理解却常常是主观、片面的,甚至往往与信息内容的实质情况完全相反。

微型案例

一次关于成套设备引起的谈判中,某市的谈判班子对外方所提供的资料做了研究,认为对方提供的报价是附带维修配件的,于是按此思路与外方进行了一系列的洽谈,然而在草拟合同时,发现对方所说的附带维修配件,其实是指一些附属设备的配件,而主机配件并不包括在内,需要另行订购。这样,己方指责对方出尔反尔,而对方认为我们是故意作梗。事后中方仔细核对原文,发现所提及的"附带维修配件"只是在谈判附属设备时出现过,而中方误以为对所有设备提供配件。其实,这种僵局完全是由己方未能正确理解对方的意见,做了错误的判断所造成的。

 **微型案例**

我国曾获得一笔世界银行某国际金融组织贷款,用以建筑一条二级公路。按理说,这对于我国现有筑路工艺技术和管理水平来说是一件比较简单的事情。然而负责这个项目的某国际金融组织官员,却坚持要求己方聘请外国专家参与管理,这就意味着己方要大大增加在这个项目上的开支,于是己方表示不能同意。己方在谈判中向该官员详细介绍了我们的筑路水平,并提供了有关资料,这位官员虽然提不出异议,但由于以往缺乏对中国的了解,或是受偏见支配,他不愿放弃原来的要求,这时谈判似乎已经陷入了僵局。为此,己方就特地请他去看了我国自行设计建造的几条高水准公路,并由有关专家做了详细的说明和介绍。正所谓百闻不如一见,心存疑虑的国际金融组织官员便彻底信服了。

(五)谈判人员的失误导致僵局

有些谈判者想通过表现自我来显示实力,从而使谈判偏离主题;或者争强好胜,提出独特的见解令人诧异;或者设置圈套,迷惑对方,使谈判的天平向着己方倾斜,以实现在平等条件下难以实现的谈判目标。但是在使用一些策略时,因时机掌握不好或运用不当,也往往导致谈判过程受阻及僵局的出现。

(六)利益合理要求的差距导致僵局

许多商务谈判与此相仿,即使双方都表现出十分友好、坦诚与积极的态度,但是如果双方对各自所期望的收益存在很大差距,那么谈判就会搁浅。当这种差距难以弥合时,那么合作必然走向流产,僵局便会产生。

 **微型案例**

当初京东找腾讯谈合作,为什么两年都没有谈成?

很多人都知道,腾讯和阿里两家企业一直都处于竞争阶段,腾讯的核心业务是社交,以微信和QQ两大社交平台为流量入口,将旗下十几亿用户转化为自己的一个生态网,从而提高用户黏性,在这里你只需要一个微信或者QQ账号,就能做到任何你想做到的选项,不管是游戏、购物、音乐还是线下消费,这就是腾讯的一条龙服务。阿里巴巴的核心业务是淘宝和金融,尤其是在互联网购物这一方面,马云做到了一家独大,因此腾讯想要在电商领域打败阿里,胜算可以说是微乎其微。

京东作为国内第二大电商品牌,靠着独特的物流体系,迅速在电商领域站稳脚跟,成为阿里巴巴最大的对手。俗话说,敌人的敌人就是朋友,腾讯选择与京东合作似乎是顺理成章的事。刘强东跟腾讯谈了两年,马化腾每一次都以"再等等看"为借口来拖延时间,原因就是当时的腾讯想要自己做电商。

(七)其他原因导致僵局

除了以上原因外,还有以下原因也会导致僵局出现。

1. 谈判人员素质低下导致僵局

俗话说:"事在人为。"谈判人员素质的高低往往成为谈判进行顺利与否的决定性因素,无论是谈判人员工作作风方面的原因,还是谈判人员知识经验、策略技巧方面的不足或失误,都可能导致谈判陷入僵局。

2. 客观环境的改变导致僵局

当谈判的外部环境,如价格、通货膨胀等因素发生变化时,谈判的一方不愿按原有的承诺签约,也会导致僵局产生。

3. 谈判人员的强迫手段导致僵局

谈判中,人们常常有意或无意地采取强迫手段而使谈判陷入僵局。特别是涉外商务谈判,由于不仅存在经济利益上的相争,还有维护国家、企业及自身尊严的需要。因此,某一方越是受到逼迫,就越不会退让,谈判的僵局也就越容易出现。

4. 谈判中形成一言堂导致僵局

谈判中的任一方,不管出于何种欲望,如果过分地论述自己的观点而忽略了对方的反应和陈述的机会,必然会使对方感到不满与反感,造成潜在的僵局。

5. 谈判双方用语不当导致僵局

谈判双方因用语不当,造成感情上的强烈对立,双方都感到自尊受到伤害,因而不肯做丝毫的让步,谈判便会陷入僵局。

 **微型案例**

在一家服装店,一对老年顾客挑选了一件肥大的上衣,售货员见老人挑的这件衣服过于肥大,就说:"这件衣服您不能穿。"老人感到奇怪,就随口问道:"怎么不能穿?"售货员说:"这件衣服能装你俩。"老人一听,不高兴了,怒气冲冲地质问道:"什么叫装啊?你这是卖衣服的,还是卖棺材的?"平心而论,售货员是好意,觉得衣服过于肥大不适合这位老人,但由于说话不得体,不仅生意没有做成,反而招致不愉快。

请思考:僵局是如何产生的?

任务二 商务谈判僵局的处理原则

任务引入

在中美建立外交关系的谈判中,双方对于公报上如何表述台湾问题发生了争执。中方认为台湾是中国领土的一部分,而美方不想得罪台湾当局。中美两国的谈判代表在如何称谓台湾的问题上都认为,这是关系到本国政府外交政策的重大立场性问题,不肯轻易让步,双方谈判代表为此相持不下,绞尽脑汁。后来双方加强了沟通,都进行了理性思考,正确认识了谈判僵局产生的原因,最后用了"台湾海峡两边的中国人"这种提法,使双方的立场冲突得到了缓解,《上海公报》得以诞生。

任务分析

该案例的成功在于,谈判双方都正确认识到了谈判僵局产生的原因,冷静地进行了理性思考,避免了双方争吵,双方的利益都得到了协调,最后谈判成功,达到预期效果。

知识链接

僵局出现对双方都不利,但如果能正确认识,恰当处理,就会变不利为有利。只要具备勇气和耐心,在保全对方面子的前提下,灵活运用各种策略、技巧,把握正确的商务谈判僵局处理原则,僵局就不是攻克不了的堡垒。

知识链接一 正确认识谈判的僵局

许多谈判人员把僵局视为谈判失败,企图竭力避免它,在这种思想指导下,不是采取积极的措施加以缓和,而是消极躲避。在谈判开始之前,谈判人员就祈求能顺利地与对方达成协议,完成交易,别出意外,别出麻烦。特别是当他负有与对方签约使命时,这种心情就更为迫切。这样一来,为避免出现僵局,就事事处处迁就对方,一旦陷入僵局,就会很快地失去信心和耐心,甚至怀疑起自己的判断力,对预先制定的计划也产生了动摇。这种思想阻碍谈判人员更好地运用谈判策略,结果可能会达成一个对己不利的协议。

当然谈判就此暂停乃至最终破裂都不是绝对的坏事。谈判暂停,可以使双方都有机会重新审慎地回顾各自谈判的出发点,既能维护各自的合理利益又注意挖掘双方的共同利益。如果双方都逐渐认识到弥补现在的差距是值得的,并愿采取相应的措施,包括做出必要的进一步妥协,那么这样的谈判结果也真实地符合谈判原本的目的。即使出现了谈判破裂,也可以避免非理性的合作,而这种合作不能同时给双方都带来利益上的满足。

知识链接二 冷静地理性思考

在谈判实践中,有些谈判者会脱离客观实际,盲目地坚持自己的主观立场,甚至忘记了自己的出发点是什么,由此而引发矛盾,当矛盾激化到一定程度的时候即形成了僵局。谈判者在处理僵局时,要能防止和克服过激情绪所带来的干扰。一名优秀的谈判者必须具备头脑冷静、心平气和的谈判素养,只有这样才能面对僵局而不慌乱。只有冷静思考,才能理清头绪,正确分析问题。这时,应设法建立一项客观的准则,即让双方都认为是公平的、又易于实行的办事原则、程序或衡量事物的标准,充分考虑双方潜在的利益到底是什么,从而理智克服一味地希望通过坚持自己的立场来"赢"得谈判的做法。这样才能有效地解决问题,打破僵局;相反,靠拍桌子、踢椅子来处理僵局是于事无补的,反而会带来负面效应。

知识链接三 协调好双方的利益

当双方在同一问题上发生尖锐对立,并且各自理由充足,均既无法说服对方,又不能接受对方的条件,从而使谈判陷入僵局时,应认真分析双方的利益所在,只有平衡好双方的利益才有可能打破僵局。让双方从各自的目前利益和长远利益两个方面来看问题,使双方的目前利益、长远利益做出调整,寻找双方都能接受的平衡点,最终达成谈判协议。因为如果都追求目前利益,可能都失去长远利益,这对双方都是不利的。只有双方都做出让步,以协调双方的关系,才能保证双方的利益都得到实现。

知识链接四 避免争吵

争吵无助于矛盾的解决,只能使矛盾激化。如果谈判双方出现争吵,就会使双方对立情绪加重,从而很难打破僵局达成协议。即使一方在争吵中获胜,另一方无论从感情上还是心理上都很难持相同的意见,谈判仍有重重障碍。所以一名谈判高手是通过据理力争,而不是和别人大吵大嚷来解决问题的。

知识链接五 其他原则

(一)谈判双方加强沟通

一方面双方多沟通信息,争取信息共享,这样会减少双方因信息占有量不均等所带来误会的可能性;另一方面,通过经常性沟通密切人际关系,减少敌视状态。此外还应注意沟通的方式方法,如多倾听、多探求、少冲动、少辩论。

(二)语言要适度

语言适度指谈判者要向对方传播一些必要的信息,但又不透露己方的一些重要信息,同时积极倾听。这样不但和谈判对方进行了必要的沟通,而且可探出对方的动机和目的,形成对等的谈判气氛。

不同意见,既是谈判顺利进行的障碍,也是一种信号,它表明实质性的谈判已开始。如果谈判双方就不同意见互相沟通,最终达成一致,谈判就会成功在望。因此,作为一名谈判人员,不应对不同意见持拒绝和反对的态度,而应持欢迎和尊重的态度。这种态度会使我们能更加平心静气地倾听对方的意见,从而掌握更多的信息和资料,也体现了一名谈判者的宽广胸怀。

请思考:谈判僵局的处理原则有哪些?

任务三　商务谈判僵局的利用和制造

任务引入

一新加坡华裔客商与我国山东某进出口公司谈判大蒜生意。第一轮谈判时,中方报价最低为每吨720美元,外商出价最高为每吨705美元。双方坚持自己立场,没有谈判协议区,谈判陷入僵局。休会,三天后,双方重新回到谈判桌前。

中方基于当时正值大蒜收获期,如不及时成交,错过收购时机,不但保不住质量而且收购价格不一定上涨,加上美元对人民币汇率上升趋势,及时结算等于提价,为此,中方愿意让步至705美元一吨成交。虽然比上海嘉定卖得便宜些,但基本符合国际市场行情。而买方逆向行动,将买价提高至710美元让我方大为吃惊。附加条件,签订长期合作协议。合同签订后,买方为我方揭开了其中奥秘:第一是新加坡华人多,而他的老客户主要是北方人,对蒜味要求越浓越好,山东大蒜虽比上海嘉定大蒜贵点,但蒜味浓,可以卖好价。第二,外商祖籍山东,希望长期合作。第三,做生意太计较,会令对方反感。

任务分析

谈判时出现这样的僵持局面是很正常的事情,关键在于怎样去解决,如何打破僵局从而顺利与对方达成对自己有利的协议。该案例成功的原因在于很好地把握了僵局的利用,采取了休会策略和拖延时间策略。休会策略让双方平静下来,重新调整思路并改变谈判环境,放松心情;拖延时间策略利用时间来淡化冲突,转换话题,随着时间推移,情绪稳定,僵局自然化解。

知识链接

在商务谈判过程中,当僵局出现的时候,所形成的压力或许会使谈判另一方的信心产生动摇,从而为己方的谈判争取更有利的交易条件。因此,作为一个成熟的谈判者,可以利用僵局为己方的谈判服务。

知识链接一　僵局的利用

谈判者在谈判过程中利用谈判僵局,主要有两种作用。

(一)改变已有的谈判形势,提高己方在谈判中的地位

这是那些处于不利地位的谈判者利用僵局的动机。由于谈判各方实力对比的差异,弱势一方在整个谈判过程中处于不利地位,他们没有力量与对方抗衡,为了提高自己的谈判地位,

便采用制造僵局来拖延谈判时间,以便利用时间来达到自己的谈判目标。

（二）争取更有利的谈判条件

这是那些处于平等地位的谈判者利用僵局的动机。有些谈判要求,仅在势均力敌的情况下是无法达到的,为了取得更有利的谈判条件,谈判者便谋求利用僵局的办法来提高己方的地位,使对方在僵局的压力下不断降低其期望值。当自己的地位提高和对方的期望值降低以后,最后再采用折中的方式结束谈判,以便使自己得到更有利的条件。

知识链接二　僵局的制造

谈判者要利用僵局,首先需要制造僵局。制造僵局的基本原则是利用自己所制造的僵局给自己带来更大的利益。谈判僵局出现以后会有两种结果:打破僵局继续谈判或谈判破裂。

（一）制造僵局的一般方法

制造僵局的一般方法是向对方提出较高的要求,要对方全面接受自己的条件。对方可能只接受己方的部分条件,即做出少量让步后便要求己方做出让步。己方此时如果坚持自己的条件,以等待更有利的时机的到来,而对方又不能再进一步做出更大让步时,谈判便陷入僵局。

（二）制造僵局的基本要求

谈判者制造僵局的基本做法是向对方提出较高的要求,并迫使对方全面接受自己的条件,但要注意的是,这一高要求绝不能高不可攀,因为要求太高,对方会认为是没有谈判诚意而退出谈判。因此,目标的高度应以略高于对方所能接受的最不利的条件为宜,以便最终通过自己的让步仍然以较高的目标取得谈判成功。同时,对自己要求的条件,要提出充分的理由说明其合理性,以促使对方接受自己提出的要求。

请思考:如何把握僵局的利用和制造？

任务四　打破谈判僵局的策略

任务引入

辽宁省盘锦市A公司从事某添加剂业务,在2008年金融海啸导致许多工业原材料价格暴跌时,决定以低价从国外大量购进该产品。

A公司做了大量的市场调研工作,首先通过互联网搜寻该添加剂主要生产国的信息,又通过对各国产品的性价比对确定英国B公司为谈判对象。我方A公司还通过电子邮件等方式与B公司进行沟通,把我方的基本情况和所需产品信息传递给对方,也进一步获取了对方的信息。

在谈判过程中,双方首先出现的争执是谈判地点的确定。B公司要求我方派人员赴英国谈判,而我方要求对方来华谈判,双方都清楚在本国谈判的优势——有助于控制谈判。在金融危机使全球经济不景气的大环境下,我方利用买方市场优势,使B公司主动找上门来谈判。

双方初次面谈富有成效,确定了要进口产品的品种、数量、进口时间等,并在其他方面也达成了基本共识。但在接下来的价格谈判上出现了僵局,挑战来自多方面。首先,双方初次合作缺乏信任,交易金额大,交货分批进行,合同履行时间长达两年。其次,合同的定价涉及未来两年该产品世界市场价格的波动与走势,汇率波动的影响等问题。双方都想采用对己有利的价格条款以规避风险。经多次反复面谈,终于打破僵局,最终以一个折中但对我方更优惠的价格达成协议。

任务分析

价格是商务谈判中最敏感、最容易导致僵局的因素,因为卖方希望卖出的商品价格越高越好,买方恰恰相反。卖方的底价对买方来说则是一个高价格,双方底价之间的范围就是谈判空间或交易区。我方能突破价格僵局主要是由于策略和方法恰当,外加天时地利与人和。

知识链接

谈判出现僵局,就会影响谈判协议的达成,这是谈判人员都不愿看到的。因此,在双方都有诚意的谈判中,尽量避免出现僵局。但是,谈判本身又是双方利益的分配,是双方的讨价还价,僵局的出现也就不可避免。因此,仅从主观愿望上不愿出现谈判僵局是不够的,也是不现实的,必须正确认识、慎重对待、认真处理这一问题,掌握处理谈判僵局的策略与技巧,从而更好地争取主动,为谈判协议的签订铺平道路。

知识链接一　打破谈判僵局的策略

(一) 用语言鼓励对方打破僵局

当谈判出现僵局时,你可以用话语鼓励对方:"看,许多问题都已解决了,现在就剩这一点了。如果不能够一并解决的话,那不就太可惜了吗?"这种说法,看似很平常,实际上却能鼓动人,发挥很大的作用。对于牵涉多项讨论议题的谈判,更要注意打破存在的僵局。

比如,在一场包含六项议题的谈判中,有四项是重要议题,其余两项是次要议题。现在假设四项重要议题中已有三项获得协议,只剩下一项重要议题和两个小问题了,那么,针对僵局你可以这样告诉对方:"四个难题已解决了三个,剩下一个如果也能一并解决的话,其他的小问题就好办了,让我们再继续努力,好好讨论讨论唯一的难题吧! 如果就这样放弃了,前面的工作就都白做了,大家都会觉得遗憾的!"听你这么说,对方多半会同意继续谈判,这样僵局就自然化解了。

"叙述旧情"强调双方的共同点,也可以打破僵局,制造良好的谈判气氛。通过回顾双方以往的合作历史,强调和突出共同点和合作成果,以此来削弱彼此的对立情绪,打破僵局,达到谈判目的。

(二) 运用休会策略打破僵局

休会策略是谈判人员为控制、调节谈判进程,缓和谈判气氛打破谈判僵局而经常采用的一种基本策略。它不仅是谈判人员为了恢复体力、精力的一种生理需求,而且是谈判人员调节情绪、控制谈判过程、缓和谈判气氛、融洽双方关系的一种策略技巧。谈判中,双方因观点产生差异、出现分歧是常有的事,如果各持己见、互不妥协,往往会出现僵持严重以至于谈判无法继续的局面。这时,如果继续进行谈判,双方的思想还沉浸在刚才的紧张气氛中,结果往往是徒劳无益,有时甚至适得其反,导致以前的成果付诸东流。因此,比较好的做法就是休会,因为这时双方都需要找到时间进行思索,使双方有机会冷静下来,或者每一方的谈判成员之间需要停下来,客观地分析形势、统一认识、商量对策。

 **微型案例**

深圳诚兴公司从日本昌盛会社引进设备,日方一开始就提出了很高的报价,中方在谈判桌上同日方进行了激烈的辩论。由于日方气势很盛,态度坚决,谈判没有任何进展,谈判陷入僵局。

这时中方突然决定暂停谈判,说对日方条件要详细研究。拖了半个月以后,日方着急起来,主动邀中方谈判。此时,中方抓住时机,反守为攻,日方则连连退步,最终达成了有利于中方的协议。

谈判会场是正式的工作场所,容易形成一种严肃又紧张的气氛。当双方就某一问题发生争执,各持己见,互不相让,甚至话不投机、横眉冷对时,这种环境更容易使人产生一种压抑、沉闷的感觉和烦躁不安的情绪,使双方对继续谈判都没有兴致。在这种情况下,暂时停止会谈或双方人员去游览、观光、出席宴会、观看文艺节目,也可以到游艺室、俱乐部等地方消遣,把绷紧的神经松弛一下,缓和一下双方的对立情绪。这样,在轻松愉快的环境中,大家的心情自然也就放松了。更主要的是,通过游玩、休息、私下接触,双方可以进一步熟悉、了解,消除彼此间的隔阂;也可以不拘形式地就僵持的问题继续交换意见,寓严肃的讨论和谈判于轻松活泼、融洽愉快的气氛之中。这时彼此间心情愉快,人也变得慷慨大方,谈判桌上争论了几个小时无法解决的问题、障碍,在这儿也许会迎刃而解了。休会后,双方再按预定的时间、地点坐在一起时,会对原来的观点提出新的、修正的看法。这时,僵局就会较容易打破。

把休会作为一种积极的策略加以利用,可以达到以下目的:

(1) 仔细考虑争议的问题,进一步对市场形势进行研究,以证实自己原来观点的正确性,并思考新的论点与自卫方法。

(2) 可以召集各自谈判小组成员,集思广益,商量具体的解决办法,探索变通途径。

(3) 检查原定的策略及战术。

(4) 研究讨论可能的让步。

(5) 决定如何对付对手的要求。

(6) 分析价格、规格、时间与条件的变动。

(7) 阻止对手提出尴尬的问题。

(8) 排斥讨厌的谈判对手。

(9) 缓解体力不支或情绪紧张。

(10) 应付谈判出现的新情况。

(11) 缓和谈判一方的不满情绪。

休会一般先由一方提出,只有经过双方同意,这种策略才能发挥作用。怎样取得对方同意呢?首先,提建议的一方应把握好时机,看准对方态度的变化,讲清休会时间。如果对方也有休会的要求,很显然会一拍即合。其次,要清楚并委婉地讲清需要,但也要让对方明白无误地知道。一般来说,参加谈判的各种人员都是有修养的,如东道主提出休会,客人出于礼貌,很少拒绝。三是提出休会建议后,不要再提出其他新问题来谈,先把眼前的问题解决了再说。

(三)利用调节人调停打破僵局

在政治事务中,特别是国家间、地区间冲突中,由第三者出面作为中间人进行斡旋,往往会获得意想不到的效果。商务谈判也完全可以运用这一方法来帮助双方有效地消除谈判中的分歧,特别是当谈判双方进入立场严重对峙、谁也不愿让步的状态时,找到一位中间人来帮助调解,有时能很快使双方立场出现松动。

当谈判双方严重对峙而陷入僵局时,双方信息沟通就会发生严重障碍,互不信任,互相存在偏见甚至敌意,有些谈判又必须取得成果,而不能用中止或破裂结束,如索赔谈判,这时由第三者出面斡旋可以为双方保全面子,使双方感到公平,信息交流可以变得畅通起来。中间人在充分听取各方解释、申辩的基础上,能很快找到双方冲突的焦点,分析其背后所隐含的利益分歧,据此寻求弥合这种分歧的途径。谈判双方之所以自己不能这样做,主要还是"不识庐山真面目,只缘身在此山中"。

商务谈判中的中间人主要是由谈判者自己挑选的。不论是哪一方,它所确定的斡旋者应该是对对方所熟识,为对方所接受的,否则就很难发挥其应有作用。因此这就成了谈判一方为打破僵局而主动采取的措施。在选择中间人时不仅要考虑其能体现公正性,而且还要考虑其是否具有权威性。这种权威性是使对方逐步受中间人影响,最终转变强硬立场的重要力量。而主动运用这一策略的谈判者就是希望通过中间人的作用,将自己的意志转化为中间人的意志来达到自己的目的。

当出现了比较严重的僵持局面时,彼此间的感情可能都受到了伤害。因此,即使一方提出缓和建议,另一方在感情上也难以接受。在这种情况下,最好寻找一个双方都能够接受的中间人作为调节人或仲裁人。

 **微型案例**

京东腾讯并购谈僵,张磊回国让刘强东和马化腾"软"服

高瓴资本创始人张磊正在法国滑雪,突然接到了刘强东的电话,刘强东说:"我们和腾讯电商的合并,你再不回来,就要黄。"张磊意识到问题的严重性,他乘坐最早的班机从法国回来。

回国后,张磊了解到合作的障碍主要是执行层面员工都为公司的利益着想,双方不肯在一些细节上妥协,针尖对麦芒,张磊清退了双方的中层、律师、投行等谈判人员,最终谈判只有8个人,腾讯一方是马化腾、刘志平、吴晓光、张小龙、鲁姆斯米切尔(腾讯首席战略官),京东一方是刘强东、黄宣德(京东首席财务官),还有就是中间人张磊。

张磊说:"今天谈不成,谁都不要走。"

"擒贼先擒王",张磊首先说服腾讯的马化腾和京东的刘强东。

张磊给京东做了全面的战略分析,电商的核心在于流量,流量是关键的第一步,没有流量来源,电商用户的运营、营销都无从谈起。在移动互联网时代,京东太缺移动端流量了,而腾讯的微信和QQ掌握了大部分的移动流量,京东如果和腾讯合作,获得腾讯的流量支持,京东必将进入快速发展道路。张磊通过移动端流量说服刘强东。

接着他用库存说服了马化腾,他和马化腾说:"腾讯一直做虚拟产品,而电商是实物产品,对库存管理能力、供应链系统能力要求很高,京东一直干的就是库存管理和供应链整合,有这方面的优势,而腾讯缺少这方面的基因。"

两位大佬敲定,剩下的 35 个细节问题,花了不到 4 个小时谈成。

在京东和腾讯共同股东张磊的撮合下,京东和腾讯电商合并,京东收购腾讯电商资产,获得腾讯和 QQ 的流量入口,腾讯投资 2.15 亿美元,获得京东 15% 的股份。有了流量支持,京东进入发展的快车道,现在京东 1/4 的用户来源于腾讯的导流。

张磊能够撮合京东和腾讯合并,主要有如下几点原因:

第一,张磊是京东和腾讯电商共同的股东,合并双方有相同的股东,便于协调各自需求。

第二,腾讯缺少电商基因,而京东有电商基因,一个公司的基因很重要。阿里巴巴有人、有资源,也干不成社交,就是因为没有基因。京东移动端太弱,缺少移动流量,而腾讯的微信和 QQ 是移动互联网的两大流量入口,具有天然的流量资源。所以京东和腾讯,都有各自想要的东西,有合作的前提。

除了京东、腾讯,张磊在互联网还投资了阿里、拼多多、携程、美团等公司,说张磊投资了互联网的半壁江山不为过。除了互联网,张磊还投资了新能源锂电池龙头宁德时代、新能源整车龙头特斯拉、光伏龙头隆基股份、创新药龙头恒瑞制药和百济神州等。所以张磊是值得马化腾和刘强东双方都信服的人,由他来做中间人,效果是很明显的。

(四) 更换谈判人员或者由领导出面打破僵局

谈判中出现了僵局,并非都是双方利益的冲突,有时可能是谈判人员本身的因素造成的。双方谈判人员如果互相产生成见,特别是主要谈判人员,在争议问题时,对对方人格进行攻击,伤害了一方或双方人员的自尊心,必然引起一方或双方的怒气,会谈就很难继续进行下去,使谈判陷入僵局。即使是改变谈判场所,或采取其他缓和措施,也难以从根本上解决问题。形成这种局面的主要原因,是由于在谈判中不能很好地区别对待人与问题,由对问题的分歧发展为双方个人之间的矛盾。

类似这种由于谈判人员的性格、年龄、知识水平、生活背景、民族习惯、随便许诺、随意践约、好表现自己、对专业问题缺乏认识等因素造成的僵局,虽经多方努力仍无效果时,可以征得对方同意,及时更换谈判人员,消除不和谐因素,缓和气氛,就可能轻而易举地打破僵局,保持与对方的友好合作关系。这是一种迫不得已的、被动的做法,必须慎重。

临阵换将,把自己一方对僵局的责任归咎于原来的谈判人,不管他们是否确实应该担负这种责任,还是莫名其妙地充当了替罪羊的角色,这种策略为自己主动回到谈判桌前找到了一个借口,缓和了谈判场上对峙的气氛。不仅如此,这种策略还含有准备与对手握手言和的暗示,成为己方调整、改变谈判条件的一种标志。

谈判双方通过谈判暂停期间的冷静思考,若发现双方合作利益较大,那么调换人员就成了不失体面、重新谈判的有效策略,而且在新的谈判氛围中,在经历了一场暴风雨后的平静中,双方都会更积极、更迅速地找到一致点,消除分歧,甚至做出必要的、灵活的妥协,僵局由此而可能得到突破。

应注意:第一,换人要向对方做婉转的说明,使对方能够予以理解;第二,不要随便换人,即使出于迫不得已而换,事后也需要向替换下来的谈判人员做一番工作,不能挫伤他们的积极性。在有些情况下,如协议的大部分条款都已商定,却因一两个关键问题尚未解决而无法签订合同。这时,己方也可由地位较高的负责人出来参与谈判,表示对僵持问题的关心和重视。同时,这也是向对方施加一定的心理压力,迫使对方放弃原先较高的要求,做出一些妥协,以利协议的达成。

（五）有效退让打破僵局

达到谈判目的途径是多种多样的，谈判结果所体现的利益也是多方面的，有时谈判双方对某一方面的利益分割僵持不下，就轻易地让谈判破裂，这实在是不明智的。他们没有想到其实只要在某些问题上稍做让步，而在另一些方面就能争取更好条件。这种辩证的思路是一个成熟商务谈判者应该具备的。

就拿从国外购买设备的合作谈判来看，有些谈判者常常因价格分歧，而不欢而散，至于诸如设备功能、交货时间、运输条件、付款方式等尚未涉及，就匆匆地退出了谈判。事实上，购货一方有时可以考虑接受稍高的价格，然而在购货条件方面，就更有理由向对方提出更多的要求，如增加若干功能，或缩短交货期，或除在规定的年限内提供免费维修外还要保证在更长时间内免费提供易耗品，或分期付款等。

谈判犹如一个天平，每当我们找到了一个可以妥协之处，就等于找到一个可以加重自己谈判的砝码。在商务谈判中，当谈判陷入僵局时，如果对国内、国际情况有了全面了解，对双方的利益又把握得准确，那么就应以灵活的方式在某些方面采取退让策略，因此，当谈判陷入僵局时，我们应有这样的认识，即如果合作成功所带来的利益大于坚守原有立场而让谈判破裂所带来的好处，那么有效退让就是我们应该采取的策略。

 **微型案例**

中国入世谈判中的让步

1999年4月朱镕基总理访美，本来谈判就要成了，因为克林顿总统对于中美谈判所达成的协议做出了错误判断，他认为可能得不到国会的支持，后来知道整个美国商界和国会都很支持后，克林顿很后悔。由于上层的政治决断，那次不能够达成协议。他们的失望比我们还大。到了11月以后，他们摆出一个很强的谈判阵容，而且用高压的手段，想榨取更多的东西。4月份那次谈判的结果已经完全能够满足他们的要求了，所以中方根本不想做任何新的让步。不过，当时中方确实也想达成协议。中央主要从中美关系大局来看，5月我驻南使馆被炸事件发生后，中美关系很困难，双方都需要转机。中美关系对双方来讲，毕竟太重要了。而中美达成世贸协议，可能会成为中美关系的转机。从中美关系战略全局考虑，中国愿意达成协议。

到了11月14日晚上7点钟以后，整个美国谈判代表团全部消失。打手机、打到饭店房间都找不到他们，打通的唯一一次电话，对方说他们现在都想休息，准备次日早上启程回国。他们还给礼宾司打了一个电话，说是人很多，要求安排一个开道车，并在机场上给予一定的礼遇。一切迹象都表明，他们明天是肯定要走了。

当天晚上11点钟，中方谈判代表龙永图打电话给美国驻华使馆代办说，作为常识，在经历这么一个世界瞩目的谈判以后，双方总得见一次面吧，至少需要商量一下如何对新闻界发布此次谈判结果。大概一个小时以后，美国贸易代表打回电话，她说，出发之前见一见是必要的。龙永图说，好啊，你看几点钟见。她说能不能4点半见。

凌晨4点半,龙永图心里就笑了。他想,如果对方打算走,为什么要4点半见面呢,对方是10点钟的飞机,七八点钟见一下,半个小时不就解决了吗。他知道,美方绝对是想要谈成协议。4点半到7点半有3个小时的时间,足以把最后的文本全部解决。中方谈判小组4点半去了以后,对方把谈判的协议文本全部准备好了。然后中方就开始一页一页地核对文本,最后剩下七个问题。美方谈判代表说,这七个问题,中方必须接受,如果不能接受,前面谈的几十页上百页协议都不能作数,谈判还将以失败告终。龙永图说:"很抱歉,如果要签订协议,那七个问题免谈。"这七个问题是他们在这几天谈判过程中施加强大压力一直想要解决的。龙永图把情况做了汇报,上面很快做出了决策。在最后关头,朱总理出现在谈判第一线。对于那七个问题,朱总理说,如果美方决定改行程,中方可以继续跟他们谈。话一说完,美国人就来了,他们根本就没订那天的飞机。朱总理也不跟他们多说,"这七个问题,有两个问题我可以让,其他你们必须让步。如果接受,马上可以签订协定。我不是来跟你谈判的,我是来做决策的。"让的那两个问题也不是什么特别要害的问题,但是作为谈判代表,中方把这七个问题作为底线把了这么多年,所以一旦要让的时候,也不太情愿。美方拿到这两个让步,喜出望外,他们生怕中方一点面子也不给,七个问题都不肯让步。这实际上是给了对方一个台阶,使大家有了签订协议的可能性。所以美方很快就答应了。

这就是说,朱总理以两个问题的让步,换来了五个问题的不让步。关键是换来了整个中美的协议,换来了中美整个关系的转机。

(六)场外沟通打破僵局

谈判会场外沟通亦称"场外交易""会下交易"等。它是一种非正式谈判,双方可以无拘无束地交换意见,达到沟通、消除障碍、避免出现僵局的目的。对于正式谈判出现的僵局,同样可以用场外沟通的途径直接进行解释,消除隔阂。

(1)谈判双方在正式会谈中,相持不下,即将陷入僵局。彼此虽有求和之心,但在谈判桌上碍于面子,难以启齿。可以借助非正式场合进行私下商谈,从而打破僵局。

(2)当谈判陷入僵局,谈判双方或一方的幕后主持人希望借助非正式的场合进行私下商谈,从而缓解僵局。

(3)谈判双方的代表因为身份问题,不宜在谈判桌上让步以打破僵局,但是可以借助私下交谈打破僵局,这样又可不牵扯到身份问题。例如,谈判的领导者不是专家,但实际做决定的却是专家。这样,在非正式场合中,专家就可不因为身份问题而出面从容商谈,打破僵局。

(4)谈判对手在正式场合严肃、固执、傲慢、自负、喜好奉承。这样,在非正式场合给予其恰当的恭维(因为恭维别人不宜在谈判桌上进行),就有可能使其做较大的让步,以打破僵局。

(5)谈判对手喜好郊游、娱乐。这样,在谈判桌上谈不成的东西,在郊游和娱乐的场合就有可能谈成,从而打破僵局,达成有利于己方的协议。

运用场外沟通应注意以下问题:

(1)谈判者必须明确,在一场谈判中用于正式谈判的时间是不多的,大部分时间都是在场外度过的,必须把场外活动看作是谈判的一部分,场外谈判往往能得到正式谈判得不到的东西。

(2)不要把所有的事情都放在谈判桌上讨论,而是要通过一连串的社交活动讨论和研究问题的细节。

(3) 当谈判陷入僵局,就应该离开谈判桌,举办多种娱乐活动,使双方无拘无束地交谈,促进相互了解,沟通感情,建立友谊。

(4) 借助社交场合,主动和非谈判代表的有关人员(如工程师、会计师、工作人员等)交谈,借以了解对方更多的情况,往往会得到意想不到的收获。

(5) 在非正式场合,可由非正式代表提出建议、发表意见,以促使对方思考,因为即使这些建议和意见很不利于对方,对方也不会追究,毕竟讲这些话的不是谈判代表。

(七) 寻找替代的方案打破僵局

俗话说得好,"条条大路通罗马",在商务谈判上也是如此。谈判中一般存在多种可以满足双方利益的方案,而谈判人员经常简单地采用某一方案,而当这种方案不能为双方同时接受时,僵局就会形成。

微型案例

戴维营协议

1978年9月6日,应当时美国总统吉米·卡特的邀请,美国、埃及、以色列三方在美国总统休养地戴维营举行最高级会议。参加会议的有美国总统卡特、埃及总统萨达特和以色列总理贝京,会议持续了12天。终于在9月17日埃以双方签署了在中东和平进程中具有历史意义的《关于实现中东和平的纲要》和《关于签订一项埃及同以色列之间的和平条约的纲要》两份文件,这就是著名的"戴维营协议"。

在以色列和埃及达成戴维营协议之前,双方都将自己的利益阐述为拥有西奈(Sinai)半岛。由于双方都试图通过谈判控制西奈半岛,因此双方的谈判利益和目标出现了完全意义上的对立。埃及想收复西奈半岛,实现领土完整,但被以色列拒绝,因为自1967年战争开始,以色列就占领了西奈半岛。和解的努力化为乌有,而双方都不同意平分西奈半岛的提议。如果谈判仍停留在双方已经明确阐明的要求和利益上,即控制西奈半岛,那么双方是不可能达成解决方案的。

然而,在对双方的利益进行全面的认识和评价以后,各方均意识到在围绕西奈半岛的争端中,埃及更关心对西奈半岛的主权,而以色列更关注西奈半岛的军事安全。由于双方有着各自不同的、更为关注的谈判利益,因此,存在着双方以利益交换解决争端的可能。当双方越过对立的立场而去寻找促使坚持这种立场的利益时,往往就能找到既符合这一方利益,又符合另一方利益的替代性方案,即解决争端的戴维营协议:以色列将西奈山还给埃及,而作为交换,以色列在西奈半岛建立非军事区。于是,埃以和约得以签订。在取得土地使用权的谈判中,双方原来坚持的立场都是合理的,而当双方越过所坚持的立场,而去寻找潜在的共同利益时,就能找到许多符合双方利益的方案,僵局就可以突破。

商务谈判不可能总是一帆风顺的,双方磕磕碰碰是很正常的事,这时,谁能创造性地提出可供选择的方案,谁就掌握了谈判的主动权,当然,这种替代一定既要能有效地维护自身的利益,又要能兼顾对方的利益。不过,要试图在谈判开始就确定最佳方案,这往往阻止了其他可供选择方案的产生。相反,在谈判准备时期,就能构思更多彼此有利的方案,往往会使谈判如顺水行舟,一旦遇有障碍,只要及时调拨船头,就能顺畅无误地到达目的地。

同时,也可以对一个方案中的某一部分采用不同的替代方法,如:

(1) 另选商议时间。例如,彼此再约定好重新商议的时间,以便讨论较难解决的问题。因为到那时也许会有更多的资料和更充分的理由。

(2) 改变售后服务方式。例如,建议减少某些烦琐的手续,以保证日后的服务。

(3) 改变承担风险方式、时限和程度。在交易所得所失不明确的情况下,不应该讨论分担的问题,否则只会导致争论不休。同时,如何分享未来的损失或者利益,可能会使双方找到利益的平衡点。

(4) 改变交易形态。使互相争利的情况改变为同心协力、共同努力的团体。让交易双方老板、工程师、技工彼此联系,互相影响,共同谋求解决的办法。

(5) 改变付款方式和时限。在成交总金额不变的情况下,加大定金,缩短付款时限,或者采用其他不同的付款方式。

(八) 其他方法打破僵局

1. 采取横向式的谈判打破僵局

当谈判陷入僵局,经过协商而毫无进展,双方的情绪均处于低潮时,可以采用避开该话题的办法,换一个新的话题与对方谈判,以等待高潮的到来。横向谈判是回避低潮的常用方法。由于话题和利益间的关联性,当其他话题取得成功时,再回来谈陷入僵局的话题,便会把谈判的面撒开,先撒开争议的问题,再谈另一个问题,而不是盯住一个问题不放,不谈妥誓不罢休。例如,在价格问题上双方互不相让,僵住了,可以先暂时搁置一旁,改为商谈交货期、付款方式等其他问题。如果在这些议题上对方感到满意了,再重新回过头来讨论价格问题,阻力就会小一些,商量的余地也就更大些,从而弥合分歧,使谈判出现新的转机。

2. 利用"一揽子"交易打破僵局

所谓"一揽子"交易,即向对方提出谈判方案时,好坏条件搭配在一起,像卖"三明治"一样,要卖一起卖,要同意一起同意。往往有这种情况,卖方在报价里面包含了可让与不可让的条件。所以向他还价时,可采用把高档与低档的价格加在一起还的做法。比如把设备、备件、配套件三类价均分出三个方案,这样报价时即可获得不同的利润指标。在价格谈判时,卖方应视谈判气氛、对方的心理再妥协让步。作为还价的人也应同样如此,即把对方货物分成三档价,还价时取设备的档价、配套件的档价、备件的档价,而不是都为一个档价。这样做的优点在于有吸引力,具有平衡性,对方易于接受,可以起到突破僵局的作用。尽管在一次还价总额高的情况下该策略不一定有突破僵局的作用,但仍不失为一个合理还价的较好理由。

3. 适当馈赠打破僵局

谈判者在相互交往的过程中,适当地互赠些礼品,会对增进双方友谊、沟通双方感情起到一定的作用,也是普通社交礼仪。西方学者幽默地称之为"润滑策略"。每一个精明的谈判者都知道,给予对方热情的接待、良好的照顾和服务,对于谈判往往产生重大影响。它对于防止谈判出现僵局是一个行之有效的途径,这就等于直接明确地向对手表示"友情第一"。

所谓适当馈赠,就是说馈赠要讲究艺术,一要注意对方的习俗,二要防止贿赂之嫌。有些企业为了达到自身的利益乃至企业领导人、业务人员自己的利益,在谈判中把送礼这一社交礼仪改变了性质,使之等同于贿赂,不惜触犯法律,这是错误的。所以,馈赠礼物要是在社交范围之内的普通礼物,突出"礼轻情义重"。谈判时,招待对方吃一顿地方风味的午餐,陪对方度过一个美好的夜晚,赠送一些小小的礼物,并不是贿赂,提供这些平常的招待也不算是道德败坏。

如果对方馈赠的礼品比较贵重,通常意味着对方要在谈判中"索取"较大的利益。对此,要婉转地暗示对方礼物"过重",予以推辞,并要传达出自己不会因礼物的价值而改变谈判的态度的信息。

4. 以硬碰硬打破僵局

当对方通过制造僵局,给你施加太大压力时,妥协退让已无法满足对方的欲望,应采用以硬碰硬的办法向对方反击,让对方自动放弃过高要求。比如,揭露对方制造僵局的用心,让对方自己放弃所要求的条件。有些谈判对手便会自动降低自己的要求,使谈判得以进行下去。也可以离开谈判桌,以显示自己的强硬立场。如果对方想与你谈成这笔生意,他们会再来找你,这时,他们的要求就会改变,谈判的主动权就掌握在你的手里。如果对方不来找你也不可惜,因为如果自己继续同对方谈判,只能使自己的利益降到最低点,这样,谈成还不如谈不成。

在西方某国监狱的单间牢房里,犯人通过门上那个小孔,看到警卫正在走廊上吞云吐雾。凭着敏锐的嗅觉,犯人立即断定那是他最爱抽的万宝路牌香烟。他想吸烟想疯了,于是用右手指轻轻地敲了一下门。警卫慢悠悠地踱过来,鄙夷地粗声哼道:"干吗?"犯人答道:"请给我抽一支烟吧,就是你抽的那种,万宝路牌的。"警卫没有理会犯人的请求,转身要走。犯人又用右手指关节敲门,这一次他是命令式的。"你想干什么?"警卫从嘴里喷出一口浓烟,没好气地转过头来喊。犯人答道:"劳驾你给我一支香烟,我只等30秒钟,如果得不到,我就在水泥墙上撞脑袋,直到流血昏倒为止。当监狱的官员把我拉起来苏醒后,我就发誓说是你干的。""当然,他们绝不会相信我。但请你想一想吧,你得出席听证会,在听证会前,你得填写一式三份的报告,你要卷入一大堆审讯事务。所有这一切就是为了不给我一支不值几文的万宝路香烟?只要一支,我保证以后再不打搅你了。"结果不言而喻,警卫自然会从小孔里塞给他一支烟。

5. 从对方的漏洞中借题发挥打破僵局

谈判实践告诉我们,在一些特定形势下,抓住对方漏洞,小题大做,会给对方一个措手不及。这对于突破谈判僵局会起到意想不到的效果,这就是所谓的从对方的漏洞中借题发挥。从对方的漏洞中借题发挥的做法有时被看作是一种无事生非、有伤感情的做法。然而,对于谈判对方某些人的不合作态度或试图恃强欺弱的做法,运用从对方的漏洞中借题发挥的方法做出反击,往往可以有效地使对方有所收敛。相反,不这样做反而会招致对方变本加厉的进攻,从而使我们在谈判中进一步陷入被动局面。事实上,当对方不是故意地在为难我们,而本方又不便直截了当地提出来时,采用这种旁敲侧击的做法,往往可以使对方知错就改、主动合作。

微型案例

柯泰伦曾是苏联派驻挪威的全权代表。她精明强干,可谓女中豪杰。她的才华多次在外交和商务谈判上得以展示。有一次,她就进口挪威鲱鱼的有关事项与挪威商人谈判。挪威商人精于谈判技巧,狮子大开口,出了个大价钱,想迫使买方把出价抬高后再与卖方讨价还价。买卖双方坚持自己的出价,谈判气氛十分紧张。各方都拿出了极大的耐心,不肯调整己方

的出价,都希望削弱对方的信心,迫使对方做出让步。谈判进入了僵持的状态。

柯泰伦为了打破僵局,决定运用谈判技巧,迂回逼近。她对挪威商人说:"好吧,我只好同意你们的价格啦,但如果我方政府不批准的话,我愿意以自己的工资支付差额,当然还要分期支付,可能要支付一辈子的。"柯泰伦这一番话表面上是接受了对方的价格,但实际上却是对对方的心理攻势。他们怎么能让贸易代表自己出工资支付合同货款呢?她巧妙的语言技巧,恰当地拒绝对方的要求。挪威商人对这样的谈判对手无可奈何。他们只好把鲱鱼的价格降下来。

面对挪威商人的狮子大开口,柯泰伦用精湛的语言技巧,巧妙地表达了自己想要合作的愿望,使得对方在心理层面上也不好意思再抬高价格。她的一番话看似是让步,实际上是以退为进,打破了谈判僵局。试想若没有她的一番诚恳的话语,谈判很可能僵持下去。可见在商务谈判中适时的运用语言技巧和心理战术,能对僵局打破起到很大的作用。

请思考:打破谈判僵局的策略?

知识链接二　运用打破僵局策略的总体要求

以上介绍了商务谈判中打破谈判僵局的最常见的策略。但在具体的谈判中,最终采用何种策略要考虑多方面因素的影响。总的来看,在选择策略时应注意以下几点要求。

(一)根据当时当地的谈判背景与形势灵活运用策略

在具体谈判中,最终采用何种策略应该由谈判人员根据当时当地的谈判背景与形势来决定。某种策略可以有效地运用于不同的谈判僵局之中,但一种策略在某次僵局突破中运用成功,并不意味着在其他同样类型的谈判僵局中也适用。只要僵局构成因素稍有差异,包括谈判人员的组成不同,各种策略的使用效果都有可能是迥然不同的。关键还在于谈判人员的素质、谈判能力和己方的谈判实力,以及实际谈判中的个人及小组的力量发挥情况如何等。只有那些应变能力强、谈判实力强,又知道灵活运用各种策略与技巧的谈判者才能够成功对付、处理所有的谈判僵局,从而实现谈判目标。

(二)辩证地思考问题

对于谈判的任何一方而言,坐在谈判桌前的目的是为成功达成协议,而绝没有抱着失败的目的前来谈判的。谈判中,达到谈判目的的途径往往是多种多样的,谈判结果所体现的利益也是多方面的。当谈判双方对某一方面的利益分配僵持不下时,往往容易轻易地使谈判破裂。其实,这实在是一种不明智的举动。之所以会出现这种结果,原因就在于没有掌握辩证地思考问题的方法。如果是一个成熟的谈判者,这时他应该明智地考虑在某些问题上稍做让步,而在另一些方面去争取更好的条件。从经济的角度来讲,这样做比起匆匆而散的做法要划算得多。

(三)注重打破僵局的科学性与艺术性

商务谈判僵局处理的成功与否,从根本上来讲,要取决于谈判人员的经验、直觉、应变能力等综合素质。从这种意义上讲,僵局突破是谈判的科学性与艺术性结合的产物。在分析、研究及策略的制定方面,谈判的科学成分大一些;而在具体运用上,谈判的艺术成分大一些。

 复习思考题

一、案例分析

北京某进口公司(以下称中方)某部门经理T先生与法国AB公司(以下称法方)的比尔先生谈判计算机的技术转让交易。T先生对法方的条件做了全面深入的分析,认为在技术内容及设备的配置上存在较为严重的问题,并针对这些问题做了详细的谈判预案,在谈判中严格地按预案谈判。

由于预案包括了双方的理由与条件,以及互让的前提,加之T先生的谨慎与比尔先生的顽强,谈判时时陷入僵局。作为客座谈判的法方心中很是焦急,于是到其驻华使馆商务处向其主管汇报。恰好,驻华使馆商务处也正关注该项目的谈判,听到比尔先生的汇报后,认为中方主谈有问题,决定干预。

商务处与中方联系,称:"我国商务参赞希望拜会中方公司总经理。"出于礼节,中方自然会安排。在法方商务参赞会见中方总经理的过程中,除了寒暄之外,主要还是表述对正在谈判中的交易的关注,重点谈了法方谈判人员面临的问题。参赞先生坦率地表示:"贵方的主谈T先生太尽职,尽职到让人难以接受的地步。按他目前的表现,我怀疑他是否有能力将谈判主持好。为了对中法双方的合作负责,请总经理先生关注该谈判,若有可能,请派更能干的人员替换T先生。"中方总经理听后说:"谈判中双方主谈有争议是正常的事。参赞先生讲的话我听明白了,但请等我了解情况之后再决定该怎么办。请放心,我也会很关注该项交易谈判的。"参赞表示感谢总经理的帮助,随即离去。

会见之后,总经理叫来T先生,问及谈判中发生了什么事。这时T先生才知道法方安排商务参赞的拜访是干预谈判并告了自己一状。于是把法方的谈判态度与条件和自己的表现详细地说了一遍,言下之意,法方主谈也不怎么样,自己的态度是一种回应。听了T先生的解释,总经理笑着说:"谈判不是赌气,是妥善解决问题,推动谈判进展。法方这么做说明他们重视该交易,想成交,应该看成是个好的信息,切不可意气用事。"随之,总经理让T先生把目前双方的条件、态势讲了讲,再看了看T先生做的谈判预案,又笑了。这一笑,让T先生很不好意思,因为总经理讲:"嘿!你手上拥有这么多可以用的条件,形势不错嘛!不必过于紧逼,适当让一让,推动谈判,再紧一紧。该让时一定要让,否则就僵了。"

次日再恢复谈判时,法方人员看到中方总经理到场,一时不知所措,全体成员都很受感动。开场白由中方总经理做,他主要介绍了法方商务参赞的关注态度与希望,也讲了自己同样的态度,然后进入正题,他说:"到今天为止双方都在坚持自己的立场,这不行,不符合参赞先生的愿望。我提个建议,看贵方能不能接受。"总经理从T先生的方案中挑了三个不同的交易内容细目,一个取A档价,一个取B档价,一个取C档价,作为一个还价条件,请法方主谈表态。因为,T先生将各细目,均分成了三个价格档次,A档为最佳成交价,B档为理想价,C档为可以接受价。此前之所以僵持,是因为T先生在A、B两档价格上争。总经理这么一组合,总的是在进,但也有退,虽说代表的交易总量不大,但也是法方期盼的妥协。所以当总经理提出该建议征求比尔先生的意见时,比尔先生没有太多的犹豫就同意了。比尔先生的同意也很重要,他一说同意,就等于双方达成了一个"协议",打破了僵局。这对相持已久、身心疲惫的双方谈判

人员无疑是一种鼓舞,会场气氛一下子就轻松了。

这时,总经理说:"我看你们(指比尔先生与T先生)有能力,手中也有条件,可以完成各自领导交给的谈判任务。我再待在这儿该影响你们工作了。"说完站起来要走。比尔先生赶紧挽留:"您在,对我们是极大的鼓舞与帮助,希望您能继续留下。"总经理微笑着应道:"我本来就有会要主持,只是为了传达一下我与参赞先生对会谈的关注才把会议推迟了一个小时。我该去开会了。我的意见已向T先生讲了,相信他会考虑我的意见的。祝你们谈判成功。"

总经理走后,T先生与比尔先生重新开始谈判。双方在条件的坚持与退让的节奏上都做了调整,谈判进展明显加快,最终成交了。签字仪式后是宴会。安排座位时,双方主谈、公司总经理、商务参赞与大使及工业部领导同一桌。席间,参赞先生对中方工业部领导及总经理讲:"这次交易谈判成功与双方主谈的努力分不开。尤其T先生谈判很顽强,为贵方争取了不少好条件,十分聪明能干。"T先生感到很意外。总经理接过话题:"这次谈判使馆给予很多支持与关注,我表示感谢。"于是,大家一致为一线工作人员干杯,气氛融洽,为日后顺利执行合同打下了良好的基础。

案例讨论:

(1) 中方总经理是怎样处理谈判对手告状,进而打破僵局、推动谈判进程的?

(2) 中方总经理在突破谈判僵局后,为何不留下来继续驾驭谈判?

二、问答题

1. 简述谈判僵局的含义及对谈判的影响。
2. 举例说明谈判僵局产生的原因。
3. 在商务谈判中,为什么要利用僵局?
4. 如果谈判对手在谈判中用僵局相威胁,谈判者应如何应对?

项目七　商务谈判的结束

 **学习目标**

知识目标

通过本项目的学习,学生能够理解并掌握商务谈判结束的契机及相关技巧,熟悉为结束商务谈判需要做的技术准备。

素质目标

学生通过对本项目的学习,对商务谈判的结束工作有一个正确的认识,锻炼沟通表达能力以及分析问题的能力。

技能目标

学生通过对本项目的学习,深化对商务谈判结束的认识,能够抓住商务谈判结束的契机,并将结束商务谈判的技巧自觉地运用在今后的生活或工作中,指导谈判工作。

 **经验分享**

学生以"我最(开心、痛苦、难忘的)一次谈话(说服别人、被别人说服)"为题目,进行5分钟的主旨发言,老师和同学帮助其总结在结束谈判的契机及结束谈判技巧方面的经验教训。

商务谈判中,谈判各方经过共同努力和反复磋商,使得谈判进入结束阶段。在先前的谈判中双方已经表达了自己的要求和观点,提出一些基本条件和预案,也达成了一定意向,这似乎意味着谈判即将成功,但是如果不能把握好谈判结束的程序和要点,就不能达到谈判预期的双赢结果,甚至由于双方在最后妥协时由于急于求成、时机把握不准等原因而导致谈判破裂。

任务一　谈判结束的契机

任务引入

一位法国人,他家有一片小农场,种的是西瓜。经常有人来电话,要订购他的西瓜,但是每一次都被他拒绝了。有一天,来了一位客人,是个小男孩,约有十二岁,他说要订购西瓜,被法国主人回绝了。可是这个小男孩却不走,主人做什么,他都跟着。小男孩在主人身边,专谈自己的故事,一直谈了个把小时。站在瓜田的法国主人听完小男孩的故事开口了:"说够了吧?"他对小男孩说:"喏,那边那个大西瓜给你好了,一个法郎。""可是,我只有一毛钱。"小男孩说。"一毛钱?"那个农场主人听了,便指着瓜田里另一个西瓜说:"那么,给你那边那个较小的绿色的瓜,好吧?"他一面说,一面对旁边站着的人眨了眨眼睛。"好吧,我就要那一个。"小男孩说:"请不要摘下来,我弟弟会来取,两个礼拜以后,他来取货。先生,我只管采购,我弟弟负责运输和送货。我们各有各的责任。"

任务分析

买瓜的男孩遭到了明确无误的拒绝,但谈判并没有结束,男孩通过建立融洽关系及"只有这些钱"和造成既定事实后追加有利的成交条件的办法,保证了终极目标的实现。我们确实可以从中悟出许多道理来,但这一案例的关键点是卖主明确拒绝后,小男孩却没有收到"最后期限已到"的信息,而是将谈判成功地继续下去。但是,如果真的存在那个"最后期限"的话,结局恐怕就截然不同了。

知识链接

商务谈判什么时间结束、怎样结束、采用什么方式结束,是取得成功谈判的关键环节,所以在谈判中要把握结束的契机,否则任何策略与技巧都没有意义。

知识链接一　什么时间结束

商务谈判的质量通常取决于最先建立交易关系的方式,但能否取得一个满意的结果,则在于对谈判结束时机的选择和把握。什么时间结束谈判?怎样结束谈判?采用什么样的技术与技巧来实现谈判的完美结束,这是谈判取得成功的又一关键环节。

选择恰当的时机结束谈判,对于谈判的成功有着重要的意义。形象一点来说,谈判犹如人们饮酒一样,有时没有常理可言,可能是最后的一小杯酒致人死亡。汽车的运行有一个临界点,超过临界点就会失去控制和具有破坏力。谈判也一样,谈判者对谈判目标不应贪得无厌,应该明确何时快达临界点,应该立刻停止谈判。倘若不能适时地停止谈判,那么世界上所有的谈判技巧都没有任何帮助。交易的几个阶段可能都需要有一个"终结"才能向下个阶段过渡,所以,对卷入谈判的双方来说,时机选择的意识是非常重要的。当谈判者希望结束谈判时,就必须选择适当的时机——对方正处在激动的"准备状态",此时他的兴致最高,这样,双方就会缔结一个令人满意的契约。

但是,在贯穿整个谈判过程的一系列阶段里,对方的兴趣不会持续上升,如果认为总是上升,那就是个错误的设想。实际上,人们兴趣的升降会呈现为一条连续的波形曲线。在某一时刻可能兴致极高,如果一旦失去了这个时机,可能立即感到厌烦,并产生新的阻力。这一终止谈判的时刻几乎可以发生于任何时间,很难说某时为时过早,以致不能尝试。不过,这个时刻往往发生得较晚。

结束阶段要采取一种平静的会谈心境,对方需要消除疑虑,或许正在准备做出适当的决定。用一种满怀信心的态度,含蓄地暗示生意将会成功,会帮助谈判者度过变化莫测的关键时刻。

当然,在开始谈判时,是可以确定一个起止时间的。这是因为人们不能长久地保持旺盛的精力。随着谈判时间的延续,精力会不断下降,而在谈判即将结束之际,又会出现一次高涨。截止时间一经确定,谈判人员就会振作精神,提出建设性的解决办法并做出积极的让步。如果没有一个明确的截止时间,双方就会无休止地拖延下去,最后任何一方也不会达到预期的目标。

 **微型案例**

日本人自从珍珠港事件后的第一个重大胜利

美国著名谈判大师荷伯·科恩,年轻时曾受一家经营外贸业务的公司雇用,他听到大亨们满嘴是异国的故事,也决心去当一回谈判代表。他介绍说:"我习惯每星期五去见我的上司,三番五次请求他:'给我个好机会去打一仗吧。派我出去,让我当一回谈判代表吧!'我烦得上司受不住了,最终同意。"上司说:"好吧,科恩,我要派你去东京跟日本人打交道。"我太高兴了,兴奋地对自己说:"这可是我的一次好机会,命运在召唤,我要扫清日本人,然后向别的国家进军。"一周之后,我乘上去东京的飞机,参加为期14天的谈判。我带了有关日本人的精神和心理的书籍,我一直对自己说:"一定要把这桩买卖做好。"飞机在东京着陆了,我第一次以小跑走下舷梯。舷梯下有两位日本代表热情地迎接我,并向我客气地躬身敬礼,我很高兴。两位日本人帮我顺利地通过了海关,然后陪我坐上一辆大型豪华轿车,舒舒服服地倚在锦绒座背上,他们却笔直地坐在两把折叠椅上,我非常感激。在轿车行驶途中,其中一位问道:"请问,你懂这儿的语言吗?"我答道:"你是指日语吧?"他说道:"对,就是我们日本语言。"我说:"噢,不懂,但是我想学几句,我随身带了一本字典。"他的同伴问道:"你是否关心你返回的乘机时间?我们可以安排车子送你到机场。"我心里想:"多么体谅别人呀!"我从口袋里掏出返程机票给他们看,以便让他们知道什么时间开车送我到机场。他们因此知道了我的截止期。他们没有立即开始谈判,而是先让我领略一下日本的文化。我的游览花费了一周多的时间,从天皇的宫殿到京都的神社,他们甚至给我安排了一次坐禅英语课,以便学习他们的宗教。每晚有4个半小时,他们都陪着我进餐和欣赏文艺节目。每当我要求开始谈判时,他们总是说:"有的是时间,有的是时间,别着急。"直到第12天,谈判总算开始了,但又提前结束,以便能打高尔夫球。第13天又开始谈,又是提前结束,因为要举行告别宴会。最后在第14天早上,我们才恢复了认真的谈判,正当我们深入问题的核心时,轿车开来了,要接我去机场。我们全部挤进车里,继续商谈条款,正好轿车到达飞机场刹住时,我们达成了交易协议。

这次谈判干得怎样?显而易见,匆忙中签订的协议,自然是对日本人有利。多少年来,科恩的上司一直把这次谈判看作是"日本人自从珍珠港事件后的第一个重大胜利。"为什么出现大溃败呢?是因为日本人知道了科恩的截止期。由于他们预料到科恩不会让自己空手返回,所以他们一直不做让步。此外,科恩表现出的焦急也说明他把返回日期看作是神圣不可改变的,好像这是从今以后由东京起飞的最后一趟班机了。

知识链接二 对最终意图的观察与表达

最终谈判意图的表达,在谈判中非常重要。到了这个阶段,你应该知道怎样去做,也应辨别出对方用来表达最终意图的语言和行为。在一个要求速决的场合,最终意图会立刻显示出来,最后的期限也就确定下来了,对方就会知道你不能再做进一步的让步。这一切都应该在你的言行中有所表现。对自己的选择十拿九稳时,就应使用短小精悍的语言,给对方的问题以简洁的答

复。你要是把双臂交叉在胸前,就表明已对谈判破裂做好了准备。

 **微型案例**

在某城市的大酒店里,一个定于上午10点开始的大型聚会即将开始。聚会的组织者于上午8点就到达了,他发现在同一时刻有两个重要会议预定在这家酒店举行,而他组织的会议已被安排在较差的房间里。他要求旅馆经理到餐厅来见他(而他不先找经理),当着旅客的面,大声而坚定地对经理说,目前的这种情况是不能接受的,他要求得到一间较好的房子,这一点没有什么好争辩的,没有讨论余地,并希望在9点半以前安排好。说完,便扬长而去,离开了酒店。经理非常尴尬。这位顾客很清楚这一点,要是经理不设法更换房间,就难免有一些可怕的争执,与会者很快就要到达,届时会乱作一团。要更换房间,就不能迟疑,必须快速行动,以赶在会议组织者返回之前,把一切准备妥当。这位经理就这样别无选择地为对方更换了房间。会议组织者用声明自己的要求随后离去的手法,促成了他的决定实现。

当然,也可以在会议之外试着向对方传递一个非正式的消息,给对方一个你将要提出最后建议的印象。但你只能在既冗长而又复杂的谈判中使用一次。

同样,要观察对方是否有结束洽谈意图也是不难的。通过察言观色,根据对方说话方式和面部表情变化,便可做出正确判断。如果对方在谈判中出现下面任何一种情况,那就是说他已产生了成交意图:

(1) 他向你询问交货时间;
(2) 他向你打听新旧产品及有关产品的比价问题;
(3) 他对质量和加工提出具体要求,不管他把这种意见是从正面提出来的还是从反面提出来的;
(4) 他让你把价格说得确切一些;
(5) 他要求你把某些销售条件记录在册;
(6) 他向你请教产品保养的问题;
(7) 他要求将报盘的有效期延续几天,以便有时间重新考虑,最后做出决定;
(8) 他要求实地试用产品;
(9) 他提出了某些反对意见。

在很多情况下,虽然对方有了成交的意图,但他仍然会提出一些反对意见。这些反对意见是一种信号,说明双方很快将达成交易。对方可能提出的反对意见有下列几种:"真有很多人购买这种型号的产品吗?""我必须马上做出决定吗?可否再给一点时间?""如果你是我的话……""你们能够确保产品的质量吗?"

只要有相应的心理学知识,掌握了谈判者的心理活动规律,通过系统观察对方在洽谈结尾的言谈举止,你就能洞察对方的一切。要想完满地使洽谈结束,辨认对方的信号是一个重要的先决条件;而后,再巧妙地向对方提出一些问题,便可以肯定的购买欲望转化为购买决定。尽管谈判结束不都是以成交而告终,但老练的谈判者也能知道,对方拒绝的并不是整个方案,而只是交易重要依据中的某个细节而已。

知识链接三　适时分手

在谈判的整个过程中都应鼓励对方大胆发表意见,包括发表错误的看法,不应因为对方提出了错误的想法就责备他们。有些谈判者在付出巨大努力或者有把握获得成功的时候,往往喜欢责备对方,这几乎会百分之百地使对方对你产生成见,而给再次见面造成困难。如果洽谈毫无收获,但你的表现落落大方,通情达理,不因没有得到订单而失去对对方的热情,那么以后再见面的时候,你就会获得令人尊敬的资本。

谈判者往往容易过早地放弃取得成功的努力。对方在洽谈一开始就提出反对意见,使你的信心受到影响;在洽谈快要结束的时候,对方拒绝在合约上签字,谈判人员便停止工作,把对方从客户的名单上一笔勾销,然后匆匆离去。这都是不能容忍的错误。同样,在对方做出决定购买(特别是在对方提出反对意见,但经过长时间的考虑最后决定成交)的情况下,你仍然不应仓促离开,否则给人留下一时得手慌忙而逃的印象。尤其是在对方犹豫不定、勉强做出决定的情况下,他不仅会感到忐忑不安,而且会十分惶恐,他会不由自主地问自己:"我的决定对吗?我会不会太轻率了?"谈判双方分手,对方却在进行思想斗争,他为自己上当而深感懊丧。其结果可想而知:合约刚刚签订,对方便马上要求撤回。

在双方签订合同之后,谈判者应该用巧妙的方法祝贺他们做了一笔好生意,指导对方怎样保养产品,重复交易条件的细节和其他一些注意事项,这样做就可以防止对方感到后悔。但是,在这个阶段以后,你就不要再逗留了,不然你会前功尽弃,不得不使谈判再从头开始。

任务二　结束谈判的技术准备

任务引入

甲的朋友乙是 A 公司的法定代表人,2013 年 3 月,乙向甲借款十多万元,出具正式借据,盖 A 公司的公章。事后,乙拒绝还钱,甲把乙告上了法庭,乙辩称是 A 公司借款,因为上面盖的是 A 公司的公章,他只是以公司法定代表人身份签的字,法院以起诉主体错误为由驳回了甲的起诉。甲随后起诉 A 公司,胜诉,可 A 公司经营亏损,根本就没有偿还能力,乙虽然有房有车,但按《公司法》规定:公司股东只以出资额为限承担有限责任,甲的借款最终血本无归。

任务分析

上述案例中,甲的借款之所以血本无归,是因为甲和乙的借款协议签订,没有做好技术准备,把借款人和交易主体混为一谈,没有弄清楚签订协议的主体就随意签订了协议。

知识链接

商务谈判结束的技术准备主要是搜索问题是否全部得到了解决、安排成交事宜、核准全部的交易条件、做好会谈记录等,这是一项重要而细致的工作。

知识链接一　对交易条件的最后检索

在谈判者认为即将达成交易的会谈开始之前,有必要对一些重要的问题进行一次检索。

(1) 明确还有哪些问题没有得到解决;

(2) 对自己期望成交的每项交易条件进行最后的决定,同时,明确自己对各种交易条件准备让步的限度;

(3) 决定采取何种结束谈判的战术;

(4) 着手安排交易记录事宜。

这种检索的时间与形式取决于谈判的规模。有时可能被安排在一天谈判结束前的休息时间里进行，有时也可能安排一个正式的会议，并由本单位某个领导主持。这样的回顾或检索会议往往被安排在本企业与对方做最后一轮谈判之前进行。

但是，不管这种检索形式怎样，这个阶段正是谈判者必须做出最后决定的时刻，并且面临着是否达成交易的最后抉择。在这个时候，务必防止一时的狭隘利益占优势，但这并不是提倡让步政策，它直接关系到交易目标能否实现。

知识链接二　确保交易条款的准确无误

在商务谈判中，困难之一就是谈判双方要保证对所谈内容有一致的理解。名词术语的不同、语言的不同，都可能引起误会。所以，最重要的是，在交易达成时，双方对彼此同意的条款应有一致的认识，保证协议名副其实。下面所列各项是最容易产生问题的地方，对于这些问题，谈判者应当特别小心。

（一）价格方面的问题

（1）价格是否已经确定？

（2）价格是否包括各种税款或其他法定的费用？

（3）在履行合同期间，如果市场发生变化，那么成交的产品价格是否也随之变化？

（4）在对外交易中是否考虑汇率变化？

（5）对于合同价格并不包括的项目是否已经明确？

（二）合同履行方面的问题

（1）对"履约"是否有明确的解释？它是否包括对方对产品的试用（测试）？

（2）合同的履行能否分阶段进行？是否已做了明确规定？

（三）规格方面的问题

（1）如果有国家标准或某些国际标准可以参考，是否已明确哪些问题运用哪些标准，而哪些标准又与合同的哪部分有关？

（2）对于在工厂或现场的材料与设备测试以及他们的公差限度和测试方法，是否做了明确的规定？

（四）仓储及运输等问题

（1）谁来负责交货到现场？谁来负责卸货和仓储？

（2）一些永久性或临时性的工作由谁来负责安排与处理？

（五）索赔的处理

（1）处理的范围如何？

（2）处理是否排除未来的法律诉讼？

上述这些问题，适用于各种谈判。对于这些问题及其他有关问题，谈判双方应彻底检查一遍，以保证双方真正能够理解一致。也许会有人反对，因为这有可能给任何一方提供一个改变原来允诺的机会，并重新协商已经谈妥了的某些问题。在谈判双方对某些问题的标准理解不一致的情况下所签订的合同，会给双方带来极大的风险。因此，它的重要性远胜于前者。

知识链接三　谈判的记录

根据谈判的性质，有许多记录谈判的方法。但根本要点是在双方离开之前使用书面记录，并由双方草签。几种常用的记录方法如下：

（1）通读谈判记录或条款以表明双方在各点上均一致同意。通常当谈判涉及商业条款及规格时须使用这一方法。

（2）每日的谈判记录，由一方在当晚整理就绪，并在第二天作为议事日程的第一项宣读后由双方通过。只有这个记录通过后再继续进行谈判。这项工作虽然颇费力气，但对于较长时间的谈判来说是必需的。

（3）如果只需进行两三天的谈判，则由一方整理谈判记录后，在谈判结束前宣读通过。事实上，在谈判过程中所发生的事，如果没有记载则极易引起争论，而记录人员很容易犯的错误是往往会记下他所认为的事情，而不会记下实际发生的事情。

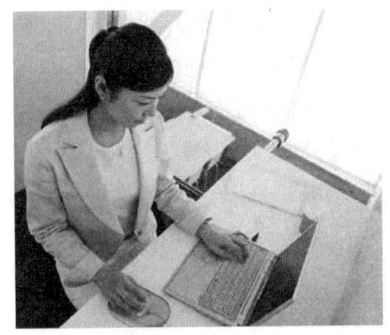

国外一家公司有一项关于谈判的政策：谈判者在洽谈还未开始以前，先要写下协定的备忘录。不只是因为这样做会使得以后的工作更容易些，而且可以作为洽谈时的指南，在洽谈还没有开始以前，他们就知道该朝什么方向迈步了。事实上，做不到这一点也没有关系，前述三条也是避免合同出现问题的最好方法。如果谈判双方到了签约的最后阶段才发现某个问题根本就没有得到解决，那么就一定要重新再商谈一回，千万不要敷衍了事或丧失马上处理问题的勇气，否则，日后麻烦就大了。有的人既不愿意阅读合同的细节，又不愿意处理不愉快的问题，若是这样，又何苦花费那样大的力气去商谈呢？

任务三　结束谈判的技巧

任务引入

小孙由于工作需要经常出差与各地区代理商谈判，每次下飞机后，对方都会首先问他"您计划在此地停留多长时间？"他一般会毫不犹豫地回答："没有具体期限，看谈判的进展情况吧。"对方询问小孙的行程也许是制定谈判日程的需要或者安排时间陪小孙转转当地的风土人情，但是小孙每次的回答都是没有具体期限。

任务分析

在谈判对手面前你流露出任何弱点，对方都会在谈判桌上大做文章。如果对手知道你行程的最终期限，他们一定会将主要问题拖延到最后一刻逼你让步，这就是谈判结束的技巧。

知识链接

对产品价值、信誉、欲望、时机及成交各要素的综合协调，会使谈判走向成功。不应过早放弃谈判成交努力，要对结束工作做出精心安排。结束谈判的技巧方法运用，关键在于适时、择机选用，灵活运用谈判的策略、技术和技巧，是成功者的不变法则。

知识链接一　达成交易的七个条件

（一）使对方必须完全了解企业产品及产品的价值

谈判者应向对方提出一些测验性的问题，检查一下他是否了解你的产品。如果对方在谈判即将结束时，对产品的优点仍没有充分的认识，就会拒绝在合同上签字。

（二）使对方信赖自己和自己所代表的公司

没有这种信赖，不管产品多么吸引人，也不管你的口头功夫有多高，对贸易成交也会产生犹豫。如果出现这种情况，不仅质次产品的谈判要失败，就是合乎质量标准的谈判，也要遭到失败。所以说,产品的声誉、企业的声誉和谈判者自己的声誉是促成商务谈判成功结束的三个基础条件。

(三)对方必须有成交的欲望

谈判者可以促使对方做出积极的决定,但却不能替对方采取行动。谈判者必须把前几个阶段的谈判工作做细做好,对方才会在强烈的欲望驱使下做出成交的决定。

(四)准确把握时机

"机不可失,时不再来"的古训,在谈判中不是完全正确的。这种训导经常会使谈判人员处在过分紧张状态,以致冒昧行事。由于谈判者害怕失去成交的机会,所以,他们往往会催促对方做出购买决定。每个谈判都有高潮和低潮,如果你没能在这个高潮中达成协议,那么你就必须在下一个高潮中努力使谈判达成协议。

(五)掌握促成交易的各种因素

谈判者要掌握这些因素,就必须要很好地回答下述问题:对方是谁在掌握着决策大权?对方拒绝成交的真正原因是什么?还有没有改变对方决定的可能性?是哪些因素促使对方做出成交决定的?他们将会做出什么决定?他们为什么要做出这样的决定?

(六)不应过早放弃成交努力

从长远的观点看,否定回答是可以改变的。事情都是千变万化,新情况随时都可能出现。所以,即使对方做出否定回答,也不应放弃自己的努力。你往往可以直率地向对方问些为什么,这样可以多了解些情况,有利于检查自己的工作漏洞,防止出现新问题和改变对方的看法。得不到订单并不丢脸,可是,不知道为什么没有得到订单,则是不可原谅的错误。

(七)为圆满结束做出精心安排

通盘考虑谈判工作,应该知道上一步怎样了,下一步又怎样走。一旦对方提出不同看法,你应该清楚怎样处理。一般来说谈判的最后阶段也很可能是问题成堆的阶段,对问题解决得不好,就不会使谈判圆满结束。具体讲有很多方法可供选择。

1. 回顾成果

强调一致策略,适时提及双方一致的地方。若在第二个项目上出现僵持的兆头,则提醒双方想想前一项的成果,想想双方既定的共同目标、计划,重新焕发双方的协调精神,促进双方在第二个项目上的合作。

2. 弥合差异

在双方峰回路转,行将山穷水尽之际,造就一座虹桥,使天堑变通途。例如,在谈判双方就价格和交货期条款而争执不下的时候,说上一句:"我们一起先看看付款条件好不好?"谈判就可以顺利进行了。

3. 澄清问题

澄清的内容有两种,即谈判形势和谈判过程,前者可以使谈判双方清醒地认识到所谈的内容,找出问题症结所在;后者则可以调动起双方的速度感。例如,"我们在这个问题上费时够多了,咱们再谈谈其他问题好不好,比如……"

知识链接二 有效的结束技巧

谈判者可以利用许多技巧达成交易,但这些技巧并非都能适用于各种交易谈判,有些技巧无法适合某个谈判者的工作方法或个人偏好。不过,所有结束的技巧,谈判人员都应了解,具备这方面的知识,有助于谈判者选定最适当的办法达成较佳的成果。

（一）比较结束法

1. 有利的比较结束法

这种成交法的典型语言是：这种型号的产品××大厂商已经订货了；我发现最发达的厂家刚开始时总是购买三部，我也将为你们登记订购三部；对于这项能够提高贵公司地位的产品，你怎能放过呢？

2. 不利的比较结束法

这是根据对方的不幸遭遇而设的成交方法。使用这种方法时，谈判者往往要列举出一些令人遗憾的事情。例如，对方拖延谈判，时断时续，旷日持久，因此招致了损失和成本增多。这种成交方式多用于保险业或能改善对方目前状况的交易。它的典型用语是：你们推迟一天，就有被竞争者抢先的危险，像××公司的遭遇一样；你们知道，××公司的市场地位一直很稳固，但自从那家新工厂购买了自动生产设备后，他们公司就失去了原有的市场地位，成了这家工厂的手下败将，我诚恳地劝你们不要再迟疑，要像这家工厂一样当一个领导者，而不要像那家公司最后成了失败者。谈判到了最后的阶段，做这样的比较会是非常有分量的。

（二）优待结束法

1. 让利促使双方签约

当对方对大部分交易条件不满意，而价格又较高的情况下，谈判人员可以考虑对方压价的要求，让利给对方，如采用回扣、减价以及赠品等方法。有的时候，为了使对方尽早付款或大批量订货，也可以通过让利而使谈判圆满结束。例如，你们若能把履约的时间提前两个月，我们将优待你们或降低价款；你们所订的数量实在太少，这个合同似乎都不值得一签，如果你们能再多订出一倍的量，我们还可以减价10%，这可是难得的优惠条件呀！

2. 试用促使对方签约

谈判者可以提议订购一笔少量廉价的样品，或者无偿试用，这是一种十分简单的成交法。有些谈判最后没有成功，其原因可能就是没有使用这一方法。当谈判者没有别的办法使这笔买卖成交时，这一方法就是一种最后的努力。把产品留给对方，其成交率可能是出人意料的。国外的一家办公室设备生产商，曾允许谈判人员把机器留给顾客使用5~10天，其结果使谈判的成功率大为提高，而且每5台机器就可售出3台。谈判人员说："这完全是个组织方式问题，在试用期间，我们还可以帮助对方维修他原有的机器设备。这样，对方不得不在试用期内签下订货合同。"

（三）利益结束法

1. 强调产品的好处，促使对方做出决定

高度概括有利于成交的一切因素，是圆满结束洽谈的一种有效方法。在业务洽谈时，要把所有的有利因素醒目地写在双方都可以看到的一张大纸上。由于在谈判过程中，他们随时都可以看见这些条件，所以会收到较好的直观效果。你也可以把产品的优缺点、有利和不利的因素，全部都写下来，这样，对方就可以清楚地认识到你的产品会给他带来哪些利益。任何形式的重复，都有着强烈的启发作用，对方可能在你强调第四遍的时候，才注意某个观点的重要。

2. 满足对方的特殊要求，促使对方做出决定

有些时候，对方可能用提出希望或者提出反对意见的方式来表达他们的特殊要求。在这种情况下，如果可以改动某些条件，使之更能满足对方的特殊要求，那么你就应该做某些适当的变动，这样，对方就会更加关注你的产品，增加购买的可能性。诸如：

"我不喜欢产品表层的处理方法,乍看上去不结实。"

"如果我们改进产品的表层,使之增加防腐能力,你会感到满意吗?"

"就这一点那当然好了,不过半年才交货,时间太长了一点。"

"如果我们把交货时间缩短为3个月,你能马上决定吗?如果可以,我们马上安排生产,现在销售季节还没有开始。"

如上所述,用提问的方法要比肯定的说法好。例如,"我们完全可以在3个月内交货",这种说法不仅对对方没有任何约束,倒容易在对方做出决定以前使自己处在必须让步的地位。为了满足对方的某种特殊需要,主动向对方提出改变产品式样或者支付方式,会促使对方尽快做出最后的决定。

(四)诱导结束法

1. 诱导对方同意你的看法,最后迫使对方得出结论

要求谈判者以逻辑推理的方法加以思考,使对方对所提出的问题总是给予肯定的回答,在一系列的问题提完之后,对方便会在一些问题上做出决定。

问:你认为获得利润最重要的因素是经营管理方法吗?

答:当然。

问:专家的建议是否也有助于获得利润呢?

答:那是没有疑问的。

问:过去我们的建议对你们有帮助吗?

答:有帮助。

问:考虑到目前市场情况,技术改革是否有助于生产一些畅销的产品呢?

答:应该说是有利的。

问:如果把产品的最后加工再做得精细一点,是否有利于你们在市场上销售呢?

答:是的。

问:如果在适当的时间,以合理的价格销售质量较好的产品,你们是否会得到更多的订单?

答:会的。

问:在试用我们的技术以前,贵方还需要了解哪些情况吗?

答:不需要了。

问:我可以把你说的话向我们公司汇报吗?

答:当然可以。

上述问答是经过锤炼加工而成的,从中可以看到谈判者逻辑思维的深化过程。如此来看,谈判者必须要有胆略,抓住时机,步步深入,引导对方做出一个又一个的决定。

2. 诱导对方提出反对意见,从而导致尽快成交

当对方对产品已产生兴趣,而对是否购买又犹豫不决的时候,可能有这样的几个原因:他还有一些疑问或反对意见,他感觉自己还缺少全盘考虑,他本人无权做出决定,他觉得产品的缺点与优点相等。向对方提出问题才是发现这些原因的最好办法,这样能诱导对方暴露出埋藏在内心的反对意见。谈判到了最后阶段,对方常常会说:"不,我还要再想一想。"你可以回答:"您尽可以再想一想,不过您还有不明白的问题吗?"或者"你还是不太相信,对吗?"这样的提问是最后阶段洽谈的关键,到了这时候,对方不得不道出原因。对方的回答可能有下述几种:

（1）"嗯，我真不知道说什么好，这是一桩非常重要的买卖，我们确实需要时间进行考虑。"这说明对方犹豫不决，他们还没有产生强烈的愿望。遇到这种情况谈判人员有必要重复一下洽谈的要点。

（2）"可以肯定，你们的产品还是不错的，不过我们还可以等一等。"在这种情况下，谈判人员不仅要刺激对方的购买欲望，而且还要讲出购买原因，使对方认识到马上购买是明智的。

（3）"嗯，我还是认为价格偏高了点，这同我想象的大不一样，我不太喜欢这种装配方法。""这种东西看上去很美观，但恐怕不耐用吧？""很好，不过还有一些毛病……"所有这一切都说明谈判人员还没有成功地消除一些有事实根据的反对意见。在某些情况下，由于工作没有做到家，谈判工作只好从头做起。

（4）"我想同我们领导讨论一下再说，我自己不能决定。"遇到这种情况，可能是有下述几种原因：对方无权决定；对方对产品有怀疑；对方对自己的主张拿不准，不能下决心。一旦发现问题的关键所在，谈判者必须当机立断，马上决定是进一步打动对方的心思，还是用直接或间接的方式同幕后决策人打交道。

（5）"没有，我想不出有什么具体问题。"如果对方这样回答，或者用同样的腔调，或用不肯定的口气回答，只要你再进一步加以引导，对方可能很快就做出决定。

另外，谈判人员还应该记住，对方对你的问题可能会做出某种推诿的解释，他不愿做出决定可能有多种原因。在某些情况下，你可以用下面这种方法加以解决，继续回答以后，你可以再追问一个问题："哦，我明白了，你现在不能做出决定就是因为这个问题吗？"对方往往有下面的几种回答："是的。""不，不仅如此，我想价格太高了。""我不知道，现在还不太清楚。"第一种回答直接承认你是对的；第二种回答或者是种借口，或者还有其他原因；第三种回答表明对方自己也不知道是什么原因。不管在哪种情况下，谈判者应很好地检查一下回答的原因，在此之后，你是在白白地浪费时间，还是解决对方的问题，就不言自明了。

（五）渐进结束法

1. 分阶段决定

为了便于对方做出决定，谈判双方应把讨论的问题分为几个部分，然后一个阶段解决一部分问题，到了最后阶段，解决了最后一部分问题，谈判也就结束了。昨天我们已经谈妥了……今天我们讨论……下一次我们将研究……这种方法使谈判极富戏剧性。

2. 四步骤程序法

这种方法首先是由瑞典的一位谈判人员总结出来的。他说："第一，尽量总结和强调对方和我看法的一致点；第二，引导对方同意我的观点，从而达到双方看法一致；第三，把所有尚待解决的问题和有争议的问题搁置一边，暂不讨论；第四，与对方一起商定怎样讨论，共同商量怎样阐明一些重大问题。如果对方有不同的看法，可在最后讨论。"这套办法有利于尽快结束洽谈。

3. 促使双方在重大原则问题上做出决定

在高级别洽谈中，最好把重要的原则问题与细小的枝节问题区别开来。一些辅助事项以及确切的说明和精确的计算等，应当由下面的人进行讨论，高级人员则洽谈那些简短、实际、集中的原则问题。

4. 力争让对方做出部分决定

在促使对方做出最后决定以前，谈判者应有步骤地向对方提出一些问题，让他就交易的各个组成部分逐个做出回答,或就一些特殊要求、特殊条件等做出决定。这种方法对于部件多、结构复杂的工业品贸易谈判来说比较合适。下面是一组对话:

甲:你喜欢哪种颜色?

乙:蓝颜色。

甲:你们需要太阳篷吗?我们有些车就配有这种太阳篷,尤其在夏天,车还是有必要配备太阳篷的,对吗?

乙:你说得对,但太阳篷太贵了。

甲:要不了多少钱。

乙:是吗?

甲:各种型号的车都装有雾灯,当你在秋天、冬天或者在春天比较寒冷的日子里行车时,雾灯是必不可少的。

乙:我认为配雾灯是没有必要的,它只会抬高价格。另外,在天气不好的情况下,我们肯定不会经常派车外出的。

甲:把车座往后推到这个位置,你坐在里面舒服吗?坐在这个位置上开车很方便吧?

乙:还可以。不过所有的车座再稍高一点就好了。

甲:这很容易。你们看还有哪些方面需要改进?

如果谈判内容被分解开进行的话(特别是对产品的介绍),对方就不会马上做出是否购买的决定。如果他对你的某一要点做出了否定的回答(如上述对话中关于雾灯的问题),这对你并没有什么危险,因为它只是否定了产品与操作者个人愿望不合的部分。尽管谈判双方之间有分歧,但只要这种分歧仅涉及某个具体问题,那它就不会对达成交易产生危害。

(六)检查性提问结束法

在谈判中,只要还有诱导的余地,一般都不向对方发布"最后通牒",诸如,"你还不做出决定,就算了。""你们只有接受我们的建议⋯⋯"这些方法往往是欠妥的。"最后通牒"形式会使对方尴尬,为了摆脱你的压力,对方常常会以全部拒绝的形式结束谈判。

在业务洽谈过程中,谈判者有很多机会提出一些带有检查性质的问题,特别是在最后阶段。这样做可以试探出马上签约的可能性。采用这种方法,不仅可以在困境中得到订单,而且还可以排除一切误解,有针对性地解决问题。

 **微型案例**

在展销会的洽谈室里,厂方的代表正在与经销商们洽谈。经销商评论说:"这种洗衣机是不错,它肯定能给消费者带来很多便利。"厂方的代表接过话茬说:"这种洗衣机对用户来说是值得的,你说对吗?"根据对方对于这一检查性的问题的回答,厂方代表可以断然采取措施:一马上促使对方订货;二继续深入洽谈,以便牢牢地抓住对方。另外,厂方代表对价格的解释吸引了经销商,经销商说:"说得对,只要想到这台洗衣机能给人们带来很多好处,那它就是不贵的,是值得的。"对方的肯定回答使厂方代表有机会向他继续提出一个检查性质的问题:"那最好马上展出这种洗衣机,与广大消费者见面,并尽快销售出去,你说呢?"在这种情况下,即使对方做出了否定的回答,洽谈也不会以"告吹"而终结。如果对方接受了这一建议,这笔买卖就做成了。为了检查自己对价格的解释是否为对方所接受,厂方代表又继续问:"使用这种洗衣机,

一年最起码可以节省50元。关于这点,你知道吗?""当然,数字不可能太精确,大概50元吧。""所以,我们还可以这样说:消费者越是尽快地使用这种洗衣机,他挣的钱也就越多,对吧?"经销商对这些问题都做了肯定的答复,到这里他自然而然地形成了批量经销这一产品的决定,并且他会把洗衣机所能带来的好处,都如实告诉给消费者。

对这种检查性质的问题,对方的反应可能有下面三种回答:肯定的、未置可否的和否定的回答。只要谈判者的问题是用正确的方式提出来的,语言是用正确的方法表达的,对方虽然对此做出否定的回答,也不会拒绝整个交易,而仅仅是拒绝某一点结论而已。比如,"不管怎么说,我看不值得现在就买,现在买早了点。"或者"那不一定,还有其他一些因素也需要考虑。"尽管对方的回答是否定的,但达成交易的时机并没有因此而受到损害。如果对方做出未置可否的回答,那说明对方还没有接受你的要点,或者是由于某种未被发现的因素在发挥作用,使对方犹豫不决;或者对方并无他意,只是想推迟做出决定。在这种情况下,谈判者要抓住要害问题,并须进一步做出努力。如果对方的回答是肯定的,对方很快就能做出决定或者已经做出了决定。

(七) 必然成交结束法

1. 假定性成交

这是自动的成交,假定对方已完全同意,或者对方对几个主要条件印象不错,但又迟疑是否马上做出决定,因此,成交就成了当务之急。这种简便的成交法非常灵验。不过,如果对方阻止你,你还可以使用其他的成交法,不会受到什么损失。假定性成交法有多种方式,下面借用范例加以说明。

(1) 做出直接或间接的表示。可以拿出合同或订单,一边填写一边问对方:"请不要错过这次机会,现在就订货吧!现在订货,我们就能在本月交货。你们一年需要多少……"或者"不管怎么说,你们的房屋需要保险,只要现在投保,房屋马上就可以得到保护。房子及房内的东西总共值多少钱?"或者"今年的春天来得早,现在真够暖和的,对吗?如果你们今天做出决定,我们可在5月1日以前把冷冻设备安装好。你们的冷库有多大面积?"等。在这段时间,谈判者必须忙着填写合同或订单。如果对方没有制止你,那么谈判马上要结束了。

(2) 呈请对方签字。这种办法是将自己拟定的合同或是双方研究过的合同要点与条款,逐一地向对方解释一遍,然后将合同和笔一并交给对方,请其签字。

(3) 选择性成交。它是假定性成交的一种变形,是可选择的承诺成交。它与前两者所不同的是给对方提供一种可以选择的机会,向对方提供两种可供选择的对象,使其在两者之中择其一,而不是让其有可能做出第三种选择——什么也不买。一家饮料厂的代表向经销商说:"你们现在需要5车汽水还是8车汽水?"其实,这个代表估计对方可能只订购3车,但他发现运用这种办法往往会多售出一些,如"我们给你们送5车,好吗?"

选择成交法的特点是:不让对方过多地考虑"我应不应该买呢?"的问题,而是把对方的思路引导到另一个问题上:"我应该选择A还是选择B呢?"向对方提供两种或三种选择会减少遭到拒绝的危险。

只要是产品的销售谈判,就可以采用选择方法去诱使对方做出决定。可以向对方提供选择的方面很多,如数量、质量、型号、颜色、交付条件和精细加工等。谈判者要动脑筋多提供一些选择方法,即使各种选择之间只有微小的区别,也应该尽量使用这种方法促进成交。

2. 着眼于未来的成交法

诱导对方放眼未来,向对方描述购买和使用产品后的情况。这一方法的特点是绕过成交这一问题,去谈成交以后的事情。在这种情况下,虽然谈判双方并没有讨论成交的问题,但这时候对方很可能已经做出了购买的决定。下面借用一些实际例证说明这一方法:"你们是下星期要这个产品还是下个月要这个产品?""是不是给你们的仓库主任打个电话,问一问他们能否在六七月份分四批收货?""我们可以答应你们在6个月内付款的条件,这样你们的问题就都解决了吧?""我们明天就开始安装好吗?""如果一个星期以后进行第一次测试,你们很快就会知道这样一来能节省多少资金了。""我们的工程人员能否在本周末检查一下安装的情况呢?""你们的春季展销会正是向消费者介绍这一新款式的好机会,需要送你们两三件样品吗?"

(八)趁热打铁结束法

如果谈判双方能够利用第一次高潮达到成交,那是最理想不过了,谈判双方都可以节省很多时间。实际上,在第一次谈判高潮时,对方做出决定的可能性最大,双方洽谈的要点也最清楚。有经验的谈判者声称:"我们不能总是把成交机会留给明天。"每当你不做明确表示,不直接诱导对方决策,而只是继续你的业务洽谈或者等待对方做出某种让步时,你就是在间接地诱导对方进行拖延,并失去了一个个的成交机会。因此,谈判者必须抓住可以成交的瞬间机会,趁热打铁,避免唠叨太多。那么怎样去发现可以结束谈判的时机呢?运用带有检查性质的提问,就能判断出对方做出决定的时机是否成熟。如果错过了一次结束的机会,那么希望就应寄托在下一次,而且千万不要再错过。

(九)歼灭战结束法

这种结束谈判的方法是指谈判者将力量集中在说服对方接受某一对他做出决定有重大影响的问题上,随着一两个重要问题的解决,双方也即达成交易。这是一种极其有效的方法,它可以大大缩短洽谈的时间,简化洽谈的内容。但是,使用这种方法是比较困难的,这就要求洽谈者能够掌握住运用这种方法的条件。

 **微型案例**

甲:在开始之前,我能否直接问一个问题?如果这台机器的生产效率起码比你现在使用的机器生产效率提高12%的话,你有兴趣购买吗?

乙:那你得使我心服口服。

甲:你承认生产效率是个决定性因素吗?

乙:承认。

甲:是否可以这样说,如果我有令人信服的证据,生产效率确实可以提高12%,你就肯定购买这台机器吗?

乙:可以这样认为!但是你必须拿出证据来,而且价格要合理。

甲:我想你已从产品册子上看到了产品的价格。

乙:看过了,价格还算可以。

从上面的谈话过程来看,使用这种方法,整个洽谈就会集中在某一具体问题上。这样,谈判就没有必要对其他问题做长篇大论的介绍和解释了,而是要抓住主要矛盾,打歼灭战,只要在这一决定性问题上达到了预期的目的,谈判马上就要结束了。

(十)书面确认结束法

书面确认是一项非常得力的工具,谈判者在洽谈期间面交意见书,或者在休会期间写确认信。这种书面的材料要以高度概括的形式重复双方在业务洽谈中已达成的协议,并把对方所能得到的好处全都叙述一遍。这样做有以下几点好处。

1. 书面形式比口头表述更为准确

经过冷静的思考以后,谈判者可以对自己曾经说过的话或观点进行修正,可以把对方的态度以及一些特殊问题和特殊要求进行修正,或进行全面的考虑。

2. 书面材料有助于思考问题

对方拿到书面材料后,有助于他对问题进一步思考,并重新研究你的条件,虽然休会期间双方不见面,但你却可以影响他。

3. 书面材料可以增加报价的可靠感

确切的运算看上去无虚无假,令人信服,这种强烈的直观感觉比口头洽谈的效果要好得多,但这一点往往容易被人们所忽略。

(十一)结束洽谈的其他策略与方法

1. 从开始就保证终点的目标

使用这种策略需要谈判一方有很高的信誉,并对洽谈的各要点了如指掌,从而有充分的理由可以说明没有必要对方案进行复议。但自己的要求必须强烈,提议也必须很好。"你看,我坦率对你说,这所房子要价 200 000 元是不高的。我马上就要调往南方工作,在一个月内离开这里,或是把房子卖了,或是留着它,或是由亲戚代为出租。当然房子的价格还可以降低 25 000 元,但你必须在四周内做出决定。"

2. 规定最后期限

从多数的商务谈判实际来看,协议基本上都是双方到了谈判的最后期限或临近这个期限才达成的,但遗憾的是很多谈判者却忽略了这一做法。

微型案例

在美国某乡镇有一个由 12 个农夫组成的陪审团。有一次,在审理一起案件后,陪审团中的 11 个人认定被告有罪,另一个人则表示了不同的看法,认为被告不应判罪。陪审团成员的意见一致才能有法律效力。于是这 11 个农夫花了一整天的时间,想说服那位与众不同的农夫改变初衷。此时,天空中乌云密布,眼看一场大雨就要到来,那 11 个农夫却急着要在下大雨之前赶回,把晒在外面的干草收回家去。可是,那个农夫却仍旧不为所动,坚持己见,11 个农夫个个都急得像热锅上的蚂蚁。他们的立场开始动摇,最后,随着"轰隆"一声雷鸣,这 11 个农夫再也等不下去了,他们转而一致投票赞成另一位农夫的意见,宣判被告无罪。

这个小故事说明,在最后期限到来前,对方往往并不十分在意,除非这个截止日期马上就要到来。但是,随着这个期限的逐渐迫近,对方内心的焦虑会与日俱增,特别是当他负有尽可能签约的使命时,他更会显得急躁不安,而到了截止日期那一天,这种不安和焦虑就会达到最高峰。针对这种心理状况,在谈判过程中,对于某些双方一时难以达成妥协的棘手问题,就不必操之过急地强求解决,要善于运用这种"最后期限"的策略,规定出谈判的截止日期,然后假以时日,对这些棘手的问题暂时按兵不动,到谈判的最后期限临近时,即可借助这一无形的压力,向对方展开心理攻势,必要时,还可以做一些小的让步作为配合,给对方造成机不可失、时不再来的感觉,以此来说服对方。

复习思考题

一、案例分析
案例一

小黄为了买一台录像机,跑了几家电器商店。这几家电器店的价格都介乎于2 800~3 000元/台。为了购买到更便宜一点的录像机,他又继续询问了几家商店,最后来到了一家门面装饰不凡的电器公司。店员十分客气地同他打了招呼。他询问了录像机的价格,店员拿出一张目录表让他看,他所要的那种型号的录像机的价格是3 000元/台,但店员却报价2 800元/台,并问他是否觉得合适。小黄一想,觉得应该买。店员随即开写货单,然后为其试选录像机,这时候从旁边过来了另一位店员,看过货单后说这种录像机的价码是3 000元/台而不是2 800元/台,不信的话可以重新看一看价目表。正在试机的店员立即查看价格表,转身对小黄说:"真对不起,我刚才看错了,将3 000元/台看成了2 800元/台。"说完,就将购货单上的2 800元/台改成了3 000元/台。

案例讨论题:
面对这种情况,你说小黄应该怎么办?

案例二

1984年9月,正在前联邦德国考察的天津代表团偶然得知,慕尼黑市有一家工厂,生产名牌纯达普(ZUNDPP)摩托车,现已债台高筑,突然宣告破产,正急于出卖整个工厂。这个消息,对于想引进前联邦德国摩托车生产技术的天津市十分重要。为了能买下这家工厂,天津市有关部门在不到半个月的时间内就完成了具体考查论证等工作。10月12日,一个电传将购买决定通知了德方。

10月17日市政府领导决定:以最快的速度组建一个15人的专家团,赴前联邦德国进行全面技术考察,商谈购买事宜。组团出国的各种手续和准备工作压缩在15天内办完,11月2日启程出国。

然而,欧洲那边传来电波,事有突变,情况紧急。10月19日,联系人从前联邦德国发来告急电传:伊朗的商人抢先一步签署了购买纯达普厂的合同。事情的发生令人猝不及防,但在这突然变化的情况中,是否还有回旋的余地?天津即刻回电:请摸清情况详告,以做对策。10月20日,联系人又发来电传:伊朗商人所签的合同上,规定的付款期限为24日。10月21日晚上得到了更为明确的信息:10月24日下午3时前,伊朗方面若付款未到,所签合同即告失效。

在紧迫、严峻的形势面前,天津市领导冷静分析研究了全面情况,认为虽然伊朗方面签订合同在先,但能否付款尚属悬案,如果逾期款额未到,那么,我们仍有争取主动的机会。于是,10月22日上午10点做出决定:迅速通知已确定的15名出国人员,想尽一切办法立刻办好出国手续,赶往首都机场,当晚国际航班飞赴前联邦德国,以便相机行事。市政府授权专家团:有权签署购买合同,可简化手续,开放绿灯。这意味着从做出决定到登机时刻,只剩下11个小时了,11个小时要办完原定15天的出国准备工作,出国审批手续、出国护照、使馆签证、提取经费、买机票和赶路程等,困难和紧张自不待说。

不过,天无绝人之路。经过一番艰苦努力,10月23日,当地时间上午11点30分,中国专家代表团竟奇迹般地到达慕尼黑市。旅途共经历17小时航程。之后,他们悄无声息地住进当地一家设在市区边上、价格便宜而又不引人注意的小旅馆,等待着可能会出现的偶然性。10月24日下午3时,时机终于来了,伊朗方面未按时付款,合同失效,等待着的天津市专家代表团群情振奋。按照预定计划,谈判组的人员立即出动,跳上汽车,向纯达普厂方向疾驰而去。

"中国人突然到来,要求商谈购买纯达普厂设备!"消息传开,德方人员甚感吃惊,这些中国人躲在哪里? 竟如此准时地冒出来! 慕尼黑市债权委员会主管倒闭企业事务的米勒先生,马上在厂里会见了中国谈判小组。在前联邦德国,凡宣告破产的企业,均由政府机构组成的债权委员会接收处理,出售或拍卖企业的全部财产,以便清理企业所欠的债务。米勒这位慕尼黑市的前任市长,现在正是主管处理纯达普厂财产的负责人。"你们要购买纯达普厂吗?很好,很好,非常欢迎!"米勒先生面带着友善的笑容,与中国谈判小组的人一一握手,态度热情,彬彬有礼。他从未与中国人做过交易。当进入实质性谈判时,米勒先生就变得十分精明,利益问题上分寸极严。经过中方代表紧张而又得体的周旋,双方迅速达成合作的意见。10月25日下午2时整,中国专家代表团进行全面技术考察后,中德双方举行合同谈判。

15位中国专家以高度的责任心和使命感,深入各车间,对全厂的设备状况、机械性能、工艺流程进行了全面的考察。在此基础上,专家们得出了最终结论:买下全部设备非常合算! 10月25日深夜,中德双方签署了合同。谈判仅用了三天,即取得了购买纯达普摩托车厂的成果,创造了中国谈判史上的奇迹。

案例讨论题:

1. 你如何评价天津市政府此次谈判的态度以及相关安排?
2. 在伊朗不履约的情况下,德国方面对这次谈判会是什么心态?对德国方面会产生哪些影响?
3. 若德国与伊朗的协议是个圈套,那么中德谈判双方各自会处于什么地位?你如何评价?

二、问答题

1. 怎样把握结束谈判的时机?如何分手?
2. 成功结束谈判需要具备哪些条件?
3. 对圆满结束谈判需做出哪些精心安排?

项目八　商务谈判的战术及应用

知识目标

通过本项目的学习,学生能够掌握商务谈判的战术,熟悉常见商务谈判战术的思路和方法,了解常见商务谈判战术的特点、变化、表现形式等。

素质目标

学生通过对本项目的学习,深化对商务谈判战术的认识,能够分析常见商务谈判战术的思路和方法,并将商务谈判的战术自觉地运用在今后的生活或工作中,指导谈判工作。

技能目标

学生通过对本项目的学习,对商务谈判的战术有一个正确的认识,锻炼沟通表达能力以及分析问题的能力和应变能力。

学生以在社会实践中遇到的一次谈判为背景,进行5分钟的情景演绎,学习本项目知识时,老师和同学帮助其总结在谈判中所应用的谈判战术有哪些,如何做才能达到更好的效果。

随着经济贸易的发展,商务往来越来越频繁,因此,商务谈判就成了经济贸易的一个重要部分。掌握一些在谈判中的战术对于商务谈判的成功有着重要意义。

任务一　情感渗透法

任务引入

上海一家律师事务所李军受理了上海玻璃有限公司向山西来来商厦催还账款的案件。李军经实地调查:债权人上海玻璃有限公司提供合同地址、联系人均为错误的,无经办人任何信息,也无其他资料。债务人山西来来商厦主体早已变更,新主体债务沉重,濒临破产。

李军经分析发现三个关键问题。债务人山西来来商厦作为一个立足于基层的购物中心,商业信誉对其尤为重要;债务人采购部门基本陷于瘫痪,进货仅能采用赊购方式;债务人对外负债多达四千多万元,但其母公司有一定经济背景,具备一定还款能力仍有很大发展欲望。于是,做出如下谈判策略:同情债务人的经营困难;全部货款可以接受打折,打折可以有相当幅度;若此次谈判不能成功,将马上起诉,查封其账号,以保障债权人公司债权。

在拜访过程中,山西普降大雪,山路湿滑,行程极为艰苦。李军始终坚持友好、优惠、限时的方针,促使来来购物中心采购部将善意和压力传递给该公司领导。有效地拉近了与阳泉购物中心经办人和负责人的距离,得到了他们的认同和钦佩,并最终促使了问题的有效解决。

最后,在李军的不断跟进下,经过两次实地拜访及一次与债务人总经理的面谈后,最终债务人在规定期限内通过对外借款实际支付了全部欠款额的80%,该案圆满结案。

任务分析

在这个案例中,催收人员李军采取了商账催收中的最高手段面访,最终使得久催不还的欠款问题得到了解决。从催款的基本指导思想来看,始终坚持"以情动人"及"诉诸法律"的指导思想,先是在人生地不熟的地方通过面对面的接触和债务人建立良好的感情基础,同时亦给予对方"法律诉讼"的压力,有理、有利、有节,最后取得成功。

知识链接

商务谈判活动是由代表企业的人来实现的,这就难免会带有个人感情因素。情感渗透法正是抓住了谈判主体的这个特点从情感上去做文章的。

知识链接一　甜言蜜语法

甜言蜜语法是用甜言蜜语赞美对方,满足对方的自尊心、虚荣心。它的特点是避免正面冲突,寻找对方感兴趣的话题,消除心理上的敌对情绪,满足对方的自尊心、虚荣心。例如,抓住对方主谈人的年龄特征,如老年,则讲"老当益壮""久经沙场";若年轻,则讲"年轻有为""精明强干""前途无量";又如当对方迟迟不肯答应己方的要求时,己方不妨恭维对方几句:"您一向是个爽快人,办事利索、干脆,又够朋友,我知道您是不会为难我们的。"这种甜言蜜语是在合适的时机,用合适的语言自然地表现出来的,就如夏天的凉风。

请思考:在使用这种战术时要满足什么样的条件?

微型案例

美国华克公司承包了一项建筑工程,要在一个特定的日期前在费城建一座庞大的办公大厦。开始时计划进行得很顺利,不料在接近完工阶段,负责供应内部装饰用的铜器承包商突然宣布他无法如期交货。这样一来,整个工程都要耽搁了,要付巨额罚金。于是长途电话不断,双方争论不休。一次次交涉都没有结果。华克公司只好派高先生前往纽约。

高先生一进那位承包商的办公室,就微笑着说:"你知道吗?在布鲁克林区,有你这个姓氏的人只有一个。""哈!我一下火车就查阅电话簿想找到你的地址,结果巧极了,有你这个姓氏的人只有你一个"。承包商兴致勃勃地查阅起电话簿来"我从来不知道。不错,这是一个很不平常的姓",他很有些骄傲地说。"我这个家庭从荷兰移居纽约,几乎有200年了。"他继续谈论他的家族及祖先。当他说完后,高先生就称赞他居然拥有这么大的一家工厂,承包商说:"这是我花了一生的心血建立起来的事业,我为它感到骄傲,你愿不愿意到车间里参观一下?"

高先生欣然前往。在参观时高先生一再称赞他的组织制度健全,机器设备新颖,这位承包商高兴极了,他称这里有一些机器还是他亲自发明的呢。高先生马上又向他请教:那些机器如何操作?工作效率如何?到了中午承包商坚持邀请高先生吃饭,他说:"到处都需要铜器,但很少有人对这一行像你这样感兴趣的。"到此为止,你一定注意到高先生一次也没有提到此次访问的真正目的。吃完午饭,承包商说:"现在我们谈谈正事吧。虽然我知道你此次来的目的,但

· 165 ·

我没有想到我们的相会竟如此的愉快,你可以带着我的保证回费城去,我保证你们要的材料如期运到。虽然我这样做会给另一笔生意带来损失,不过我认了。"高先生轻而易举地获得了他所急需的东西,那些材料及时运到,使大厦在契约期限届满的那一天完工了。

从高先生与承包商的谈判经历我们可以看到,高先生首先通过姓氏这一话题引起承包商的兴趣,继而用甜言蜜语法赞美承包商的工厂,而这恰恰是承包商引以为荣的,这样就满足了对方的虚荣心,双方建立了良好的关系。在良好关系的基础上,高先生实现了自己的谈判目的。可见谈判的问题不一定要用谈判来解决。

知识链接二　出其不意法

出其不意原指趁对方没有防备的时候突然发动袭击,后来多指行动出乎对方意料。出其不意法是指首先掩盖真实的动机,在对手毫无准备的情况下,突然改变谈判的方法、观点或提议,出其不意,以实现自己的目标的做法。出其不意的内容包括:提出令人意想不到的问题、新要求等;提出令人意想不到的时间,如截止日期的改变、谈判速度的改变等;令人意想不到的行动,如不停的打岔、退出商谈等;令人意想不到的人物,如专家、权威人士的突然加入。这种战术具有很强的灵活性,等到时机成熟的时候或对手难以改变局面的时候,通常采取急剧性和戏剧性的变化,出其不意,让对方难以招架,以取得谈判的成功。使用这种战术的条件是:对方比较轻敌、麻痹大意。一方面要做好前期的准备工作迷惑对方;另一方面要选准合适时机发动袭击。

 **微型案例**

日美商人有一项重大的技术合作的谈判。谈判开始,美方代表便拿着各种技术资料方案等一大堆资料,滔滔不绝地发表意见。而日方代表则一言不发,仔细倾听并埋头记录。美方讲了几个小时后,向日方征求意见,日方代表却报以沉默,第一次交锋就这样结束。

第二次交锋的时候,日方以上一次的成员不称职为由,撤换了谈判代表。一切犹如第一次谈判那样,日方代表最终又以研究为名结束了第二次谈判。几个月后日方又如法炮制了第三轮谈判。美方人员大为恼火,认为日方没有诚意,于是下了最后通牒:如果半年后日方仍然如此,两国的协定将被迫取消。随后美方解散了谈判团,封闭了所有的资料,以等待半年后的最后一次谈判。

谁料到,几天之后,日方即派出由前几批谈判团的首要人物组成的庞大代表团飞抵美国。美方人员在慌忙中仓促应战,匆忙将原来的谈判成员召集起来。在谈判中,日方一反常态,带来了相关详尽的资料,做了精细的筹划,并将协议书的初稿交给了美方。这使美方代表无从抗拒,只有签字。谈判自然以日方获胜而告终。

在日美商人的谈判中,在谈判前期与中期,日方代表故意拖延、磨时间,当对方的身心均已疲惫失去耐心后,突然出其不意、攻其不备,使对方措手不及,无法招架,最终取得了谈判的成功。

知识链接三　以情动人法

一般情况下,人们总是倾向于同情和怜悯弱者,不愿落井下石,比较容易答应弱者的要求。

以情动人法是一种通过装扮可怜相、为难状,唤起对方同情心,从而达到阻止对方进攻的做法。该方法与三十六计中的"苦肉计"相似,在谈判的中后期应用较多。

谈判者要扮好可怜相、为难状,以求形象的感染力。面部要愁眉苦脸、脸色阴沉、额头沁汗、双眼红湿或双目呆滞等。典型的可怜话有"若这样做决定,我回去要挨批评。""我已经退到了悬崖边,再让就要掉下去了!""求求你,高抬贵手。""我越权做了太多让步了,再让必死无疑,求贵方给我一条生路。"等等。但并非所有的谈判都适合使用该方法。使用该方法时过分夸张会有损人格,尤其当谈判项目涉及政府时,还应注意国格的问题;另外使用该方法要选对人,当对手富有同情心时,以情动人法比较有效。当对手毫无同情心时,不可用该方法,因为对方不但不吃软,还会讥笑你、欺负你。

 **微型案例**

崭新的救生衣通常每件要卖 50 美元,在交易会的货摊上一个商人以每件 38 美元销售。商人无意中听到有个男人在对他妻子说,他想买一件救生衣,刚才经过一个摊子时,那儿的救生衣每件才 25 美元,他问他的妻子是否记得那个摊子在什么地方。就在这对夫妇要离开的时候,那个男人似乎注意到了商人的救生衣,他彬彬有礼地询问:"这位先生也许愿意每件也卖 25 美元,是吗?"接着他说他的妻子和孩子都快要没饭吃了,都是因为他买了那只该死的游艇,如此等等,他说了不少,双方都笑了起来,商人嘟哝着这位客人让他赔本了,尽管如此,他还是以 25 美元的价格卖给了他。

在这个买卖救生衣的案例中,买方巧妙地使用了以情动人的方法,获得了卖方的同情与好感,使他以看似不可能的价格获得了他想要的救生衣。

知识链接四 倾听与沉默法

(一)倾听的方法

美国科学家富兰克林曾这样说过:"与人交谈取得成功的重要秘诀,就是多听。"多听是谈判者必须具备的一种修养。谈判中的听,不仅是运用耳朵去听,而且还包括用眼睛观察对方的表情与动作,用心为对方的话语作设身处地地构想,用大脑研究对方语言背后的动机。这种耳到、眼到、心到、脑到的听,称之为倾听。

倾听是商务谈判语言表达技巧的重要组成部分,倾听强调的是多听。有效的倾听方法包括以下几种:

(1)积极主动地听。谈判双方一坐到谈判桌前,就要想方设法摸清对方的底细,发现对方的需要,及时做出反应。因此在对方发言时要保持积极的态度,以便从对方的谈话中获得较多的信息。

(2)使大脑保持警觉有助于集中精神,而保持身体警觉则有利于大脑处于兴奋状态。

(3)记录笔记。人们即时记忆的能力是有限的,所以在倾听时要做适当笔记。在谈判过程中,人的思维高速运转,大脑接受和处理的信息量很大,加上谈判的气氛比较紧张,能够保持当场记住并不忘记是很难的。因此笔记在谈判过程中是必不可少的。

(4)倾听时要集中注意力,同时分析思考问题。认真倾听对方讲话,必须善于控制自己的注意力,克服各种困扰,始终保持自己的思维跟上讲话者的思路。

(5) 有所选择地听。倾听时要去粗取精,去伪存真,获取对自己有用的信息。

(6) 控制自己的言行。倾听对方的讲话要约束自己、控制自己的言行。例如,不要插话、打断对方的讲话,不要妄加评论。

 **微型案例**

美国有一家汽车公司想选购一种装饰汽车内部的布料。有3家公司提供样品。汽车公司请这3家公司做了说明。这3家厂商中,有一家的业务代表患有严重的喉炎,无法流利地讲话,只能由汽车公司的董事长代为说明,董事长按产品的介绍讲该产品的优点,各单位有关人员纷纷表示意见,董事长代为回答,而布料公司的业务代表则以微笑、点头等动作表示谢意。结果他博得了好感,获得了布料的订单。后来,这个业务员总结说,如果他当时没有生病,嗓子还可以说话的话,是不会获得这笔大数目订单的。

这个案例充分体现了倾听这种方法的运用。布料公司业务员因为有喉炎,无法发言,而正是这种倾听却歪打正着,博得了他人的好感,顺利获得订单。

(二) 沉默的方法

沉默在商务谈判的应用中表现为"少说"。沉默主要指当一方沉默或话不多时,以沉默为基础,配之简短的话语来鼓动对手多说的方法。当己方话不多,且对对方的论述又无明确评述时,对方会不知所措,为了摸清你的真实想法,一定会换个方式重复其观点。当然己方可以完全沉默,也可以以沉默为基础配之简短的话语,如"你什么意思?""我没听懂。""请重复一遍。"或"嗯"之类的能表示你对其论述不置可否的话语。

沉默这种方法的特点是后发制人、具有很强的欺骗性。往往应用在谈判前期,使用者表现得比较被动、迟钝。制造一种假象,装作听不懂,使对方戒备松懈,暴露弱点,同时消磨对方意志、消磨时间、消磨对方的耐心。等掌握了对方的意图和对方弱点后,己方再展开进攻。沉默法的使用条件:适用于骄傲、大意、喜欢占表面便宜的对手;战术实施者要有良好的心理素质,要经得起对方的轻视和侮辱;实施者要善于发现对手在麻痹状态中泄露出来的弱点,从而变被动为主动。

 **微型案例**

美国一家公司向一家日本公司推销一套先进的机器生产线。双方都派了一个技术力量很强的谈判小组进行谈判。美国方面的热情非常高,摆出一副志在必得的架势。谈判一开始,美方代表就喋喋不休地大谈他们的生产线是如何先进,价格是如何合理,售后服务是如何周到。在美方代表高谈阔论的时候,日方代表一声不吭,只是埋头记录,将美方代表所谈的每一个问题都详细地记了下来。当美方代表兴致勃勃地讲完以后,问日方代表还有什么问题,日方代表却摆出一脸茫然的样子说:"我们没有听懂。"美方代表脸色一下变得煞白:"什么地方不懂?"日方代表面带微笑地说:"都不懂。"美方代表松开了领带,问:"你们希望怎么做?"日方代表回答:"请你再重复一遍。"美方代表彻底丧失了信心,心里只求能尽快达成协议。

在美国商人与日本商人的谈判中,日方代表针对美方代表的骄傲、大意、志在必得,使用了沉默的方法,以鼓动美方代表多说,消磨了对方的意志,获取更多信息,从而掌握了谈判的主动权。

任务二　巧打时间差法

任务引入

美国一个商务代表团去日本谈判,在他们抵达日本以后受到了日本人的热情接待,并在寒暄之中,日本人了解到客人预定回国的时间。此后日商并不急于谈判,而是热衷于陪同客人游览、参观、访问。美国代表团以自己的快节奏谈判方式来估量谈判不会需要很长时间,也就不急于谈判。等到美商回国日期临近时,双方才正式进行谈判。但在磋商过程中,日商的决策十分缓慢,以至于到了最后一刻双方还无法就一些重大问题达成协议。最后美商因为急于回国,而不得不做出一些重大让步。

任务分析

在这个案例中,日方在得知美方谈判期限后,使用了时间战术,用非谈判活动耗费谈判时间,使得对方只得草草结束谈判。可见在谈判中应该根据具体情况采取合适的战术,以取得谈判的成功。

知识链接

任何形式的谈判都有时间限制,随着时间的推移,对谈判各方的心理影响是不同的,双方的实力对比和地位也会发生相应的变化。巧打时间差是谋取谈判主动权的重要途径,是谈判战术的重要组成部分。

知识链接一　时间战术

时间战术是指在谈判中以善意的、重复的、慢节奏的表达方式损耗谈判时间,造成谈判的低时效,以迫使那些与时间关系重大的对手尽早做出让步的做法。商场上"时间就是金钱"。谈判桌上,时间具有压力,所以它必然成为谈判者运用的谈判手段。使用时间战术的主要做法是:用非谈判的活动耗费谈判时间,减少谈判的实际用时;用非实质性的议题占用谈判时间,在小问题上纠缠不休;做每一项决策都要花很长的时间;常利用谈判分歧休会;给对方出难题等。

该战术的应用不受谈判地位的限制,在谈判中、后期应用较多。该战术的核心表现在"磨"。做法有三种:重复、沉默、节奏。重复是指在谈判中重复讨论某个议题和重复讨论某个观点;沉默主要指当一方沉默或话不多,以沉默为基础,配之简短的话语来鼓动对手多说的方法;节奏是磨时间的重要手段。节奏的控制主要通过论题切换的时间和反馈意见的时间来实现,即放慢谈判的节奏。

请思考:该战术使用条件有哪些呢?

 **微型案例**

日本的钢铁和煤炭资源短缺,而澳大利亚这两种资源都很丰富。日本渴望购买澳大利亚的煤和铁,而澳大利亚却不愁找不到买方,显然澳大利亚在谈判中处于主动的地位。日本人清

楚澳大利亚商人过惯了富裕和舒适的生活,鉴于此,日方邀请澳方来日本进行谈判。结果澳大利亚商人到日本后,不适应日本的生活环境,逐渐表现出拘谨和急躁的情绪,没过几天就急于想回到故乡的别墅、海滨和妻儿的身旁去。而日本代表则沉着应战,不慌不忙地讨价还价,故意消磨时间,拖延谈判。由于澳方代表急于回国,双方在谈判桌上的主动地位明显发生了变化,日本方面完全掌握了谈判的主动权,最后取得了按常规难以取得的利益。

在同澳大利亚的商务谈判中,日本方面之所以能取得极大的成功,就在于他们在充分了解对方的基础上,巧妙地利用了谈判主场环境,通过时间战术,使澳大利亚商人人心思归,从而掌握了谈判的主动权,使谈判沿着自己的意愿发展。

知识链接二　戒急用忍法
凡事当决断处自要决断,由不得半点犹豫,但两可之事,则应该三思而后行,应戒急用忍。

微型案例

明朝有一种差役,是官府将官马分派给居民饲养,过段时间再由民户向官府缴纳验收。由于开州县不能自己繁殖小马,必须靠马贩子从外地贩来,于是奇货可居,马贩子经常趁机抬高马价。开州地势偏远,交通不便,买马比别的州县更困难。为了解决这一长期存在的难题,开州知府在琢磨了这一情况后,心生一计,佯装不急,表示要等马贩子到齐后再出堂看马。在看马前一天,他把负责马役的差官招来,向他们详细地询问了市场的行情,然后又悄悄地对他们说:"虽然我们现在非常急于买马,但明天看马之时,要装出一副不在乎的样子,这件事先让你们有数。"差官们原是怕交不了差而被上司惩罚,在听了知州的话后犹如吃了一颗定心丸,赶快叩头谢恩。看马的日子到了,管马的差官把马贩子齐聚堂上,他们带来了各种各样的马匹,其中大部分都很健壮,但知州却是一概不要。他对马贩子说:"马的高矮就怕比较,我宁可要矮一寸的马。我已经发文通知太仆寺(当时朝廷负责马政的官署),说这是自己繁殖的马驹。"众差役于是齐声呼应道,再过三天到邻近的市场去选购,一定能够得到知州所要求的这种马。知州答应了,对谁也没有责备。

马贩子眼看成交无望,内心非常失望,为了保本,都争相把手中的马贱价脱手。结果,这年开州需要的马匹不到两天就全部买齐了,而且价钱都在一匹20金以下。而周围的州县为了争取早日完成任务好得到官府的保荐,都争相高价买马,马价有的竟然涨到一匹40～50金。

知识链接三　后发制人法
后发制人法具有先被动后主动、先软弱后强硬的特点。在使用该战术时,不管对方如何自以为是,如何无理取闹,都耐心地听取对方的要求和理由,并不时向对方请教有关问题,好像有被对方说服的倾向,其实是在暗中准备条件,积蓄力量,以便一击而中,一击而倒。后发制人方法的优点:第一,可以从对手那里先学习知识、了解情况,弥补经验和准备的不足;第二,可以从对方的表现中分析对方的策略,判断对方的动机,寻找对方的漏洞;第三,可以麻痹对手,使其放松警惕,缺乏准备;第四,可以在对方计谋用尽的时候反击,使对方措手不及,反复的余地较小;第五,可以引起对方的内疚和惭愧,从而为让步创造心理条件;第六,对方在明处,自己在暗处,可以根据对方的策略及谈判的发展形式灵活变更自己的策略,后发制人,以争取最大的利益。后发制人的缺点在于:使对方占据了主动。

请思考:后发制人法的使用有哪些条件?

 **微型案例**

鸿达进出口公司要从国外进口一批数控机床。在与美国一家专门经营数控机床的大公司洽谈时,对方先把自己公司的地位、实力吹嘘了一番,然后又把自己的产品捧上了天,中方在谈判中好像处在被动地位。

然而,中方谈判人员仍然很有耐心地倾听对方高谈阔论,并密切注视对方动态。经过一段时间后,对方报出了远远超出正常的不合理价格。中方没有马上还价,只是对所报的价格感到惊讶。与此同时,中方发现对方在整个介绍产品过程中,始终回避其产品的技术标准和技术参数,于是便要求外商提供有关产品的技术资料。通过对资料的研究,中方提出对方的产品在精密度上不如 A 国产品,在性能上不如 B 国产品,在用材上不如 C 国产品,并表示怀疑对方的交易诚意。听到中方对产品深入浅出的分析,以及对同类产品的介绍后,外商知道面前的对手不仅懂专业,而且十分了解市场。于是,他们马上表示,刚才的价格只是一个参考价,他们愿意降低50%。

在这个案例中,中方代表在最初表现得较为被动,隐忍不发,后期在掌握了充分信息,了解对方弱点后开始反攻,使用了后发制人的战术,控制了谈判主动权,迫使对方做出了巨大让步。

任务三　其他方法

任务引入

1991年的一个夜晚,美国一名谈判大师罗杰道森在家中接到一个电话,对方称自己在科威特石油公司的兄弟被伊拉克大独裁者萨达姆扣为人质,他想聘请罗杰道森为谈判顾问,说花多少钱都愿意赎回他的兄弟。这位谈判大师告诉对方,他不用花一分钱赎金就能救回他的兄弟。

罗杰道森联系了一名CBS(哥伦比亚广播公司)的著名记者,问其是否愿意陪他去巴格达一趟,与萨达姆展开谈判,如果他愿意,就把独家采访权给他。时逢美伊激战正酣,真是天逢良机,记者非常乐意,但CBS总编却不同意记者冒险上战场,于是这位谈判大师又拿出第二套方案:在伊拉克邻国约旦采访萨达姆。结果,萨达姆喋喋不休地对着电视说了两个小时之后释放了人质,而这正是那段时期萨达姆所放出的唯一的人质。

任务分析

好的谈判者并不是一味固守立场,追求寸步不让,而是要与对方充分交流,从双方的最大利益出发,创造各种解决方案,用相对较小的让步来换得最大的利益,而对方也是遵循相同的原则来取得交换条件。在满足双方最大利益的基础上,如果还存在达成协议的障碍,那么就不妨站在对方的立场上,替对方着想,帮助扫清达成协议的一切障碍。这样,最终的协议是不难达成的。

知识链接一　投其所好法

每个人都有其特别的需要和爱好,都希望这种需要和爱好得到满足,而一旦谁能满足他们的需要和爱好时,他们就会对对方产生信任和好感,也乐于同对方合作。发现对方的需要与爱好,并满足其需求和爱好,这种方法叫投其所好法。

请思考:投其所好的途径和方法是什么?

微型案例

我国三A进出口公司与泰国一家公司谈生意,谈判一开始就很不顺利,双方提出的交易条件相差甚远。一天中方公司副经理上街购物,发现泰国公司总经理在象棋摊边盘桓多时,一副饶有兴致的样子。这天黄昏,中方经理带着一幅精工制作的象棋来到泰方经理下榻的宾馆。"下盘棋怎么样?"年过半百的泰方经理兴高采烈。原来该经理出生于象棋世家,酷爱收集象棋。一场酣战下来,双方意犹未尽,中方经理与泰方经理畅谈事业、成就、家庭,泰方经理对中方经理大为赞赏,当即表示:"能和你这样的人交上朋友,这笔生意我少赚一点都值得!"两天后,协议在泰方经理下榻的宾馆签了字。

在这个案例中,中方代表发现了对方的需要与爱好,在得知对方酷爱象棋的基础上,使用了投其所好法,迎合对方的需要与爱好,带着精工制作的象棋去拜访泰国经理,与对方建立了良好的关系,最终顺利签订了协议。

知识链接二　"升格"法

谈判升格方法是指在谈判中,当双方主谈人无力解决某些分歧或为了获得更大利益时,请双方的高级领导出面干预,以推动或结束交易谈判的做法。由于正常情况下,谈判桌上的主持人是双方主谈。当主持人换为双方的领导时,客观上使相关谈判级别上升——升格,故将该方法称为"升格"方法。该战术其核心在于"权力"和"面子",具有较强的防守和攻击力量。该战术不受谈判地位和谈判阶段限制,常在打破谈判僵局时或终局定价时使用。

请思考:在应用该战术时应选择什么样的时机?

知识链接三　激将法

激将法是指在谈判中,故意用话语刺激对手,激发对方的某种情感。激将法有正面激励和反面激励之分。正面激励是指为了使对方接受自己的意见、主张,先用比喻、典故等生动的事例开场,从调动对方的情绪入手,让对方形成浓厚的兴致,而后顺情释理,使对方最终接受己方的主张。谈判中循循善诱、借喻明理,以情义促使对方行动,就是语言表达上的正面激励。

通常激将法大多指反面激励。运用激将法以对对手充分了解为前提,选择正确的激点。激点即对方最为关注的方面。常见的有面子、权力、形象、名誉、社会影响等。比如,"你方到底谁是主谈,谁说的话算数。""按你的权力,这是手到擒来的事。可你的表现让我怀疑你手中的权力。""我们认为你的话很有道理,你的谈判实在令我方钦佩,你的上司怎么不尊重你的意见呢?若换他们来谈,其结果未必比你谈得好!"。激将法最忌人身攻击,即不要用任何不当语言对对手的身体缺陷或人品进行刺激。

 **微型案例**

远东橡胶厂(甲方)曾进口一整套现代化胶鞋生产设备,但由于原料和技术设备跟不上,设备白白闲置了3年。后来,新任厂长决定把它转卖给外地的椰红橡胶厂(乙方)。谈判之前,甲方了解到两个重要情况:一是乙方经济实力雄厚,但基本都已投入再生产中,如果要马上拿出200万元购买设备困难很大;二是乙方厂长年轻志大、自负好强。对内情有所了解后,甲方厂长决定与乙方厂长直接谈判。

甲方厂长:"经过这两天的交流与了解,我详细了解了贵厂的生产情况,你们的经营管理水平确实令我肃然起敬。厂长年轻有为,有胆识,有魄力,让我由衷敬佩。可以断言贵厂在您的领导下,在不久的将来将成为中国橡胶行业的明星。"乙方厂长:"老兄过奖了,作为一厂之长年轻无知,希望得到你的赐教。"甲方厂长:"我向来不会奉承人,只会实事求是。贵厂今天办得好,我就说好;明天办得不好我就说不好。昨天我的助理打来电话,说有个棘手的事情等着我,催我一两天内返回。关于咱们洽谈的进口设备转让问题,通过在贵厂转了一两天后,我的想法又有所改变了。""有何高见?""谈不上什么高见,只是担心挺大、疑问挺多。第一,我怀疑贵厂是否真正有经济实力在一两天内拿出这么多资金;第二,怀疑贵厂是否有管理和操作这套设备的技术力量。所以我并不像原先考虑的那样,确信将设备转让给贵厂。"

乙方厂长听到这话,认为受到对方的轻视,十分不满,于是炫耀地向对方介绍了自己的经济力量和技术力量,表示完全有能力购买和管理这套设备。这样,乙方为了炫耀和购买,迫于时间压力,就不好在价格上再计较了。为了显示乙方的大厂风度,乙方厂长答应了甲方200万报价,并当即签订了协议,双方握手共庆。甲方成功将休养了3年的设备转卖给了乙方。

在甲方橡胶厂与乙方橡胶厂的谈判中,甲方厂长利用乙方厂长年轻气盛、讲面子、自尊心强的缺点,使用激将法,促使对方迅速做出决定,谈判顺利结束,并获得更多利益。

知识链接四　最后通牒法

最后通牒法是指在谈判进行到一定阶段,给谈判规定最后的期限,提出一个新的条件作为决定合同成败的最后妥协条件,并逼迫对方做出答复的做法。该战术抛出己方新的让步条件后不再与对方讨价还价,对方必须做出答复。该战术不受谈判者地位的约束,但受谈判阶段的限制,多在谈判后期使用。该战术最忌讳"不可信",即在下通牒时一定要让对方相信确有其事,否则易致被动。

例如,从某月某日起,这种商品就要涨价了;如果贵公司不能在11月1日前订货,我们将无法在12月交货;明天下午三点钟之前如没有收到你的电话,我们将同别人签订合同。在谈判中,期限能使犹豫不决的谈判对手尽快做出决定。当谈判出现以下情况时,可以选用此方法:对方急于求成;对方存在众多竞争者;己方不存在众多竞争者;己方最能满足对方某一特别主要的交易条件;对方谈判小组意见分歧;发现与对方因交易条件分歧悬殊,达成协议的可能性不大。

 **微型案例**

美国一家航空公司要在纽约建立一个大的航空站,想要求电力公司优待电价。这场谈判的主动权掌握在电力公司一方,因为航空公司有求于电力公司。因此电力公司推说如果给航空公司提供优惠电价,公共服务委员会不会批准,不肯降低电价,谈判相持不下。这时,航空公司突然改变态度,声称若不提供优惠电价,他们在一周内将撤出这一谈判,自己建厂发电。此言一出,电力公司慌了神,立即请求公共服务委员会从中说情,表示愿意给予这类新用户优惠价格。因为若失去给这家大航空公司供电,就意味着电力公司将损失一大笔钱,所以电力公司急忙改变原来傲慢的态度,表示愿意以优惠价格供电。

在航空公司与电力公司的谈判中,最初航空公司掌握着谈判的主动权,谈判相持不下。在这种情况下,航空公司果断地使用了最后通牒法,向对方施加压力,从而增强了谈判的实力,实现了自己的谈判目标。

知识链接五　吹毛求疵法

吹毛求疵法是指通过故意寻找对方的缺点或毛病,促使对方让步的一种做法。在谈判中,谈判一方为了实现自己的利益,对对方的产品或提议再三挑剔,提出一堆问题和要求,以争取到讨价还价的机会。该方法的关键:一是找"疵"要准,即挑毛病要挑到点子上,使对方心服口服;二是要懂得一定的渲染,善于小题大做,虚张声势,使对方高度重视。吹毛求疵是削弱对手谈判实力的有效方法,也是商务谈判中屡见不鲜的谈判手段。吹毛求疵法的使用条件:能够挑出疵,有疵可挑;谈判实施者善于虚张声势。

 **微型案例**

中国松上公司与外商洽谈购买一批钢管。在这之前中方已向对方购买过这种商品,中方希望能扩大进口,并降低商品价格。但中方知道,在国际市场行情还没有发生变化的条件下,要对方降价很困难。于是在谈判开始之初,中方就拿对方上次200吨货物延期交货的事大做文章。中方说:"由于贵方上次没有及时交货,使我方错过了好几次销售良机,失去了好几个大客户,从而导致我方损失惨重。"接着,中方向对方列举了一些事实和有关数据。对方听后表示非常抱歉,并对延期交货做了解释。于是中方提出希望这次能减价10%来弥补己方上次的损失。在对方答应后,中方进一步提出订购500吨的要求。

在该谈判中,为了促使对方让步,中方代表使用了吹毛求疵的方法。首先选准了"疵",即对方的延期交货,接着在该问题上大肆渲染,使对方感觉理亏,从而不得不做出大的让步。

知识链接六　竞争法

竞争对谈判来说有很大的影响,同样的商品,供不应求和供大于求,交易条件会大相径庭。竞争法是指在谈判中向谈判对方明示、暗示市场激烈,以迫使对方尽早拿主意,把交易条件降到最低点的方法。比如,招标、拍卖的方式,就是利用人们竞争的心理,争取最好交易条件,最佳合作伙伴。这种方法是要使谈判对手感到竞争的威胁,让竞争者之间相互钩心斗角,降低交易条件,而谈判的另一方同时和几个对手谈判,分别向他们施加压力,从中可以轻而易举地获取有益的信息和最优惠的条件。该方法具有挑动竞争,从而坐收渔利的特点。竞争方法的使用条件:要具备引起一定程度竞争的条件,比如掌握热销商品等;要了解谈判对手的需要、心理和性格等;要利用一定的环境让谈判对手感到真正的压力。

微型案例

美国有一位谈判专家,想在家中建个游泳池。谈判专家对游泳池的造价和建筑材料、质量方面是个外行。于是谈判专家先在报纸上登了要造游泳池的广告,结果有3位承包商来投标,并递交了投标书,里面有各项工程的费用及总费用。谈判专家仔细看了他们的投标书,发现他们所提供的水温设备、过滤网、抽水设备、设计和付款条件都不一样,总费用也有差距。于是谈判专家就约这3位承包商来他家里谈判。第一位约好在9点钟,第二位约在9点15分,第三位则约在9点30分。第二天,3位承包商如约而来,他们都没有得到主人的马上接见,只得坐在客厅里彼此交谈等候。

10点钟的时候,主人出来请第一个承包商A先生到书房去商谈。A先生一进门就说他的游泳池一向是造得最好的,好游泳池的设计标准和建造要求他都符合,顺便还告诉主人,B先生经常使用陈旧的过滤网,而C先生曾经丢下许多未完成的工程,并且他正处在破产的边缘。接着,谈判专家同B先生谈话,从他那里了解到其他人提供的水管都是塑料管,他提供的才是真正的铜管。而C先生则告诉谈判专家,其他人所使用的过滤网都是品质低劣的,并且往往不能彻底做完,拿到钱之后就不管了,而他则是绝对保证质量。

谈判专家通过静静地倾听和旁敲侧击的提问,基本上弄清了游泳池的建筑要求及三位承包商的基本情况,结果发现C先生的价格最低,而B先生的设计和建筑质量最好。最后他选中了B先生来建造游泳池,而只给C先生提供的价格。经过一番讨价还价,终于达成一致。

在谈判专家与承包商的谈判中,谈判专家使用了竞争方法,利用承包商之间的相互竞争,"坐山观虎斗",同时分别向他们施加压力,从而获取有益的信息和最优惠的条件,选取了最佳的合作伙伴。

知识链接七　金蝉脱壳法

金蝉脱壳法是摆脱谈判困境的一种方法。当谈判中遇到难题,信息准备不足,不知如何化解对方的策略,难以选择决策的时候,找个合适的理由停止谈判。该方法属于三十六计中的"走"计,具有圆滑的特点。"走"不能一走了之,要借对方的"东风"而"走",走的责任不在自己。谈判对手要求太刁、报价不合理、死守立场、谎报信息、编造事实、浪费时间等都有可能成为"走"的"东风"。金蝉脱壳方法的使用条件:在谈判中遇到重大困难,再谈下去没有好结果;最好要有中止谈判的有利借口,以便恢复谈判。

微型案例

中国三杯外贸公司根据事先约定,到法国洽谈生意。头两天,法方借口他们的主谈人因临时有要务,要中方耐心等待。中方向对方表示了不满。在一拖再拖之后,对方又采用车轮战术夜以继日和中方谈判。对这样的谈判安排，中方多次表示反对，但对方一意孤行。当谈判进入拍板阶段，中方遇到一个事关利益的难题时，一时不能做出决断。这时中方表示："我们这次谈判是事先约定的，而根据贵方的安排来看似乎毫无准备，所以我们决定提前回国。除非贵方今后能拿出谈判诚意来，否则谈判将毫无意义。"而法方以为他们用的谈判方法得罪了中方，担心前功尽弃，所以马上派人匆匆赶来，并一再对前一阶段的议程安排表示歉意。由此，中方也做好了继续谈判的准备，并看出了法方急于求成的心态，从容不迫地使法方做出了更大让步。

在这个案例中，中方在对方使用时间战术，而己方在谈判中难以做出决断的情况下，使用了金蝉脱壳的方法。以对方准备不足、无谈判诚意为借口中止了谈判，从而获取了谈判的主动权，迫使对方做出让步。

知识链接八　放长线钓大鱼法

放长线钓大鱼是利用谈判对手的需求情况，设计一些"诱饵"，故意让对方先得到某个有利于他的条件，以吸引对方与己方谈判到底的做法。该方法具有"以小求大""先予后取"的特点。做法上，首先要准确选准"诱饵"，让对方感兴趣。主动积极地为对方解决迫切需要解决的问题；其次要懂得放线，不能让对方轻易地得到。

微型案例

20世纪80年代初，上海一个仪表公司和美国一家大公司在北京签署了合资协议。美国公司是一家实力雄厚、规模庞大的跨国企业，是相关领域方面领先的全球供应商。而80年代的中国，市场机制很不健全，高技术领域比较落后。中方谈判者在充分了解对手的基础上，首先向美方抛出第一块"诱饵"：中国国家仪表和自动化局邀请美国的一些相关企业，其中包括这家公司，到中国实地进行考察，巧妙地向美方展示了中国自控产品的巨大市场。考察后，他们一致认为中国是世界上唯一的、最后的、巨大的未开发市场。接着，中方又不失时机地抛出第二块"诱饵"：为表示诚意，中方特意为美方选择了一个最佳的合作伙伴，即上海的这家仪表公司，这为美方节省了选择合作对象的时间和费用。在谈判中，当谈到引进最先进的技术生产、最先进的产品时，存在着达成一致的困难。这时，己方又及时抛出了第三块"诱饵"：根据中国的法律，合资企业将享受最优惠的税收政策。这一系列的"诱饵"及放线钓鱼的方法，最终促成了合资协议。

在上海和美国两家公司的合资谈判中，中方代表使用了"放线钓鱼"的方法，先后使用了三块"诱饵"，并适时抛出"诱饵"，放长线钓"大鱼"。

知识链接九　化整为零法

化整为零法是指在谈判中，将预计一次不能完成而又志在必得的条件，分成几部分，分别作为不同的谈判内容，以求得各个击破，最终实现整体谈判目标的做法。就像有人手里拿了一根香肠，你要一次拿过来势必遭到对方的反对。如果你今天问他要薄薄的一片，他并不会计较，明天再向他要薄薄的一片，他也不一定介意，这样过了一段时间，整根香肠就到了你的手里。这就是"意大利香肠"策略。他能够在对方不知不觉的情况下，逐渐地实现己方的目标。例如,交钥匙工程、成套设备交易,往往可以将其分为设备、技术、服务等各部分来谈判,而设备、技术、服务又可以再细分,通过取得局部的进展,就可降低谈判的难度,加快谈判进程。化整为零方法利用各种条件和理由,提出不过分的小要求,只要对方的让步开了头,就会陷入让步的怪圈,越让越要让。这种方法具有零打碎敲、积少成多的特点。实施者往往利用一切理由和机会,提出合理的令对方难以拒绝的小要求,逐步完成谈判的整体目标。该方法的使用条件:要具备一些交易的有利条件,如支付条件优惠、交易金额较大等;要准备一些难以反对的理由,如市场竞争激烈,资金数目巨大,外汇市场不稳定等;要有切实可行的变通方案。

 **微型案例**

韩国A公司出国采购商品,他们找到该国最大的厂商B公司询价。B公司开价每台350美元,这一报价基本接近A公司所掌握的国际市场价格。A公司提出再优惠一点,对方同意345美元,但说这已是最低价了。A公司还价340美元,经过一段时间的磋商,对方同意了。随后,A公司又表示,希望增加数量再进一步降价。又经过一番的协商,对方同意了A公司的要求。在原来1 000台增加到1 500台的基础上,以338美元的价格成交。在谈判中A公司发现,对方倾向于用日元交易。于是,A公司表示最好用美元成交,如果用日元成交,只能按当时汇率以335美元的价格折算成日元,因为当时美元有下跌趋势。对方对此表示理解和同意。接着A公司又提出希望能把原来的CIF条款改为FOB,即由A公司负责租船订舱和办理投保业务,运费另算。对此,对方没有表示异议。最后A公司表示要见票后120天付款的远期信用证付款。对方开始不同意,在A公司谈了一系列困难后,对方同意以见票后60天付款的远期信用证付款。成交后,A公司核算下来实际进口价格不到330美元。

在这个案例中,韩国A公司采用了化整为零的方法,分多次提出令对方难以拒绝的小要求,分别在数量、币种、贸易术语、付款方式上做文章,降低了谈判难度,逐步完成了谈判的整体目标。

知识链接十　捆绑利益法

捆绑利益法是指把双方利益捆绑在一起,让对方看到,你的利益中有他的利益,没有你的利益,也就没有他的利益,甚至还有唇亡齿寒的后果。这种战术的实施要站在对方立场上,为对方权衡合作与不合作的利弊,说出出乎对方意料的道理,让对手重新考虑问题,使之更清楚地看到必然的结果。捆绑利益法的使用条件:理由要有真理性;要有实事求是的态度,让对方相信你的理由。

 **微型案例**

我国五龙公司为试定一批日本电子产品与日本的六零公司谈判。日商按国际市场价报价,中方要求日方考虑降价,而日方称其他客户都是以这一价格成交的。于是中方就开诚布公地说,虽然对方的产品在国际市场上有很好的销路,但是在中国市场上还未露过面,中国的消费者还不了解产品的优点。所以中方在引进该产品后要做一系列的广告,一旦成功,中国市场的前景十分诱人。可眼下你们的价格势必会影响该产品在中国的竞争力。如果我公司失败

了,那么今后中国其他公司就不会再进行这样的尝试,这将直接影响你们公司在中国市场的发展。日方听了这番话,开始意识到这不是一笔普通的交易,而是关系新市场开拓的交易。于是当即表示为了配合中方开拓中国市场,愿意以成本价供货。

在这个案例中,中方公司使用了捆绑利益法,使日方意识到双方的利益是共同的,你中有我,我中有你,为了自己的利益,接受了中方降价的要求,实现了谈判的双赢。

知识链接十一　追根究底法

追根究底法是指对对方的需求和可疑的事情要追根究底,找到真正的问题所在。追问的过程是一个深入分析的过程,也是一个解决问题的过程。这种战术具有透过现象看实质的特点。追根究底法强调要抛开眼前的僵局和不快,多熟悉对方的各种情况,多调查与谈判有关的事实,找出对方立场背后的真正原因和真正的问题所在。追根究底法的使用条件:要有耐心,要具备调查事实的能力。

 **微型案例**

阿里森是美国一家电器公司的推销员。一次,他到一家公司去推销,这家公司的总工程师不客气地说:"阿里森,我不想再买你的电机了,因为我们以前购买的电机温度超标。"阿里森仔细了解情况后,知道对方的说法是不对的。于是,他对这位总工程师说:"我的意见和你的一样,如果电机温度过高,别说再买,就是已经买的也要退货,是吗?"对方做出肯定的回答。"当然,电机是会发热的,但你不希望它的温度超过国家规定的标准,是吗?"对方又做了肯定的回答。"按标准,电机的温度可比室温高72度(华氏),是吗?""是的,但你们的电机比这个指标高出许多,简直让人无法触摸。"阿里森没有和他争辩,问道:"你们车间的温度是多少?"总工程师回答说:"约75度(华氏)。""加上72度(华氏),一共是140度(华氏)左右。请问:要是把您的手放进140度(华氏)的热水里,会不会把手烫伤呢?"最后阿里森不仅说服了对方,消除了对方的疑虑,而且又做成了一笔生意。

在这个案例中,当总工程师认为抓住推销员的错误时,推销员没有马上反驳对方,而是使用了追根究底法,找到原因的真正所在,解决了谈判中出现的不快,顺利达成交易。

一、案例分析
案例一

印尼政府对爪哇岛一座新的电站公开招标,该工程需要购买一台非常大的发电机。世界上只有五六家公司可以供应,这些制造商都是通过当地的代理商销售。一位德国制造商的代理人惊讶地发现,他自己没有被包括在招标名单中。负责采购的官员拒绝接见他。在已经接到美、日、英、法等国的制造商的报价后,这位官员邀请了德国代理商。他要代理人起誓保密,然后把竞争对手的报价单给他看,并补充说,如果他能给出一个比最低报价低10%的价格,就有可能得到订货。

代理人对于可能达成这一有价值的生意非常兴奋,并报告给了德国公司。德国公司发了些牢骚,表示很难做出决定。该代理人通过一点一滴地削减自己的代理费来促进价格的降低,最后他提交了一份比其他投标者最低报价大约低10%的估价表,接着采购官员又进一步采取策略了,他什么也不做,不接代理人的电话,也不见他。这位代理人的情绪又一次低落下去,他觉得可能丢了这笔买卖,但最后他得到了一次接见。那位采购官员对他拖延了那么长时间表示歉意并解释说,根据政府部门的政策,他必须等着再拿到最后一份估价表,而这一估价表刚刚来。很不巧,新的估价比德国公司的报价低2.5%。这次,德方如果能够把价格再降3%,他们就可以将此合同交付政府批准了。这位代理商飞回德国。当时国际市场上大型设备销路不好,德国人同意把价格降低3%。该代理人带着这一新的估价表回来了,这一价格已接近成本了。这位采购官员非常高兴,他向代理人表示祝贺。他说,第二天讨论支付条件。"什么,支付条件?"代理人问。这又敲了对方一记。经过多次讨论,制造商在德国政府贷款的帮助下同意了提供整整18个月的信贷,这是一个相当大的让步。这位采购官员可以说把德国公司和代理人逼到了极限。他现在还有最后的一张牌要打。他拜访了德国的制造商,会见公司经理,已完成这桩交易。他问公司是否觉得提供长期信贷在财力上负担太重了,德方急于表现他们是如何慷慨大方,为他计算出提供的利息的实际代价。这位采购官员从公文包中取出合同,这份合同已由他的上司签署过了。他解释道,由于大量的石油收入流入印尼,政府此时不需要长期贷款了,不过,该公司若能把价格表上的信贷现金费用扣除作为额外折扣的话,他还愿意让这一合同得到通过。否则,他怕日本公司会有机会获得合同。最后他没有得到所要求的全部的现金折扣,但是得到了一半。

案例讨论题:
试分析在这次谈判中该采购官员采用了哪些战术?

案例二
爱迪生发明了电报以后,西方联合公司表示愿意买下爱迪生的这个新发明。爱迪生对这个新发明究竟应该要多少价犹豫不决,他的妻子建议开价2万元。"这么高!"爱迪生听了不觉目瞪口呆,他觉得妻子把这个新发明的价值看得太高了,不过到了谈判的时候他还是打算照妻子的建议要价。谈判是在西方联合公司的办公室进行的。"爱迪生先生,你好!"西方联合公司的代表热情地向爱迪生打招呼,接着他直率地问爱迪生:"对你的发明,你打算要多少钱呢?"爱迪生欲言又止,因为2万元这个价格实在高得离谱,很难说出口来,但究竟开个什么价比较好呢,他陷入了思考。办公室里没有一点声响,对方在等待,爱迪生虽然有点急,但还是沉默着。随着时间的推移,沉默变得十分难熬,西方联合公司的代表急躁起来,然而爱迪生仍然没有开口。场面十分尴尬,西方联合公司的代表失去了耐心,终于按捺不住,试探性地问:"我们愿意出10万块钱买下你的发明,你看怎么样?"

案例讨论题:
在这个案例中爱迪生使用了什么战术?

二、问答题
1. 如何进行有效的倾听?
2. 试说明三种对你启发最深的谈判战术。
3. 在谈判中不能一步达到的目标,可以用什么方法达到?

项目九　商务谈判的语言艺术

知识目标

通过本项目的学习,学生能够了解商务谈判语言的类型及运用原则,掌握谈判有声语言和无声语言的运用技巧。

素质目标

学生通过对本项目的学习,深化对商务谈判语言艺术的认识,能够将商务谈判有声语言和无声语言的知识,恰当合理地运用在商务谈判和日常生活中。

技能目标

学生通过对本项目的学习,对商务谈判语言艺术有一个正确的认识,使学生掌握谈判语言技巧,充分锻炼沟通表达和人际交往能力。

学生以"我身边的谈判语言"为题目,进行5分钟的主旨发言。让其他同学针对发言进行评判,最后由老师分析商务谈判语言的运用技巧,指出发言的优缺点。

任务一　谈判语言概述

任务引入

在20世纪80年代的一次中日出口钢材贸易谈判中,中方尽管提出了合理报价,并做出了巨大让步,但经过反复磋商仍未达成协议。中方代表虽然感到恼火,但并没有责怪对方,而是用一种委婉谦逊的口气对日方代表说道:"你们这次来中国,我们照顾不周,请多包涵。虽然这次谈判没有取得成功,但在这十几天里,我们却建立了深厚的友谊。协议没达成,我们不怪你们,你们的权限毕竟有限。希望你们回去能及时把情况反映给你们总经理,重开谈判的大门随时向你们敞开。"一席话令日方代表感动不已。后来他们主动向中方发出邀请重开谈判,终于获得圆满成功。

任务分析

商务谈判的整个过程就是谈判者利用语言进行表达和交流以实现谈判目的的过程。如何把谈判者的判断、推理、论证的思维成果、思想感情表达出来,语言的恰当使用成了谈判成功的关键环节之一。

知识链接

语言是人际交往的重要工具。商务谈判又是一项人类经济交往的重要形式。在商务谈判中,谈判者对语言的驾驭能力和语言艺术水平的高低是商务谈判能否顺利进行的关键因素之一。

商务谈判的语言多种多样,从不同的角度或依照不同的标准,可以把它分成不同的类型。同时,每种类型的语言都有其运用的条件,在商务谈判中必须根据情况而定。

知识链接一 商务谈判语言艺术的重要性

（一）语言艺术是商务谈判成功的必要条件

美国企业管理学家哈里·西蒙曾说,成功的人都是一位出色的语言表达者。以此而论,成功的商务谈判也都是双方出色地运用语言艺术的结果。在商务谈判中,同样一个问题,恰当地运用语言技巧,可以使对方听来饶有兴趣,而且乐于合作。

 **微型案例**

一位妇女走进一家鞋店,试穿了一打鞋子,没有找到一双是合脚的。店员对她说:"太太,我们不能合您的意,是因为您的一只脚比另一只大。"这位妇女走出鞋店,没有买任何东西。在下一家鞋店里,试穿被证明是同样的困难。最后,笑眯眯的店员解释道:"太太,您知道您的一只脚比另一只小吗?"这位妇女高兴地离开了这家鞋店,腋下携着两双新鞋子。

如果谈判者语言不当,就会使对方产生反感情绪,甚至导致谈判破裂。

 **微型案例**

有一名推销员,代表斯通公司经销高质量的复印机。一天,他走进张先生的办公室,交谈中才知道张先生是斯通公司的老主顾。一开始推销员就陷入了困境,张先生说:"两年前,我们买了一台斯通复印机,它的速度太慢了,我们只得抛出去。用你们的复印机,我们损失了不少宝贵的工作时间。"在这种情况下,一般推销员通常会进行争辩,说斯通复印机速度同其他复印机一样快。

这样的争辩很少能有结果,常常会得到这样的回答:"好啦,我听到了,但我们不再想要斯通复印机了。谢谢光临,再见。"然而,这位推销员却没有这么做,而是把斯通公司董事长的帽子戴到了张先生的头上,说:"张先生,假定您是斯通公司的董事长,已经发现复印机速度慢的问题,您会怎么办呢?"张先生说:"我会叫我的工程技术部门采取措施,促使他们尽快解决这个问题。"推销员笑着说:"这正是斯通公司董事长所做的事情。"异议被突破了！张先生继续听完推销员的介绍后,又订购了一台斯通高质量、高速度的复印机。

由上述例子可见,语言艺术是商务谈判成功的必要条件。

（二）语言艺术是处理谈判双方人际关系的关键环节

谈判中,双方的人际关系变化主要是通过语言交流来体现的。双方各自的语言都表现着自己的愿望与要求。语言艺术性高,就可能使双方人际关系得以建立、调整、改善、巩固和发展。

如果谈判开局中,谈判一方夸夸其谈,离题万里,使谈判不能很快入题,走上正轨,造成开局失控,在这种情况下,另一方如果悄悄地接过话题说:"您讲得真有趣,我也有同感,休息时间咱们好好聊聊。现在咱们先把议程定下来,您说好不好?"这样说就会使谈判很快进入正轨。

在商务谈判的讨价还价中,用什么语言、语气表达,也关系重大。例如,"您刚才谈的每吨××元,我想您这是最高价吧!"这种语气平和、冷静,不致使谈判气氛紧张;如果你用另一种语气说:"您这是最高价吗?咱们不能绕弯子,干脆痛痛快快报个合理的价格出来!"这样的话,就有盛气凌人之感,容易引起对方反感。

上述正反事例说明,较高的语言艺术既能清楚表达自己的目的,又能保持双方的良好关系,让对方听得入耳而不反感,这样才能使谈判得以顺利进行,否则就会适得其反。可以认为,语言艺术是处理谈判各方人际关系的关键环节,对其应予以重视。

(三) 语言艺术是阐明自己观点的有效工具

在商务谈判中,谈判双方要把己方的判断、推理、论证的思维成果准确无误地表达出来,就必须出色地运用语言技巧这个工具。

具体而言,卖方介绍产品质量时,需要用语言准确说明其质量、性能所达到的标准;在产品广告宣传上也需要使用准确的语言进行宣传。如果不注意语言艺术,则不会收到较好的洽谈效果。先以柜台售货为例,如果售货员问顾客"您要点什么?"有的顾客就会向售货员开玩笑说:"我要的东西多啦,你给吗?"这个"要"字在这里用得不恰当。

实践证明,只有运用好语言艺术这一有效工具,才能准确地阐明自己的观点。

知识链接二　商务谈判语言的类型

(一) 依据语言的表达方式,商务谈判语言可分为有声语言和无声语言

在商务谈判中,各种语言都可以归类为有声语言和无声语言。

有声语言是通过人的发音器官来表达的语言,一般理解为口头语言。这种语言是借人的听觉传递信息、交流思想。

无声语言又称为行为语言或体态语言,是指通过人的形体、姿态等非发音器官来表达的语言。一般理解为身体语言。这种语言是借人的视觉传递信息、表示态度、交流思想等。

在商务谈判中巧妙地运用这两种语言,可以产生相辅相成、珠联璧合的绝妙效果。

(二) 依据语言的表达特征,商务谈判语言可分为专业语言、法律语言、外交语言、文学语言、军事语言等

1. 专业语言

专业语言是指在商务谈判过程中使用的与业务内容有关的一些专用或专门术语。谈判业务不同,专业语言也有所不同。例如,在国际商务谈判中,有到岸价、离岸价等专业用语;在产品购销谈判中有供求市场价格、品质、包装、装运、保险等专业用语;在工程建筑谈判中有造价、工期、开工、竣工交付使用等专业用语。这些专业语言的特征是简练、明确、专一。

2. 法律语言

法律语言是指商务谈判业务所涉及的有关法律规定的用语。商务谈判业务内容不同,要运用的法律语言则不同。每种法律语言及其术语都有特定的内涵,不能随意解释和使用。通过法律语言的运用可以明确谈判双方各自的权利与义务、权限与责任等。

3. 外交语言

外交语言是一种具有模糊性、缓冲性和圆滑性等特征的弹性语言。在商务谈判中使用外

交语言既可以满足对方自尊的需要，又可以避免己方失礼；既可以说明问题，还能为谈判决策进退留有余地。例如，在商务谈判中常说"互利互惠""可以考虑""深表遗憾""有待研究""双赢"等语言，都属外交语言。外交语言要运用得当，否则容易让对方感到缺乏诚意。

4. 文学语言

具有明显的文学特征的语言属于文学语言。这种语言的特征是生动、活泼、优雅、诙谐，富于想象，有情调，范围广。在商务谈判中运用文学语言既可以生动明快地说明问题，还可以调节谈判气氛。

5. 军事语言

带有命令性特征的用语属于军事语言。这种语言的特征是干脆、利落、简洁、坚定、自信、铿锵有力。在商务谈判中，适时运用军事语言可以起到提高信心、稳定情绪、稳住阵脚、加速谈判进程的作用。

知识链接三　商务谈判语言运用的原则

（一）客观性原则

客观性原则要求在商务谈判中运用语言艺术表达思想、传递信息时，必须以客观事实为依据，并且运用恰当的语言为对方提供令其信服的证据。这一原则是其他原则的基础。离开了这一原则，无论一个有多高水平的语言艺术家，他所讲的只能是谎言，商务谈判也就失去了存在和进行的意义。

以产品购销谈判为例，作为产品销售方不可避免地要对产品的情况做介绍，这时销售方要遵循客观性原则，对自己的产品性能、规格、质量等做客观介绍。为了使对方相信，必要时还可通过现场试用或演示。相反，如果采取涂脂抹粉蒙混过关的做法，这次谈判也许过得了"关"，得到了暂时的利益，但因此可能使自己的产品信誉下降，长远的利益受到损失。

作为产品的购买方，也要实事求是地评价对方产品的性能、质量等。讨论价格问题时，提出压价要有充分根据。如果双方都能这样遵循客观原则，都能让对方感到自己富有诚意，就可以使谈判顺利进行下去，并为以后长期合作打下良好的基础。

（二）针对性原则

谈判语言的针对性是指语言运用要有的放矢，对症下药。谈判要看对象，不同谈判议题与不同的谈判场合都有不同的谈判对手，需要不同的谈判语言。即使是同一谈判议题，考虑到不同的谈判对手的接受能力、性格、知识水平以及需求的侧重不同，也要求应用不同的谈判语言。再者，对于同一谈判对手来说，随时间场合的不同，其需要、价值观等也会有所不同，在谈判中都要针对性地使用语言。

另外，谈判的内容五花八门，仅以贸易谈判而言，就包括商品买卖谈判、劳务买卖谈判、租赁谈判等。商品种类不同，谈判内容也会截然不同。在每次谈判内容确定下来后，除了认真准备有关资料以外，还要考虑谈判时使用的语言，反映出以上提到的这些差异。

（三）逻辑性原则

逻辑性原则要求在商务谈判中运用语言艺术要概念明确、判断恰当，证据确凿，推理符合逻辑规律，具有较强的说服力。

要想提高谈判语言的逻辑性，既要求谈判人员具备一定的逻辑学知识，又要求在谈判前做充分准备，详细研究相关资料，并加以认真整理，然后在谈判席上以富有逻辑的语言表达出来，为对方所认识和理解。

在商务谈判中,逻辑性原则反映在问题的陈述、提问、回答、辩论、说服等方面。陈述问题时,要注意术语概念的同一性,问题或事件及其前因后果的衔接性、全面性、本质性和具体性。提问时要注意察言观色、有的放矢,要注意和谈判议题紧密结合。回答时要切题,除特殊策略的使用外,一般不要答非所问。此外,还要善于利用对手在语言逻辑上的混乱和漏洞,及时驳击对手,增加自己语言的说服力。

(四)说服性原则

说服性是谈判语言的独特标志。这一原则要求谈判人员在谈判沟通过程中无论语言表现形式如何,都应该具有令人信服的力量和力度。比如,是否引起了对方的共鸣,是否建立了谈判各方的长期友好合作关系等。

谈判语言的说服性,不仅是语言客观性、针对性、逻辑性等的辩证统一,还包括更广泛的内容。它要求声调、语气恰如其分,声调的抑扬顿挫,语言的轻重缓急都要适时、适地、适人。谈判人员还要将丰富的面部表情和适当的手势、期待与询问的目光等无声语言作为语言说服性的重要组成部分。

(五)隐含性原则

谈判语言的隐含性要求谈判人员在运用语言时要根据特定的环境与条件,委婉而含蓄地表达思想,传递信息。虽然我们强调谈判语言的客观性、针对性、逻辑性和说服力,但并不是说在任何情况下都必须直而不弯,露而不遮。相反,在谈判中要根据不同的条件,掌握和灵活运用"曲曲折折""隐隐约约"的语言表达,以起到良好的甚至是意想不到的效果。隐含性的要求除了表现在口头表达语言中,还直接表现在无声语言中,即无声的行为本身就隐含着某种感情和信息。

(六)规范性原则

谈判语言的规范性是指谈判过程中的语言表述要文明、清晰、严谨、精确。首先,谈判语言必须坚持文明礼貌的原则,必须符合商界的特点和职业道德要求。无论出现任何情况,都不能使用粗鲁、污秽或攻击辱骂的语言。其次,谈判所用语言必须清晰易懂。不能用地方方言、俗语之类与人交谈。再次,谈判语言应当注意抑扬顿挫,轻重缓急,避免吐舌挤眼,语不断句,大吼大叫等。最后,谈判语言应当准确、严谨,特别是在讨价还价等关键时刻,更要注意一言一语的准确性。

知识链接四　影响商务谈判语言运用的因素

各类谈判语言在谈判沟通过程中具有不同的作用,合理地运用谈判语言就是有效地组合各种谈判语言,使谈判语言系统的功能达到最大化。谈判语言运用问题,是以对谈判语言运用的影响因素分析为前提的。影响谈判语言运用的因素主要是以下几个方面。

(一)谈判内容

不同的谈判内容,也即谈判过程中不同的谈判议题,对谈判的语言要求差异较大。例如,政治谈判和商务谈判不同,产品购销谈判和物品租赁谈判不同,技术谈判和价格谈判不同,国际商务谈判和一般的商务谈判不同等。

(二)谈判对手

谈判对手对谈判语言运用的影响,与谈判对手的心理与行为状态以及谈判对手对所用语言的反应有关,因此,分析谈判对手对谈判语言运用的影响,就需要考虑谈判对手特征、谈判双方实力对比、与谈判对手的关系这三个涉及谈判对手的因素。

谈判对手特征是谈判对手具有的社会的、文化的、心理的与个性的特点,如社会角色、价值取向、性格、态度、性别、年龄等特征。谈判者社会的、文化的、心理的与个性的特征是形成并引起谈判者心理与行为状态变化的主要因素,这就要求谈判者必须依据对手特征做出自己的语言选择。

在谈判中,双方的实力对比既影响双方在特定谈判氛围中呈现出的行为与心理状态,也制约着一方对另一方所用语言的反应。一般地,当双方实力相当时,谈判一方对所用语言的反应对另一谈判语言的选择影响较小,因而,谈判双方语言的选择与组合的空间都比较大;当双方实力对比存在差距时,实力弱的一方在确定谈判语言运用时,必须考虑对手可能会做出的语言反应,从而使语言的选择自由度受到限制。

与谈判对手的关系对谈判语言选择与运用的影响表现在:当谈判双方之间存在着良好关系时,谈判进行过程中双方对语言的选择都有较大的自由度;当谈判双方过去没有发生过关系而是第一次接触时,语言的选择则通常有一定的程式,即随着谈判过程的推移而发生相应的语言转换。

(三)谈判进程

商务谈判从正式开局到达成协议,要经历一个过程。在这个过程中,谈判要经过相互磋商、讨价还价,最终形成观点一致的协议。显然,在谈判过程的不同阶段,谈判进行的实质内容与所要达到的目标是不同的,谈判过程的语言运用也就不同,语言运用的差异一般为:

在谈判开局阶段,以文学语言、交际语言为谈判语言的主体,旨在创造一个良好的谈判氛围。

在谈判进入磋商阶段后,谈判语言主体宜为商业与法律语言,穿插文学语言、军事语言。谈判磋商阶段涉及的是谈判实质性问题,双方将就谈判议题、交易条件等进行辩论或磋商,因此,谈判基础语言应为商业与法律语言。但在阐述观点时,又可用文学、军事语言,以求制造有利的谈判气氛。

在谈判终结阶段,谈判的中心议题是签订协议,因此,适宜运用军事语言表明己方立场和态度,并辅之以商业、法律语言确定交易条件。

(四)谈判气氛

谈判的结果从本质上讲是没有输赢之分。但是谈判的各方都尽力地设法在谈判过程中争取优势,即从各自的角度去区别地接受谈判的条件,不可避免地会产生谈判过程的顺利、比较顺利与不顺利的现象,从而也导致了不同的谈判气氛。谈判者应该把握各种谈判气氛,正确地运用谈判语言以争取谈判过程中的主动。如遇到在价格问题上争执不休时,可以考虑使用幽默、威胁、劝诱性的语言,在谈判的开始与结束时用礼节性的交际语言等。总之,随时地观察、分析谈判气氛、适时地以各种语言调节气氛会给谈判带来积极的影响。

(五)谈判时机

谈判中语言的运用很讲究时机。时机是否选择得当,直接影响语言的运用效果。如何把握好时机,这取决于谈判者的经验。就一般情况而言,当遇到出乎己方的意料,或者一下把握不准而难以直接、具体、明确地予以回答的问题时,应选择采用留有余地的弹性语言;当遇到某个己方占有优势而双方又争执相持不下的问题时,可以选择采用威胁、劝诱性语言;当双方在某一问题上争执激烈、有形成僵局或导致谈判破裂的迹象时,不妨运用幽默诙谐性的语言;当涉及规定双方权利、责任、义务关系的问题时,则应选择专业性的交易语言。

总之,谈判者要审时度势,恰当地运用各种谈判语言来达到自己的谈判目的。

任务二　谈判有声语言运用的技巧

任务引入

一个农夫在集市上卖玉米。因为他的玉米棒子特别大,所以吸引了一大堆买主。其中一个买主在挑选的过程中发现很多玉米棒子上都有虫子,于是他故意大惊小怪地说:"伙计,你的玉米棒子倒是不小,只是虫子太多了,你想卖玉米虫呀?可谁爱吃虫肉呢?你还是把玉米挑回家吧,我们到别的地方去买好了。"

买主一边说着,一边做着夸张而滑稽的动作,把众人都逗乐了。农夫见状,一把从他手中夺过玉米,面带微笑却又一本正经地说:"朋友,我说你是从来没有吃过玉米咋的?我看你连玉米质量的好坏都分不清,玉米上有虫,这说明我在种植中,没有施用农药,是天然植物,连虫子都爱吃我的玉米棒子,可见你这人不识货!"接着,他又转过脸对其他人说:"各位都是有见识的人,你们评评理,连虫子都不愿意吃的玉米棒子就好吗?比这小的棒子就好吗?价钱比这高的玉米棒子就好吗?你们再仔细瞧瞧,我这些虫子都很懂道理,只是在棒子上打了一个洞而已,棒子可还是好棒子呀!我可从来没有见过像它们这么听话的虫子呢!"

他说完了这一番话,又把嘴凑在那位故意刁难的买主耳边,故作神秘状,说道:"这么大、这么好吃的棒子,我还真舍不得这么便宜地就卖了呢!"农夫的一席话,顺此机会,把他的玉米棒子个大,好吃,虽然有虫但是售价低这些特点表达出来了,众人被他的话语说得心服口服,纷纷掏出钱来,不一会儿工夫,农夫的玉米销售一空。

任务分析

说话要讲究艺术,这似乎是一个非常简单的问题,因为生活中,语言是人与人之间交流的一种最基本手段。但同样一句话,不同的人说,效果会不同,反过来说和正过来说效果也不同。在本案例中农夫就充分运用了语言的艺术,利用不同的表述方式,反映了问题的不同方面,从而使问题由不利转向有利。

知识链接一　倾听的技巧

倾听是人们交往活动中的一项重要内容。据专家调查,人在醒着的时候,至少有三分之一的时间是花在听上,而在特定条件下,倾听所占据的时间会更多。谈判就是需要更多倾听的交际活动之一。"多听少说"是一个谈判者应具备的素质和修养。

所谓"听",不只是指"听"的动作本身,更重要的是指"听"的效果。听到、听清楚、听明白这三者的含义是不同的。听到是指外界的声音传入听者的耳朵里,被听者所感觉到;听清楚是指外界的声音准确无误地被传入听者的耳朵,没有含糊不清的感觉;听明白是指对听到的内容能予以正确的理解。谈判中的有效倾听就是指要能够完整、准确、正确、及时地理解对方讲话的内容和含义。

(一) 倾听的障碍

一般人在倾听中常犯的毛病有以下几种:

(1) 急于发表自己的意见,常打断对方的讲话。好像不尽早反对,就表示了自己的妥协。

(2) 当谈论的不是自己所感兴趣的事时,不注意去听。

(3) 心中有先入为主的印象,如对某人的看法不佳。

(4)有意避免听取自己认为难以理解的话。

(5)一般人听他人讲话及思考的速度大约是讲话速度的四倍,所以在听他人讲话时常会分心思考别的事情。

(6)容易受外界的干扰而不能仔细地去听。

(7)根据一个人的外表和说话的技巧来判断是否听他讲话。

(8)急于记住每件事情,反而忽略了重要的内容。

(9)当对方讲出几句自己所不乐意听的话,拒绝再听下去。

(10)有的人喜欢定式思维,不论别人说什么,他都用自己的经验去联想,用自己的方式去理解。这种方式使人难以接受新的信息,不善于认真倾听别人说什么,而喜欢告诉别人自己的想法。

(二)倾听的技巧

1. 耐心地、专心致志地倾听

积极而又有效的倾听的关键在于谈判双方在谈判过程中要有足够的耐心倾听对方的阐述,不随意打断对方的发言。在对方发言时,要精力集中,不能心不在焉,也不能思想"开小差"。一般来讲,人听话及思索的速度要比说话的速度快四倍多,因此在倾听时,要把这些多余的时间放在围绕对方发言进行思考和使自己的注意力始终集中在对方发言的内容上。

2. 主动地倾听

在谈判中积极有效的倾听不等于只听不说,主动地倾听,就是在听的过程中,不仅应当对对方已做出的阐述做某些肯定性的评价,以鼓励对方充分发表其对有关问题的看法,而且还要恰当地利用自己的提问,加深强化对对方有关表达的理解,引导谈判的方向。主动地倾听必须建立在专心致志地倾听的基础上,否则的话无从鉴别对方发出的信息哪些为真,哪些为假,哪些有用,哪些没用。倾听的过程也是一个去粗取精、去伪存真的过程。

3. 注意对方的说话方式

一个合格的谈判者应该是观察人的行家,有敏锐的洞察力。在谈判中,对方的措辞、表达方式、语气、语调,都能为己方提供线索,去发现对方一言一行背后隐藏的含义。这时,要克服先入为主的印象,否则会扭曲对方本意,从而导致己方判断不当,接收信息不真,以致选择行为失误。务必抱着实事求是的态度,从客观实际出发,合理客观地分析对方的言行。

请思考:怎样才能保证倾听的效果?

 **微型案例**

客户为何放弃购买

乔·吉拉德向一位客户销售汽车,交易过程十分顺利。当客户正要掏钱付款时,另一位销售人员跟吉拉德谈起昨天的篮球赛,吉拉德一边跟同伴津津有味地说,一边伸手去接车款,不料客户突然掉头而走,连车也不买了。吉拉德冥思苦想了一天,不明白客户为什么对已经挑选好的汽车突然放弃。夜里11点,他终于忍不住给客户打了一个电话,询问客户突然改变主意的理由。客户不高兴地在电话里告诉他:"今天下午付款时,我同您谈到了我的小儿子,他刚上密西根大学,是我们家的骄傲,可是您一点也没有听见,只顾跟您的同伴谈篮球赛。"吉拉德明白了,这次生意失败的根本原因是因为自己没有认真倾听客户谈论自己最得意的儿子。

倾听，是商务及经商中与人沟通的好方法之一。日本销售大王原一平说："对销售而言，善听是沟通的重要内容。销售人员通过听能够获得客户更多的认同。"

知识链接二　问的技巧

（一）发问的方式

进行谈话，必然有问有答。发问和应答，都有一定的艺术。问话首先要有一定的目的，然后通过一定的方式表达出来。谈判者若想组织一次讨论会，邀请别人参加，谈话中很自然要问对方对某类问题有没有兴趣，愿不愿意参加等。想开办一个股份公司，需要征募股东，谈话中自然要问对方是否乐意参加某种联营，可否投放一定资金等，这都是和一定的目的联系在一起的，在一般谈判场合的发问主要划分为封闭式问句和开放式问句两大类。

1. 封闭式问句

封闭式问句是指在特定的领域内带出特定答复的问句。一般用"是"或"否"作为提问的要求。例如，"前天谈判会场没见你，你是否回家了？""你有没有向谈判对手借一本书？"等，这类问句可以使发问者得到特定的资料或信息，而答复这类问题也不必花多少思考功夫。但这类问句，含有相当程度的威胁性，往往引起人们不舒服的感觉。这类问句还有以下情况：

（1）选择式问句——给对方提出几种情况让对方从中选择的问句；

（2）澄清式问句——针对对方答复重新让其证实或补充的一种问句；

（3）暗示式问句——这种问句本身已强烈地暗示出预期的答案；

（4）参照式问句——以第三者意见作为参照系提出的问句。

2. 开放式问句

开放式问句是指在广泛的领域内带出广泛答复的问句，通常无法采用"是"或"否"等简单的措辞做出答复。例如，"你对自己当前工作表现有什么看法？""你看我们的谈判工作应当怎样开展更好？""你对明年的计划有什么考虑？"等。这类问句因为不限定答复的范围，所以能使谈判对方畅所欲言，获得更多的信息。开放式问句还有以下一些情况：

（1）商量式问句——这是和对方商量问题的句式；

（2）探索式问句——针对对方答复内容，继续进行引申的一种问句；

（3）启发式问句——它是启发对方谈看法和意见的问句。

在谈判过程中，发问者要多听少说，多运用开放式问句，谨慎采用封闭式问句。发问者应事先了解对方情况，打好腹稿，注意发问的时机，取得对方同意后再进一步提问，由广泛的问题逐步缩小到特定的问题，避免含糊不清的措辞，避免使用威胁性、教训性、讽刺性的问句，避免盘问式或审问式的问句。

（二）不应发问的问题

提出问题要求对方做出回答是我们获取信息、发现对方需要的一个有效手段，但并非可以随便就任何方面提出问题。一般在谈判中不应提出下列问题：

（1）不应该提问有关对方个人生活、工作的问题，这对大多数国家与地区的人来讲是一种习惯，如对方的收入、家庭情况、女士或太太的年龄等。也不要涉及对方国家或地区的政党、宗教方面的问题。

（2）不要提出含有敌意的问题，一旦问题含有敌意，就会损害双方的关系，最终会影响交易的成功。

（3）不应提出有关对方品质的问题，如指责对方在某个问题上不够诚实等。

(三) 发问的技巧

为了获得良好的提问效果,需掌握以下发问要诀:

(1) 提问是为了要从对方那里得到有用的信息,因而提出的问题必须能引起对方注意,以便于对方认真思考。

应该预先准备好问题,最好是一些对方不能够迅速想出适当答案的问题,以期收到意想不到的效果。同时,预先有所准备也可预防对方发问。

(2) 为了取得有利的商务谈判条件,提问的时机必须把握好,既不能太早,又不能太晚。太早容易过早地将谈判意图暴露给对方,太晚又影响商务谈判的进程。在对方发言时,如果我们脑中闪现出疑问,千万不要中止倾听对方的谈话而急于提问题。这时我们可先把问题记录下来,等待对方讲完后,有合适的时机再提出问题。通过总结对方的发言,可以了解对方的心态,掌握对方的背景,这样发问才有针对性。

(3) 因人而异,抓住关键。由于商务谈判对手的年龄、职务、职业、性格、文化程度、商务谈判经验等的差异,要想取得理想的提问效果,提问时就必须因人而异。对于文化水平低的商务谈判对手,提问时不能使用过多的专业名词;对于年龄大、职位高的商务谈判对手,提问的问题要婉转含蓄,不能过于直接。

(4) 如果对方的答案不够完整,甚至回避不答,这时不要强迫地问,而是要有耐心和毅力等待时机到来时再问,这样做以示对对方的尊重。同时,在追问时要注意变换一个角度,以激发对方回答问题的兴趣。只要转换的角度合适,时机也合适,对方一般总会给出一个回答。

(5) 适当的时候,我们可以将一个已经发生,并且答案也是我们知道的问题提出来,验证一下对方的诚实程度及其处理事物的态度。

同时,这样做也可给对方一个暗示,即我们对整个交易的行情是了解的,有关对方的情况我们也是掌握得很充分。这样做可以帮助我们进行下一步的合作决策。

(6) 避免提出那些可能会阻止对方让步的问题,这些问题会明显影响谈判效果。

(7) 不要以法官的态度来询问对方,也不要问起问题来接连不断。

(8) 要以诚恳的态度来提出问题。这有利于谈判者彼此感情上的沟通,有利于谈判的顺利进行。

(9) 注意提出问题的句式应尽量简短。

(10) 提出问题后应保持沉默、闭口不言、专心致志地等待对方做出回答。

 **微型案例**

巧妙地提问

在第二次世界大战中期,日本决定选举新一任首相,西方记者都急于知道选举的结果,因为整个投票选举过程都是秘密进行的,并且谁出任新首相将会影响整个"二战"局势的发展。所以西方记者全都紧紧地追随参加议会的内阁大臣们,希望能够打探出究竟谁是新任首相,但是大臣们都守口如瓶。

有一个西方记者问:"请问内阁大臣阁下,新任首相是不是秃顶?"记者问了这个问题之后,他根据对方的迟疑、思考的表现,判断出新任日本首相就是东条英机。这里面需要介绍一下,圈定的候选人一共有三个,一个是秃顶,一个满头白发,而东条英机是半秃。

这个记者很好地运用了提问技巧，通过提问能够准确地挖掘出信息发起者所要传达的信息，以及判断这种信息是否有效。

知识链接三　答的技巧

（一）回答的方式

商务谈判中的回答有三种类型，即正面回答、迂回回答和避而不答。在商务谈判过程中，这三种类型又演变成多种具体回答方式。常用的商务谈判回答方式有以下几种。

1. 含混式回答

含混式回答既可以避免把自己的真实意图暴露给对方，又可给对方造成判断上的混乱和困难。这种回答由于没有做出准确的说明，因而可以做多种解释，从而为以后的国际商务谈判留下回旋的余地。

2. 针对式回答

针对式回答即针对提问人心理假设的答案回答问题。这种回答方式的前提是要弄清对方提问的真实意图，否则回答的答案很难满足对方的要求，而且免不了要泄露自己的秘密。

3. 局限式回答

局限式回答即将对方问题的范围缩小后再做回答。在商务谈判中并不是所有问题的回答对自己都有利，因而在回答时必须有所限制，选择有利的内容回答对方。例如，当对方提问产品的质量时，只回答几个有特色的指标，利用这些指标给对方留下质量好的印象。

4. 转换式回答

转换式回答即在回答对方的问题时把商务谈判的话题引到其他方向去。这种方式也就是我们常说的"答非所问"。但这种答非所问必须是在前一问题的基础上自然转来的，没有什么雕琢的痕迹。例如，当对方提问价格时可以这样回答："我想你是会提这一问题的，关于价格我相信一定会使您满意，不过在回答这一问题之前，请让我先把产品的几种特殊功能说明一下。"这样就自然地把价格问题转到了产品的功能上，使对方在听完自己的讲话后，把价格建立在新的产品质量基础上，这对己方无疑是有利的。

5. 反问式回答

反问式回答即用提问对方其他问题来回答对方的提问。这是一种以问代答的方式，可以为自己以后回答问题留下喘息的机会。对于一些不便回答的问题也可以用这一方法解围。

6. 拒绝式回答

拒绝式回答即对那些棘手和无法回答的问题，寻找借口拒绝回答。运用借口拒绝回答对方的问题，可以减轻对方提问的压力。

（二）回答的技巧

1. 回答问题之前，要给自己留有思考时间

为了使回答问题的结果对自己更有利，在回答对方的问题前要做好准备，以便构思好问题的答案。有人喜欢将生活中的习惯带到谈判桌上去，即对方提问的声音刚落，这边就急着马上回答问题。在谈判过程中，绝不是回答问题的速度越快越好，因为它与竞争抢答是性质截然不同的两回事。

回答的准备工作包括三项内容：一是心理准备。即在对方提问后，要利用喝水、翻笔记本等动作来延缓时间，以稳定情绪，而不是急于回答。二是了解问题。即要弄清对方所提问题的真实含义，以免把不该回答的问题也答了出来。三是准备答案。答案应只包括那些该回答的部分。

2. 把握对方提问的目的和动机，才能决定怎样回答

谈判者在谈判桌上提出问题的目的是多样的，动机也是复杂的。如果我们没有深思熟虑，弄清对方的动机，就按照常规来做出回答，往往效果不佳。如果我们经过周密思考，准确判断对方的用意，便可做出一个独辟蹊径的、高水准的回答。

3. 部分回答

谈判中有一种"投石问路"的策略，即谈判方借助一连串的发问来获得己方所需要的信息和资料，此时不应对其所有问题都进行回答，以免使其获得己方许多重要的情报而使己方谈判处于不利地位。这时可只做局部的答复，使对方不了解己方的底牌。

商务谈判中并非任何问题都要回答，要知道有些问题并不值得回答。对此，我们应视情况而定。对于应该让对方了解，或者需要表明己方态度的问题要认真回答，而对于那些可能会有损己方形象、泄密或一些无聊的问题，不予理睬是最好的回答。当然，用外交活动中的"无可奉告"一语来拒绝回答，也是回答这类问题的好办法。总之，我们回答时可以自己对回答的前提加以修饰和说明，以缩小回答范围。

4. 慎重作答

当没有弄清楚问题的确切含义时，不要随便作答。可以要求对方再具体说明一下。

5. 答非所问

当有些问题不好回答时，回避答复的方法之一是"答非所问"，即似乎在回答该问题，而实际上并未对这个问题表态。答方谈论的是与原题相关的另一个问题的看法，目的是避开对方锋芒，使谈判能顺利进行下去。

6. 拖延答复

谈判中有时在表态时机未到的情况下可采取拖延答复的方式。拖延答复有两种形式：一是先延后答，即对应该回答的问题，若做好准备后感到好答时，不妨做恰当的回答；二是延而不答，即经过考虑后觉得没有必要回答或者不应回答时，则来个"不了了之"。你可用"记不得了"或"资料不全"来拖延答复。有时还可以让对方寻找答案，亦即让对方自己澄清他所提出的问题。例如，可以这样说："在回答你的问题之前，我想先听一听你的意见。"

7. 模糊答复

这种答复的特点是借助一些宽泛模糊的语言进行答复，使自己的回答具有弹性，即使在意外情况下也无懈可击。它可以起到缓和谈判气氛，使谈判顺利进行，同时保护己方机密的作用。比如说："这件事我们会尽快解决。"这里的"尽快"就很有弹性，具体时间到底是什么时候，并没有说清楚，有很大的回旋余地。

8. 沉默不答

有些不值得回答的问题完全可以不予理睬。你可以不说话，也可以环顾左右而言他。有时沉默会无形中给对方造成一种压力，获得己方所需的情报。

9. 对于不知道的问题不要回答

参与谈判的所有的人都不是全能全知的人。谈判中尽管我们准备得充分，也经常遇到陌

生难解的问题,这时,谈判者切不可为了维护自己的面子强做答复。因为这样不仅有可能损害自己利益,而且对自己的面子也是丝毫无补。有这样一个实例,国内某公司与外商谈判合资建厂事宜时,外商提出有关减免税收的请求。中方代表恰好对此不是很有研究,或者说是一知半解,可为了能够谈成,就盲目地答复了,结果使己方陷入十分被动的局面。

总之,回答问题的要诀在于知道该说什么,不该说什么,回答到什么程度,不必过多考虑所回答的是否对题。谈判毕竟不是做题,很少有"对"或"错"那么确定而简单的回答。

知识链接四　叙述的技巧

商务谈判中的"叙述"是一种不受对方提出问题的方向、范围制约,带有主动性的阐述,是商务谈判中传递大量信息、沟通情感的方法之一。尤其是开局叙述的语言运用直接关系到对方的理解。所以,应从谈判的实际需要出发,灵活掌握叙述应遵循的原则。

（一）叙述应简洁,独立进行

商务谈判中的叙述要尽可能简洁、通俗易懂。因为叙述的目的在于让对方听了立即就能够理解,以便对方准确、完整地理解己方的观点和意图,而不是表明自己的观点与别人的观点有什么联系和差异,因而在叙述时必须独立进行。独立叙述包括三层含义：其一是不受别人的影响,不论别人的语言、情绪有什么反应,陈述中都要坚持自己的观点;其二是不与对方的观点和问题接触,不谈是否同意对方的观点等,而是按自己的既定原则和要求进行陈述;其三是只阐述自己的立场。

（二）叙述应具体而生动

为了使对方获得最佳的收听效果,在叙述时应注意生动而具体。叙述时一定避免令人乏味的平铺直叙,以及抽象的说教;要特别注意运用生动、活灵活现的生活用语,具体而形象地说明问题。有时为了达到生动而具体,也可以运用一些演讲者的艺术手法,声调抑扬顿挫,以此来吸引对方的注意,达到己方叙述的目的。

（三）叙述应层次清楚

商务谈判中的叙述,为了能让对方方便记忆和理解,应在叙述时使听者便于接受;同时,分清叙述的主次及其层次,这样可使对方心情愉快地倾听己方的叙述,其效果应该是比较理想的。

（四）叙述应客观真实

在叙述基本事实时,不要夸大事实,同时,也不要缩小事情本来的实情。因为万一由于自己对事实真相加以修饰的行为被对方发现,就会大大降低己方的信誉,从而使己方谈判实力大为削弱。

（五）叙述的观点要准确

在叙述观点时,应力求准确无误,避免前后不一致;否则就会留有破绽。当然,谈判过程中观点有时可以依据谈判局势的发展需要而发展或改变,但在叙述的方法上,要能够令人信服。这就需要有经验的谈判人员来掌握时局,不管观点如何变化,都要以准确为原则。因为要说明自己的观点,而且要让对方接受自己的观点,所以在陈述时使用的语言必须准确,并使对方容易接受。

知识链接五　辩论的技巧

（一）辩论中应避免采用的方式

在商务谈判中,辩论的目的是为了达成协议,为此应避免使用以下几种方式。

1. 以势压人

辩论各方都是平等的,没有高低贵贱之分。所以,辩论时要心平气和、以理服人;切忌摆出一副"唯我独尊"的架势,大发脾气,要权威。

2. 歧视揭短

在商务谈判中,不管对方来自哪个国家或地区,是什么制度、什么民族,有什么风俗传统、什么文化背景等,都应一视同仁,不存在任何歧视。不管辩论多么激烈,都不搞人身攻击,不损人之短,不在问题以外做文章。

3. 预期理由

任何辩论都应以事实为根据。要注意所提论据的真实性,道听途说或未经证实的论据会给对方带来可乘之机。

4. 本末倒置

谈判不是进行争高比低的竞赛,因此要尽量避免发生无关大局的细节之争。那种远离实质问题的争执,不但白白浪费时间和精力,还可能使各自的立场愈发对立,导致不愉快。

（二）辩论的具体技巧与原则

辩论具有较高的技巧性,作为一名谈判者,要不断提高自己的思辨能力,以在辩论中取得良好的效果。

1. 要观点明确

谈判中的辩论就是论证自己的观点、反驳对方观点的过程,因此必须做好材料的选择、整理、加工工作。辩论中,事实材料要符合观点的要求,以免出现漏洞。在充分讲理由、提根据的基础上,反驳对方的观点,从而达到"一语中的"的目的。

2. 要逻辑严密

谈判中的辩论过程常常是在相互发难中完成的。一个优秀的谈判者应该头脑冷静、思维敏捷,才能应付各种各样的局面。在辩论时要运用逻辑的力量。真理是在相互辩论中产生的,在谈判条件相差不多的情况下,谁在辩论中思维敏捷、逻辑严密,谁就能取得胜利。

3. 态度要客观公正

谈判中的辩论要充分体现现代文明,不论双方的观点如何不同,态度要客观,措辞要准确,要以理服人,决不能侮辱诽谤、尖酸刻薄和进行人身攻击。

4. 不纠缠枝节

参加辩论的人要把精力集中在主要问题上,而不要陷入枝节问题的纠缠中。反驳对方的错误观点要抓住要害,有的放矢,坚决反对那种断章取义、强词夺理等不健康的辩论方法。论证自己的观点时要突出重点、层次分明、简明扼要,不要东拉西扯、言不对题。

5. 适可而止

谈判中辩论的目的是证明自己观点的正确,以争取有利于自己的谈判结果。因此,辩论一旦达到目的,就要适可而止,不可穷追不舍。切记,谈判不是进行争高比低的竞争。

6. 处理好优劣势

辩论一旦占有上风时,要以强势压顶,气度恢宏,并注意借助语调、手势的配合,渲染自己的观点,但不可轻妄、放纵、得意忘形、口若悬河、独占讲坛。须知,谈判中的优劣势是相对的,而且是可以转化的。谈判桌前不是显示表达能力的地方,那种不看场合、不问对象的做法,反而会弄巧成拙。

7. 注意举止气度

谈判中的辩论应注意举止气度。这样不仅能给人留下良好的印象,而且在一定程度上能促使辩论气氛的健康发展。须知,一个人的良好形象有时会比他的语言更有力。

知识链接六　说服

在说服艺术中,运用历史经验或事实去说服别人,无疑比那种直截了当地说一番大道理要有效得多。

 **微型案例**

第二次世界大战期间,一些美国科学家试图说服罗斯福总统重视原子弹的研制,以遏制法西斯德国的全球扩张战略。他们委托总统的私人顾问、经济学家萨克斯出面说服总统。但是,不论是科学家爱因斯坦的长信,还是萨克斯的陈述,总统一概不感兴趣。为了表示歉意,总统邀请萨克斯次日共进早餐。第二天早上,一见面,罗斯福就以攻为守地说:"今天不许再谈爱因斯坦的信,一句也不谈,明白吗?"萨克斯说:"英法战争期间,在欧洲大陆上不可一世的拿破仑在海上屡战屡败。这时,一位年轻的美国发明家富尔顿来到了这位法国皇帝面前,建议把法国战船的桅杆砍掉,撤去风帆,装上蒸汽机,把木板换成钢板。拿破仑却想:船没有帆就不能行走,木板换成钢板就会沉没。于是,他二话没说,就把富尔顿轰了出去。历史学家们在评论这段历史时认为,如果拿破仑采纳了富尔顿的建议,19世纪的欧洲史就得重写。"萨克斯说完,目光深沉地望着总统。罗斯福总统默默沉思了几分钟,然后取出一瓶拿破仑时代的法国白兰地,斟满了一杯,递给萨克斯,轻缓地说:"你胜利了。"萨克斯顿时热泪盈眶,他终于成功地运用实例说服总统做出了美国历史上最重要的决策。

(一)说服的基本要求

概括地说,说服除了理由充分这一重要要求以外,还应符合以下几个基本要求。

1. 要冷静地回答对方

不论对方何时提出何种反对意见,都要镇定自如、轻松愉快地解答,并且要条理清楚、有根有据,不可感情用事或带有愤怒、责备的口吻。否则,既难以说服对方,也难以阐述自己的观点,从而破坏融洽的谈判气氛。

2. 不要直截了当地反驳对方

因为直接反驳会使对方难堪,永远不可能说服对方,所以一般应设法用一些间接的方式来反驳对方的反对意见。

3. 要重视、尊重对方的观点

对于对方的反对意见,即使你认为它是错误的,也不应该轻视或给予嘲弄,而要持认真态度,予以慎重对待。只有使对方感到你在尊重他的意见时,说服才会有力、有效。

4. 要设身处地地体谅、理解对方

对方有许多反对意见,哪怕是非常不合理的反对意见,往往都有一定的原因和背景或反映了对方的难处。不体谅对方,置对方于死地而后快的做法,在说服中是不可取的。

5. 不要随心所欲地提出个人的看法

谈判者之间的洽谈不是个人之间的事情,而是一个组织或法人之间的事。因此,在洽谈中,如果对方不需要你说明个人看法,或没有把你当作参谋和行家来征求你的意见时,应当避免提出个人的看法和意见。随心所欲地提出个人的看法是一种不严肃、不负责的做法。

6. 答复问题要简明扼要、紧扣谈判主题

如果回答问题长篇大论,不得要领,偏离主题,不仅没有说服力,而且可能出现漏洞,授人以柄,引起对方的反感和反驳。

7. 不要过多地纠缠某一问题

在洽谈中,不应过多地集中讨论某一反对意见,尤其是开始遇到的一些棘手的问题。在适当的时候可以变换一下洽谈的内容,以使谈判继续下去。在处理了反对意见以后,应立即把话题岔开,讨论其他议题,争取尽快促成交易,否则就会使对方提出更多的意见,陷入新的僵局。

(二) 说服的技巧

1. 说服他人的基本要诀

(1) 取得他人的信任。信任是人际沟通的基石。只有对方信任你,才会理解你友好的动机。

(2) 站在他人的角度设身处地地谈问题,从而使对方对你产生一种"自己人"的感觉。

(3) 创造出良好"是"的氛围,切勿把对方置于不同意、不愿做的地位,然后再去批驳他、劝说他。商务谈判事实表明,从积极的、主动的角度去启发对方、鼓励对方,就会帮助对方提高自信心,并接受己方的意见。

(4) 说服用语要推敲。通常情况下,在说服他人时要避免用"愤怒""怨恨""生气"或"恼怒"这类字眼,这样才会收到良好的效果。

2. 说服"顽固者"的要诀

在商务往来过程中,"顽固者"往往比较固执己见,性格倔强。仔细分析发现他们中多数人是通情达理的。在说服"顽固者"时,给他一个"台阶",如采取"下台阶"法、等待法、迂回法、沉默法等。

3. "认同"的要诀

在商务谈判中,"认同"是双方相互理解的有效方法,是人们之间心灵沟通的一种有效方式,也是说服他人的一种有效方法。

认同就是人们把自己的说服对象视为与自己相同的人,寻找双方的共同点。寻找共同点可以从以下几个方面入手:

(1) 寻找双方工作上的共同点。比如,共同的职业、共同的追求、共同的目标等。

(2) 寻找双方在生活方面的共同点。比如,共同的国籍、共同的生活经历、共同的信仰等。

(3) 寻找双方兴趣、爱好上的共同点。比如,共同喜欢的电视剧、体育比赛、国内外大事等。

(4) 寻找双方共同熟悉的第三者,作为认同的媒介。比如,在同陌生人交往时,想说服他,可以寻找双方共同熟悉的另一个人,通过各自与另一个人的熟悉程度和友好关系,相互之间也就有了一定的认同,从而也就便于交谈说服对方了。谈判活动中也是如此。

请思考:在生活中,这些技巧是怎样体现的?

(三) 说服的条件

说服不同于压服,也不同于欺骗,成功的说服结果必须要体现双方的真实意见。采取胁迫或欺诈的方法使对方接受己方的意见,会给谈判埋下危机,因为没有不透风的墙,也没有能包得住火的纸,因此,切忌用胁迫或欺诈的手法进行说服。事实上,这样做也根本达不到真正的说服。

谈判中说服对方的基本原则是要做到有理、有力、有节。有理,是指在说服时要以理服人,而不是以力压人;有力,是指说服的证据、材料等有较强的力量,不是轻描淡写;有节,是指在说服对方时要适可而止,不能得理不让人。这些原则说明,要说服对方不仅要有高超的说服技巧,还必须运用自己的态度、理智、情怀来征服对方,这就需要掌握说服对方的基本条件。

沃尔·斯特里特公司的男鞋推销员去拜访他的一个贩卖商。在推销过程中,这位商人抱怨说:"你知道吗?最近两个月,我们订货的发送情况简直糟透了。"

这一抱怨对于公司的推销员来说无疑是一个巨大的威胁,若回答不好,谈判有陷入僵局的危险。

推销员的回答很镇定:"是的,我知道是这样,不过我可以向您保证,这个问题很快就能解决。您知道,我们只是一个小型鞋厂,所以,当几个月前生意萧条并有9万双鞋的存货时,老板就关闭了工厂。如果您订的货不够多,在工厂重新开工和有新鞋出厂之前,您就可能缺货。最糟糕的是,老板发现由于关闭工厂他损失了不少生产能手,这些人都去别处干活了,所以,在生意好转之后,他一直难以让工厂重新运转。他现在知道了,他过早惊慌地停工是错误的,但我相信我们老板是不会把现在赚到的钱盘存起来而不投入生产的。"

那商贩笑了,说:"我得感谢您,您让我在一个星期之内头一次听到了如此坦率的回答。我的伙计们会告诉你,我们本周一直在与一个购物中心谈判租赁柜台的事,但他们满嘴瞎话,使我们厌烦透了。谢谢您给我们带来了新鲜空气。"

不消说,这个推销员用他的诚恳态度赢得了客户的极大信任,他不但做成了这笔生意,还为以后的生意打下了良好的基础。

1. 要有良好的动机

说服对方的前提是不损害对方的利益。这就要求说服者的动机端正,既要考虑双方的共同利益,又要考虑被说服者的利益要求,以便使被说服者认识到服从说服者的观点和利益不会给自己带来什么损失,从而在心理上接受对方的观点。否则,即使暂时迫于环境或对方的压力接受了说服者的观点,也会"口服心不服",并且作为以后谈判中的武器向你开火,使你防不胜防。

2. 要有真诚的态度

真诚的态度是指在说服对方时尊重对方的人格和观点,站在朋友的角度与对方进行坦诚的交谈。因此对被说服者来说,相同的语言从朋友嘴里说出来他认为是善意的,很容易接受;从对立一方的口中说出来则认为是恶意的,是不能接受的。因此,要说服对方必须从与对方建立信任做起。

3. 要有友善的开端

谈判者要说服对方,首先必须给人以良好的第一印象,才能使双方在一致的基础上探讨问题。友善的开端一是要善意地提出问题,使对方认识到这是在为他自己解决困难,这就要求说服者不是随心所欲地谈自己的看法,而要经过周密的思考,提出成熟的建议。二是要有友善的行为,即在说服中待人礼貌,晓之以理,动之以情,使对方自愿接受说服。

4. 要有灵活的方式

要说服对方,方式是重要的条件,而不同的人所能接受的方式是不相同的,只有能够针对不同的人采用不同的方式,才能取得理想的效果。

微型案例

不能错过说的机会

苹果公司里有一位经理叫西恩,大家都知道他是一个非常有才华的人,尤其在开会的时候,他得体的言辞完美地展现出他过人的才学、情商和口才,足以让在场的人钦佩不已。有一天,某人去向西恩讨教有效沟通的秘诀,西恩说:"我的秘诀其实很简单,我并不总是抢着发言,当我不懂或是不确定时,我的嘴闭得紧紧的;但是,当我有好的建议时,我绝不错过良机——如果不让我发言,我就不会让会议结束。"某人问他:"如果别人都抢着讲话,你怎么发言呢?"西恩说:"我会先用肢体语言告诉别人下一个该轮到我发言了!例如,我会举起手,发出特殊的声响,或者用目光要求主持人让我发言。但是,如果其他人的确霸占了所有的发言机会,我就等发言人调整呼吸时,迅速接上话头。"某人又问他:"如果你懂得不多,但是别人向你咨询呢?"西恩说:"我会先看看有没有比我懂得更多的人帮我回答。如果有,我会巧妙地把回答的机会'让'给他;如果没有,我会说'我不知道,但是我会去查',等会开完,我一定去把问题查清楚。"他的一席话让我们学到了很多东西——只要把握好说话的度,选择好说话的时机,就可以得到周围人的尊敬。

任务三 谈判无声语言运用的技巧

任务引入

一次,意大利著名的悲剧影星罗西应邀参加了一个欢迎外宾的宴会。席间,许多客人要求他表演一段悲剧,于是他用意大利语念了一段"台词",尽管客人听不懂他的"台词"内容,然而他那动情的声调和表情,凄凉悲怆,不由使大家流下同情的泪水。可一位意大利人却忍不住,跑出会场大笑不止。原来,这位悲剧明星念的根本不是什么台词,而是宴席上的菜单。

任务分析

这件趣事说明了人际交往和双方谈判过程中,说话声调本身的沟通作用。成功的谈判者之所以能打动别人的心,除了谈话内容精辟、言辞美妙之外,他的语调、节奏、音量都应运用得恰如其分。为此,谈判人员必须注意不要用鼻音说话,说话时喉部放开、放松,尽量减少尖音,控制说话的速度,消除口头禅,注意抑扬顿挫。恰当而自然地运用声调,是顺利交往和谈判成功的条件。

知识链接

美国心理学家艾伯特·梅拉比安曾经通过实验得出这样一个结论:一个信息完整地传递给对方,55%靠的是面部表情,36%靠的是语音,而真正的有声语言的效果,只占到7%。这个结论告诉我们,无声语言在信息传递中起着十分重要的作用。

无声语言在信息传递中起着非常重要的作用,它可以强化、补充有声语言,使语言的表达效果更加直接、全面。一方面,可以通过对方的无声语言判断其当前的心理状态,以采取相应的对策;另一方面,又可以通过自己出色的无声语言技巧,作用于对方视觉,促使对方相信他所听到、看到和想到的一切,从而坚定地做出判断的信心,并使判断结果更加接近己方的企图。可以说,在整个谈判过程中,有声语言辅之以无声语言,无声语言服务于有声语言。

知识链接一　特殊的语音现象

特殊的语音现象是伴随着有声语言出现的。它包括语气、语调、语速、停顿等,是语言表达中不可缺少的部分。

(一)语气

同样一句话语气不同,所赋予的含义也就不同。谈判者应以准确表达自己的观点为出发点,来把握自己的语气,从而达到让对方准确理解自己的目的。

(二)语调

谈判者使用不同的语调,可以表达出各种错综复杂的感情。一句话用10种不同的语调来念,就会有10种不同的意思表达效果。一个字、一个词、一个句子的写法只有一种,可说法却可能有许多种。复杂多变的语调是具有很强意思表达功能的口语艺术。

1. 平直调

平直调的语调特征是平稳、语势舒缓。一般用来表达从容、庄重的感情。例如,我们希望贵方能以现金支付。

2. 上扬调

上扬调的语调特征是前低后高,语势呈上升趋势。一般用来表达怀疑、鼓动、愤怒、斥责的感情。例如,什么意思,你懂什么!

3. 降抑调

降抑调的语调特征是前高后低,语势呈下降趋势,一般用来表达坚定、自信、感叹、祝愿的事情。例如,哪有这回事?

4. 弯曲调

弯曲调的语调特征是有升有降,语势曲折多变。一般用来表达忧虑、讽刺、调侃、怀疑的感情。例如,为什么不借100万元而只借90万元?

因此,在谈判中可以通过对方说话声音高低抑扬的变化来窥探其情绪的波动。同样一句话,由于语调的高低升降不同,可以表达出不同的含义。谈判者在讲话时要充分利用不同的语调变化,根据语言表达的不同内容和不同需要,变换不同的语调。这样,谈判语言层次分明,感染力大大加强。

(三)语速与节奏

语速对阐述效果影响很大。语速过快,对方听不清楚,会感到压力,表现出紧张、激烈的情绪;语速过慢,又会使对方难辨主次,而且觉得犹豫、沉重。应该合理变换语速,有些话说得快些,有些话则说得慢些,快慢结合,这样才能充分调动对方,吸引对方。

节奏是音量的大小强弱、音调的高低升降、音速的快慢缓急等因素组合的有秩序、有节拍变化、有规律的声音。节奏过于缓慢,很难引起对方的注意和兴趣,常使对方分心;节奏过快,很难使人立即接受并理解其具体真正的含义,给信息沟通带来麻烦。所以节奏技巧的处理是让它有张有弛,有抑有扬。该平和的地方就放慢节奏,娓娓道来;该展示气度胸怀时,就要有高屋建瓴的气势,使整席话就如同一首好听的歌一样和谐。

(四)重音

重音就是说话时着重突出某个字、词以示强调。一般来说,重音有三种类型。

1. 逻辑重音

根据谈判者目的的不同而强调句子中不同的词语。它在句中没有固定的位置,如:

(我们)不相信贵方会这样做;

我们不相信(贵方)会这样做;

我们不相信贵方会(这样)做。

2. 语法重音

根据一句话的语法结构规律而说成重音。定语、状语常是语法重音。

3. 感情重音

为了表达思想感情,谈判者在一句话、几句话甚至一段话中对某些音节加重音量。

(五) 停顿

停顿是因内容表达和生理、心理的需要而在说话时所做的间歇。谈判者为了表示某种特定的意思而有意安排的停顿,可以引起对方的注意,强调己方的重点,达到"此时无声胜有声"的境界。一般来说,停顿可分为四种。

1. 语法停顿

语法停顿指按照标点符号所做的间歇。诸如遇到句号、逗号、顿号、分号等都可做或长或短的停顿。

2. 逻辑停顿

逻辑停顿指为了突出强调某一事物或显示某一语音而做的停顿。逻辑停顿有时打破标点符号的局限,在无标点处停顿。这种情况一般与逻辑重音相配合。

3. 感情停顿

感情停顿指由于感情需要而做的停顿。它受感情支配,有丰富的内在含义和饱满的真情实感,多用来表达沉吟思考、情感激动、恼怒愤慨等情感。

4. 生理停顿

生理停顿指说话时在长句子中间合适的地方顿一顿、换一口气。

总的来说,语音的停顿、升降、快慢并不是互相孤立的,它们是密切联系、相互渗透、同时出现的。它们的使用也必须从谈判语言运用的实际出发,灵活地加以变化,从而有效地增强语言的说服力和感染力,起到促进谈判双方相互沟通的作用。

知识链接二　眼睛动作的语言

眼睛是心灵的窗户。这句话道出了眼睛具有反映深层内心世界的功能。眼睛的动作最能够明确地表达人的情感世界。人的一切情绪、情感和态度的变化都可以从眼睛中显示出来。人可以对自己的某些外显行为做到随意控制,可以在某些情境中做到口是心非,却很难对自己的目光做到有效控制。一般情况下,你越喜欢接近的人,就越爱用眼睛与之"交谈"。在商务谈判中也同样如此。

(1) 在谈判中,对方的视线经常停留在你的脸上或与你对视,说明对方对谈判内容很感兴趣,想急于了解你的态度和诚意,成交的希望程度高。

(2) 交谈涉及关键内容如价格时,对方时时躲避与你视线相交,说明对方把卖价抬得偏高或把买价压得过低。

(3) 对方的视线时时脱离你,眼神闪烁不定,说明对你所谈的内容不感兴趣但又不好打断,产生了焦躁情绪。

(4) 对方眨眼的时间明显地长于自然眨眼的瞬间时(正常情况下,一般人每分钟眨眼5~8次,每次眨眼一般不超过1秒钟),表明对方对你谈的内容或对你本人已产生了厌倦情绪,或表明对方感觉有优越感,对你不屑一顾。

(5) 倾听对方谈话时几乎不看对方的脸,那是试图掩饰什么的表现。

(6) 眼神闪烁不定,常被认为是掩饰的一种手段或不诚实的表现。

(7) 眼睛瞳孔放大而有神,表示此人处于兴奋状态;瞳孔缩小无神,神情呆滞,表示此人处于消极、戒备或愤怒状态。

(8) 瞪大眼睛看着对方是对对方有很大兴趣的表示。

(9) 对方的视线在说话和倾听时一直环顾,偶尔瞥一下你的脸便迅速移开,通常意味着对生意诚意不足或只想占大便宜。

(10) 下巴内收,视线上扬注视你,表明对方有求于你,成交的希望程度比你高,让步幅度大;下巴上扬,视线向下注视你,表明对方认为比你有优势,成交的欲望不强,让步幅度小。

眼神传递的信息远不止这些。人类眼睛所表达的思想,有些确实是只能意会而难以言传,这就要靠谈判人员在实践中用心加以观察和思考,不断积累经验,争取把握种种眼睛的动作所传达的信息。

知识链接三　眉毛动作的语言

眉毛是配合眼的动作来表达含义的,二者往往表达同一个含义。但单从眉毛也能反映出人的许多情绪。

(1) 人们处于惊喜或惊恐状态时,眉毛上耸,"喜上眉梢"。

(2) 处于愤怒或气恼状态时,眉角下拉或倒竖。

(3) 眉毛迅速地上下运动,表示亲近、同意或愉快。

(4) 紧皱眉头,表示人们处于困惑、不愉快、不赞同的状态。

(5) 眉毛高挑,表示询问或疑问。

(6) 眉宇舒展,表示心情舒畅。

(7) 双眉下垂,表示难过和沮丧。

上述有关眉毛传达的动作语言是不容忽视的,人们常常认为没有眉毛的脸十分可怕,因为它给人一种毫无表情的感觉。

知识链接四　嘴巴动作的语言

人的嘴巴除了说话、吃喝和呼吸以外,还可以有许多动作,借以反映人的心理状态。

(1) 嘴巴张开,嘴角上翘,常表示开心、喜悦。

(2) 撅起嘴,常表示生气和赌气,是不满意和准备攻击对方的表现。

(3) 撇嘴,常表示讨厌、轻蔑。

(4) 咂咂嘴,常表示赞叹或惋惜。

(5) 努努嘴,常表示暗示或怂恿。

(6) 嘴角稍稍向后拉或向上拉,表示听者是比较注意倾听的。

(7) 嘴角向下拉,是不满和固执的表现。

(8) 紧紧地抿住嘴,往往表现出意志坚决。

(9) 遭受失败时,人们往往咬嘴唇,这是一种自我惩罚的动作,有时也可解释为自我嘲解和内疚的心情。

知识链接五　吸烟动作的语言

在现代社会中,吸烟能够表明一个人的心理和情绪变化。谈判中吸烟的姿势具有较强的

表现力,而且也是判断个人态度的重要依据。吸烟所传达的信息如下:

(1) 刚一见面就立即掏烟递给对方,且动作麻利地为对方点烟的,多为处于交易劣势的一方。寒暄之后才缓慢掏烟,自己先叼一根,然后才送给你的人,是自认为处于交易优势但愿意合作的对手。

(2) 吸一口烟后,将烟向上吐,往往表示积极、自信,因为此时伴随吐烟的动作,身体的姿势也是向上仰起的。将烟朝下吐,则表示情绪消极、意志消沉,有疑虑,因为此时身体上部的姿势是向下的,即所谓"垂头丧气"。

(3) 烟从嘴角缓缓吐出,给人一种消极而诡秘的感觉,一般反映出吸烟者此时的心境与思维比较曲折回荡,力求从纷乱的思绪中清理出一条令人意想不到的途径来。

(4) 吸烟时不停地磕烟灰,往往意味着内心紧张、不安或有冲突,这时的吸烟已不是一种生理需要,完全成了吸烟者减缓和消除内心冲突与不安的一种道具。借烟雾和抽烟的动作来掩饰脸部表情和可能会颤抖的手,十有八九是个新手或正在采取欺诈手段。

(5) 点上烟后却很少抽,说明在交谈中戒备心重,边谈边紧张地思考而忘记了手中的烟卷。另外,心神不定时也会这样。

(6) 没抽几口即把烟掐掉,表明其想尽快结束谈话或已下决心要干一桩事。掐掉烟是为了不让吸烟来分散其精力,干扰其刚刚决定的事情的进行。其实,吸烟本身可能不会给他带来什么干扰,但这样做却暴露了其内心的活动。

(7) 斜仰着头,烟从鼻孔吐出,表现出一种自信、优越感以及一种悠闲自得的心情。通过斜仰着头这一动作,主动地拉开了与谈话对象及其目光交流的距离,从而体现出吸烟者内心的那种自信、优越和悠闲自得的心态。

知识链接六 上肢动作的语言

上肢包括手和臂膀。通过对上肢的动作或者自己与对方手与手的接触,我们可以判断分析出对方的心理活动或心理状态,也可以借此把自己的意思传达给对方。

(1) 握拳表现出向对方挑战或自我紧张的情绪。握拳的同时使用指关节发出响声或用拳击掌,都是向对方表示无言的威吓或发出攻击的信号。握拳使人肌肉紧张、能量集中,一般只有在遇到外部的威胁和挑战而准备进行抗击时才会产生。

(2) 用手指或铅笔敲打桌面,或在纸上乱涂乱画,表示对对方的话题不感兴趣、不同意或不耐烦的意思。这样做一是打发消磨时间;二是暗示和提醒对方。

(3) 吸手指或指甲的动作是婴儿行为的延续,成年人做出这样的动作是个性或性格不成熟的表现,即所谓"乳臭未干"。

(4) 两手手指并拢并置于胸的前上方呈尖塔状,表明充满信心,这种动作多见于西方人,特别是会议主持人、领导者、教师在主持会议或上课时,用这个动作以示独断或高傲,以起到震慑学生或与会者的作用。

(5) 手与手连接放在胸腹部的位置,是谦逊、矜持或略带不安心情的反映。歌唱家、获奖者、等待被人介绍时常用这样的姿势。

(6) 两臂交叉于胸前,表示防卫或保守,两臂交叉于胸前并握拳,则表示怀有敌意。

(7) 握手,这个动作来自原始时代的生活。原始人在狩猎或战争时,手掌中持有石块和棍棒等武器。陌生者相遇,若互相之间没有恶意,就要放下手中的东西,并伸开手掌,让对方摸掌心,表示手中未持武器。久而久之,这种习惯逐渐演变成今日的"握手"动作。

握手的原始意义不仅表示问候,也表示一种保证、信赖和契约。标准的握手姿势应该用手指稍稍用力握住对方的手掌,对方也应该用手指稍稍用力回握,用力握的时间约在1~3秒之间。如果发生与标准姿势有异的情况,便有了除问候与礼貌以外的附加意义。主要有以下几种情况:

① 握手时对方手掌出汗,表示对方处于兴奋、紧张或情绪不稳定的心理状态。

② 若某人用力回握对方的手,表明此人具有好动、热情的性格,凡事比较主动。美国人大多喜欢采用这种方式的握手;反之不用力握手的人,若不是个性懦弱、缺乏气魄,便是傲慢矜持,摆架子。

③ 凝视对方再握手,是想将对手置于心理上的劣势地位。先注视一下对方,相当于审查对方是否有资格与其握手的意思。

④ 向下握手,表示想取得主动、优势或支配地位,手掌向下是居高临下的意思;相反,手掌向上,是性格软弱,处于被动、劣势或受人支配的表现。手掌向上有一种向对方投靠的含义。

⑤ 两只手握住对方的一只手并上下摆动,往往是热情欢迎、真诚感谢、有求于人、肯定契约关系等的含义。在日常生活中,我们常常可以看到,为了表示感谢对方或欢迎对方,或恳求对方等,一方会用两只手去握住对方的一只手。

知识链接七　下肢动作的语言

(1) "二郎腿"。与对方并排而坐时,对方若架着"二郎腿"并上身向前向你倾斜,意味着合作态度;反之则意味着拒绝、傲慢或有较强的优越感。相对而坐时,对方架着"二郎腿"却正襟危坐,表明他是比较拘谨、欠灵活的人,且自觉处于很低的交易地位,成交期望值很高。

(2) 架腿(把一只脚架在另一条腿的膝盖或大腿上)。对方与你初次打交道时就采取这个姿势并仰靠在沙发靠背上,通常带有倨傲、戒备、怀疑、不愿合作等意味。若上身前倾同时又滔滔不绝地说话,则意味着对方是个热情的但文化素质较低的人,对谈判内容感兴趣。如果频繁变换架腿姿势,则表示情绪不稳定、焦躁不安或不耐烦。

(3) 并腿。交谈中始终或经常保持这一姿势并上身直立或前倾的对手,意味着谦恭、尊敬,表明对方有求于你,自觉交易地位低下,成交期望值很高。时常并腿后仰的对手大多小心谨慎,思虑细致全面,但缺乏自信心和魄力。

(4) 分腿。双膝分开、上身后仰者,表明对方是充满自信、愿意合作、自觉交易地位优越的人,但要指望对方做出较大让步是相当困难的。

(5) 摇动足部,或用足尖拍打地板,或抖动腿部,都表示焦躁不安、无可奈何、不耐烦或欲摆脱某种紧张情绪。

(6) 双脚不时地小幅度交叉后又解开,这种反复的动作表示情绪不安。

知识链接八　腰部动作的语言

腰部在身体上起"承上启下"的支持作用,腰部位置"高"或"低"与一个人的心理状态和精神状态是密切相关的。

(1) 弯腰动作。比如鞠躬,点头哈腰属于低姿势,把腰的位置放低,精神状态随之"低"下来,向人鞠躬是表示某种"谦逊"的态度或表示尊敬。例如,在心理上自觉不如对方,甚至惧怕对方时,就会不自觉地采取弯腰的姿势。

从"谦逊"再进一步,即演变成服从、屈从,心理上的服从反映在身体上就是一系列在居于优势的个体面前把腰部放低的动作,如跪、伏等。因此,弯腰、鞠躬、作揖、跪拜等动作,除了礼貌、礼仪的意义之外,都是服从或屈从对方,压抑自己情绪的表现。

(2) 挺腰板是使身体及腰部位置增高的动作,是情绪高昂、充满自信的表现。经常挺直腰板站立、行走或坐下的人往往有较强的自信心及自制和自律的能力,但为人可能比较刻板,缺少弹性或通融性。

(3) 手叉腰间表示胸有成竹,对自己面临的事物已做好精神上或行动上的准备,同时也表现出某种优越感或支配欲。有人将这视作领导者或权威人士的风度。

知识链接九　其他姿势的语言

(1) 交谈时,对方头部保持中正,时而微微点头,说明他对你的讲话既不厌烦,也非大感兴趣;若对方将头侧向一边,尤其是倾向讲话人的一边,则说明他对所讲的事很感兴趣;若对方把头垂下,甚至偶尔合眼似睡,则说明他对所讲的事兴趣索然。

(2) 谈话时,对方不断变换站、坐等体位,身体不断摇晃,常表示他焦躁和情绪不稳;不时用一种单调的节奏轻敲桌面,则表示他极度不安,并极具警戒心。

(3) 交谈时,对方咳嗽常有许多含义,有时是焦躁不安的表现,有时是稳定情绪的缓冲,有时是掩饰说谎的手段,有时听话人对说话人的态度过于自信或自夸表示怀疑或惊讶而用假装清清喉咙来表示对他的不信任。

(4) 洽谈时,对方将眼镜摘下,或拿起放在桌上的眼镜把镜架挂耳靠在嘴边,两眼平视,表示想用点时间稍加思考;若摘下眼镜,轻揉眼睛或轻擦镜片,常表示对争论不休的问题厌倦或是喘口气准备再战;若猛推一下眼镜,上身前倾,常表示因某事而气愤,可能进行反攻。

(5) 拿着笔在空白纸上画圈圈或写数字等,双眼不抬,若无其事的样子,说明已经厌烦了;拿着打火机,打着了火,观看着火苗,也是一副烦相;放下手中物品,双手撑着桌子,头向两边看看后,双手抱臂向椅子上一靠,暗示对方:没有多少爱听啦,随你讲吧;把桌子上的笔收起,本子合上,女士则照镜子或拢拢头发、整整衣裙,都是准备结束的架势。

(6) 扫一眼室内的挂钟或手腕上的表,收起笔,合上本,抬眼看着对手的眼睛,似乎在问:"可以结束了吧?"这种表现足以说明"别谈了"的意思;给助手使个眼神或做个手势(也可小声说话),收拾桌上的东西,起身离开会议室,或在外面抽支烟、散散步,也表明对所言无望,可以结束谈判了。

以上是谈判及交往中常见的动作语言及其能传送的信息。当然,这些动作仅仅是就一般情况而言的,不同的民族、地区,不同的文化层次及个人修养,其在动作、姿势及其所传达的信息方面都是不同的,应在具体环境下区别对待。另外,我们在观察对方动作和姿态时,不能只从某一个孤立的、静止的动作或姿态去进行判断,而应从其连续的、一系列的动作进行分析和观察,特别是应结合讲话时的语气、语调等进行综合分析,这样才能得出比较真实、全面、可信的结论。

 **微型案例**

巧用语言化解尴尬

1941年,丘吉尔就任首相不久,为了解美国的外交政策,他亲自赴美会见罗斯福总统。

在丘吉尔抵美的第二天一大早,罗斯福来拜访住在白宫客房部的丘吉尔。正巧,丘吉尔刚刚洗完澡,全身赤裸裸地走出浴室。罗斯福一看情况不对,立即困窘地要转头离去。此时,丘吉尔叫住了罗斯福,神情自若地对他说:"你看! 英国首相对美国总统的坦诚相见,是绝对没有一丝的隐瞒啊!"罗斯福频频点头,笑着说:"你说得好! 你说得好!"

丘吉尔通过自己的机智幽默,当场化解了双方的尴尬,而且一语双关,充分表达了英国人对美国人的那份坦诚以待的尊敬和诚意。

沟通需要建立在相互信任、相互理解、相互尊重、保持友好的基础上,这样才能保持长久的合作关系。

 **复习思考题**

一、案例分析

案例一

一位世界著名谈判家的邻居是一位医生,在一次台风过后,医生的房子受到了严重的损害。医生希望能从保险公司多获得一些赔偿,但自感自己没有这种能力,于是找到了这位谈判家。

谈判家答应帮忙,并问医生:"你希望能得到多少赔偿呢?"

医生回答:"我希望通过你的帮助,保险公司能赔偿我500美元。"

谈判家点点头,然后又问道:"那么请你实实在在地告诉我,这场台风究竟使你损失了多少钱?"医生回答道:"我的房子实际损失在500美元以上。"

几个小时以后,保险公司的理赔调查员找到了谈判家,并对他说:"我知道,像您这样的专家,对于大数目的谈判是权威,但这次您恐怕无法发挥才能了,因为根据现场的调查情况,我们不可能赔得太多。请问,如果我们只赔您300美元,您觉得怎么样?"

谈判家沉吟了一会,然后对调查员说:"你的顾客受到这么大的损失,你居然还有心思开玩笑? 任何人都不可能接受这样的条件。"双方沉默了一会儿,理赔调查员打破了僵局:"您别把刚才的价钱放在心上,不过我们最多也就能赔400美元了。"

谈判家回答说:"看一看毁坏的现场,你就会知道这点钱是多么的可怜。绝对不行!"

"好吧,好吧,500美元总该行了吧?"

"小伙子,别轻易下结论,我们再一起去看看现场吧。"

在谈判家的一再坚持下,这一桩房屋理赔案的谈判,最终竟以不可思议的1 500美元的赔偿费了结,这大大出乎医生的预料。

案例讨论题：

谈判家到底从理赔员的谈话中听出了什么，以致他放心大胆地与对方讨价还价，甚至当对方已出到他和医生预先设定的价格时仍不让步？

案例二

A公司是一家实力雄厚的房地产开发公司，在投资的选项上，相中了B公司所拥有的一块极具升值潜力的地皮。而B公司正想通过出卖这块地皮获得资金，以将其经营范围扩展到国外。于是双方精选了久经沙场的谈判干将，对土地转让问题展开磋商。

A公司代表："我公司的情况你们可能也有所了解，我公司是某公司、某某公司（均为全国著名的大公司）合资创办的，经济实力雄厚，近年来在房地产开发领域业绩显著。在你们市去年开发的某某花园，收益很不错，听说你们的周总也是我们的买主啊。你们市的几家公司正在谋求与我们合作，想把他们手里的地皮转让给我们，但我们没有轻易表态。你们这块地皮对我们很有吸引力，我们准备把原有的住户拆迁，开发一片居民小区。前几天，我们公司的业务人员对该地区的住户、企业进行了广泛的调查，基本上没有什么阻力。时间就是金钱啊，我们希望能以最快的速度就这个问题达成协议，不知你们的想法如何？"

"很高兴能与你们有合作的机会。我们之间以前虽然没有打过交道，但对你们的情况还是有所了解的。我们遍布全国的办事处也有多家住的是你们建的房子，这可能也是一种缘分吧。我们确实有出卖这块地皮的意愿，但我们并不是急于脱手，因为除了你们公司外，兴华、兴运等一些公司也对这块地皮表示了浓厚的兴趣，正在积极地与我们接洽。当然了，如果你们的要求比较合理，价钱比较优惠，我们还是希望优先与你们合作的，我们可以帮助你们简化有关手续，使你们的工程能早日开工。"

案例讨论题：

你对A、B两公司代表的叙述技巧如何评价？

二、问答题

1. 商务谈判语言的类型及运用原则有哪些？
2. 有声和无声语言的运用技巧各有哪些？

项目十　商务谈判礼仪

学习目标

知识目标

通过本项目的学习,学生能够了解商务谈判礼仪的基本特征和原则、了解一些国家的习俗和禁忌,重点掌握商务谈判中的各项礼仪规定。

素质目标

通过对本项目的学习,学生善于交流,具有一定的沟通技巧;善于合作,具有一定的团队精神;具有较高的礼仪素养。

技能目标

通过本项目的学习,学生具有爱岗敬业精神和认真负责的工作态度,学生商务礼仪运用能力、商务谈判能力和人际交往能力得到提高。

经验分享

学生围绕"商务谈判礼仪(礼节)是否重要"这一主题,结合实际案例进行5分钟的阐述。学习过程中,老师和同学共同分析商务谈判礼仪的重要性以及在实际谈判过程中的商务谈判礼仪的具体运用。

任务一　商务谈判礼仪概述

任务引入

张先生是位市场营销专业本科毕业生,就职于某大公司销售部,工作积极努力,成绩显著,三年后升职任销售部经理。一次,公司要与美国某跨国公司就开发新产品问题进行谈判,公司将接待的重任交给张先生负责,张先生为此也做了大量、细致的准备工作,经过几轮艰苦的谈判,双方终于达成协议。可就在正式签约的时候,客方代表团一进入签字厅就转身拂袖而去,是什么原因呢?原来在布置签字厅时,张先生错将美国国旗放在签字桌的左侧。项目告吹,张先生也因此被调离岗位。

任务分析

中国传统的礼宾位次是以左为上,右为下,而国际惯例的座次位序则是以右为上,左为下。在涉外谈判时,应按国际通行的惯例来做,否则,哪怕是一个细节的疏忽,也可能会导致功亏一篑、前功尽弃。

知识链接

礼仪在人们的交往过程中具有重要作用。在商务交往活动中，为了达成某种协议，满足各方要求，有关方面要进行谈判活动。商务谈判需要在平等友好、互惠互利的基础上达成一致的意见，消除分歧。在商务谈判活动中，仅靠遵守谈判礼仪未必能使谈判取得成功，但是，如果违背了谈判礼仪，会造成许多不必要的麻烦，甚至给达成协议造成威胁。因此，在谈判中，如能恰当而熟练地应用礼仪就可能产生事半功倍的效果。

知识链接一　商务谈判礼仪的基本特征

随着知识经济和信息技术的快速发展，经济全球化增强，现代商务环境的变化越来越大，商务交流的手段越来越多，商务谈判礼仪也出现了一些不同于以往的新特点。

（一）规范性

规范性是指待人接物的标准做法。任何国家、任何民族、任何地区都有其相应的礼仪规范。这种规范性是有其约定俗成的具体规定的，它约束着人们在交往过程中的言谈举止，不断地支配或控制着人们的交往行为，是衡量他人、判断自己是否自律、敬人的一种尺度。遵循这种规范的，便是符合礼仪要求的；违反这种规范的，便是失礼的。商务谈判礼仪的规范性是一个舆论约束，它与法律约束不同，法律约束具有强制性。不遵守商务谈判礼仪，后果可能不会致命，但有可能让你在商务场合被人笑话。比如，我们在吃自助餐时，要遵守相应的基本规范，如多次少取，这是自助餐的标准化要求，若不遵守，你就会弄巧成拙、贻笑大方。所以，在商务交往场合，我们一定要遵守商务谈判礼仪的规范性，例如，如何称呼客人、如何打电话、如何做介绍，如何交换名片、如何就餐都是有一定之规的。

（二）普遍性

当今社会是商业的社会，各种商务活动已渗透社会的每一个角落，可以说，只要是有人类生活的地方，就存在着各种各样的商务活动，只要是有人生活的地方，就存在着各种各样的商务谈判礼仪规范。

（三）差异性

"十里不同风，百里不同俗"，不同的国家和地区有着不同的礼仪规范，由于礼仪是人类在交际活动中形成、发展和完善起来的，因此，不同时代的礼仪规范也不一样，同一时代，不同场合、不同对象也有差别。商务谈判礼仪的主要内容源于传统礼仪，因此具有差异性的基本特征。在商务交际场合，我们要根据对象的不同，采用不同的礼仪规则。

例如，握手礼等礼貌行为，在不同的国家、不同的场合、不同的关系之间，握手的程度和意义也不一样。再比如在宴请客人时，我们优先需要考虑的问题是什么呢？便宴优先考虑的应该是菜肴的安排。要问清对方不吃什么，有什么忌讳的。不同民族有不同的习惯，我们必须尊重民族习惯。例如，西方人就有六不吃：

（1）不吃动物内脏；

（2）不吃动物的头和脚；

（3）不吃宠物，尤其是猫和狗；

（4）不能吃珍稀动物；

（5）不吃淡水鱼，淡水鱼有土腥味；

（6）不吃无磷无鳍的鱼以及蛇、鳝等。

除了民族禁忌之外，还要注意宗教禁忌，比如伊斯兰教禁忌动物的血，佛教禁忌荤腥、韭菜等。

（四）技巧性

商务谈判礼仪强调操作性，这种操作是讲究技巧的，这种技巧体现在商务活动的一言一行、一举一动中。本书项目九里已具体讲述过。

（五）发展性

由社会的发展、历史的进步而引起的众多社交活动的新问题的出现，要求礼仪有所变化和进步，推陈出新，以适应新形势下的新要求。例如，使用名片的礼仪就是因为社会交往的日益频繁，为满足交往需要而产生的新事物和相应的礼仪规范。

知识链接二　商务谈判礼仪原则

一般来说商务谈判礼仪的总体原则包括以下几方面。

（一）知己知彼，入乡随俗

不同民族、地域的文化背景对礼仪有很大的影响，在商务谈判时，要尽可能多地熟悉对方的商务习俗和礼仪。为了避免交往中的失礼行为，事前应了解客户及客户所在地的概况资料，了解问候用语、服饰规范、文化习俗、商务习惯等。

（二）尊重对方

尊重对方的不同习惯。例如，欧美人认为，交谈时目光注视对方表示真诚、关注和尊重；而亚洲和非洲的一些国家认为直视的方式是不礼貌的。因此，要站在对方的文化角度去观察事物。

（三）友谊第一，生意第二

友谊的建立与业务的开展往往是密不可分的。对于许多谈判而言，在建立业务关系之前，往往要建立相互间的信任。国外许多商家都把建立彼此信任视为建立长期合作关系的必要"投资"。

任务二　商务谈判中的礼仪

任务引入

北京的一家外贸公司欲与美国普诺斯公司的客人在公司洽谈业务，办公室专门负责接待的张小姐到机场接回了客人。当时正值酷暑，气温很高，张小姐把客人带到会议室就座，按照中国的习俗给每位客人倒杯热茶。然后离开会议室通知老板美国客人已到，正在办公室等候。老板随即过来，和客人做了简短的交谈，客人索要订单汇总表和生产计划，张小姐马上打印了一份交给客人。接着老板安排副总经理陪同客人出去用餐。到了中餐厅，张小姐为了翻译方便，坐在副总经理和美国客人中间的座位上。用餐期间，张小姐为了显示东道主的热情，不停地给客人夹菜和倒酒，向客人解释每道菜的原料和做法，并教客人使用筷子。用餐结束后，询问客人第二天的日程安排，最后送客人回宾馆休息。

结果，第二天美国客人便以中方公司无诚意为由要求离开，关于此次业务问题留作日后再谈。很明显，美国客人要放弃本次谈判，这家外贸公司不知道问题出在哪里，后来，通过礼仪公司进行挽救,才得知该公司老板和张小姐的一些行为引起了客户的不悦,并由此引发他们对中方这家外贸公司合作诚意的怀疑。

任务分析

北京这家外贸公司最终由于相关人员不了解基本的商务礼仪而错失了一次合作的机会。首先,老板并没有事先在会议室迎接客人,使美国客人感觉自己受到了轻视;其次,张小姐坐在客人和副总经理中间,使客人更加怀疑是中方公司的有意为之,这更加坚定了之前被轻视的判断;用餐期间,张小姐频繁给客人夹菜倒酒,这在美国人看来是非常不可理解的事情。总之,客户认为中方公司轻视了他们,并无诚意于本次业务谈判,故而做出回国的决定。

知识链接一　谈判人员个人基本礼仪

(一)谈判者的仪表

仪表是谈判者形象的重要方面,主要是指人的形貌外表,包括人的身材、发型、容貌和服饰等方面,不仅反映其个人的精神面貌和礼仪素养,同时还使人联想到一个人的处事风格。比如,美好、整洁的仪表给人一种做事认真、有条理的感觉。

在商务谈判中,通过谈判者的仪表可以反映出谈判者的素养。仪表是谈判者洽谈成功的通行证。在商务谈判中,谈判者的仪表对谈判是否成功有一定的影响,谈判者的仪表,不但能够影响双方的相互间的形象和印象,影响谈判的节奏和谈判的效率,同时还能够影响周围人的态度和商务谈判的成败。因此,仪表的修饰就显得至关重要。

1. 头发

(1)头发整洁,无异味,无头皮屑。

(2)发型大方得体。一般来讲男士的头发不宜留得过长,以两边的头发不超过两耳为准,并且不宜留大鬓角。女士的头发没有长短的要求,只是刘海不要太低,遮住眉毛,因为眉毛既可以传情达意,还可以体现一个人的个性。

(3)不染发。

2. 面部

男子胡须要剃净,鼻毛应剪短,不留胡子;女子可适当化妆,在化妆时选择浓淡适宜的妆是比较重要的。场合的不同,对化妆的浓淡要求也不一样,总的来讲,白天适宜化淡妆,晚上适宜浓一点的妆。不同的人也不一样,中年女性的妆应该浓一点,年轻女性的妆应该淡一点。与关系比较熟的客户进行谈判时,可以化淡妆,与初次打交道的人谈判可以适当化浓一点的妆。

3. 口腔

(1)除去口腔的食物残渣,最好办法是饭后漱口刷牙。

(2)除去口腔异味,最好办法是喝茶或嚼口香糖。

4. 手、脚

(1)保持双手的清洁,注意不留长指甲,并清除指甲内的污垢。如果戴有手套,手套也应保持清洁。

(2)脚的修饰主要是指鞋的修饰,鞋要擦去灰尘,并保持皮鞋的光亮。

(二)谈判者的服饰

服饰不仅可以美化我们的仪表,优化我们的气质,而且还可以反映出我们的教养和文化。现代生活中,衣着打扮在交往中的作用也日益明显和重要。

商界着装重视与场合气氛相吻合,商务洽谈应选择正式、规范的服装出席。如果穿着随意,既不尊重自己,也不尊重他人,同时也会被认为是不重视这次活动的表现。

目前,大多数国家在穿着方面均趋于简化,隆重场合穿着深色质料的西装即可。极少数国家规定妇女在隆重场合禁止穿长裤和超短裙。在商务谈判过程中,谈判人员须本着合身、合意、合时的原则进行服饰的选择与搭配。

 **微型案例**

瑞士某财团副总裁率代表团来华考察合资办药厂的环境和商洽有关事宜,国内某国营药厂出面接待安排。第一天洽谈会,瑞方人员全部西装革履,穿着规范出席,而中方人员有穿夹克衫布鞋的,有穿牛仔裤运动鞋的,还有的干脆穿着毛衣外套。结果,当天的会谈草草结束后,瑞方连考察的现场都没去,第二天找了个理由,匆匆地就打道回府了。

1. 男士服装的选择

我国没有礼服和便服之分,一般来说,男子的礼服为上下同色同质的西装,配黑皮鞋,系领带;穿毛料中山装亦可。西装是男性谈判者在正式场合着装的优先选择,也是男性谈判者必备的礼服。

(1) 西装的选择。

① 面料:首选就是毛料。纯毛、纯羊绒的面料以及高比例含毛的毛涤混纺面料,皆可用作西装的面料。

② 色彩:首选的就是藏蓝色,灰色或棕色也可,黑色更适合在庄严而肃穆的礼仪活动中穿着。

③ 图案:男士的西装一般无图案最好,更显示出职业男士的成熟、稳重。

④ 款式:选择三件套(一衣、一裤、一马甲)。

(2) 西装的纽扣。

西装的纽扣分为单排和双排。双排扣西装,通常情况下,纽扣全部扣上。单排扣西装,一个扣的要扣上;两个扣的只需扣上面的一个,平时可以都不扣;三个扣的扣中间一个。

(3) 西装的衣袋。

上衣两侧的两个上衣袋不可装物,只作装饰用,上衣胸部的口袋可以装折叠好花式的手帕,有些小的物品可装在西装上衣内侧的衣袋里。裤袋和衣袋一样,一般不可装物,裤子后兜可装手帕、零用钱。

(4) 衬衫。

穿西装内衣不要穿太多,春秋季节只配一件衬衣最好,冬季可在衬衣外面穿一件羊毛衫。穿得过分臃肿会破坏西装的整体线条美。

衬衣颜色应与西服颜色协调,不能是同一色。正规西装配的衬衫应是白色或浅色的,正式场合男士不宜穿色彩鲜艳的格子或花色衬衣。衬衫要合体,主要是指合体的领子。

(5) 领带。

西装翻领的"V"字区最显眼,领带处在这个部位的中心,被称为西装的灵魂,领带要按规定系好,下端应与腰齐。领带是男性谈判者穿西装时最重要的饰物。穿西服在正式庄重场合必须打领带,打领带时衬衣领口扣子必须系好,不打领带时衬衣领口扣子应解开。领带的色彩必须和西装颜色一致,才能给人视觉均衡的感觉。比如,素色衬衫易和各种领带搭配,但花衬衫和条纹衬衫应属于休闲衬衫,所以不适合打领带。有花纹的衬衫不能配有图案的领带,否则给人一种凌乱的感觉,领带的花纹不能与所穿西服的花纹一样。

(6) 鞋子和袜子。

穿西装一定要配穿皮鞋,黑色皮鞋最适宜与西装套装搭配,袜子的颜色应与皮鞋的颜色相近,或者是皮鞋颜色和西装颜色的过渡色。不要出现黑蓝西装,白袜子的笑话。

(7) 西装穿着的禁忌。

① 禁忌袖口商标不除。一般在名牌西装上衣的左袖上都有一个商标,有些西装还有一个纯羊毛标志,在穿着之前必须先去除。

② 禁忌颜色过于杂乱。穿着西装要讲求"三色原则",即全身的颜色不能多于三种,其中同一色系中深浅不同的颜色算一种颜色。

③ 禁忌三个部位不同色,即穿西装时为了体现男士的风度,必须使皮鞋、腰带、公文包这三种饰品同色。

④ 禁忌腰部挂东西,如手机、钥匙等。

2. 女士服装的选择

女士根据不同季节和活动性质,可着西装、民族服装、中式上装配长裙、旗袍、连衣裙等。女西装配西装裙时,西装上衣应做的长短适中,以充分体现女性曲线美。如果配西裤,上装可稍长些。无论配裙子或裤子,一般采用同一面料做套装,使整体感增强。

(1) 西式套裙。

女士在商务谈判中以裙装为佳,西式套裙为首选。套裙应该成套穿着,要注意颜色少、款式新,不适宜穿着亮度过高色彩的裙装。套裙应选择那些质地滑润、平整、匀称、光洁、挺括的上乘面料,并且弹性好、不起褶皱,图案以简洁为最佳,可以选择格子、条纹和圆点等图案。年轻女子职业裙长可到膝盖上3厘米。中老年女子职业裙长应到膝盖下3厘米。

(2) 旗袍。

在商务活动中穿着旗袍,可以更好地体现东方女性特有的气质。旗袍的开衩不能过高,以膝上一至两寸为佳。

(3) 鞋子与袜子。

女士的正装鞋是高跟或半高跟浅口皮鞋,穿西服套装或旗袍时,需要穿肉色的长筒丝袜,不准光腿或穿彩色丝袜、短袜,不能穿带图案和网眼的袜子,应注意袜口不能露出裙摆,避免"三截腿"出现。

(4) 女士穿着西装、套裙时有以下忌讳：
① 西服套装不可过大或过小。上衣最短齐腰,西装裙最长到小腿中部;要合体典雅。
② 不允许衣扣不到位。不能不系上衣扣,更不能当着人脱下套装以示随和泼辣。
③ 不允许不穿衬裙。
④ 不允许内衣外现,衬衫不应透明。
⑤ 不允许随意搭配。套装不能与休闲装混穿。

3. 配饰

参与谈判工作的人员可以适当佩戴饰物,如帽子、墨镜、胸花、手提包等。但饰物的佩戴必须符合一定的规范和佩戴原则。如果是白天参加谈判,选择的饰品不要过于夸张,避免给人张扬的感觉;选择的饰品应与自己的肤色、服装、气质和环境相适宜;选择的饰品与季节性的服装相配合。

谈判人员工作时,特别是在正式谈判中,全身饰物最好不要超过三件,真正使其起到点缀作用,展示出谈判人员的内在气质和高雅品位。佩戴饰物最应遵守礼仪规范。

(1) 戒指。

戒指一般只佩戴一枚。戒指应戴在左手上,戴在不同的手指上其含义不同,暗示佩戴者的婚姻和择偶状况。一般来讲,戴在食指上表示想结婚或已经求婚,戴在中指上表示已有恋人,戴在无名指上表示已订婚或结婚,戴在小指上则表示是独身者。

(2) 项链。

在正式的商务场合中,以佩戴金银项链为最佳,忌佩戴有宗教信仰的项链。女士的项链、挂件可视情况露出或隐藏起来。

(3) 耳环。

耳环的佩戴应与服装相协调。一般来讲,服装的颜色与佩戴耳环的效果有关,服装的颜色鲜艳,耳环装饰效果就差,因此佩戴耳环时应选择颜色淡雅的服装。

(4) 手袋。

女士出席各种社交与商务场合时,无论是出于美观还是方便,都应携带一个手袋。

手袋的颜色应与服装色调协调,二者颜色相同是最理想的搭配。手袋的颜色最好选择中性色,比如黑色、白色等,这样的手袋可以搭配任何颜色的服装。商务谈判人员在出席各种商务场合时,男女都可在公文包或手袋中放置一些必备品,以备急用。

 **微型案例**

一位女推销员在美国北部工作,一直都穿着深色套装,提着一个男性化的公文包。后来她调到阳光普照的南加州,她仍然以同样的装束去推销商品,结果成绩不够理想。后来她改穿色彩淡的套装和洋装,换一个女性化一点的皮包,使自己有亲切感,着装的这一变化,使她的业绩提高了 25%。可见,随着社会经济、文化的发展,如何得体、适度的穿着已成为一门大有可为的学问。所以,着装要与其身份相称,才能起到画龙点睛的作用。

(三) 谈判者的举止

举止是一种无声的"语言",人们的举手投足间都传递着信息。谈判人员的举止,是指其在谈判过程中坐、立、行,所持态度的表现,以及这些表现对谈判产生的效果。谈判中的举止要端庄稳重,落落大方,表情要诚恳自然,和蔼可亲。站立时不要将身体歪靠一旁,坐时不要摇腿跷腿,更不要躺在沙发上,摆出懒散的姿势。走路时,脚步要轻,不要和伙伴搭肩而行。谈话时,手势不应过多,不要放声大笑或高声喊人。

知识链接二　主、客座的谈判礼仪

主场谈判、客场谈判在礼仪上习惯称为主座谈判和客座谈判。为确保谈判顺利进行,主方通常需做一系列准备和接待工作;客方则需入乡随俗,入境问禁。

 **微型案例**

王先生是国内一家大型外贸公司的总经理,为一批机械设备的出口事宜,携秘书韩小姐一行赴伊朗参加最后的商务洽谈。

王先生一行在抵达伊朗的当天下午就到交易方的公司进行拜访,然后正巧遇上他们祷告时间。主人示意他们稍做等候再进行会谈,以办事效率高而闻名的王先生对这样的安排表示出不满。东道主为表示对王先生一行的欢迎,特意举行了欢迎晚会。秘书韩小姐希望以自己简洁、脱俗的服饰向众人展示中国妇女的精明、能干、美丽、大方。她上穿白色无袖紧身上衣,下穿蓝色短裙,在众人略显异样的眼光中步入会场。为表示敬意,主人向每一位中国来宾递上饮料,当习惯使用左手的韩小姐很自然地伸出左手接饮料时,主人立即改变了神色,并很不礼貌地将饮料放在了餐桌上。

令王先生一行不解的是,在接下来的会谈中,一向很有合作诚意的东道主没有再和他们进行任何实质性的会谈。

伊朗信奉伊斯兰教,伊斯兰教教规要求每天做五次祷告,祷告时工作暂停,这时客人绝不可打断他们的祈祷或表示不耐烦。王先生对推迟会晤表示不满,显然是不了解阿拉伯国家的这一商务习俗。伊朗人的着装比较保守,特别是妇女,一般情况下会用一大块黑布将自己包裹得严严实实,只将双眼露在外面,即便是外国妇女也不可以穿太暴露的服装。韩小姐的无袖紧身上衣和短裙,都是伊朗人所不能接受的。在伊朗,左手被视为不洁之手,一般用于洁身之用,用左手递接物品或行礼被公认为是一种蓄意侮辱别人的行为。难怪韩小姐在宴会上的举动引起了主人异常的不满。综上所述,王先生的公司失去商务机会的原因,是他们访问前未对对方的商务习俗、宗教信仰、风俗习惯等方面进行认真的调研准备,在尊重对方、入乡随俗等方面做得不够。

(一)主座谈判接待礼仪

1. 接待准备

主座谈判,作为东道主一方出面安排各项谈判事宜时,精心周密准备,尽量做到主随客便,主应客求,以获得客方的理解、信赖和尊重。具体环节如下:

(1)了解客方基本情况,收集有关信息。

可向客方索要谈判代表团成员的名单,了解其性别、职务、级别及一行人数,以作食宿安排的依据。

掌握客方抵离的具体时间、地点、交通方式,以安排迎送的车辆和人员及预订、预购返程车船票或飞机票。

(2) 拟订接待方案。

根据客方的意图、情况和主方的实际,拟订出接待计划和日程安排表。日程安排表拟出后,可传真给客方征询意见,待客方无异议确定以后,即可打印。如涉外谈判,则要将日程安排表译成客方文字,日程安排表可在客方抵达后交由客方副领队分发,亦可将其放在客方成员住房的桌上。

主座谈判时,东道主可根据实际情况举行接风、送行、庆祝签约的宴会或招待会。

2. 迎送

迎送作为谈判礼节的序幕,事关谈判的氛围。对于前来参加谈判的人员,要视其身份和谈判的性质、双方的关系、实力对比和利益对抗等综合考虑安排。

(1) 确定迎送规格。

迎送规格的确定主要依据谈判人员的身份、目的、双方关系及惯例。主要迎送人的身份和地位通常要与来者相差不大,以对等为宜。也有从发展双方关系或其他需要出发,破格接待,安排较大的迎送场面。

(2) 掌握抵达和离开的时间。

迎送人员应当准确掌握谈判人员的抵离时间。迎接时,应在来客抵达的前15分钟赶到机场、车站或码头,对于客方身份特殊或尊贵的领导,还可以安排献花。迎接的客人较多的时候,主方迎接人员可以按身份职位的高低顺序列队迎接;送行时,应提前到达来宾住宿宾馆,陪来宾一同前往机场、车站或码头,也可直接前往机场、车站或码头与来宾道别。

3. 陪车

陪车时应请客人坐在主人的右侧。如有译员,可坐在司机旁边。上车时,最好请客人从右侧车门上车;主人从左侧车门上车,避免从客人膝前穿过。如果客人先上车,坐在主人的位置上,那也不必请客人再移位。

(二) 客座谈判的礼仪

所谓客座谈判,指的是在谈判对象单位所在地所举行的谈判。一般来说,"入乡随俗、客随主便",对一些非原则性问题采取宽容的态度,以保证谈判的顺利进行。要明确告诉主方自己代表团的目的、成员人数、成员组成、抵离具体时间、航班车次、食宿标准等,以方便主方的接待安排。

知识链接三　商务谈判中的交际礼仪

(一) 见面时的礼仪

1. 介绍

在与来宾见面时,通常有两种介绍方式:一种是自我介绍;另一种是第三者做介绍。介绍时要有礼貌的以手示意,而不要用手指点人。要讲清姓名、身份和单位。在商务谈判中,一般由双方主谈人或主要负责人互相介绍各自的组成人员;在双方主谈人或负责人互不相识或不太了解时,一般请中间人介绍双方的情况。

介绍的顺序是,先把年轻的介绍给年长的;先把职位、身份较低的介绍给职位、身份较高的;先把男性介绍给女性。在人多的场合主人应一一认识所有的客人。

2. 名片

使用名片,主要用于自我介绍。适时地发送名片,能使对方接受并收到良好的效果,发名

片时必须注意以下事项:
(1) 除非对方要求,否则不要在年长的主管面前主动出示名片;
(2) 不要在一群人中到处传发自己的名片;
(3) 名片的发送可在刚见面或告别时;
(4) 名片不可在用餐时发送。

双方交换名片时最好是双手递、双手接。除非是对有"左手忌"的国家(如印度、缅甸、马来西亚、阿拉伯各国及印尼的许多地区)。名片正面朝对方,如果对外宾,外文一面朝上,字母正对对方。递名片时要恭敬有礼。

接过名片后应点头致谢,并认真地看一遍。最好能将对方的主要职务、身份轻声读出来,以示尊重,遇到不大清楚的地方可马上请教。切忌接过名片一眼不看就收起来,也不要随手摆弄,这样不礼貌。

3. 握手

微型案例

某厂长去广交会考察,恰巧碰上销售部经理和印尼客户在热烈地洽谈合同。见厂长来了,销售部经理忙向客户介绍,厂长因右手拿着公文包,便伸出左手握住对方伸出的右手。谁知刚才还笑容满面的客人忽然笑容全无,并且就座后也失去了先前讨价还价的热情,不一会儿便声称有其他约会,匆匆离开了展位。

在一些国家,左手是不能用来从事如签字、握手、拿食物等工作的,否则会被看作是粗鲁的表现。这次商务谈判失败,就是因为厂长不了解这一握手礼仪。

(1) 握手的主动与被动。

一般情况下,主动和对方握手表示友好、感激或尊重。在别人前来拜访时,主人应先伸出手去握客人的手,以表示欢迎和感谢。一般是主方、身份较高或年龄较长的人先伸手,以此表示对客人、身份较低或年龄较低者的尊重。在异性谈判之间,男性一般不宜主动向女方伸手。多人同时握手应注意不能交叉,待别人握毕后再伸手。

(2) 握手时间的长短。

谈判双方握手的时间以 3~5 秒为宜。握手时间过长或过短均不合适。

(3) 握手的力度与握手者的距离。

握手时,一般应走到对方的面前,不能在与其交谈时,漫不经心地侧面与对方握手。握手者的身体不宜靠得太近,但也不宜离得太远。握手力量要适度,过轻过重都不好。男性与女性握手,往往只握一下女性的手指即可。

(4) 其他。

女士与人握手时应先脱去右手手套,但有地位者可以不必;男士则必须脱去手套才能握手。握手时不要将另外一只手插在衣袋里,不要拿着东西不放下,不管在任何情况下,都不要拒绝与他人握手。

在交往中除了握手之外,其他见面礼也是常见的,比如,点头礼、脱帽礼、注目礼、鞠躬礼、合十礼、拥抱礼等。

4. 致意

当谈判双方或多方之间相距较远,一般可举右手打招呼并点头致意;有时与相识者侧身而过时,也应说声"你好";与相识者在同一场合多次会面时,点头致意即可;对一面之交或不相识的人在谈判场合会面时均可点头或微笑致意;如果遇到身份高的熟人,一般不要径直去问候,而是在对方应酬活动告一段落后,再前去问候致意。

(二)谈判座次礼仪

商务谈判的座次原则为:面门为上、居中为上、以右为上。根据谈判桌的不同,具体的座次也不同。

1. 长方形或椭圆形谈判桌

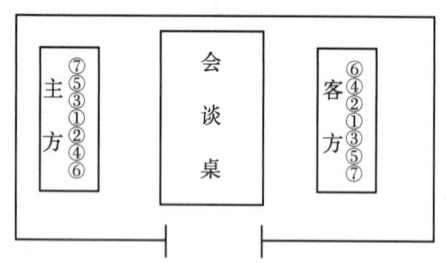
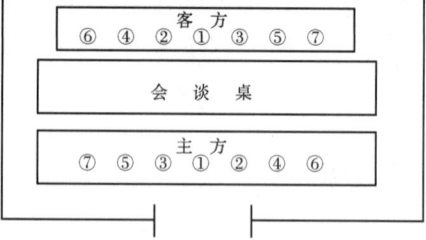

2. 马蹄形

小型的谈判,也可不设谈判桌,直接在会客室沙发上进行,双方主谈人在中间长沙发就座,主左客右,译员在主谈人后面,双方其余人员分坐两边。

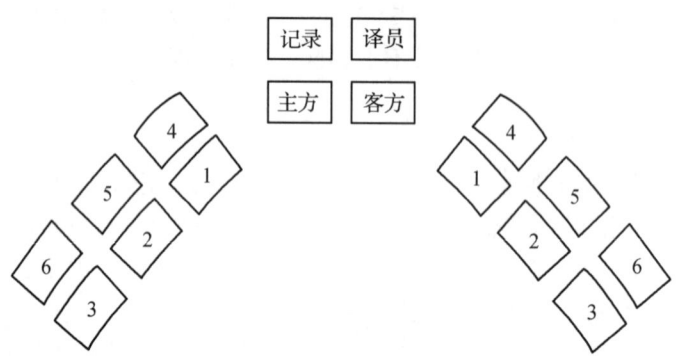

(三)交谈中的礼仪

交往活动离不开交谈,商务谈判过程无疑是交谈的过程。在商务谈判中交谈并非只限于谈判桌前,交谈的话题也并非只限于和谈判相关的问题。交谈中要注意下面一些礼节事宜。

交谈时表情要自然,态度要诚恳,表达得体。谈话距离要适当,不要离对方太近或太远。谈判中的手势要文明,幅度要合适,不要动作过大,更不要用手指指人或拿着笔、尺子等物指人。参加别人谈话时要先打招呼;别人在个别谈话时,不要凑近旁听;若有事须与某人交谈,要等别人谈完;有人主动与自己谈话时,应乐于交谈;第三人参与交谈时,应以握手、点头或微笑表示欢迎;发现有人欲和自己交谈时可主动向前询问;谈话中有急事需要处理或需要离开时,应先向对方招呼表示歉意。交谈现场超过三个人时,应不时地与在场的所有人交谈两句,不要只和一两个人讲话,而不理会其他人。所谈问题不宜让别人知道时,则应另外选择场合。交谈中,自己讲话时要给别人发表意见的机会,别人讲话时也应寻找机会适时地发表自己的看法。

对方发言时,不应左顾右盼,心不在焉,不要做看手表、伸懒腰等不耐烦的动作。要善于聆听对方的谈话,不要轻易打断别人的发言。交谈时内容要恰当,一般不询问女性的年龄、婚姻等状况;不直接询问对方的履历、工资收入、家庭财产等方面的问题;对方不愿回答的问题不要寻根问底;对方反感的问题应表示歉意并立即转移话题;不对某人评头论足;不讥讽别人;也不要随便谈论宗教问题。交谈中使用礼貌用语,如你好、请、谢谢、对不起、打搅了、再见等,并针对对方不同国别、民族、风俗习惯等,恰当使用礼貌语言。

知识链接四　宴请和礼品赠送

在商务谈判的过程中,宴请是一种常见的礼仪社交活动。各国都有自己国家或民族的特点与习惯。采用何种宴请形式通常根据活动目的、邀请对象及经费开支等各种因素决定。一个谈判周期,宴请一般安排三到四次为宜。接风、告别各一次,中间穿插一到两次(视谈判周期长短而定)。就宴请的形式而言,常见的有宴会、冷餐和酒会。宴请首先确定规格,包括宴请名义、目的、人数、形式、价格等。

(一)宴会

宴会是根据接待规格和礼仪程序而进行的一种隆重、正式的餐饮活动,有正式宴会和便宴之分;又有早宴、午宴、晚宴之分。一般来说,晚宴比白天的宴会更为隆重。

1. 正式宴会

正式宴会时主宾按身份排位就座,讲究排场。菜肴包括汤和几道熟菜(中餐一般用四道,西餐用两三道),分有冷盘、甜品、水果等。

2. 便宴

便宴为非正式宴请。这类宴会形式简单,可不排席位,不做正式讲话,菜肴道数亦可酌减。便宴较随便、亲切,宜用于日常友好交往。

3. 家宴

在家中设便宴招待客人。西方喜欢这种形式,以示亲切友好。家宴往往由主妇亲自掌勺,家人共同招待,共同进餐,不拘束。

4. 工作餐

工作餐是现代国际交往中一种经常的非正式宴请形式,利用进餐时间边吃边谈问题。双边工作餐往往安排座位,排法与会谈桌座位相仿。

(二)宴请组织工作

宴请组织工作具体包括以下内容。

(1)确定宴请目的。

(2)确定宴请名义和对象。

其主要依据是主、客双方的身份,主、客身份应对等。

(3)确定宴请范围。

即确定请哪些人士、何种级别、多少人。要多方考虑,包括宴请的性质、主宾的身份、国际惯例、对方招待己方的做法以及政治气候等。多边活动尤其要考虑政治关系,对政治上相互对立的国家是否邀请其人员出席同一活动,要慎重考虑。

(4)确定宴请时间。

宴请时间应对主、客双方都合适,注意不要选对方的重大节日、有重大活动或有禁忌的日期和时间。例如,对信奉基督教的人士不要选13日。小型宴请应首先征询主宾意见,最好口头当面询问,也可用电话联系。主宾同意后,时间即被认为最后确定,可按此时间邀请其他宾客。

(5) 确定宴请地点。

宴请地点根据活动性质、规模大小、形式、主要意愿及实际情况而定。可能条件下,另设休息厅,以便宴会前与重要客人先做简单交谈之用,然后再进入宴会厅入座。注意不要在客人住的宾馆招待设宴。

(6) 宴请请柬。

宴请活动一般先发请柬,这既是礼貌,也是对客人的提醒。发宴会请柬,一般应在一到两周前发出,至少提前一周,以便客人及早安排。

(7) 宴请规格标准与菜单。

宴请需根据活动形式和规格,在规定的预算标准内安排酒菜。选菜主要根据主宾的喜好与禁忌。例如,伊斯兰教徒使用清真席,不用酒和大肉,甚至不用任何带酒精的饮料;印度教教徒不能用牛肉;佛教僧侣和一些宗教人士吃素;还有身体原因不能吃某种食品的情况。如宴会上个别人有特殊需要,也可单独为其上菜。不要简单地认为海味是名贵菜而随便用,其实不少外国人并不喜欢,特别是海参。在地方上,宜用有特色的食品招待。无论哪一种宴请,事先均应开列菜单,征求主管负责人的同意。宴请不求豪华,以温暖、愉快、宾至如归为上,这是宴请成功的标志。

(三) 宴请过程

1. 宴请座次的安排

安排座位时应考虑以下几点:一是以主人的座位为中心。如有女主人参加时,则以主人和女主人为基准,以靠近者为上,依次排列。二是要把主宾和夫人安排在最尊贵显要的位置上。通常做法,以右为上,即主人的右手是最主要的位置。三是翻译人员安排在主宾的右侧,以便于翻译。

2. 宴请程序及现场工作

主人应在门口迎接客人。主人陪同主宾进入宴会厅,全体客人就座,宴会即开始。吃饭过程一般是不能抽烟的。吃完水果,主人与主宾起立,宴会即告结束。主宾告辞,主人送至门口。

(四) 参加宴请的礼节

1. 应邀

接到宴请的邀请,能否出席要尽早答复对方。接受邀请后,不要随便改动,若非改不可,应向主人解释并道歉。

2. 掌握出席时间

出席宴请抵达时间的早晚,逗留时间的长短,在一定程度上反映对主人的尊重。迟到、早退、逗留时间过短被视为失礼或有意冷落。身份高者可略晚到达,一般客人宜略早到达。出席宴请时间,各地通行的做法是准时,有的地方是晚一两分钟到,我国是提前两三分钟到。有事需提前退席,应向主人说明后悄悄离去;也可以事先打好招呼,到时自行离去。

3. 入座

入座应听从主人的安排,不要随意乱坐。男客人应帮助其右边的女宾挪动一下椅子,等女宾入席坐下时,再帮助她将椅子往前稍推,使其身体离桌边半尺左右为合适。男士在女士坐下后再入座,身体与餐桌之间保持适当距离。进餐时,身体要坐正,不要前俯后仰,不要把两臂横放在桌上,以免碰撞旁边的客人。

4. 进餐

(五)进餐时的注意事项

1. 饮酒

在主人和主宾致辞、祝酒时,应暂停进餐,停止交谈,注意倾听。在主人或主宾到各桌敬酒时,应起立举杯。碰杯时,主人和主宾先碰;人多时可同时举杯示意,不一定碰杯。宴会上相互敬酒表示友好,但切忌喝酒过量,应控制在本人酒量的1/3左右,以免失言、失态。不要劝酒,更不得灌酒。

2. 喝茶、喝咖啡

喝茶、喝咖啡时,有时需用小茶匙加牛奶、白糖搅拌。正确的饮法是搅拌后把小茶匙放回小碟内,左手端着小碟,右手拿着杯子喝,不要用小茶匙把茶或咖啡送入口中。

3. 饮食习惯

在欧洲,面是第一道菜,不要在面上浇菜汁吃,主人可能误会嫌他做得不好吃。欧美国家多以鸡胸肉为贵,如果按照中国人习惯以鸡腿敬客,反而失礼。主人通常劝客人再添点菜,你若有胃口,再添不算失礼,主人反会引以为荣。欧美人吃荷包蛋,先戳破未烧透的蛋黄,然后切成小块吃,盘里剩下的蛋黄,用小块面包蘸着吃。

4. 吃水果

外国人吃水果的方法与我国不同,梨和苹果不要整个拿着咬,应先用水果刀切成四五瓣,再用刀去皮、核,刀口向内,从外向里削,然后用手拿着吃;香蕉先剥皮,用刀切成小块吃;西瓜去皮切成块,用叉取食。

5. 宽衣

社交场合,无论天气如何炎热,不能当众解开纽扣,脱下衣服。在小型便宴上,如主人请客人宽衣,男宾可脱下外衣搭在椅背上。

绿帽子的故事

1992年,国内某公司十三名不同专业的专家组成一个团,去美国采购约30 000万美元的化工设备和技术。美方自然想方设法令中方满意,其中一项是在第一轮谈判后送给中方代表每人一个小纪念品。纪念品的包装很讲究,是一个漂亮的红色盒子,红色代表发达,可当中方代表高兴地按照美国人的习惯当面打开盒子时,每个人的脸色却显得很不自然——里面是一顶高尔夫帽,但颜色是绿色的。第二天,中方代表找了个借口离开了这家公司。

美国人这次送礼,可以说也是经过精心策划的:一是礼品盒的颜色是红色,红色在中国代表发达;二是礼品本身是时尚的高尔夫球帽,意思是签合同后去打高尔夫球,这在20世纪90年代对中国人来说是很奢侈也是很有品位的一项运动。但美国人的工作毕竟没有做细,而且犯了中国男人最大的禁忌——戴绿帽子。

知识链接五　出席文体活动和进入住所的礼节

在紧张的谈判之余,主人会安排一些文体活动。客人可决定应邀前往。要按规定入座,在观看节目时要肃静，不要谈话，不要大声咳嗽或打哈欠。即席翻译要小声，最多大略译几句，可在观看前，大概了解一下梗概，自己再欣赏。场内禁止吸烟，不吃零食。一般不要对节目表示不满或失望，节目完了，报以掌声。出席观看文艺演出，还要注意服饰。

进入外国人的办公室或住所，首先要事先约定，按时抵达。如无人迎接，先按门铃或敲门，经主人允许后方可入内。按铃时间也不要过长。因事情急，临时去外国人住处，应尽量避免在深夜打扰。在万不得已的情况下，要先致歉意，并说明原因，以取得对方的谅解。谈话时间不宜长，不要站在门口谈话。如果主人未请你进屋谈，则可以退到门外，在室外谈话。进入室内，如果谈话时间短，则不必坐下，说完也不要再逗留；如果谈话时间较长，则要在主人邀请之下方可入座。未经主人邀请或同意，不得要求参观主人的卧室或庭院，在主人陪同下参观时，即使是熟人，也不要触动除书籍和花草之外的物品。对主人家的成员都要问候。对于主人家的猫、狗等小动物，不要表示害怕、讨厌，更不要去踢它、轰它。离别时，不论结果如何，都要表示感谢，这不仅是礼貌，而且为今后见面打下基础。拜访外国人，时间选择在上午10点或下午4点比较合适。西方人习惯用小吃和饮料招待客人，客人不要拒绝，应品尝。如果食物实在吃不习惯，则不必勉强。

任务三　一些国家的习俗与禁忌

任务引入

一家外国电讯公司在泰国曼谷设立一分公司选地址时，看中了一处房价适中，交通方便且游人众多的地段，而这幢楼的对面塑着一尊并不十分高大，但又非常显眼的如来佛像，有关心者警告公司经理说，贵公司若在此开业，生意会很糟糕的。但公司经理非常自信，认为这不可能，因为公司在中东地区开设的另外几家公司，业务开展都很红火。所以，公司没听劝阻，就在这里如期开业了。几年来，这家公司果然生意清淡。公司经理终于面对现实，不得不另选公司地址，生意这才明显地好起来。经理本人对此始终大惑不解，到处打听原因，得到的解释是，业务不景气的根源在于公司的大楼高度超过了对面的如来佛像两层，也就是说，公司的位置在如来佛像之上。这在一个信仰佛教的国家，是严重犯忌的，没有尊重当地人对佛像的信仰和敬畏，他们自然产生感情上的不快甚至愤怒，当然不愿与公司往来做生意了。

任务分析

曼谷国际电讯公司的失败在于不了解当地人对佛像的信仰和敬畏。所以在涉外交往中要了解当地的风俗习惯，尊重对方的宗教、文化等习俗。

知识链接

不同国家的商人有不同的特点，以及各自的习俗与禁忌。掌握这些对于谈判目标的顺利实现会起到重要作用，在谈判中应重视不同文化对谈判的影响。

知识链接一　美国的习俗与禁忌

美国人性格外露直率，不必有过多的客套，见面以握手礼为多。大多数美国人不喜欢用"先生""夫人"或"小姐"之类的称呼，无论男女老少，一般比较喜

欢别人直呼自己的名字,认为这是亲切友好的表示。对于法官、政府高级官员、医生、教授等要用专业头衔,如哈利法官、布朗医生,而不应用行政职务如局长、经理、校长等来称呼别人。美国人的时间观念很强,很讲求效率。开始谈判后不轻易中断工作,且工作投入,对有可能分散谈判人员注意力的事较反感。按照美国的社交礼仪,一个男子去访问一个家庭时,若想送名片,应分别给男、女主人各送一张,但决不应在同一个地方留下三张以上名片。美国商界流行早餐和午餐约会谈判,每次约会要提前几天预约,应在约定的时间准时到场,迟到是不礼貌的。取消约会要及早通知对方,并说明原因和诚恳道歉。美国人习惯保持一定的身体间距,交谈时彼此站立间距约0.9米,每隔2～3秒有视线接触,以表示兴趣、诚挚和真实的感觉,美国人认为不盯着他们眼睛说话的人心中有鬼。美国人喜欢谈论有关商业、旅行等方面的内容及当今潮流和世界大事,喜欢谈政治,但不喜欢听到他人对美国的批评,不喜欢讨论个人私事,特别尊重个人隐私权。与美国人谈话不论在何种场合,必须说话谨慎,因为他们认为你说的话是算数的。

在美国人口中30%信奉基督教,20%信奉天主教。美国的宗教节日主要是圣诞节、复活节和感恩节。在美国,一般每逢节日、生日、婚礼时都有送礼的习惯。前往美国人家做客,最好带上一点中国特产作为礼物,如中国的茶叶、剪纸等。男子不要随便送美国女士香水、衣物和化妆品,易引起误解和麻烦。美国人忌讳与穿着睡衣的人见面,这是严重失礼的。美国人在饮食上一般没有什么禁忌,不吃蒜及酸辣味,忌食各种动物内脏。美国人忌13、星期五。美国人送礼在法律上有详细的规定,不提倡人际间交往送厚礼。美国人忌讳用蝙蝠作为图案的商品和包装,他们认为蝙蝠是凶神的象征。

知识链接二　亚洲国家的习俗和禁忌

(一) 日本

日本人重礼仪,讲究礼貌,非常讲究面子。在商务交往中要注意照顾他人面子,避免使人难堪。日本人多用鞠躬而非握手来互致问候,见面时最普遍的用语是"拜托你了""请多关照"等。日本人有互换名片的习惯,须有充足准备。日本人在初次见面时一般不谈工作。初次见面时,相互引见,自我介绍,交换名片。与日本人交换名片时,对对方的每一位成员都要递送名片,不能遗漏。称呼某人时要使用对方的姓和"先生""夫人""小姐"等,只有家人和非常熟悉的朋友才用名来称呼。日本人特别讲究给客人敬茶。敬茶时,要敬温茶,而且以八分满为最恭敬。日本人很重视人的身份地位,在商务活动中,每个人对身份地位都有明确的认识,都非常清楚自己所处的位置、该行使的职权,知道如何谈话办事才是正确与恰当的言行举止。日本人有很强的时间观念,对迟到者较为反感。不要以为跟你接触的日本人闭上眼睛就是在打瞌睡,这时对方可能正努力聆听你所说的话。

日本人的宗教信仰比较复杂,多数信奉佛教和本国特有的神道教。日本几乎月月都有节日,其中最隆重且假日最长的是"正月",即1月1日的新年。在日本,澡堂是民间重要的社交场所。在商业性宴会上,日本人有急事会不辞而别,因为他们认为正式告别会打扰宴会的正常进行,是不礼貌的行为。日本人在生活中忌擅自登门造访,因此拜访之前一定要征求对方的意见,约定访问的时间。日本人很少在家款待客人,如被邀请到家里做客,那是一种礼遇。要准时赴约,并携带蛋糕或糖果作为礼品。日本人重人情,接受其馈赠,尤其是较丰厚的礼物时,必须找机会报答回礼,否则会影响双方的正常关系。和日本人谈生意,要想很快缩短相互之间的距离,形成良好的合作关系,在最初的商务会面时,一定要找个中间人,中间人的存在可以使日本商人尽快产生对你的好感和信任。

日本人的卧室及厨房是家庭的隐私,除非主人主动邀请,不可窥看卧室及厨房,否则是很失礼的。一般对日本人的送礼不应立即接受,要再三表示感谢,等他执意要求收下后才接受。日本人在交谈中,不喜欢指手画脚。谈话时最好不要谈及第二次世界大战的事情。与日本人做生意,最好不要选在2月和8月,在日本这两个月是商业淡季。日本人对4和9比较敏感,因为日文中他们发音近乎"死"和"苦",不要送和数字4有关的礼物。日本人不喜欢有狐狸和獾图案的礼品,他们把狐狸视为贪婪的象征。在日本探视病人时,忌送带根的植物,因为"带根"与"久卧"同音。生活中日本人忌绿色,认为绿色象征着不祥,也不喜欢紫色、黑白相间色。禁忌荷花,他们认为荷花出于淤泥,是不洁之物。日本人不喜欢偶数,对奇数却有好感。

(二)新加坡

新加坡的华人占当地总人口的70%左右。他们有着浓重的乡土观念,同甘共苦的合作精神并勤奋、能干。他们一般都很重信义,比较珍惜朋友之间关系,同时比较爱面子。新加坡人特别讲究礼貌礼节,通常的见面礼是轻轻鞠躬或握手。与新加坡商人交往时要避免目光接触,紧盯或逼视对方被认为是不礼貌的,保持从容不要流露出不快。谈话时话题要避免政治和宗教。当友人送你礼物时,要拒绝几次再接受,这样表示自己的谦逊,表示自己受之有愧。新加坡人喜欢红、绿、蓝色,视紫色、黑色为不吉利,黑、白、黄为禁忌色。在商品上不能用佛的形象,禁止使用宗教用语,忌用红双喜、大象、蝙蝠图案。新加坡人对数字4、7、8、13、37、69禁忌。

(三)阿拉伯人

阿拉伯人主要生活在沙漠中,性格豪爽粗犷,待人热情。阿拉伯人最重视名誉和忠诚,因此与阿拉伯人打交道,要注意名誉和忠诚,以赢得他们的信任。阿拉伯人信奉伊斯兰教,这使得他们有独特的习俗与禁忌。阿拉伯商人喜欢在咖啡馆中洽谈生意。谈话时不要涉及国际石油问题和中东政治状况,不要对他们的私生活好奇。在阿拉伯国家男女着装有严格的教义规范,不要随意着装,以免引起不必要的麻烦。吃饭、喝茶等不可以用左手。阿拉伯人不抽烟、不喝酒、不吃猪肉。伊斯兰历九月是阿拉伯人的斋月,其间,教徒们每天禁食,午后闭门不办公,只有夜间才吃简单的饭食。斋月期间不谈工作。阿拉伯人从星期六到下个星期四为办公日,星期五是休息日,这一天不谈公事。伊斯兰教规定每天要做5次祈祷,祈祷时间一到,哪怕再重要的事情也要放下。如果这时影响谈判,商务人员不要流露出不耐烦的神情。阿拉伯人严禁饮酒、吸烟、讨论女人和拍照等。一般宜喝咖啡、茶或清凉饮料。送礼在阿拉伯十分流行。与阿拉伯人谈生意,事前要预约,并且一定要准时赴约,但主人不一定按时到。到阿拉伯人家做客,不要给女主人带礼品,给孩子送礼品会特别受欢迎。忌问对方女眷的情况,也不要随便赞赏家中的某件物品,否则对方会执意将该物件送给你。阿拉伯人阅读图片的顺序是从右向左的。在办公室和其他社交场合,喝茶或咖啡以3杯为限。喝完之后,要将杯子转动一下再递于主人,这种礼节动作表示"够了""谢谢"。少于2杯或多于3杯会被视作不礼貌或不懂规矩。当接拿任何东西时,一定要用右手,只有嫌脏才用左手。

知识链接三　欧洲国家的习俗和禁忌

欧美国家的礼俗有许多相同之处,但相对而言,欧洲人更为传统保守,对礼节看得更重。一般,握手是标准问候形式,但仅是轻轻一碰,不像美国人那样胳膊上下摆动。准时守约是普遍的要求,互换名片是必要的礼仪。礼物以鲜花最适当且最受欢迎。

(一) 英国

英国人以传统、保守著称于世。英国商人比较严肃、庄重、不苟言笑，特别讲究礼仪和绅士风度。在与英国商人交往时要掩饰自己的感情，如喜、怒、哀、乐。初次见面，应有礼貌地说"你好"。称呼时要用"先生""夫人""小姐"等，英国人喜欢别人称呼他们的头衔，如爵士、公爵、子爵等。英国人习惯约会一旦确定，就必须排除万难赴约，所以和英国人约会不能提前得太早。受款待后，一定要写信表示感谢，否则会被认为不懂礼貌。

英国人特别欣赏自己的绅士风度，认为这种风度是他们的骄傲。英国人喜欢讨论其丰富的文化遗产、动物等，足球、网球、板球和橄榄球都是很受欢迎的体育运动。君主制对英国人来说是神圣的，谈话不要涉及王室，不要拿英国人对王室的爱戴开玩笑。英国人不喜欢与别人谈论爱尔兰的前途、共和制优于君主制的理由、治理英国经济的方法等敏感政治问题。英国人把工作和休息区分的很清楚，下班后不要谈工作，就餐时不要谈工作。多数英国人信奉基督教。英国人的主要节日是圣诞节、复活节、万圣节等。

在英国"天气"是谈不完的话题。英国每年冬、夏两季有3~4周的假期，他们常常利用这段时间出国旅游。因此在夏季以及从圣诞节到元旦这段时间内，英国人较少做生意。英格兰从1月2日开始恢复商业活动，而在苏格兰，则在1月4日开始商业活动。不要把英国人统称为"英国人"，可称为"大不列颠人"，因为英伦三岛的苏格兰人、爱尔兰人、威尔士人都有较强的地方情绪，对简称其为"英格兰人"非常反感。与英国人交往不要系有条纹的领带。在饮食方面英国人没有多少禁忌。英国人鄙视唯命是从，所以在谈判时要多提意见和方案。英国人视马为勇敢的象征，但视孔雀为恶鸟。英国人很少开玩笑和欺骗人，这是英国人的忌讳。在与英国人谈话，忌跷"二郎腿"。即使相处关系很好，也不能用手拍对方的肩背来表示亲切。英国人重视个人隐私权的保护，一般不询问对方的私事。在英国忌用大象和孔雀图案。许多英国人忌讳数字"13"。英国人忌讳用人像作商品装潢，忌送百合花，他们认为百合花意味着死亡。

(二) 法国

法国人民族自豪感很强，天性开朗。法国人对形式很重视，约会要事先预约，赴约必须准时到场。与法国人见面时要握手，告辞时应向主人再以握手告别。受到款待后，应在次日打电话或写便条表示谢意。法国人有喝生水的习惯，从来不喝开水。多数法国人信奉天主教。法国的主要节日是圣诞节、新年及复活节。在法国，新年除夕是个重要的送礼节日。法国人以法语为自豪，他们认为别国人是讲不好法语的，没有较大把握不要在法国人面前卖弄法语，最好使用英语。法国人喜欢对事大加讨论，激烈讨论更好。

法国人对个人隐私很敏感，谈话时不要涉及家庭和个人的私生活。法国人初次见面一般不需要送礼，第二次见面时，则必须送礼物，否则被认为失礼。法国人极少上门做客，因而你的邀请被拒绝不要在意。到法国人家做客，需要为女主人带上鲜花或巧克力之类的小礼品表达谢意。一般品位高雅有审美价值的礼物很受青睐，但不宜有醒目的商标或公司名称。与法国妇女接触时，千万不能以香水作为礼物，法国人把它作为送给亲密人的礼物。法国人对谈及政治和金钱很反感，但对烹调却津津乐道，因此在家宴上要对菜肴略加赞赏。法国人认为酒会影响人们对菜肴的鉴赏，因而讨厌客人在饭前喝威士忌和马提尼酒。不要给法国人送葡萄酒或烈性酒，因为法国人对饮用何种酒类十分认真。在法国忌用仙鹤图案。菊花、杜鹃花在法国一般在葬礼上使用，其他场合一般不能使用。法国人认为黄色和红色是不吉祥的颜色，认为黄色花象征不忠诚；忌黑色图案，认为不吉利；忌墨绿色。法国人最忌讳初次见面询问对方年龄，尤其是女子。法国人忌讳数字"13"。

(三) 德国

德国人注重体面,讲究工作效率,思维具有系统性和逻辑性。德国人重视礼节,社交场合,握手随处可见,与德国商人见面和离开时千万不要忘了握手,握手时需要一次次称呼其头衔,他们会格外高兴。德国人非常遵守时间,与德国人约会要事先预约,务必准时到场,因故改变约会要提前通知对方。穿着要十分正式和保守。天气、乡村风光、业余爱好、旅游、足球、度假在德国是很好的话题。在德国个人隐私十分重要,不要询问有关个人的问题。在称呼上,他们拘泥于礼节,对有头衔的人一定要称呼其头衔,如博士、经理等,对直呼其名的人甚为反感。到德国人家做客,要送一束花给女主人,千万不要送葡萄酒,鲜花进门时取下包装,在向女主人问候时递上,忌送玫瑰花。当主人不再给客人的杯子添水时,这是暗示客人该走了。德国40%以上的人信奉基督教。德国人忌食核桃、忌用锤头、镰刀图案和宗教性标志。不宜送剪刀、雨伞等锥形物品,因为在德国锥形物被认为是会带来厄运的不祥物。除宗教禁忌外,德国人对颜色禁忌较多,包括茶色、黑色、红色、深蓝色。

(四) 意大利

意大利人工作松垮,不讲效率,但性格直爽、为人正直。意大利人对时间是不经意的,迟到是常有的事,而且一迟到就是一两个小时。意大利人见面时,常习惯行握手礼。对于意大利人的邀请,拒绝是不礼貌的,表示对邀请人的不尊重。到意大利人家做客时带一些花和巧克力,但忌带菊花。与意大利人交谈时,最好不要谈及政治和美式足球,可以涉及意大利的美食佳肴、艺术、足球等。意大利人对小动物特别感兴趣,尤其爱养狗、养猫,因此,可以送给意大利人带有动物图案的礼物。赠送礼品在商务交往中是普遍的,一般送奇数数目的礼物,偶数被认为不吉利。意大利人忌讳别人送手帕、丝织品、亚麻织品等,那象征离别。意大利人忌讳菊花,因为菊花在葬礼时使用。

复习思考题

一、案例分析

案例一

1972年尼克松访华时,住在上海锦江饭店,饭店服务人员不懂西方文化的习俗,将尼克松安排在第15层,基辛格安排在第14层,接下来国务卿罗杰斯等人安排在第13层。本来罗杰斯等人心中就有气,主要是针对基辛格产生的意见。基辛格深得尼克松赏识、重用,中美联合公报的起草过程中,美方的意见都是基辛格一手包办的,而罗杰斯被撇在一边。按美国的规定,外交事务本来理应由国务卿主管的。恰巧罗杰斯又被安排在第13层,更是气上加气。他们对即将发表的中美联合公报提出一大堆意见,要求修改,不修改他们就不同意。尼克松虽然知道这是罗杰斯存心捣乱,但也毫无办法,后来还是周恩来出面做工作,才解决了这个问题。

1972年2月27日,周恩来特地去看望罗杰斯及其助手们。他走进电梯,电梯在13层停了下来。周总理恍然大悟,说:"怎么能安排他们在13层?西方人最忌讳13呀!"见面后,周总理对罗杰斯说:"有个很抱歉的事情我们疏忽了,没有想到西方风俗对13的避讳。"周总理转而又风趣地说:"我们中国有个寓言,一个人怕鬼的时候,越想越可怕;等他心里不怕鬼了,到处上门找鬼,鬼也就不见了。西方的'13'就像中国的'鬼'。"说的众人哈哈大笑。"13"的忌讳问题得到了圆满的解决。

案例讨论题:

这一事件说明了什么问题?

案例二

西班牙人的习惯是无酒不欢,但伊朗人则禁酒。伊朗总统访问西班牙期间,西班牙国王欲举行国宴款待伊朗总统,但双方就宴会上该不该上酒的问题争执不下,最后闹得不欢而散。

案例讨论题:

1. 这一事件说明了什么问题?
2. 如果你是接待人员,你该怎么办?

二、问答题

1. 如何做好商务谈判中的宴请工作?
2. 日常礼节包括哪些方面的具体要求?
3. 与阿拉伯人谈判应该注意些什么?

拓展内容　主要国家商务谈判风格

 学习目标

通过本内容的学习,学生能够了解各国谈判人员的谈判风格,熟悉各国谈判风格的特点,了解各国商务谈判的禁忌。通过对本内容的学习,深化对各国商务谈判风格的认识,能够抓住各国商务谈判的特点去识别主要国家商务谈判的风格,巧妙地避开各国商务谈判的禁忌,并将其自觉地运用在今后的生活或工作中,指导谈判工作。

聪明的船长

几个商人在一条船上开国际贸易洽谈会,突然船开始下沉。

"快去叫那些人穿上救生衣,跳下船去。"船长命令大副。

几分钟后,大副回来了。"那些家伙不肯跳。"他报告说。

于是,船长只得亲自出马。不一会,船长回来告诉大副:"他们都跳下去了。"

"那么您用了什么方法呢?"大副忍不住问道。

"我告诉英国人跳水是有益于健康的运动;告诉法国人那样很时髦;告诉德国人那是命令;告诉意大利人那样做是被禁止的;告诉苏联人那是革命……"

"你是怎么说服美国人的呢?"

"这也容易,"船长说:"我就说已经帮他们上了保险了。"

谈判风格是谈判人员在谈判中表现出的态度、行为及其内在的性格等。不同国家、不同民族、不同地域的人,其价值观、生活方式、消费习俗、文化背景和宗教信仰等差异极大,因而形成了各具特点的谈判风格,而这些是我们在进行国际贸易谈判时应该了解和掌握的。谈判人员只有了解世界各地区商人不同的谈判风格,才能在谈判中游刃有余,采用适当的谈判策略,取得谈判的成功。

谈判风格对谈判有着巨大的影响,在有些商务谈判特别是国际商务谈判中甚至关系到谈判的成败。学习和研究谈判风格,具有重要的意义和作用。

知识点一　德国人的谈判风格

德国是世界著名的工业大国,1990年东德与西德合并为统一的德国。虽然统一前由于意识形态的差别,双方在价值观念、思维方式等方面存在着许多差别,但从整个民族的特点来看,德国人刚强、自信、谨慎、保守、刻板、严谨,办事富有计划性、雷厉风行,工作注重效率、追求完美,纪律观念强,有军旅作风。诚实和正直是德国人最欣赏的品质,德国人身上所具有的这种日耳曼民族的性格特征在谈判桌上得到了充分的展现。

德国人的谈判风格主要有以下几个特点。

一、准备工作充分完善，仔细研究对方

德国人严谨保守的特点使他们在谈判前就往往准备得十分周到，他们会想方设法掌握大量翔实的第一手材料，不仅要调查研究你要购买或销售的产品，还要仔细研究你的公司，以确定你能否成为可靠的商业伙伴。只有在对谈判的议题、日程、标的物的品质、价格以及对方公司的经营、资信情况和谈判中可能出现的问题及对应策略做了详尽研究、周密安排之后，他们才会坐在谈判桌前。这样，他们立足于坚实的基础之上，就处于十分有利的境地。

德国人对谈判对方的资信非常重视，不喜欢与声誉不好的公司打交道。因为他们不愿冒风险。因此，如果与德国人做生意，一定要在谈判前做好充分准备，以便回答关于你的公司和你的建议的详细问题。

二、非常讲究效率，不喜欢东拉西扯

德国人的思维富于系统性和逻辑性，工作态度认真负责，办事非常讲究效率，信奉的座右铭是"马上解决"。他们认为那些"研究研究""考虑考虑""过段时间再说"等拖拖拉拉的行为，对一个商人来说简直是耻辱。他们觉得判断一个谈判者是否有能力，只需看其办公桌上的文件是否快速有效地处理了，如果文件堆积如山，多是"待讨论""待研究"的一拖再拖的事情，那就大可断定该工作人员是不称职的。因此，德国人在谈判桌上会表现得果断、不拖泥带水。他们喜欢直接表明所希望达成的交易，准确确定交易方式，详细列出谈判议题，提出内容详尽的报价表，清楚、坚决地陈述问题。他们善于明确表达思想，准备的方案清晰易懂。如果双方讨论列出问题清单，德国人一定会要求在问题的排序上应体现诸问题的内在逻辑关系，否则就认为逻辑不清和不便讨论。他们认为每场讨论应明确议题，如果讨论了一上午却不涉及主要议题，他们一定会抱怨意思不清楚、组织无效率。

因此，在与德国人谈判时，追求严密的组织、充分的准备、清晰的论述、鲜明的主题，可以提高谈判效率。

三、自信和执着，坚持己见

德国人对本国产品极有信心，在谈判中常会以本国的产品为衡量标准。他们对企业的技术标准要求相当严格，对于出售或购买的产品质量要求很高，因此要让他们相信你公司的产品能达到交易规定的高标准，他们才会与你做生意。德国人的自信与执着还表现在他们不太热衷于在谈判中采取让步方式。他们考虑问题周到、系统，办事古板沉稳，按部就班，缺乏灵活性和妥协性。他们总是强调自己方案的可行性，一丝不苟，千方百计迫使对方让步，常常在签订合同之前的最后时刻还在争取使对方让步。

鉴于日耳曼民族这种倔强的个性特点，应尽量避免采取针锋相对的讨论方法，而要"以柔克刚""以理服人"。大多数德国人还是很重理性的。

四、重合同，守信用

德国人素有"契约之民"的雅称，他们崇尚契约，严守信用，权利与义务的意识很强。在商务谈判中，他们坚持己见，权利与义务划分得清清楚楚；对合同的每一条款，他们都非常细心，对所有细节认真推敲，要求合同中每个字每句话都准确无误，然后才同意签约。德国人对交货期限要求严格，一般会坚持严厉的违约惩罚性条款，因为德国企业的生产经营计划有周密的安排，提前或推迟交货将可能影响一系列活动。外国客商要保证成功地同德国人打交道，就得同意严格遵守交货日期，而且还要同意严格的索赔条款。德国人受宗教、法律等因素影响，比较

注意严格遵守各种社会规范和纪律。在商务往来中,他们尊重合同,一旦签约,就会努力按合同条款一丝不苟地去执行,不论发生什么问题都不会轻易毁约,而且签约后对于交货期、付款期等的更改要求一般都不予理会。他们注重发展长久的贸易伙伴关系,求稳心理强,不喜欢做一锤子买卖。

 **微型案例**

德国人砍树

德国人是这样砍树的,据第二次世界大战前留学德国哥廷根大学的季羡林教授回忆:林业人员先在茫茫林海中搜寻,寻找老、弱或劣质的树,找到后则在树上画一个红圈。如果有人砍伐没有红圈的树,要受到处罚。但当时德国行政管理名存实亡,公务员几乎都抽调到前线去了,市内找不到警察,全国几乎处于政权的真空。但直到战争结束,全德国没有发生过一起居民滥砍滥伐的事件,他们全部忠实地执行了规定。事隔五十多年,季羡林教授提起这件事仍感叹不已:德国人"具备了无政府的条件却没有无政府的现象"。不过,也许是高度理性化的结果,德国人的谈判风格有时会使人感到有些机械性。

知识点二 英国人的谈判风格

英国是最早的工业化国家,早在 17 世纪,它的贸易就遍及世界各地。但英国人的民族性格是传统、内向、谨慎的,尽管从事贸易的历史较早、范围广泛,但是其贸易洽谈特点却不同于其他欧洲国家。

英国人的谈判风格主要有以下几个特点。

一、不轻易与对方建立个人关系

即使是本国人,英国人之间的交往也比较谨慎,很难一见如故。他们不轻易相信别人,依靠别人。这种保守传统的个性,在某种程度上反映了英国人的优越感。但是你一旦与英国人建立了友谊,他们会十分珍惜,长期信任你,在做生意时关系也会十分融洽。所以,我们可以得出一个结论:如果你没有与英国人长期打交道的历史,没有赢得他们的信任,没有最优秀的中间人做介绍,你就别想要与他们做大买卖。

尽管英国是老牌的资本主义国家,但那种平等和自由更多地表现在形式上,在人们的观念中,等级制度依然存在,这就是为什么英国还保留着象征性的王室统治。在人们的社交场合,"平民"与"贵族"仍然是不同的。例如,在英国,上流社会人们喜欢阅读的是《时报》《金融时报》;中产阶层的人阅读《每日电讯报》;而下层人则爱读《太阳报》或《每日镜报》。相应地,在对外交往中,英国人比较注重对方的身份、经历、业绩,而不是像美国人那样更看重对手在谈判中的表现。所以,在必要的情况下,与英国人谈判,派有较高身份、地位的人,有一定的积极作用。

二、谈判准备不充分,不详细周密

英国人对谈判本身不如日本人、美国人那样看重,相应地,他们对谈判的准备也不充分,不够详细周密。他们善于简明扼要地阐述立场,陈述观点,在谈判中,表现更多的是沉默、平静、自信、谨慎,而不是激动、冒险和夸夸其谈。他们对于物质利益的追求,不如日本人表现得那样强烈,不如美国人表现得那样直接。他们宁愿做风险小、利润也少的买卖,不喜欢冒大风险、赚大利润的买卖。在 1989 年，英方与中方曾拟合作一个大项目，当一切都谈妥之后，由于形势有了变化，英方担心中方政策有变，毅然放弃了这个合作项目，这就是英国人的特点。

三、谈判中缺乏灵活性

英国人常采取一种非此即彼，不允许讨价还价的态度。因此，在谈判的关键阶段，表现得既固执又不愿花费很大力气，不像日本人那样，为取得一笔大买卖竭尽全力。

但他们并不是绝对的死板，一经发觉划不来时，别说等几年几个月，就是几天都等不了，他会突然来个"急刹车"。比如，英国人在谈判决定对某个生意项目做投资时，往往会准备好三个月内的预测计划。

第一个月的经营实绩，如果和预计相差太大时，他会继续投入资金、人力、物力，表现镇定，毫不动摇。

第二个月，如果经营实绩和预期目标有一定距离，而且没有把握使生意好转时，英国人还会痛快地增加投资。

但是到了第三个月，倘若计划仍实现不了，他们会马上停办，毫不含糊地放弃甚至是这三个月的全部投资。英国人认为，既然这是失败，就应当立刻"急刹车"，从而可避免以后更大的损失。根据英国谈判者的"少亏本也就是赚钱"的经营法则认识，英国人在谈判桌上就是对下了血本千辛万苦创办起来的公司，也会毫不伤感地卖掉。

四、忌谈政治，宜谈天气

英国是由英格兰、威尔士、苏格兰、北爱尔兰组成，四个民族在感情上有许多微妙之处。我们提到的"英格兰"，一般是指整个联合王国，但在正式场合使用就显得不妥，因为这样会不自觉地漠视了其他三个民族。所以，在正式场合不宜把英国人称为英格兰人，涉及女王时要说"女王"或正规地说"大不列颠及北爱尔兰联合王国女王"，而不应说"英格兰女王"。在和英国人交谈时，话题尽量不要涉及爱尔兰的前途、共和制和君主制的优劣、乔治三世以及大英帝国的崩溃原因等政治色彩较浓的问题，比较安全的话题是天气、旅游、英国的继承制度等。

与英国人初识，最安全的话题是天气，英国人无论熟悉程度如何，见面后都有一个共同的话题即天气。有人说，谈论天气是英国民族的主要消闲方式，这与英国天气的特殊性有关系。据说，只有英国（尤其在伦敦）才能在一天中体验到四季的变化，外国人常常会看到英国人在阳光明媚的早上出门时穿雨衣、带雨伞。

 **微型案例**

客气等于拒绝

英国人的交际礼仪在欧洲是有代表性的，恪守礼节，但率真务实、追求个性；遵守公德，在交际场合不喜欢虚假，就是客套也是实打实的客套。而要是在英国人面前客套作假，那受苦的就是自己。如果英国人请客点菜，绝不铺张，够吃即可。若菜少了客人尽管提出再加，他会很乐意的，如果他问客人吃好了吗？客人若想客套一下，那就饿着吧！就像在宴会上，中国人是劝酒、灌酒、喝醉几个才尽兴。英国人则敬酒不劝酒，宾主饮多少自便，若不会喝酒，更不勉强。若提出要果汁他也会很高兴。

英国一般不轻易宴请谈判对手，如果要设宴，那就说明他对会谈表示满意或者愿意进一步交往，如果对方要客套一下那就麻烦了，因为他认为对方是在拒绝他。

知识点三　法国人的谈判风格

法国是一个工业发达的老牌资本主义国家。在近代史上,法国在社会科学、文学、科技等方面有着卓越的成就,法国人具有浓厚的国家意识和强烈的民族文化自豪感。他们性格开朗、热情,对事物比较敏感,为人友善,工作态度认真,十分勤劳,善于享受。

法国人为本民族的灿烂文化和悠久历史感到骄傲,时常把祖国的光荣历史挂在嘴边,诸如"我们拥有巴黎公社、波拿巴王朝、法兰西共和国的历史"等。重视历史的习惯使法国人也很注意商业与外交的历史关系和商务的历史状况,即过去的商务谈判情况。讲究历史就为谈判双方竖起一道历史的墙,使双方在历史交易的基础上只能前进,不能后退。法国商人具有戴高乐式的依靠自身意志以谋取自己利益的高超谈判本领。

法国人的谈判风格主要有以下几个特点。

一、坚持用法语谈判

法国人为自己的语言而自豪,认为法语是世界上最高贵、最优美的语言。因此,在进行商务谈判时,他们往往习惯于要求对方同意以法语为谈判语言,即使他们的英语讲得很好,也很少让步,除非他们在国外或在生意上对对方有所求。有专家指出,如果一个法国人在谈判中对你使用英语,那可能就是你争取到的最大让步。所以,要与法国人长期做生意,最好学些法语,或在谈判时选择一名好的法语翻译,他们因此会很高兴,并对你产生好感。

二、富有情趣和人情味

法国人很有人情味,非常珍惜人际关系。有人说,在法国,"人际关系是用信赖的链条牢牢地互相联结的"。法国人很重视交易过程中的人际关系。一般来说,在尚未结为朋友之前,他们是不会轻易与人做大宗生意的,而一旦建立起友好关系,他们又会乐于遵循互惠互利、平等共事的原则。因此,与法国人做生意,必须善于和他们建立友好关系。这不是件十分容易的事情,需要做出长时间的努力。在社会交往中,家庭宴会常被视为最隆重的款待,但是,无论是家庭宴会还是午餐招待,法国人都将之看作人际交往、发展友谊的时刻,而不认为是交易的延伸。因为,如果法国人发现对方设宴招待,意图是想利用交际来促使商业交易更为顺利的话,他们会很不高兴,甚至断然拒绝。

三、注重原则问题,忽视细节问题

与法国人洽谈生意时,不应只顾谈生意上的事务与细节,否则很容易被法国对手视为"此人太枯燥无味,没情趣"。要注意法国人大多性格开朗、十分健谈,他们喜欢在谈判过程中谈些新闻趣事,以创造一种宽松的气氛。据说,在法国,就连杂货店的女老板都能轻松自如、滔滔不绝地谈论政治、文化和艺术。所以,在谈判中,除非到了最后决定拍板阶段可以一本正经地只谈生意之外,其他时间应多谈一些关于社会新闻和文化艺术等方面的话题来活跃谈话,制造出富有情调的氛围。另外要引起注意的是,法国人在谈判中讲究幽默与和谐,但他们不愿过多提及个人和家庭问题,这是与他们谈话时应尽量避免的话题。

四、偏爱横向谈判

法国人喜欢先为谈判协议勾画出一个大致的轮廓,然后再达成原则协议,最后再确定协议中的各项内容。所以,法国人不像德国人那样在签订协议之前认真、仔细地审核所有具体细节。法国人的做法是:签署的是交易的大概内容,如果协议执行起来对他们有利,他们会若无其事;如果协议对他们不利,他们也会毁约,并要求修改或重新签订。

法国人谈判思路灵活,手法多样,为促成交易,常会借助行政、外交、名人或有关的第三人介入谈判。这种承认并欢迎外力的心理和做法可以为我们所用。比如,有些交易中会遇到进出口许可证问题,往往需要政府出面才能解决问题。当交易项目涉及政府的某些外交政策时,其政治色彩就很浓厚,为达成交易,政府可以从税收、信贷等方面予以支持,从而改善交易条件,提高谈判的成功率。

五、重视个人的力量,很少有集体决策的情况

法国组织机构明确、简单,实行个人负责制,个人权力很大。在商务谈判中,也多是由个人决策负责,很少有集体决策的情况。所以谈判的效率也较高,即使是专业性很强的洽商,他们也能一个人独当几面。

六、时间观念不强

法国人严格区分工作时间与休息时间,这与日本人相比有极大的反差。在法国8月份是度假的季节,全国上下、各行各业的职员都休假,这时候你想做生意是徒劳的。如果在7月份谈的生意,8月份也不会有结果。与他们做生意,就需学会忍耐。

此外,法国人习惯在各种社交场合,而不是在家里宴请朋友。法国人对商品的质量要求十分严格,条件比较苛刻,同时也十分重视商品的美感,要求包装精美。法国人从来就认为法国是精美商品的世界潮流领导者,巴黎的时装与香水就是典型代表,因此,他们在穿戴上都极为讲究。在他们看来,衣着可以代表一个人的修养与身份,所以谈判时稳重考究的着装会带来好的效果。

有趣的是,犹太人把女人看作最大的顾客,而法国人把女人看作是最好的贸易洽谈伙伴。他们并不认为女人只能端茶扫地,公司把她们和男职员同等看待,甚至于有时还更看重一点。例如,派人到海外采购物品,便尽可能派女职员去,这比派男职员去,最少有下列优点:除了极少数的例外,女人是不喜欢喝酒的,因此不会因为喝醉了酒闹事,以致耽误了公事;女人比较忠实可靠,不会轻易背叛老板,谈判时还比男人精于讨价还价,这在无形之中就等于替公司赚了一笔大钱。

知识点四 美国人的谈判风格

美国是世界上经济、技术最发达的国家之一,英语几乎是国际谈判的通用语言,世界贸易有50%以上是用美元结算,这使得美国人对自己的国家深感自豪,对自己的民族具有强烈的自豪感和荣誉感。美国人的性格是外向的、随意的,表现为直率、开朗、豪爽、热情、自信、果断、幽默诙谐、喜形于色、善于交际、不拘礼节,追求物质生活,富有强烈的冒险精神和竞争意识等特点。

美国人的谈判风格主要有以下几个特点。

一、干脆利落,不兜圈子

在美国人看来,直截了当是尊重对方的表现。在谈判桌上,美国人精力充沛,头脑灵活,喜欢迅速切入正题,会在不知不觉中将一般性交谈迅速引向实质性洽商,并且一个事实接一个事实地讨论。他们不喜欢拐弯抹角,不讲客套,并总是兴致勃勃,乐于以积极的态度来谋求自己的利益。为追求物质上的实际利益,他们善于使用策略,玩弄各种手法。正因为他们自己就精

于此道,所以他们十分欣赏那些说话直言快语、干脆利落,又精于讨价还价,为取得经济利益而施展策略的人。也正因为美国人具有这种干脆的态度,与美国人谈判,表示意见要直接,"是"与"否"必须表达清楚。如果美国人提出的条款、意见是无法接受的,就必须明确告诉他们不能接受,不得含糊其词,使他们存有希望。

当双方发生纠纷时,美国人希望谈判对手的态度认真、坦率诚恳,即使双方争论得面红耳赤,他们也不会介意。中国人在出现纠纷时往往喜欢赔笑脸来表示豁达,以为这样能使对方消消怒气。这样做实际会使美国人更不满,因为在他们看来,出现纠纷而争论时,双方心情都很恶劣,笑容必定是装出来的,他们可能认为面露笑容是你玩世不恭的表现,甚至表示你已经自认理亏了。所以,即便是己方的责任,也不可使用"你看着办吧"或"一切好商量"之类的语言,而应步步为营地据理力争,直到把责任缩小到最低限度。

另外,在谈判过程中,要绝对避免指名批评,因为美国人谈到他人时,都会顾忌损伤他人的人格。例如,指责客户公司中某人的缺点,或把竞争对手的缺点抖出来贬损,这些都是为美国人所蔑视的行为。

二、讲究效率,珍惜时间

美国人重视效率,喜欢速战速决。这是因为美国经济发达,生活、工作节奏极快,造就了美国人信守时间、尊重进度和期限的习惯。美国有句谚语:"不可盗窃时间。"在美国人看来,时间就是金钱。如果不慎占用了他们的时间,就等于你偷了他们的美金。美国人常以"分"为单位计算时间。比如,月薪1万美元,每分钟就是8美元。所以,在谈判过程中,他们连1分钟也舍不得去做无聊的、毫无意义的谈话,十分珍惜时间、遵守时间。美国人常常抱怨其他国家的谈判人员拖延,缺乏工作效率,而这些国家的人则埋怨美国人缺少耐心。

美国人认为,最成功的谈判人员是能熟练地掌握把一切事物用最简洁、最令人信服的语言迅速表达出来的人。因此,美国人谈判为自己规定的最后期限往往较短。谈判中,他们十分重视办事效率,开门见山,报价及提出的具体条件也比较客观,水分较少。他们希望谈判对方也能如此,尽量缩短谈判时间,力争每一场谈判能速战速决。如果谈判一旦突破其最后期限,谈判很可能破裂。除非特殊需要,同美国人谈判时间不宜过长,一定要有时间观念。这是因为美国公司大多每月、每季都必须向董事会报告经营利润情况,如果谈判时间过长,就会对美国人失去吸引力,所以只要报价基本合适,就可以考虑抓住时机拍板成交。

三、重合同,法律观念强

美国人的法律意识根深蒂固。据有关资料披露:平均每450名美国人就有一名律师,这与美国人解决矛盾纠纷习惯于诉诸法律有直接关系。美国人的这种法律观念在商业交易中也表现得十分明显,律师在谈判中扮演着重要角色。

美国人认为交易最重要的是经济利益。为了保证自己的利益,最公正、最妥善的解决办法就是依靠法律,依靠合同,而其他的都是靠不住的。因此,他们在进行商务谈判时,特别是在国外进行商务谈判时,一定会带上自己的律师。他们特别看重合同,十分认真地讨论合同条款,对法律条款一般不轻易让步,而且特别重视合同违约的赔偿条款。因此,美国人在商业谈判中对于合同问题的讨论特别详细、具体,也关心合同适用的法律,以便在执行合同中能顺利地解决各种问题。美国人的这种法律意识与中国人的传统观念反差较大,这也反映在中美谈判人员的洽商中。

四、谈判风格幽默

美国人的幽默久负盛名。曾有这样的故事流传：在餐厅盛满啤酒的杯中发现了苍蝇，英国人会以绅士风度吩咐侍者换一杯啤酒来；法国人会将杯中啤酒倾倒一空；西班牙人不去喝它，只留下钞票，不声不响地离开餐厅；日本人会令侍者把餐厅经理找来，训斥一番；沙特阿拉伯人会把侍者叫来，把啤酒杯递给他，说"我请你喝"；美国人则会对侍者说："以后请将啤酒和苍蝇分别放置，由喜欢苍蝇的客人自行将苍蝇放进啤酒，你觉得怎样？"在谈判过程中，美国人也喜欢用轻松幽默的语言表达信息，或讲笑话。

五、讲究谋略，追求实利

美国商人在谈判活动中，十分讲究谋略，以卓越的智谋和策略，成功地进行讨价还价，从而追求和实现经济利益。对此，美国商人丝毫也不掩饰。不过，由于美国商人对谈判成功充满自信，所以，总希望自己能够战胜高手，即战胜那些与自己一样精明的谈判者。在这种时候，他们或许会对自己的对手肃然起敬，其心情也为之振奋不已。这反映了美国商人所特有的侠义气概。

六、全盘平衡，一揽子交易

美国，由于其经济大国的地位非常突出，因而，在谈判方案上也会表现出财大气粗，喜欢搞全盘平衡，进行一揽子交易。所谓一揽子交易，主要是指美国商人在谈判某一项目时，不是孤立地谈它的生产或销售，而是将该项目从设计、开发、生产、工程，甚至还有介绍销售该项目涉及的产品等一系列办法，到该企业的形象信誉、素质、实力和公共关系状况等，最后达成一揽子方案。

七、对自己的商品非常自信

货好不降价，"大酬宾""大减价""买二送一""有奖销售"等，在美国人的心目中，认为这是对自己的商品缺乏信心的表现，是自己的商品不过硬，或是根本不懂经商赚钱的无能做法。

在一般贸易洽谈过程中，为什么要减价，为什么要恳求人家买？美国人认为我的商品好，质量高，就是要卖高价，便宜不卖，但他们也不是把脚跷得老高，等待顾客上门，而是积极采用各种方式进行宣传，使消费者和买方谈判代表知道他的商品好在什么地方，并且心甘情愿地出高价买下来。

八、见面要提前预约

美国商人喜欢一切井然有序，不喜欢事先没有联系，突然之间闯进来的"不速之客"来洽谈生意。美国商人或谈判代表总是注重预约会谈，几日几时，在什么地方，谈多长时间，都是预先约定的。双方见面之后稍事寒暄，便开门见山，直接进入谈判的正题，很少有多余的废话。

 **微型案例**

美国人的直率

美国西屋电气公司加拿大分公司同中国东方汽轮厂的一个访问团谈妥该公司销售几台大型汽轮机，可是接下来的不是签订合同，而是两次在北京紧急磋商，西屋公司不得不一次又一次重申最初的动机，而中方则一次又一次地要求按照最初的精神办，兜来兜去，最后西屋公司才明白，中方无非是要确定一个最理想的购买价。这项协议，一直到西屋公司的代表二次回国后才通过电传签订，美国人不理解，一开始中国人为什么不说明价格问题。

知识点五　日本人的谈判风格

各国的谈判专家普遍认为,日本人是最具个性、最具魅力的,是最成功的谈判者。

日本是个资源匮乏、人口密集的岛国,日本人有民族危机感,因此,国民经济对整个国际市场的依赖程度很深。

日本人是东方民族经商的代表,日本人的文化又深受中国文化的影响,儒家思想中的等级观念、忠孝思想、宗法观念等深深植根于日本人的内心深处,在行为方式中又处处体现出来。不过日本人又在中国文化的基础上创造出其独特的东西,现代的日本人兼有东西方观念,具有鲜明特点。他们讲究礼仪,注重人际关系;等级观念强,性格内向,不轻信人;有责任感,群体意识强;工作认真、慎重有耐心;精明能干,进取心强,勇于开拓;讲究实际,吃苦耐劳,富有实干精神。

 **微型案例**

不同的等级观念

美国一家医药公司准备与日本人谈一笔买卖,他们派出一组被认为是"最精明的人"来进行谈判。这个小组是由一些头脑敏捷的年轻人组成,年龄大概都在20~30岁左右。结果他们访日三次,均遭失败,甚至未能与日方的首脑们见面,更不用说讨论具体洽谈内容了。在走投无路的情况下,他们找到著名的谈判专家齐默尔曼先生,并听取了他的建议,在谈判小组中增补了一位在公司任职25年以上的有经验的人员,职位是公司的副总经理。结果日方立刻转变了态度,双方开始了积极谈判。

原因在于,在日本公司中的负责人,都是年龄较大、经验丰富的资深企业家,他们不相信美国公司派来的年轻人有什么实权,更主要的是,他们感到和"毛孩子"谈判有损于他们的尊严,是对他们地位的贬低。

日本人的谈判风格主要有以下几个特点。

一、以礼求让

待人接物非常讲究礼仪是日本文化的特征之一,所以时常称日本是礼仪之国。这反映在日语中有关敬语的使用非常复杂,对想学好日语的人来讲是一桩头疼的事。日本人等级观念非常强,即很讲究自己的身份、地位,以及与有关当事人的关系。失礼对日本人来讲可不是一桩小事,尤其是在交易过程中,失礼往往会使日本人内心不安、不愉快,最终可能会影响双方的感情交流和合作关系,以致使得谈判难以顺利地进行。因此,在与日本人进行交易谈判时,一定要注意自己的地位、身份以及对方的地位与身份。对不同身份、地位的人,要给予不同程度的礼遇,处置要适当。

在日本人谈判团内等级意识也很强,一般都是谈判成员奋力争取,讨价还价,最后由"头面人物"出面稍做让步,以达到谈判目的。应注意,日本的妇女地位很低,在一些重要场合妇女是不能参加的,当然遇到正式谈判最好不要女性参加,否则日方会表示怀疑甚至流露出不满,谈判的人员最好是官职、地位要比日方高些,这样才可赢得主动。

二、讲究面子

日本人与中国人一样是非常讲究面子的。比如，日本人在谈判过程中，即使对对方的某个方面提议或方案有不同的想法，在一般情况下也很少直接地予以拒绝或反驳，而是通过迂回的方式来陈述他的观点，或支支吾吾、打哈哈以示为难。日本人在给别人面子时，毫无疑问，他自己更珍重自己的面子。

对此，应把保全面子作为与日本人谈判需要注意的首要问题，有以下几方面要注意：

（1）千万不要直接指责日本人，否则会有损于相互之间的合作关系。较好的办法是把你的建议间接地表示出来，或采取某种方式让日本人自己谈起棘手的话题，或通过中间人去交涉令人不快的问题。

（2）不要直截了当地拒绝日本人。

（3）不要当众提出令日本人难堪或他们不愿回答的问题。

（4）要十分注意送礼方面的问题。日本人送礼很大方，他认为送礼表示一种礼貌，又表示一种心意，礼物价值的大小与身份的高低是密切联系在一起的。高级管理人员的礼物价值在一百美元较理想，中级管理人员以五十美元为适宜。若总裁收到的礼物与副总裁收到礼物价值相等，那么前者感觉受侮辱，而后者感到尴尬。日本商人重视交换名片。

三、具有强烈的集体意识，慎重决策

日本人具有强烈的团体意识和成功的愿望。与欧美企业相比，日本企业并未实行高层集权。当企业面临某一项事务需要决策时，企业内部的有关人员都有发言权。实际上，日本企业内部做出决定的方法，是吸收中层领导和基层管理者的意见，常常通过"仪书"的方式来进行内部的协商和决策。"仪书"实际上也就是一种意见征询书，当企业有某种事务需要决策时，将其情况写成书面材料在企业内有关人员（主要是中层领导和基层管理者）中传阅，征询意见。传阅后，再由有关负责人集中各方面的意见做出决策。

这种内部沟通与决策的程序特点在于，一旦某一事项由包括各级社员在内的大集体做出决定之后，付诸实施极为迅速，不会有太大阻力。

由于实行自下而上的集体决策，决策的过程与时间就比较长，这常常导致谈判过程中出现这样的情况：一旦遇到某些问题时，日本人除非是事前已有准备或已经协商过，一般很少由某人当场明确表态，拍板定论。如果不了解这一点，就容易闹误会。

在日本企业中，部长、课长一类的中层领导干部都是企业的中坚，他们直接与企业的决策相关，其态度如何对企业的最终决策影响很大。因此，在与日本企业打交道时，仅靠接近居领导地位的人，并不能取得足以确立交易关系的充分保证。与担任中层领导干部的人员以及其他有权参加决定的社员建立和培养起良好的关系，往往对开展交易很有帮助。

集体观念使得日本人不太欣赏个人主义者，其谈判都是率团进行，同时也希望对方率团参加，并且人数相等。如对方没做到这一点，他们会认为是极大的失礼。

四、注重建立和谐的人际关系

日本商人很注意在交易谈判中建立和谐的人际关系。他们重视对谈判对手的信任，而不重视合同本身。他们在商务谈判过程中，往往将相当一部分精力和时间花在人际关系中，因为他们愿意逐渐熟悉与他们做生意的人，并愿意同他们长期打交道。他们不赞成也不习惯直接的、纯粹的商务活动。如果有人想开门见山直接地进行商务谈判而不愿开展人际交往活动，那么他就会处处碰壁，欲速则不达。因此，与日本商人进行交易谈判，如果是第一次洽谈，或者洽谈的内容很重要,那么,在谈判开始的时候,你必须安排地位较高的负责人拜访日本企业中同等地位的负责人,以引起日本企业对与你企业之间交易关系的重视。在拜会中,一般不要谈重要的事项,也不要涉及具体的实质性问题。因此与日本商人打交道,应该设法让日本人对你产生信任感,创造一种信任的气氛,对日方提出的要求,应持温和宽容的态度,以体现你是关心他们利益的。

五、执着耐心,不易退让

日本人在谈判中的耐心是举世闻名的。许多场合下,日本谈判者显得态度暧昧、婉转圆滑,即使同意对方观点,也不直截了当地表明,往往给人以模棱两可的印象。他们非常有耐性,一般不愿率先表明自己的意图,而是耐心等待、静观事态发展。为了一笔理想的交易,他们可以毫无怨言地等上两三个月,只要能达到他们预想的目标,或取得更好的结果,时间对他们来说不是第一位的。他们善于搞"蘑菇战":一方面故作镇静、掩盖事实和感情;另一方面会想方设法了解对方的意图,对方签约的最后期限是他们千方百计想打听到的事项,因为如果对方急于求成,他们往往会拼命杀价或一声不吭,将对方折磨得精疲力竭,而在对方最后期限即将来临之际突然拍板表态,让对方在毫无思想准备的情况下措手不及。面对日本商人的顽强精明,最好的办法是以"阵地战"相迎。首先要制定好方案,不论对手是安静沉默地固守还是暴风骤雨地攻击,都要依然故我、不乱阵脚。如果预案与事实不符,也可用"缓兵之计"迅速地研究出新方案、部署新阵地后再战。如果缺乏耐心,或急于求成,恐怕会输得一塌糊涂。

六、精于商务,吃苦耐劳

日本人十分通晓"吃小亏占大便宜"和"放长线钓大鱼"的谈判哲理。无论是在谈判桌前还是在会场外,他们都善于用小恩小惠或表面上的小利去软化对手的谈判立场,从而获取更大利益。例如,他们常用折扣手法迎奉买方心理,其实在主动提出打折之前早已抬高了价格、留足了余地。又如,他们喜欢用出钱邀请对方几个人出国监造设备、监装货物及请客送礼等办法软化对手。面对这种手法,应注意避免舍本逐末,要追求根本利益,而不要贪图表面的小利。许多日本人在谈判战略上都能灵活处理眼前利益与长远利益的关系。比如,在整台机械设备上让利,促成生意,以后的专用零配件的供应则非他莫属了。因此,与日本人谈生意,要对交易利益虑及远近,要通盘考虑,以防得今日失明朝。

另外,日本人在商务谈判中常常连续作战、废寝忘食。一旦谈判中发现细节变化,他们会主动整理成文字材料,不管这项工作多么繁重。这也是他们的一项重要策略,通过整理文字材料过程中使用词语发生的细微变化,尽量使协议有利于自己。因此,对其整理好的文件应小心审阅,保持高度警惕。在签订合同之前,他们格外谨慎,认真审查全部细节;在订立合同之后,他们一般都较重视合同的履行,履约率较高。但是,这并不排除在市场行情不利于他们时,他们会千方百计寻找合同漏洞来拒绝履约的情况。

七、尽量避免诉诸法律

只要有可能,日本谈判团里就不要包括律师。日本人觉得每走一步都要同律师商量的人是不值得信赖的。当合同双方发生争执时,日本人通常不选择诉诸法律这一途径。日本在很长的历史中,不是靠法律而是求助权贵的仲裁来解决争端。在日本人看来,美国人遇事都付诸法律的本能简直就是那种带有血腥的鲨鱼似的反击。但由于日本缺少足够的法官和律师,要法院受理起诉很不容易,并且诉讼时间经常被拖延,诉讼费也特别昂贵,所以,日本谈判者都很善于捕捉有利机会,也很喜欢短而且含糊其词的合同,以便随着形势的变化做出不同的解释。

值得注意的是,在国际商务谈判中,日本谈判者经常会主动地承担某些协议或合同的整理任务,他们不顾疲劳、夜以继日的工作精神是令人敬佩的,但日本人对其中某些文字、用词的细微变化就会使原意差之千里,因此,面对日本人的勤勉,应既持赞扬态度又应保持对其成果的"审视"态度,否则就会产生误会,甚至吃亏。

 **微型案例**

"我们看不懂"

三位日本商人代表日本航空公司和美国一家公司谈判。会谈从早上8点开始,进行了两个半小时。美国代表以压倒性的准备资料淹没了日方代表,他们用图表解说,电脑计算,屏幕显示,各式的数据资料来回答日方提出的报价。而在整个过程中,日方代表只是静静地坐在一旁,一句话也没说。终于,美方的负责人关掉了机器,重新扭亮了灯光,充满信心地问日方代表:"意下如何?"

一位日方代表斯文有礼,面带微笑地说:"我们看不懂。"

美方代表的脸色忽地变得惨白:"你说看不懂是什么意思?什么地方不懂?"

另一位日方代表也斯文有礼,面带微笑地说:"都不懂。"

美方代表松开了领带,斜倚在墙旁,喘着气问:"你们希望怎么做?"

日方代表同声回答:"请你再重复一遍。"

美方代表彻底丧失了信心。谁有可能将秩序混乱而又长达两小时半的介绍重新来过?美国公司终于不惜任何代价,只求达成协议。

也许日本人确实不懂,但这种可能性实在太小,素以精明著称的日本商人绝不会如此不了解谈判内容的,"我们不懂"的真正意思大概就是我们根本不同意你们的算法。这种不说"不"的做法不比直截了当地拒绝更显威力吗?

知识点六　韩国人的谈判风格

韩国是一个自然资源匮乏,人口众多的国家。这个国家以"贸易立国",近些年来经济发展较快,曾是亚洲"四小龙"之一。随着我国与韩国建立外交关系,两国经贸往来十分频繁,两国贸易前景也十分乐观。因为,中韩两国贸易互补性强,潜力大。韩国商人在长期的对外贸易实践中,积累了丰富的经验,常常在不利的贸易谈判中占上风,是具有国际信誉的出色谈判者,他们所表现出来的耐心、坚定性和至善至美的作风,举世称颂,被西方发达国家称为"谈判的强手"。

韩国人的谈判风格主要有以下几个特点。

一、谈判前重视咨询工作

韩国商人十分重视商务谈判的准备工作。在谈判前,通常要对对方进行咨询了解。一般是通过海内外的有关咨询机构了解对方情况,如经营项目、规模、资金、经营作风以及有关商品行情等。如果不是对对方有了一定的了解,他们是不会与对方一同坐在谈判桌前的。而一旦同对方坐到谈判桌前,那么可以充分肯定韩国商人一定已经对这场谈判进行了周密的准备,从而胸有成竹。

二、注重谈判礼仪和创造良好的气氛

韩国商人十分注意选择谈判地点。一般喜欢选择有名气的酒店、饭店会晤。会晤地点如果是韩国方面选择的,他们一定会准时到达。如果是对方选择的,韩国商人则不会提前到达,往往会推迟一点到达。在进入谈判地点时,一般是地位最高的人或主谈人走在最前面,因为他也是谈判的拍板者。但重大的商务决策往往是集体做出的。

韩国商人十分重视会谈初始阶段的气氛,一见面就会全力创造友好的谈判气氛。见面时总是热情打招呼,向对方介绍自己的姓名、职务等。落座后,当被问及喜欢用哪种饮料时,他们一般选择对方喜欢的饮料,以表示对对方的尊重和了解。然后再寒暄几句与谈判无关的话题如天气、旅游等,以此创造一个和谐的气氛。而后再正式开始谈判。

三、注重技巧

韩国商人逻辑性强,做事喜欢条理化,谈判也不例外。所以,在谈判开始后,他们往往是与对方商谈谈判主要议题。而谈判的主要议题虽然每次各有不同,但一般必须包括下列五个方面的内容,即阐明各自意图、叫价、讨价还价、协商、签订合同。尤其是较大型的谈判,往往是直奔主题,开门见山。

在谈判过程中,韩国人远比日本人爽快,但善于讨价还价。有些韩国商人直到最后一刻,仍会提出"价格再降一点"的要求。他们也有让步的时候,但目的是在不利的形势下,以退为进来战胜对手,充分反映了韩国商人在谈判中的顽强精神。

此外,韩国人还会针对不同的谈判对象,使用"声东击西""先苦后甜""疲劳战术"等策略。

在完成谈判签约时,喜欢使用合作对象国家的语言、英语、朝鲜语三种文字签订合同,三种文字具有同等效力。

四、过于敏感

韩国人有一个极明显的特征,就是要比亚洲其他国家的人敏感,只要对方稍不尊重他,生意即会谈崩,他们很容易表现出灰心或震怒,会不分青红皂白地威胁中止谈判。这时,只有不采取同样的手段进行报复,事情才可能有转机。

五、对合同不够重视

在韩国社会经济生活中,法律文件远不如个人关系重要,商人们不喜欢签订详细的合同而倾向于且常常坚持应该有足够的灵活性,以便能根据变化的情况,及时做出必要的调整。对韩国的商人而言,一份商务合同的重要之处,不在于约定了什么或有多少约定,而在于签合同的人及包含的基本事实。

 **微型案例**

中方某公司向韩国某公司出口丁苯橡胶已一年了,第二年,中方公司根据国际市场行情将价格从前一年的成交价每吨下调了120美元(前一年为1 200美元/吨)。韩方感到可以接受,建议中方到韩国签约。

中方人员一行二人到了首尔该公司总部,双方谈了不到20分钟,韩方说:"贵方价格仍太高,请贵方看看韩国市场价格,三天后再谈。"

中方人员回到饭店感到被戏弄,很生气。但人已来到首尔,谈判必须进行,中方人员通过有关协会搜集到韩国海关丁苯橡胶进口的统计,发现韩国从哥伦比亚、比利时、南非等国进口

量较大,从中国进口也不少,中方公司是占份额较大的一家。价格南非最低,但高于中国产品价,哥伦比亚、比利时价均高出南非价。在韩国市场的调查中,批发价和零售价均高出中方公司现报价30%~40%。市场价虽呈降势,但中方公司给价是目前世界市场最低价。

为什么韩方人员这么说?中方人员分析对手以为中方人员既然来了首尔,肯定急于拿合同回国。可以借此机会再压中方一手。那么韩方会不会因不急于订货而找理由呢?

知识点七 阿拉伯人的谈判风格

阿拉伯国家主要分布在西亚的阿拉伯半岛和北非。他们经济单一,绝大多数盛产石油,靠石油及石油制品的出口维持国民经济,主要进口粮食、肉类、纺织品以及运输工具、机器设备等。

由于受地理、宗教、民族等问题的影响,阿拉伯人以宗教划派,以部族为群,家庭观念较强;重朋友义气,热情好客,却不轻易相信别人。他们喜欢做手势,以形体语言表达思想。尽管不同的阿拉伯国家在观念、习惯和经济力量方面存在较大差异,但作为整个民族来讲却有较强的凝聚力。

阿拉伯国家凝聚力的核心是伊斯兰教和阿拉伯语,阿拉伯人非常厌恶别人用贬损或开玩笑的口气来谈论他们的信仰和习惯。

阿拉伯人的谈判风格主要有以下几个特点。

一、重信誉,讲交情

在阿拉伯人看来,信誉是最重要的,所以谈生意的人必须首先赢得他们的好感和信任。阿拉伯人十分好客,对远道而来并亲自登门拜访的外国客人非常尊重。如果他们问及拜访的原因,最好说是为了得到他们的帮助。当合同开始生效时,拜访次数可以减少,但定期重温、巩固和加深已有的良好关系仍然非常重要,这使他们看到一个重信义、讲交情的形象,会在以后的谈判中获得意外的回报。

另外,崇尚兄弟情义的阿拉伯人不会因为商务缠身而冷落了自己的阿拉伯弟兄。谈判正在紧张进行,如果有亲友突然到访他们可能会抛下外商,与亲友边喝茶边聊天,外商被冷落一旁,直到亲友离去谈判才会继续。在阿拉伯人看来,这不是失礼行为。对此,你只能表示理解和宽容,学会忍耐和见机行事。

二、谈判节奏缓慢

阿拉伯人不太讲究时间观念,往往会随意中断或拖延谈判,而且做出决策的时间比较长。阿拉伯人不喜欢通过电话来谈生意,也不喜欢一见面就匆忙谈生意。如果外商为寻求合作前去拜访阿拉伯人,第一次很可能不但得不到自己期望出现的结果,还会被他们的健谈所迷惑,有时甚至第二次乃至第三次都接触不到实质性话题。他们习惯先同你谈一些社会问题或其他问题,一般会花掉一刻多钟的时间,有时甚至会聊几个小时。遇到这种情况,要显得有耐心而且镇静。

一般说来,阿拉伯人看了某项建议后,会交给手下去证实是否有可行性。如果感兴趣,他们会在自认为适当的时候安排由专家主持的会谈。他们特别重视的是谈判的前期阶段——相互试探、摸底的阶段,在此阶段,他们会下很大工夫打破沉默局面,制造气氛。经过长时间的、广泛的、友好的会谈,在彼此敬意不断增加的同时,他们其实已对谈判中的一些问题进行了试探、摸底,并间接地进行了讨论。如果这时你显得很急躁,不断催促,往往欲速则不达,因为闲散的阿拉伯人一旦感到你把他挤进了繁忙的过程中,他很可能把你挤出他的日程。所以,与阿拉伯商人打交道,必须去适应他们的慢节奏。

三、重视中下级人员的意见和建议

在阿拉伯国家中,谈判决策由上层人员负责,但中下级谈判人员向上司提供的意见或建议却能得到高度重视,他们在谈判中起着重要的作用。阿拉伯人等级观念强烈,其工商企业的总经理和政府部长们往往自视为战略家和总监,不愿处理日常的文书工作及其他琐事。外商在谈判中往往要同时与两种人打交道:首先是决策者,他们只对宏观问题感兴趣;其次是专家及技术人员,他们希望对方尽可能提供一些结构严谨、内容翔实的资料,以便仔细加以论证。与阿拉伯人做交易时千万别忽视了后者的作用。

四、代理商在商务活动中起重要作用

在阿拉伯商界还有一个阶层,那就是代理商。几乎所有阿拉伯国家的政府都坚持,无论外商的生意伙伴是个人还是政府部门,其商务活动都必须通过阿拉伯代理商来开展。这种代理制度,不仅有利于维护阿拉伯国家的利益,而且对外国商人来说也是大有裨益的。这些代理商有着广泛的社会关系网,深谙民风国情,同企业或政府部门有着直接或间接的联系。如果有一个好的代理商,会为外商提供便利。比如,他可以帮助雇主同有关部门尽早取得联系,促使他们尽快做出决定;快速完成日常文本工作,加速通过烦冗的文牍壁垒;帮助安排货款回收、劳务使用、物资运输、仓储乃至膳食等事宜。如果没有合适的代理商,你的生意不可能进展顺利。

五、喜欢讨价还价

在阿拉伯国家,商店无论大小,均可讨价还价,标价只是卖主的"报价"。更有甚者,不还价即买走东西的人,还不如讨价还价后什么也不买的人更受到卖主的尊重。其逻辑是前者小看他,后者尊重他。市场上常出现的情景是,摆摊卖货的商人对与他讨价还价的人会认真看待,价格与说明会像连珠炮似的甩出,即使生意不成也仅是肩一耸、手一摊表示无能为力。对一递钱就走的顾客,他们会以若有所失的眼光送走对方。对浏览而不理睬他们的顾客,他们会在对方转身后做个怪相,表示不屑一顾。因此,为适应阿拉伯人善于讨价还价的习惯,外商应建立起见价即讨的意识;凡有交易条件,必须准备讨与还的方案;凡想成交的谈判,必定把讨价还价做得轰轰烈烈。高明的讨价还价要显示出智慧,即找准理由,把理说得令人信服,做到形式上相随,实质上求实利。

阿拉伯人注重小团体和个人利益,他们谈判的目标层次极为鲜明,谈判手法也不相同。所以,在整体谈判方案中,应预先分析他们利益层次的所在范围。了解利益层次要讲究许多形式以及高雅、自然、信任的表达方式。在处理层次范围时,要注意交易的主体利益与小团体和个人利益是成反比的,应以某种小的牺牲换取更大的利益。只有先解决好利益层次的问题,在谈判时才会有合理的利益分配,从而为最终的成功打下基础。

六、喜欢图文结合的资料

阿拉伯人不欣赏抽象的介绍说明,不愿花钱买原始材料和统计数据。他们更欣赏能看得见、摸得着的东西。因此,在谈判中可以采用多种形式。采取数字、图形、文字和实际产品相结合的方式,形象地向他们说明有关情况,增强说服力。要注意的是,对于确实需要提供的材料,必须请一流的翻译将其按阿拉伯人的习惯进行精细的译解,千万别为了节省成本而随便找人翻译,否则翻译的失误可能造成灾难性的后果。另外,应当注意材料中所附图片的排列顺序,

因为阿拉伯人阅览图片的顺序是从右向左的。

阿拉伯人对政治高度敏感,因而与其谈话时的话题要把握分寸,不要涉及中东政治,不要谈论国际石油政策以及宗教上的敏感问题。

由于阿拉伯国家宗教意识浓厚,妇女一般不在公开场合抛头露面,因此应尽量避免派女性去阿拉伯国家谈生意。如果你在谈判或是相互交往中轻视了阿拉伯人的习惯、规矩、风俗,或甚至不尊重他们,那么你的业务就很难取得进展。阿拉伯各国之间还存在不少差异,与具体国家、地区做交易时还需要做具体考察、进一步了解。

 **微型案例**

敏感的政治问题

跨海公司是一家包括货物运输和集装箱合并业务在内的全球范围的后勤服务公司,建于美国。它在整个中东地区苦苦经营了六个月,扩展其在当地的业务代理网络。跨海公司第一个地方性优先权就是同阿拉伯公司缔结了一个代理协议,阿拉伯公司是沙特阿拉伯最大也是分公司最多的后勤公司。

为了达到这一目标,跨海公司的地区经理特德同阿拉伯公司一个月会谈一到两次。目前,这两个公司已就金融、法律和技术问题方面都达成了一致,现在,特德已经回到利雅得全身心地投入最后的细节和合同签订中。这次谈判相当正式——而双方都很明确地想要达成协议。

在同阿拉伯公司行政官员愉快的会议期间,特德偶然地提道:"我们跨海公司的人真的希望与波斯湾这儿的你们一起共事!"此后,会议桌一边的阿拉伯公司的代表沉默了一会儿,然后三名高级行政官员被激怒了,起身大步走出了会议室,中断了谈判。特德迷惑不解地看着还留在那儿的较年轻的两个沙特阿拉伯人,他很不愿意看到六个月的艰苦工作就这样灰飞烟灭了。"这儿发生了什么?",他问桌子那边的阿拉伯人,"我刚才说错了吗?"犹豫片刻之后,一个阿拉伯公司的雇员解释道:在沙特阿拉伯,刚才所提到的海湾被叫作阿拉伯湾,特德无意间用错了词而暗示了海湾属于伊朗,而伊朗在当时被沙特阿拉伯认为是敌对和危险的。

阿拉伯公司的老板现在对特德很恼怒,以至于不愿听他的道歉和解释。"那么,我们该怎样使我们的会谈回到原有轨道上呢?"特德问道。对此,年轻的阿拉伯人耸耸肩,微笑着引领美国人走出房间。特德在回饭店的路上殚精竭虑地想找到一个弥补受损关系的办法。

一、案例分析

王先生的环球商务旅行

王先生是京达进出口公司的业务经理,由于工作关系经常与外商接触。今年夏天,王先生又做了一次商务旅行,由印度、沙特阿拉伯抵达欧洲,在英国逗留数日,飞越大西洋抵达美国、巴西,后经日本回国。这次环球之旅给王先生印象最深刻的是各国交流习惯的巨大差异。

在日本,人们经常聚集在一起;在巴西,商人之间的身体距离很近,连对方的呼吸都能感觉到;而在英国和美国,人与人之间的距离很大,一旦某人闯入你身体附近的"势力范围"通常都会说:"对不起",尽管他离你还有10厘米。

在阿拉伯国家,商人的时间观念弹性很大,迟到一两个小时,或推迟几天是常见的事,商人只是将其笼统地归为"真主的旨意";而在欧美,商人的时间观念通常很强。

在印度,商人们在业务谈判之前总是花很长时间做一些社交性的讨论,迟迟不肯转入正题;而在美国,商人谈判时往往喜欢单刀直入、直奔主题。

在印度,点头往往意味着"不"或"不同意",令外国人一时难以适应。

在日本,电话交谈时一般是打电话者先讲;而在美国,通常是接电话者首先报出部门、职务、姓名。

……

王先生回到公司后,在公司的内部通信录上将自己的上述发现整理发表出来,同事们读了都感到很有收获。

案例讨论题:

国际商务谈判中面对不同国家的谈判风格应该如何应对?

二、问答题

1. 日本人的送礼习惯是什么?
2. 英国人的谈判风格是什么?
3. 法国人的谈判风格是什么?
4. 美国人的谈判风格是什么?
5. 韩国人的谈判风格包括哪些?

参考文献

[1] 王海云.商务谈判[M].北京:北京航空航天大学出版社,2003.
[2] 刘文广.行销谈判策略与技巧[M].长春:吉林人民出版社,2009.
[3] 丁建中.走出谈判误区[M].北京:中信出版社,2000.
[4] 张晓明.企业销售谈判实务[M].长春:吉林人民出版社,2013.
[5] 刘文广.企业行销谈判手册[M].长春:吉林人民出版社,2011.
[6] 刘文广.国际行销谈判[M].长春:吉林人民出版社,2012.
[7] 魏大名.中外营销与谈判诀窍[M].北京:中国广播电视出版社,2013.
[8] 关兰馨.第一流的商务谈判[M].北京:中国发展出版社,1998.
[9] 孙庆和,等.实用商务谈判大全[M].北京:企业管理出版社,2011.
[10] 宫捷.现代商务谈判[M].青岛:青岛出版社,2012.
[11] 戴永良.商业谈判要领[M].北京:中国戏剧出版社,2012.
[12] 建修.商务谈判36计[M].北京:当代中国出版社,2002.
[13] 雪映.谈判签约经典案例[M].北京:中国人民公安大学出版社,2013.
[14] 成志明.涉外商务谈判[M].南京:南京大学出版社,2011.
[15] 王淑贤.商务谈判理论与实务[M].北京:经济管理出版社,2013.
[16] 陈鹏.商务谈判与沟通实战指南[M].北京:化学工业出版社,2019.
[17] 罗伊·列维奇,布鲁斯·巴里.商务谈判[M].8版.北京:中国人民大学出版社,2021.
[18] 汪华林.现代商务谈判[M].北京:企业管理出版社,2018.
[19] 王军华.商务谈判与推销实务[M].北京:中国人民大学出版社,2020.